目白大学副学長時代

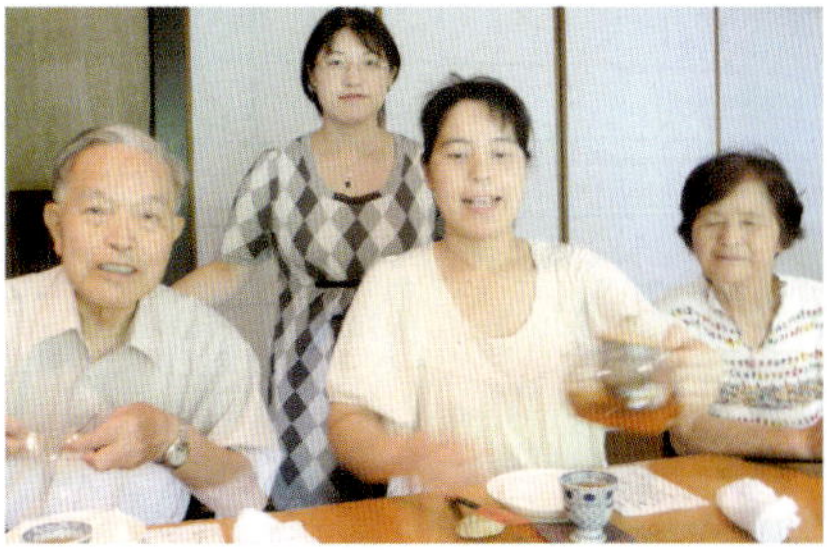

家族とともに

スピノザ哲学研究

工藤喜作

学樹書院

本書は 1972 年 3 月，東海大学出版会（現東海大学出版部）より刊行された工藤喜作『スピノザ哲学研究』の復刻版である。巻末に付録として工藤寿子「父，工藤喜作のこと——人生を変えた大芝居」（p525）を収載した。

まえがき

本書は学位論文として書かれたものに著者のその後の研究を加え、さらに二、三の論文を附加してでき上ったものである。スピノザの哲学は著者が学部の卒業論文を書いて以来の研究テーマである。その間スピノザ哲学についての知識はいくらか増えたが、人間としての彼との距離は少しもせばめられていない。この意味でスピノザは著者にとって常に変わらぬ反省の糧であり、探求の対象である。今後たとえ直接にはスピノザ研究に従事しなくても、彼の人間から離れ去ることはないであろう。

ここにようやく今までの研究成果をまとめ、ささやかながらこれを初めて世に出すことになった。これは下村寅太郎先生を始めとして、永井博先生その他多くの諸先生の御指導、御鞭撻の賜物である。ここに諸先生の学恩を深く感謝する次第である。また学部三年のとき、ひょっとした雑談の中からスピノザへの関心を向けてくださった山田潤二先生も忘れ難い。

本書の刊行には東海大学文学部尚樹啓太郎教授ならびに東海大学出版会の方々の御尽力と並々ならぬ御世話にあずかった。厚く御礼申し上げる。

なお本書は昭和四十六年度の文部省刊行助成図書であることを特に附記する。

昭和四十七年三月一日　　著者

目次

第三部　神の認識と宗教……389

スピノザ哲学研究

序論

スピノザには今まで「神に酔える人である。スピノザ主義は神性の飽満である」(ノヴァーリス)とか、「無神論者」(ヤコービー)であるとか、また彼を「尊敬し、愛しそして全く彼のものとなることなしに、詩人であることを疑う」(F・シュレーゲル)とか、毀誉褒貶相なかばする言葉が投げかけられてきた。これらの言葉はスピノザの死後約一世紀以上たったドイツの文学者、詩人の言葉であるが、この時代の人々の発言からスピノザに関するこの種の言葉を拾いあげるならば、枚挙にいとまないのが実状であろう。[1] この時代の哲学者に関して言えば、シェリングもその『近世哲学史の講義』(Zur Geschichte der neueren Philosophie)において「一生のうち少なくとも一度はスピノザ主義に沈潜した人でなければ、哲学における真なるもの、完結したものに進むことを希望し得ない」[2]とか、またヘーゲルもその『哲学史』において「スピノザ主義者であることは一切の哲学的思索の本質的始源である」[3]と主張している。これらの言葉はそれを主張した人のそれぞれの立場からのものであるが、今日においてもある意味において充分通用しうるものがある。だがスピノザ主義が何であるかについては共通の一致した見解は得られていない。スピノザの死後一世紀の、このドイツのスピノザ・ルネッサンス時代にもそれが問題となり、ヤコービーの有名な Über die Lehre des Spinoza in Briefen an den Herrn Moses Mendelsohn がでて、学会に大きな波紋を投じた。カントもこれには無関心でなく小論文を書いたほどであった。(4) 前記のシェリングもヘーゲルもスピノザ主義の性格について論じているが、その見解は一致していない。つまりスピノザの哲学あるいはスピノザ主義は本来一つであるが、それについての見解は論者の数だけ多い。このことはスピノザ主義を汎神論としてとらえた場合も同様である。なるほど汎神論と見なす点では一致しても、この汎神論の性格については意見がまちまちである。このことは汎神論としての形而上学がいかなる系譜をたどって形成されたかについても同様である。一方においてスピノザの哲学はデカルト哲学の完成態としてとらえる人もあれば、またデカルト以前、つまり彼がユダヤ教会から破門される以前に今日我々の眼にするスピノザ哲学の萠芽が見られると主張する人もいる。そのどちらかに立つことによって彼の汎神論の性格が変わってくるのは必然である。前記のシェリングやヘーゲルは明白に前者の立場にたっていた。——以下筆者はスピノザ哲学の核心が彼のデカルト研究以前かそれとも以後に形成されたのかという問題に少し立ち入り、本書の第一章において展開される彼の汎神論的直観の源泉についての問題を補ってゆこうと思う。

シェリングにとってスピノザの神は causa sui としての「必然的に存在するもの」にほかならなかった。自己原因としての神はその規定からしてただ存在するとしか考えられないものである。スピノザの神をこのように端的に「存在者」としてとらえた点、シェリングの解釈は決して誤っていない。だが問題は次の点にある。つまり彼によればスピノザの神は「必然的存在」以上の規定をもったデカルトの神からこの必然的存在の規定だけを取りだし、絶対化したものにほかならないという点にある。(5) 換言すれば、それはデカルトの神のある一面だけを強調し、発展させたものにほかならないのである。果たしてそうであろうか。

スピノザは教会から破門される以前から、つまりデカルト研究に積極的に従事する以前から、神についての独自の見解をもっていた。なるほど彼は破門される以前からデカルトを単に知るばかりでなく、事実その著作を読んでいた。しかし教会からの破門は彼がデカルトやブルーノ、その他キリスト教圏に属する諸文化に接していたからではない。むしろそれ以前から彼が本格的に行なっていた聖書解釈、そしてそれに基づく聖書批判、教会批判が教会の忌避するところとなったためである。彼の聖書に関する批判的、歴史的研究（今日その研究の成果は主として『神学・政治論』と『書簡集』から明らかにされる）から明らかにされたものの一つに真の神とは何かということがある。彼は真の神をエホバのみ、つまり **I am that I am.** としての神としてのみとらえている。(6) この「有る」としてしか考えられぬ神、必然的存在としての神のみがまさに神としての神、絶対的な神であり、他の言葉によって表現される神は単に人間の立場から見られたかぎりの神にほかならなかった。とすれば **causa sui** の「必然的存在」としての神は必ずしもデカルトの神に由来するものでなく、むしろ彼の思索の歴史から見れば、聖書研究に端を発したものと見なす方が自然と思われる。破門されてのち、本格的にデカルトその他の哲学の研究に向かった彼がこの神を合理的に表現するために、宗教や神学に頼らず（このことは彼の信仰と理性を分離させる立場からすれば当然のことである）、デカルトから **causa sui** という表現を借りてきたと言えるのである。

またシェリングはスピノザがデカルトの影響を受けて、神に延長と思惟の二属性を帰せしめたと主張する。(7) これを疑い否定するスピノザ研究者はいないであろう。だが問題は神が二属性しかもたないことと二属性ももつということの間には大きな相違があるということである。前者は神を「延長するもの」、「思惟するもの」としてしか表象し得ないことを意味し、後者は神が右の二属性の存在につきないことを意味する。スピノザの立場は後者である。神に二属性しか帰せしめ得ないことは、三角形や円にものを考え話す能力があるとしたら、神を三角形的、円的に表象すると同じように、極めて人間的なとらえ方である。(8) 彼の立場は前述のように神をそのものとしてとらえる立場であった。『エチカ』の属性の定義、「知性が実体に関してその本質を構成するものとして認識するものである」[9]（傍点―筆者）の知性とは、単に人間知性を意味しないことは、神の定義において神が無限に多くの属性から成りたつ存在者と規定されていることから明らかである。神は単に人間にとってのみ「思惟するもの」、「延長するもの」として思惟される。だが神をこれのみに限定するならば、神の定義の「説明」にもあるように、それは神の絶対無限性を損うこととなり、彼の本来的な立場と相容れないことになる。神に帰せられた無限に多くの属性はデカルトに影響された二属性の延長として考えられるにしても、それはスピノザ自身にいかなる否定も容れない絶対無限の存在についての直観なしに不可能である。この直観をどこから得たのか。デカルトでないことは確かである。

以上のようにスピノザは聖書の中から絶対無限の、神としての神の観念を得ながら、人間に知られるその属性を具体的に表わすのに、宗教的、聖書的な属性を挙げず、デカルトから延長と思惟を影響されたのはなぜであろうか。この点彼は聖書の中から神の真の属性を何一つ求めることができなかったと主張する。[10] 聖書の中の神の属性は単に神の性質、しかもそれは人間的な見地から見られた性質にすぎず、そのものとしての神の本質を構成するものとは見なされなかったからである。しかし従来の単に人間的な属性を排しても、延長と思惟がやはり人間知性によって把握されるかぎり、神はこの二属性の故に人間的な立場で見られた神であることを免れない。だがたとえそれが人間的なものであっても、知性はものを単に主観的にのみ把握するものではない。それはものをそれ自体においてとらえるところに、その本質がある。このかぎり人間知性と神の無限知性との間には何の相違もない。むしろ人間知性は神の無限知性の一部ですらある。この意味で延長と思惟を含めて無限に多くの属性をもつ神は、単に人間的な立場から観られた神ではない。

神を「思惟するもの」、純粋に精神的存在として考えることは西洋の哲学の伝統である。しかし「延長するもの」[11] 或いは空間的な存在としてとらえることはあまり例がない。シェリングによればこれもデカルトの影響である。確かに神の空間的存在を表わすのに、「延長」という言葉を使用するかぎり、デカルトの影響は歴然たるものがある。しかし問題は単に延長という言葉を使ったか否かではなく、神を空間的存在としてとらえる考え方が果たしてデカルトのみから得られたかということである。デカルト自身は神を空間的存在としてとらえていない。彼において有限的物体のみが空間的存在をなしうる。スピノザの哲学をデカルト哲学の発展形態と考えるならば、この有限の諸物体の世界、単なる自然の世界を無限化して神の空間的存在としてとらえたことになろう。だがスピノザは神の延長的存在を単なる物質的自然の延長上にあるものとしてとらえているのではない。もしそうであれば、先ず無限の神を有限化しなければなるまい。しかし彼において神は依然として絶対無限である。このため神の延長的存在を単にデカルト哲学からの発展形態としてとらえるのには無理をともなう。このような理由から筆者は、スピノザが神の空間的、延長的存在の直観をデカルトからでなく、むしろ他から得てきたと主張する。その最も無難な出所として先ず彼の聖書研究が挙げられるであろう。

彼はその聖書研究の結果、神の形体性を主張し、これは聖書の他の言葉と矛盾するものでなく、むしろこれを容認しなければ、聖書を理解し得ない箇所さえ見られると主張する(12)。聖書の神をただ合理的に把握し、精神的なものとしてのみとらえることは、彼によれば聖書の正しい解釈ではなく、むしろ誤った解釈ですらある。この聖書の合理的解釈に対するスピノザの非難は主としてユダヤ中世の神学者マイモニデスに向けられたものであるが、これから導きだされてくることは単にこのユダヤ教の神学者に向けられたのではなく、むしろ聖書に由来する神の観念を考えた西洋の哲学者に向けられているのである。以上のようにスピノザは大たんにも神の空間的存在を表わす、神の形体性を主張することによって、ユダヤ教以来ゆがめられてきた神を本来的な姿にもどそうとしたのである。このため彼はデカルト哲学から「延長」という言葉を借りたのである。デカルトの延長概念とスピノザのそれとの相違は右のような背景を考慮することによっていっそうよく理解しうるであろう。だが聖書の神の形体性は合理的に考えればその無限性に反する。神の無限性はその空間的拡がりにおいても無限でなければならない。つまり無限の延長こそ神の属性でなければならない。この無限の延長とデカルトの無限定的無限の延長とは天地のへだたりがある。以上のように考えればスピノザがデカルトから影響を受けたのはそれほど大きいものでなかったと言える。この神の空間的存在にかぎって極言すれば、デカルトの影響は単に「延長」という言葉のみにすぎなかったと言える。

前述のようにスピノザは神の絶対性についての直観をデカルト研究以前に、その聖書研究から得た。だが彼にとってその神の絶対性は超越的あるいは超自然的なものでなかった。神は絶対無限でありながら、いわば自然的であることを彼はどこから得たのであろうか。そのヒントを与えるものに彼の聖書研究がある。つまり聖書の中に示される神の超自然的な行為、あるいはまた奇蹟のそれぞれを仔細に考察するならば、それらの出来事に自然の法則に反するものは何一つ見出されなかったのである。(13) 聖書は事柄の事実あるいは真理性を教えるものでなく、何よりも人々を敬神に駆りたてる信仰の書である。従って聖書に超自然的な出来事が書かれていたとしても、それは文字通りに生起したものではない。むしろ聖書は実際に生起した出来事を物語の形式において人々を敬神に駆りたてるように脚色したものにほかならない。このような観点から彼は超自然的あるいはまた反自然的なものの存在を否定したのである。存在するものは自然的な事実とそれの原因であり、その他はすべて人間の想像力の産物にほかならない。かくて彼は一方において神の絶対性を主張しながら、その超自然的性格を排した。神の超自然的性格は人間の想像力による虚構にほかならない。このためそれを排することはかえって彼によれば神をそれ自体において絶対的にとらえることを意味した。

以上のように筆者がこの論文において先ず意図したことは、スピノザ哲学の核心思想が、彼のキリスト教圏内の哲学あるいは文化の積極的な研究あるいはその受容以前に、たとえ単に萠芽的な形であるにせよ、形成されていたこと、あるいはヒントを与えられていたことを明らかにすることであった。そしてその後の彼の思索の発展はこの核心思想をデカルトを始めとする近代西欧の思想、知識によって合理化し、普遍化し、彫琢することにあったということである。

次にスピノザの哲学を汎神論と見なす場合、この汎神論がいかなる形の汎神論であるかについてこの著書の本論は部分的にしか語っていない。ここにこの紙面を借り、彼の汎神論の性格をまとめて論述しておきたい。(この際再度シェリングを、つまり汎神論の諸特徴に触れながら、汎神論としてのスピノザ主義に関して一つの見解をうちだしたシェリング(Das Wesen der Menschlichen Freibeit)を引き合いにだしていることを予めお断りしておく)。

汎神論に向けられた非難として、それが運命論ではないかというのがある。このような非難はスピノザに関しても例外ではなく、彼の存命中にすでになされていた。われわれは今日それを彼の『書簡集』において見ることができる。例えば『書簡集』第四十二においてフェルトホイゼはスピノザの神から一切のものが不可避的必然性によって生じてくることにスピノザ主義の運命論的な性格を見る。これによれば万物の神からの必然的な生起はすべてを不可避的な運命に帰することであり、このような運命論はそもそもスピノザが全宇宙を神と見なしたことにあると主張する。そしてこの運命論からの帰結は宗教的な意味における報償と刑罰を無意味なものにするということであった。また『書簡集』第七十四においてオルデンブルグもこのフェルトホイゼとほとんど同意見にたち、「あらゆる事物とあらゆる行動の運命的必然性」が宗教的実践を一切無効にすると非難し、「もし我々が運命に駆りたてられ、ある厳格な手にあやつられ、一切のものが一定の不可避的な道を歩むならば、罪と罰にどんな余地があるかを彼らは理解しないのです」と主張する。右の『書簡集』第四十二と七十四に対するスピノザの返書はそれぞれ第四十三、七十五書簡にある。この二つの返書の内容はほとんど同じである。それによれば神の必然的な活動は神から自由を奪い、神を運命に従わせることではなく、むしろ神の自己認識と同じように必然的であると同時に自由な活動である。神の存在即活動的な力と解するスピノザにとって、存在が必然的であればその活動もまた必然的である。自己の本性の必然性に基づく行為をスピノザは自由と呼ぶ。つまり必然即自由である。無限にして充足的な神に必然的でない自由、恣意的な自由はない。神の必然的活動は自由そのものであって、運命に従っての活動ではない。

事情は右の通りであっても、一切を自己の必然性によって産出する神の活動は、それを理解し得ない人間の眼から見れば、運命論的なものと見なされがちである。そして人間はどんなことをしても、すべてそれは神の必然性であるとされ、それ故に神によって許され、神の前で言い訳ができるのではないかという疑問が当然生じてくる。だがこれに対してスピノザは、粘土が陶器師の手中にあるように、神に対して自分のなしたことに対する言い訳はできないと主張する。(14) 人間が何か不仕末をしでかすのは、神が自分に弱い本性、無力な精神を与えたからだと言い訳をし、神を非難することは不可能であるのと同じである。スピノザによれば何ごとも自分の与えられた本性以上になし得ないこと、あるいはいかなることもその与えられた本性の必然性によってしかなし得ないのである。しかしその本性の必然性から悪をなした場合はどうなるのか。たとえ悪でも、スピノザによればそれが本性の必然性によってなされたのであれば、神の決定である。この意味でそれは許されうるのではないかと考えがちである。しかしそれは許されないのである。つまりそれはその人自身においては神の決定であり、許されうると考えられても、自他との関係から見れば、悪をなした人が幸福でありうるはずがない。人を咬む狂犬はその犬自体から見れば許されるが、しかし人間によって殺されてしまうことと同じである。つまりどんなことをしても許されると思うのは、神の決定を単に自分本位に考える人の立場である。その本性から悪をなすことも神の決定であれば、そのために滅ぼされることも神の決定である。換言すればこれは不敬虔なことをすれば、必然的に罰がくだされることを意味する。スピノザは神の必然的活動をとなえることによって、それが全く宗教的なことに反するとは考えなかったのである。宗教においては人格神が報償や罰をくだすとすれば、スピノザにおいてはいわゆる神ではなく、自然の必然性がそれに類することを行なうのである。かくてスピノザの本来的な立場からすれば、運命論は否定された。しかし彼は『神学・政治論』において運命を「外的なそして予期しない原因によって人事を導くかぎりの指導」[15]と解する。しかしこれも、もし人間にして「外的なそして予期しない原因」を洞察することができれば、運命ではなくなる。いわんや神自体にはそのような「外的なそして予期しない原因」はあり得ない。運命はものの必然的な原因を知らない有限な人間にとってのみでありうる。つまりそれは『エチカ』第一部の付録において示される人間の無知の避難所にほかならない。

次に汎神論に関して最も流布されている見解に神と万物の同一視、創造者と被造物との同一視がある。スピノザの存命中にもこれに基づいた非難がなされた。先にあげたフェルトホイゼは全宇宙と神との同一視が運命論を導きだしたと主張する。これに対してスピノザはあえて答えなかった。このような非難は彼にとって自分に対する悪意ある中傷にほかならなかったからである。なるほどスピノザは『書簡集』第六において神と自然とを他の人々のように区別していない。ここに神即自然の思想がでてくる根拠がある。しかし彼は『書簡集』第七十三において神と自然との同一視を否定する。しかしこの場合の自然とは「一定の質量あるいは一定の物質的実体」と解された自然である。このため「神即自然」の自然は限定された自然ではなく、無限の自然のことである。だが全宇宙が神であることを否定しながら、無限の自然と神とを同一視するのはなぜであろうか。全宇宙も無限の自然ではないのか、ここに我々はスピノザにおいて全宇宙が神の無限様態であることを想起しなければならない[16]。つまりそれは無限であるといっても、神の絶対無限あるいは本性上無限ではない。あくまで「原因による無限」にほかならない。つまり宇宙は神の必然的活動の結果なのである。「結果は原因をもつことによって、まさに原因から区別される」[17]ため、結果としての宇宙はその原因としての神から区別され、宇宙と神との同一性を主張することはスピノザの立場から認められなくなる。

このように原因と結果の関係から見れば、神と宇宙とは同一視されない。だがなお次のような問題が残る。つまりスピノザはものの存在の原因はその外部にあると主張するが、これを神と宇宙との関係において見れば、神は宇宙の外にあるものとして当然超越的原因と見なされてくるのではないかということであろう。だが彼の本来的な立場によれば神は超越的原因ではなく、内在的原因である。しかもそれは神が宇宙の中にあるというより、宇宙が神の中にあることを意味する。神は宇宙を自己の外にではなく、内に産出する。もしこれを単に空間的、物理的に解すれば、それは理解し得ないことであろう。しかしこれを内在的な力とその発現と考えるならば、宇宙はその実現態となろう。そして両者は空間的に見て相互に外的なものでないとすれば、神は宇宙に内在し、宇宙を支配する力と解せられる。単に有限物を含む無限なる拡がりが宇宙であるとすれば、それに生命を与えるものが神である。しかし力とその実現は原因と結果の関係として理性的には区別されても、実在的には区別されない。とすれば神と宇宙は全く同一ではないにしても、不可分離の関係にあり、後述のように単なる神も単なる宇宙も彼にとっては抽象にすぎなくなる。以上を結論すれば、神即自然の自然とは結果としての自然、つまり所産的自然でなく、何よりもまず原因としての自然、つまり能産的自然のことである。換言すれば、神即自然は全く相矛盾する二つのものがこの「即」によって統一されるというより、一つのことを別の言葉で表現しているにすぎないのである。

シェリングはスピノザにおいて神は自己原因としてあり、有限者は他のものにおいてあり、他のものによって理解されるため、神から絶対的に区別されると主張する。この点彼の見解は間違っていない。だが彼が「ただ神のみひとり自立的であり、根源的であり、自分自身をのみ肯定する」[18]（傍点—筆者）と主張するならば、これにはただし書が必要である。スピノザによれば神は自己原因であることによって万物の原因でもある。[19]つまり自己原因は自分だけの存在、抽象的な存在の肯定ではなく、自己の potentia にあるすべてを肯定する。ものの原因であることとそれ自身の存在とは分離できないのである。まさに存在即原因である。それ故神が自立的存在であることは、単に有限者の他への依存的存在に対して言われるだけであり、様態をもたないという意味での自立的存在ではない。神なき有限者も抽象であるし、また様態なき神も抽象である。神と様態を単に論理的に無限と有限のカテゴリーのもとで絶対的に区別するだけでは、スピノザ主義は理解し得ないし、またその汎神論は汎神論でなくなってしまうのである。

神が宇宙あるいは万物であるという非難とならんで汎神論にくだされる非難は、「事物が無であること、そしてその体系が一切の個別性を止揚する」[20]ということである。汎神論において事物が無であり、ただあるのは抽象的な神のみであるとすれば、それは前述の自己原因的性格に反する。それはスピノザによれば神が原因でないこと、存在しないことと同義である。神の外には（extra）何ものもないが、神のほかには(praeter)様態がある。この汎神論において困難な、理解し難いことは有限者がなぜ無限なる神のうちにあるかということであろう。つまり有限者が神のうちにあるとすれば、神の無限は有限の和となり、その無限性自体が否定されてゆく。このため神のうちに有限者があるためには、その有限性を否定しなければならないのではないかということである。神とは有限者を入れる容器であるとするなら、このような考え方は支持できよう。だが神は容器となるものではない。ここに有限者とは彼において一体何であるかが問題となろう。デカルトの場合有限者も実体であり得た。実体であれば他の助けなしに存在しうるものでなければならない。だがスピノザにおいては有限者は実体の様態である。つまりそれは他のものの中における存在であり、他のものの中にあって初めて有限者たりうるのである。これはデカルトの有限実体のように、有限でありながら他の助けを必要としないという矛盾したものではない。スピノザにとってデカルトの有限実体は矛盾の甚しきものである。かくて彼の有限者は様態であることによって、様態としての個別性を神のうちで廃棄することにならないのである。

右のことは彼の全体と部分との考え方からも明らかである。彼はなるほど『エチカ』において延長的実体の可分性を否定した。しかしこれは分割することによって、部分相互あるいは全体と部分とが一が他なしにありうるように実在的に区別されるからである。全体を部分の機械的な和と考えるかぎり、このような恐れは多分にある。事実デカルトの有限実体の考えを導入すれば、部分はもはや全体の部分となり得ず、それ自体が全体となり、他と連関せず、むしろ他と対立するに至る。このようなことから、スピノザはふつうに考えられた全体と部分の関係を理性の有と見なし、このようなものは神としての実体には考えられないと主張する。しかし彼が全然全体と部分の考え方をもたなかったかというと決してそうではなかった。ある意味において全体と部分の考え方がなければ、スピノザ主義は成立しない。しかしその全体と部分は右に示したような部分相互、あるいは全体と部分の実在的な区別を成立せしめるようなものでなかった。部分が全体の部分であるためには、全体あるいは他の部分と調和し一致しなければならない。この調和あるいは一致によって全体は部分の全体でありうるし、また全体における部分の存在が可能となるのである。この全体と部分の関係、あるいは部分相互の関係においては先の実在的区別は成立しない。それらは様態的に区別されるのである。有限者の個別性はあくまで様態上の区別として示されるのであり、それは様態であるかぎり神の中にあっても廃棄されない。むしろ神の中にあるからその個別性が真に実現されるのである。

右のような実体と様態の関係はまたスピノザの場合次のようなことを導きだす。両者は実在的に区別されるかぎり、全体の一部が消滅したとしても、他の諸部分は依然としてもとのままである。だが両者の様態的区別は、もし一部分が消滅するならば、他のすべての部分、ひいては実体それ自身の消滅をひき起こす。これを自然の世界において見れば、「物質の部分が絶滅させられるならば、同時に全延長も消えうせる(21)」のである。現象的にはものは滅ぼされ、消えうせても、それはスピノザによれば全くの無となることを意味しない。ただそれは全く別のものに変化したにすぎないのである。このようなことから、スピノザが「人間は（無から―筆者注）創造されるのではなく、単に産出されるということ、また人間の身体は他の形相であるとはいえ、すでに以前から存在していたのである(22)」という言葉が最もよく理解されるのである。以上のようにスピノザにおいて実体と様態とは不可分離の関係にある。もしシェリングが「人間精神の本質は永遠のものとして（無常のものとしてでなく）説明される神の一つの概念である(23)」と主張するならば、このようなことはスピノザの場合単に人間精神の本質に関するばかりでなく、様態の本質一般にかかわることである。概して言えば、シェリングはスピノザの汎神論を、否、汎神論一般を観念論的に理解しようとする傾向が見られるが、人間精神もスピノザにおいては他の物体と同じように実体の様態にすぎないのである。

スピノザは有限者の存在と本質の関係を示す例として次のようなことを言う。つまり「一人の人間の存在が消滅したとしても、他の人間の存在は消滅しないであろう。むしろ一人の人間の本質が破壊され、虚偽のものとなるならば、他の人間の本質も破壊されるであろう」[24]と。右の言葉の後半は前述の全体と部分の関係を表わしている。だがここで問題となっていることは様態の存在が本質から区別されるということである。この点に関してシェリングも似たようなことを言っている。「あらゆる有機的個体は生成されたものとして他のものによってのみある。そしてこのかぎり生成の点では依存的であるが、存在の点ではそうでない」[25]と。このシェリングの言葉は表面的にはスピノザのそれと似ている。だがシェリングの場合、生成（Werden）と存在（Sein）とは区別されている。そしてこの区別によってシェリングはものの存在を静的にとらえようとする。だがスピノザの場合生成はものの存在の因果関係を表わし、それはすぐれて力の関係として現われる。ものはなるほど因果関係において他に依存的である。しかしこの依存性は単にものの生成に関してのみでなく、消滅に関しても言われる。つまりシェリングのように生成されたのちは自立的であるというのではない。自立的であるなら、存在の消滅も他者によってでなく、自分自身によってなされねばならない。なるほど本質から区別された存在においてものは他のものの存在が消滅しても残ることができるとスピノザは主張した。これはものの存在の原因が自己のうちになく、他にあったからである。だが存在の原因が他にあることは同時に消滅の原因も他にあることを意味する。このため他の存在が消滅しても自分が存在しうるのは、力の相互関係に転化した存在相互の因果関係において、一が他の存在を消滅させたことを意味する。つまりスピノザにおいてものの存在とは他者との力関係の中の存在である。このかぎり存在は単に静的であるというより、むしろ変化することに現われる。そしてこの変化の中にあって本質の自己同一性を保つことがコナツスであるとすれば、本質の自己同一性は通常解せられるような静的なものでなく、極めて動的なものであることは明らかである。かくてシェリングが「依存性は自立性、その上自由をも廃棄しない[26]」と言うならば、それはスピノザの場合存在から区別された本質の（神への）依存性を意味し、決して存在には妥当しないのである。

シェリングはものの「依存性」に関してさらに次のように言う。「同じことが他のもののうちに含まれるものにもあてはまる。個々の肢体、例えば眼は、有機体の全体においてのみ可能である。それにもかかわらずそれはそれ自体として一つの生命をもっている。否、一種の自由をもっている。その自由は自分がかかることのできる病気によって明らかに証明される[27]」と。このシェリングの言葉の前半はスピノザ的である。しかし全体の部分、例えば眼がその特有の病気にかかることによって自己の自由を証明するという考えはスピノザにはない。スピノザによれば一般に病気になるのは他からの必然によるのであって、それ自身の必然性からなるのではない。自由とは自己の本性の必然性から生ずるものをさし、それは自己の本性の実現であり得ても、決して自己を滅ぼすものではない。病気になる、あるいは自己を滅ぼす自由は、本性の必然性に反する自由である。シェリングはこのような考え方から自由と必然の同一視に反対し、両者の同一視が道徳的本質の否定をもたらすと主張した。しかしこの場合の自由が本性に反する自由であり、またその必然が強制と見なされるものであるならば、スピノザ自身とてこの両者を同一視しない。だが彼にはこの強制としての外的必然性のほかに、内的必然性、ものの本性の必然性を考える。この内的必然性は彼によれば「自由なる必然性[28]」、簡単に言えばものそのものの自由である。ここに自然即自由の等式が彼において成り立つ所以がある。これに反してシェリングは部分が部分としてありうるのは全体の中においてであると主張しながら、その部分の自由を考えるにあたって、（スピノザの言葉を使用するならば）実在的な区別に基づく部分の自由、つまり部分を実体化し、それ自体で生きそして消滅する自由を考えた。このような自由を考えるかぎり、前述のスピノザ的立場にたてば部分は全体の部分であり得なくなるのである。

なるほどシェリングは自由と汎神論は矛盾しないと主張した。しかしこの場合の自由は右に述べたような自由であり、形式的、恣意的自由である。前述のことからこのような自由が成立するかぎり、全体と部分の調和の関係はくずれ、ひいては汎神論そのものが否定される。スピノザはその体系においていわゆる形式的自由を認めない。このため彼の体系がある意味においてシェリングの主張するような決定論であることも事実である。だが外的必然性による限定が彼の体系をすべて象徴しているのではない。彼が求めたものは外的必然性が支配する中にあって内的必然性の自由を獲得することであり、これこそ彼の『エチカ』において最高の目標となったものであった。このような自由は個物が単なる個物としてあるのではなく、神の様態として神のうちにあるとき、初めて可能になるとすれば、「導きだされた絶対性あるいは神性の概念は少しも矛盾しない。むしろそれは哲学全体の中心概念である。このような神性が自然に帰せられるのである。神への内在と自由とは少しも矛盾しない。まさに自由なるもののみが、そして自由であるかぎり、神の中にあるのであり、不自由なものは、そして不自由であるかぎり、必然的に神の外にある」[29]というシェリングの言葉はシェリング自身にあてはまるというより、スピノザ自身にあてはまるのである。なぜなら自由を示す個物それ自身の必然性は彼の場合神の必然性と一致しているからである。そして不自由であることが他からの限定を意味するとすれば、個物は個物でありながら、他者の必然性のもとにある。つまりそれ自体において神の必然性と一致しないのである。なるほど他者の必然性のもとにあるときも、スピノザによれば神の中にあると見なされよう。しかしこの場合神の中にあるのは自己を含む他者のみであり、自己は他者において、神の中において自己を喪失しているのである。

汎神論、特にスピノザ主義において「個物は神に等しくなければならない」[30]という帰結がなされる。しかし個物は彼において「様態化された神」あるいは「様態化されたかぎりの神」である。この点に関してシェリングは「様態化された、すなわち導きだされた神は本来的に優勝的な意味において神ではない。この唯一の附加によって物は物の位置にもどる。そしてその位置によって物は神から永遠に分かれる」[31]と言う。このかぎりシェリングとスピノザの見解は矛盾しない。スピノザ自身『エチカ』の第五部において「神に対する精神の知的愛は神が自分自身を愛する神の愛そのものである。しかしこの場合の神は無限であるかぎりの神ではなく、永遠の相のもとで考察される人間精神の本質によって説明される神である」[32]（傍点―筆者）と主張する。右の傍点の箇所において「かぎりの神」と無限なる神との相違が示されている。ただスピノザの場合、人間精神のみならず、人間精神以外のものもすべて「かぎりの神」としての様態である。ところがシェリングにおいては単なる物（Ding）に関して右のことが主張され、次のことが、すなわち「神は自分に似たものにおいてのみ、すなわちそれ自身から行為する自由な存在者においてのみ自分を顕示することができる」[33]とか、「神性の表現は自立的本質でありうる」[34]ということがいわゆる理性的存在者にのみ言及されるとすれば、これはスピノザと異なる。もしそうであれば、シェリングのいう汎神論は先にもちょっと言及したように極めて観念論的な汎神論と言える。

仔細に見れば右のような相違があるとしても、「かぎりの神」の基本的な考え方において異なるものは殆どない。スピノザにおいて神と様態（個物）は「かぎりの神」において結びつく。しかしシェリングの主張するように、この「かぎり」（quatenus）の附加において神そのものと区別される。つまり有限なる個物と神とは同一であるのではなく、前者は後者の中にあるものとして後者と一致し、また同時に「……の中にある」ことによって後者から区別されているのである。換言すれば、同一のものが一方では神の様態として神と一致し、また他方では神から区別されて有限なものとなるのである。しかしこの点に関してスピノザは、水は物質であるかぎり分割されるが、実体と見なされるかぎり不可分であると主張する。[35]これは同一物が一面では物質であり、他面では延長的実体であるというのか。それとも物質としての水にはこのような二面性があるというのか。この二つの問題は極めて似たようなものと見える。しかしよく見れば前者は無限なる実体が他面では物質であることを意味し、後者は「かぎりの神」の二面性を意味する。スピノザはこのような問題に直接解答を与えていない。否、彼はこの二つとも肯定しているように見える。なぜなら『書簡集』第三十二の全体と部分の考え方からすれば、当然第一のことが肯定され、また神と様態との区別に基づけば第二のことが肯定されるからである。つまり前者において無限なる神（延長的実体としての）は無限なる宇宙となる。もちろん無限なる宇宙といっても単に有限者の総体あるいは部分の機械的な和としての全体ではなく、無限なる自然である。そこでは部分は有機的な結合をなし、また部分相互ならびに全体と部分は様態的にのみ区別される。だがこの宇宙もイマギナチオの認識によって単なる物質となる。つまりデカルト的な無限定的無限の物質の世界となる。無限なる自然にもこのような二面性があるとすれば、それは「かぎりの神」としての個物と矛盾しない。それは神の様態として無限なる宇宙の有機的な部分（不可分割的部分）となり、他方において物質としての可分的な部分となるからである。

シェリングはスピノザ主義の欠点が、諸物の神への内在にあるのではなく、「世界本質、否、彼（スピノザをさす—筆者）にとってはまた一つの物（Ding）でもある無限の実体そのものの抽象的な把握の中に[36]」存すると主張する。つまり彼はスピノザ主義における実体を単に生命なき物として扱っているのである。このように理解するならば、スピノザ主義は当然彼の主張するように「機械論的物理学」の体系になる。スピノザ主義をこのようにしか見ないかぎり、スピノザの真に求めたものを理解し得ないのは今まで述べてきたことから明らかであろう。シェリングの指摘するものは確かにスピノザ主義の一面である。しかしこれはスピノザにとっては非本来的な一面にすぎない。機械論的必然性の背後に生命ある真の具体者が隠れているのである。確かにシェリングの立場からすれば、彼の体系は「最も荒い輪廓においてのみ描かれた作品に似ている。その作品に魂が吹きこまれたとき、初めて多くの欠点と未完成の箇所が目立つ作品である[37]」かも知れない。しかしこの最も荒い輪廓において描かれたものを深くその内実へと迫るならば、シェリングのいう「動力的なものと心情的、精神的なものとの認識された統一[38]」が自ら現われる体系がスピノザ主義である。かくてスピノザ主義が単に魂を吹きこまれねばならないピグマリオンの彫像[39]」ではないという点で、筆者はシェリングと一致する。だが吹きこまれねばならぬものとしてでなく、すでに吹きこまれてあったと主張する点で、筆者はシェリングと異なるのである。

注

(1) Grunwald; Spinoza in Deutschland.
(2) Schelling, F. W. J.: Zur Geschichte der neueren Philosophie, S. 35. (1953, Wissenschaftliche Buchgesellschaft).
(3) Hegel, G. W. F.: Vorlesungen über die Geschichte der Philosophie, Dritter Band, S. 376 (Glockner).
(4) Kant, I.: Was heiBt: sich im Denken orientieren.
(5) Schelling, F. W. J.: Zur Geschichte der neueren Philosophie, S. 33.
(6) 本書第1部第二章参照。
(7) Schelling, F. W. J.; Zur Geschichte der neueren Philosophie, S. 36.
(8) Ep. 56.
(9) Eth. I. Definitio 4.
(10) Ep. 21.
(11) Schelling, F. W. J.: Zur Geschichte der neueren Philosophie, S. 37.
(12) 本書百十二頁以下参照。
(13) 本書七十八頁以下参照。
(14) Ep. 75. et 78.
(15) T. T. P. Cap. 3.
(16) Ep. 64.
(17) Eth. I. Prop. 17. Schol.
(18) Schelling, F. W. J.: Das Wesen der menschlichen Freiheit, S. 10~11. (Berlin, 1925.)
(19) Eth. I. Prop. 34.

(20) Schelling, F. W. J.: Das Wesen der menschlichen Freiheit, S. 14.
(21) Ep. 4. p. 14.
(22) Ibid.
(23) Schelling, F. W. J.: Das Wesen der menschlichen Freiheit, S. 15.
(24) Eth. I. Prop. 17. Schol.
(25) Schelling, F. W. J.: Das Wesen der menschlichen Freiheit, S. 16.
(26) Ibid.
(27) Ibid. S. 17.　引用の傍点—筆者。この「同じこと」というのは次のことを指している。「依存的なもの、帰結的なものが自立的でないならば、これはむしろ矛盾であろう。それは依存するものなき依存であり、帰結するものなき帰結であろう。それ故それは現実的な帰結ではないであろう。すなわち全概念は自分自身を廃棄してしまうであろう」と。
(28) Ep. 58.
(29) Schelling, F. W. J.: Das Wesen der menschlichen Freiheit, S. 18.
(30) Ibid. S. 11.
(31) Ibid.
(32) Eth. V. Prop. 36.
(33) Schelling, F. W. J.: Das Wesen der menschlichen Freiheit, S. 17.
(34) Ibid. S. 18.
(35) Eth, I, Prop. 15. Schol.
(36) Schelling, F. W. J.: Das Wesen der menschlichen Freiheit, S. 20.
(37) Ibid.
(38) Ibid. S. 21.
(39) Ibid. S. 20.

第一部　汎神論的根源直観の形成

1　序説

ユダヤ精神世界の中で育ったスピノザは教会から破門されたのち、以前にもまして自由に、西欧のキリスト教文化圏の哲学や自然学の研究に身を投ずることとなった。この破門後の研究が彼の思想の発展に大きな転機をもたらしたことは周知の通りである。特にその自然学研究の成果は、彼の場合物理学の自然法則が形而上学の神的法則と同一視されているように、哲学の体系の中に縦横に取り入れられ、彼の哲学の重要な概念を説明している。このため近代物理的自然の概念に関する限り、スピノザはその殆どを自らが育ったとは異なる文化に負うていると見てよいであろう。だがこのことから、換言すれば、彼が近代の自然研究の成果を体系の中に導入することによって、「神即自然」の汎神論的思想が形成されたと考えることは早計であろう。

なるほどスピノザは従来被造物と見なされてきた自然、すなわち延長的実体を神の属性と見なした。(1) しかも彼はこの延長概念についてデカルトから多くの影響を受けている。このため形式的には空間的、物質的自然と同一のものと見なされる。とすれば、延長の神的属性化は神の自然化とも考えられるし、また逆にデカルト的な延長概念の絶対化、あるいは神化が考えられてこよう。しかし彼が単にデカルトの延長概念の絶対化から神の延長的実在性、ひいては自然の神化から神や自己原因の定義づけをなしたとすれば、彼は自分の育ったユダヤ精神世界と全く断絶した上で神の概念を考察したことになろう。換言すれば、彼はユダヤ教、あるいは啓示宗教一般の超越神との対決、批判、克服なくして、自分の新たな神をその哲学において形成したことになる。しかし彼の思想の発展史を見れば、事態はその逆であろう。彼にはユダヤ精神世界あるいは宗教界との断絶の前に、それとの対決、あるいは超越神との対決があり、彼なりに神についてのいわば一種の直観があったと考えられるからである。すなわち、神の延長性について言えば、デカルトの延長概念を受け入れる前に、従来の神概念にかわる、新たな神を考え、その概念のもとに神の延長性を問題にしたと見るべきではなかろうか。このため、デカルトの延長概念が新たな装いをもって彼の体系に登場し得たと考えられるのである。つまり神の延長性そのものは彼の場合その哲学の発端とともに古く、たとえ神の自然化やまたロイスの主張するような自然の神化が問題となったとしても、(2) それは近代的自然を基軸として考えられたものではないと言える。このことは右の延長概念においてのみでなく、これから述べる「方法」においても一層明らかなものとなろう。

右に述べたようにスピノザは近代の自然概念から多くの影響を受け、それによって十七世紀の他の誰よりも体系の合理化を推進した。その最も顕著な例は体系の合理化のために幾何学的方法を適用し、「存在の幾何学化」(3) を果たしたことであろう。しかしこのことは彼の体系が幾何学的方法の貫徹をもって形成されたかのような印象を与えがちである。彼に対するデカルト的な自然概念の影響を重視するかぎり、特にそうであろう。だが彼の幾何学的方法は単にその形式から見れば、自然の内部に存在するものの相対性を前提として、存在相互の連関を幾何学的に秩序づける方法である。つまりそれは、形式的にはものを幾何学的に秩序づけ、連関づける方法であり、決して真の実在あるいはものの真理を発見する方法ではない。真理としての神はすでに存在しているのであり、今さら発見されねばならぬものではない。このため幾何学的方法はすでに真理として認められた神を根本原理とし、それから存在者全体を幾何学的に再構成する方法となる。このかぎり彼の方法は、本来的には「根源」から存在者全体の演繹的体系を築くためのものであり、それをたまたまその当時モードとすらなっていた幾何学的方法に求めたと言える。なるほど彼はこれによって確かに体系の合理化、近代化を果たすことができた。しかし彼の場合幾何学的方法の意義は単にそれだけにつきない。むしろこの方法はいっさいを根源としての神に結びつけ、「神なしには理解されることも存在することもできない」[4]ことを示そうとする。換言すれば、方法は神と世界との関係を合理化するばかりでなく、いっさいをその根源から見、基礎づける彼の哲学と一体となっている。つまり幾何学的方法は単に形式的なものにとどまることなく、むしろそれ自体がいわば彼の哲学に根差すものとして深化されている。このことは同時に、その方法が適用されるために、方法の始源に立つ神そのものが、単に超越的な存在でなく、内在的存在であることを前提としなければならない。なぜなら、もし神が超越的であるなら、単純な点、線、面から任意の図形が画かれるように、いっさいの存在者が神から幾何学的に秩序づけられることはできないからである。換言すれば、自然における神の内在が確立されてこそ、根源からの自然の再構成が問題となりうるのである。いわば方法の適用以前に汎神論的な根源直観が形成されているから、幾何学的方法の適用が可能となり、幾何学的汎神論が形成されてきたのである。

かくて方法はこの根源直観を近代化、合理化、体系化するための方法である。このことは彼の幾何学的汎神論が汎神論の幾何学化、近代化であることを意味し、決して幾何学的方法によって汎神論そのものが形成されたことを意味するのではない。つまり幾何学的汎神論、あるいは汎神論の幾何学化は、その近代性の故に、近代の自然概念なしには考えられないとしても、幾何学化以前の汎神論そのものは近代の自然概念なしに形成されうるのである。換言すれば、汎神論そのものの形成とその幾何学化とは別の問題である。この両者を区別せず、ただ単に彼の汎神論の完成態である幾何学的汎神論にのみ注目するならば、「神即自然」の汎神論的根源直観さえも、幾何学的方法によって得られたかのような錯覚をいだく。あるいはスピノザ思想の研究において、彼のキリスト教ヨーロッパの近代思想に接触して以来の思想の発展のみを重視するならば、その発展の完成態である幾何学的汎神論しか眼にうつらない。もちろん近代の思想は彼の場合汎神論の幾何学化にのみ役立ったとは主張しえないにしても、その幾何学化を広義に解し、合理化、近代化の意味に解すれば、右のことは前述の神の延長性との関連から当然のことと首肯しうるであろう。かくて彼の場合汎神論的な根源直観の形成を問題とするならば、破門後の近代思想受容以後の彼の思索よりも、それ以前の思索に眼を向けねばならないであろう。以下上述の見地に立って、スピノザにおいて汎神論の根源的な形成がいかになされたかを吟味して行きたい。

注

(1) スピノザは Ep. 6. において次のように言っている。「すべての人々が神に帰せしめている多くの属性を私は被造物と見なし、これに反して、彼らが先入見によって被造物と考えている他の属性を神の属性と見なし、彼らの考えが誤解であることを主張します。そしてまた、私は私が熟知するすべての人々のように、神が自然から離れているとは考えません……」と。

(2) Franz Erhardt : Die Philosophie des Spinozas in Lichte der Kritik (Leibzig, 1908) S. 286 ff.
Josiah Royce : The spirit of modern philosophy, p. 28 ff.

(3) P. Siwek : Spinoza et la Panthéisme Religieux, p. 197.

(4) Eth. I. Prop. 15.

2　汎神論的先駆思想との関係

一　デカルトとブルーノ

クーノ・フィシャーは、スピノザ哲学の方向を決定したものはデカルト哲学であり、彼の汎神論的思想の根源すらデカルトのうちに見出されると主張する。[1] つまりスピノザの汎神論はデカルト哲学の徹底であると考えられている。フィシャーがその根拠としたものは、デカルトの第六省察の次のような言葉であった。すなわち、「自然が私に教えるすべてのものが、何か真理をもっていることは確かに疑うことができない。なぜなら、私はいま一般的に見られた自然を神そのものあるいは神によって創造されたものの秩序（cordinatio）以外の何ものでもないと理解し、また個別的には私の自然を神によって私に賦与されたすべての事物の集り以外のものとは解さないからである」[2]（傍点-筆者）。フィシャーのように、スピノザにたいするユダヤのカバラ思想の影響やまたルネッサンスのブルーノの影響を重んじないものにとって、右のようなデカルトの些細な汎神論的な表現は、スピノザの汎神論の形成を考えるうえでまさにお誂えむきのものであったろう。しかしこのデカルトの見解の前後に眼を通すならば、デカルトはここで決して汎神論的な見解を述べたのでない。彼のこの神と自然との等置は、自然のうちに真理を見出すためのものであって、その背後に神即自然の汎神論的な思想の存在を思わしめるものは何もない。デカルトのいう自然はスピノザの神即自然の自然とは異なる。右の引用文においてデカルトは自然を神ならびに被造物の秩序と解している。この考え方は、スピノザの『知性改善論』における「確固にして永遠なる諸物」(3)、あるいは事物の本性、自然の法則や秩序についての考え方と一致するかも知れない。しかし自然をこのように理解するのは、スピノザの場合非人格的な神即自然を前提として始めて可能であった。この点、デカルトの第六省察では依然として人格神が問題となっている。つまり両者の根底には全く相容れない神観がある以上、たとえ両者が自然を法則として理解する点において一致していたとしても、この一致は本質的な一致ではない。このため、たとえデカルトがその著書の中で汎神論的な表現を用いたとしても、それは本質的なものではない。右の例から明らかなように、スピノザはデカルトによって自分の体系を近代化し、整合化することができたが、汎神論の原初的形成のモチーフをデカルトの中には見出すことができなかったと主張しうるのである。あるいは同じことだが、ロビンソンの主張するように(4)、汎神論の合理化に関してのみスピノザに対するデカルトの積極的な意義が認められるのである。

　デカルトが汎神論の原初的な形成に関してスピノザの師でなかったことは、既述のような空間的、物理的存在としての延長概念からも明らかである。汎神論的な思想から分離して、ただ無限の延長や空間、また神の属性としての延長だけを問題とするならば、これらのことはすでにキリスト教文化圏に属する人々によって主張されていた。もとよりスピノザは延長を「神的な空間」、「神の場」と見なす思想を無視しえなかったし(5)、また当時の学界に大きな論争をまき起こしていた空虚な空間の有無についても無関心ではいられなかった(6)。これらの問題についてのスピノザの考えは、『エチカ』第一部定理十五の注解を見るだけで充分であろう。つまり彼の思想は、いわば伝統的な超越神の否定に基づく神即自然の論理的な帰結として神の空間的無限延長を主張したのであって、一方において「神的な空間」を主張しながら、他方において神の超越性を肯定する当時の進歩的な思想家とは同列に論ずることはできない。またスピノザがこれらの思想と接した時期が、ほぼ彼のデカルト研究の時期と同じであるとすれば、これらの思想が彼の汎神論の根源的な形成に決定的な影響を与えたとは考えられない。

デカルトや同時代の近代思想家について言えることは、彼に対するルネッサンスのブルーノの影響についても言えるであろう。従来スピノザの汎神論の形成に関して、ヤコービ以来ルネッサンスの影響がしばしば取り上げられてきた。ズィグワルト、アヴェナリウス、シャールシュミットなどの意見はその代表的なものであろう(7)。彼らによれば、スピノザはデカルトに接する以前に、汎神論的根源直観をブルーノから得ているのである。しかしスピノザがデカルト研究以前にブルーノの思想に親しんだという明白な証拠がない以上、彼らの説はあくまで推察の域を脱し得ないであろう。なるほど汎神論に関するある種の共通性から、スピノザとブルーノとの間に何らかの関係があると見ることができよう。だが共通性があるからといって、それが直ちに両者の歴史的連続性の決め手にはならないし、また同じことだが、スピノザがブルーノから多大の影響を受けたとの証拠にもならない。スピノザはそのいずれの著作にもブルーノの名を挙げたり、またその説を直接引用することもなかった。しかしこのことはスピノザが全然ブルーノを知らなかったという証左にはならない。ポロックやケアードの主張するように(8)、著者がその影響をうけた先輩の名を特に挙げないことがその時代のいわば不文律であったとすれば、なおさら両者の関係を否定的に取り扱うことは大きな誤りをおかしがちである。以上のことから明らかなように、スピノザとブルーノとの関係を肯定的にとらえるにしても、また否定的にとらえるにしても、決定的な決め手となるものは容易に見出せない。それは、スピノザがいつ、いかにしてブルーノの思想を学んだかという明白な証拠に欠けているため、多くは両者の完成された思想の比較検討から両者の関係をつきとめようとするからである。しかし明白なる証拠をもたないにしても、我々はスピノザがおおよそいつ頃ブルーノに接し得たかを知ることができる。なぜならユダヤ人としての彼が、キリスト教文化圏の思想に接するためにはラテン語の修得が必須であり、このラテン語修得の時期をもって彼がいつ頃デカルトやブルーノに接し、そして得たかを推定できるからである。そしてこのことから、果たしてスピノザがデカルト以前にブルーノに接し、そして彼から汎神論的根源直観をうる可能性があったかどうかを吟味できるのである。

スピノザが一般に西欧のキリスト教文化圏の文化に接した時期は、彼がアムステルダムの自由思想家ファン・デン・エンデンのもとでラテン語を修得して以来のことである。[9] もちろんそれ以前にも彼は、コレルスの報告によればドイツ人学生からラテン語を習っている（一六四八〜五〇年、スピノザ十六才〜十八才）。[10] しかしこの時期には彼は未だ思想的な書物には接していない。このため彼がラテン語で書かれた思想的な書物に接したのは、ふつうファン・デン・エンデンのもとであったと言われる。この時期は彼のユダヤ教からの破門（一六五六年）に先立つ二、三年前の一六五三〜五四年のことである。（因みにファン・デン・エンデンがアムステルダムにラテン語学校を開いたのは、一六五二年のことである）。恐らくこの時期にスピノザはデカルトやブルーノの著作に初めて接したと思われる。それ故スピノザ自身の直接の証言がない現在、彼がブルーノに接した時期は彼がデカルトに接した時期とほぼ同じ頃であったと推定しなければならない。また彼がファン・デン・エンデンを介さずに、デカルトの名声を知っていたとすれば（一六五一年頃）、デカルトとブルーノのうち誰を先に知り、また積極的にその思想を摂取しようとしたかは自明のことであろう。[11] 換言すれば、スピノザはデカルトを知る以前にはブルーノにも接し得なかったと見るのが至当ではあるまいか。つまりスピノザが、デカルト研究以前にブルーノから汎神論的根源直観を得たという可能性はきわめて薄いと言わねばならない。むしろスピノザに対するブルーノの影響は、彼がデカルトの影響を受けてその汎神論を幾何学化、近代化した際に問題となりうるのではあるまいか。すなわち汎神論の近代化の一環としてブルーノ研究が彼において問題となったのではあるまいか。

かくてスピノザの汎神論の根源的形成を考える場合、彼とブルーノとのつながりは必然的なものでなく、むしろボルコヴスキーの主張するように、彼がルネッサンスの他の哲学者たち、クザーヌス、パトリッティ、カンパネラなどに眼を向けたとしても、同じような結果になったかも知れないのである。[12] そしてもしスピノザにおいてブルーノのもっているような新プラトン主義的汎神論を問題とするならば、彼はブルーノを介さずともそれに接しうる環境にあったことは明らかである。すなわち、彼はユダヤのカバラ思想にも、またオランダに定着した神秘主義的自然哲学にも充分接しうる環境にあったのである。それ故、特にブルーノだけを彼の汎神論形成に影響を与えたものとして取り上げることはできないのである。(13)

二　カバラ思想

すでに述べてきたように、スピノザの汎神論の根源的な形成に関して、西欧近代の思想家が何ら決定的な影響を与えていないとすれば、彼は一体どのようにして汎神論についての根源的な直観を得たのであろうか。当然ここに、彼が近代の思想に接するまでに育てられ、その影響を受けてきたユダヤ精神世界に注目しなければならないであろう。トレンデンブルグ、ヨエル、フロイデンタールなどは、スピノザに対するユダヤ中世の哲学者の影響を重視している。(14)スピノザがユダヤ哲学に接したのは、ユダヤ人学校を卒業し、誰の直接的な指導も受けず、自分の独自の研究、つまり聖書の研究を始めて以来のことである。この際彼がユダヤ哲学から学んだものが、彼の後年の『短論文』、『エチカ』、『神学・政治論』の中に見られることは事実である。『神学・政治論』を例にとっても、なるほどそこには彼自身のユダヤ哲学についての知識が縦横に示されている。しかし彼がこの知識によって『神学・政治論』を著述し、彼自身の宗教観や聖書解釈の基礎を形成したと考えることはできない。むしろそこにはユダヤ哲学のスコラ的な思弁や宗教観に対する積極的な批判が多く示されているだけである。それらはいわば彼の批判の対象として取り扱われているに過ぎない。換言すれば、彼がユダヤ哲学から特に影響を受け、自分の聖書解釈を根本的に基礎づけたものは何もない。もともと彼のユダヤ哲学の研究は、その思想の歩みから考察するならば、哲学研究の一環としてではなく、むしろその聖書研究から派生的に生じてきたものである。つまりその研究の動機から考えても、彼がユダヤのスコラ的な思弁から自分の哲学、あるいは汎神論の根源的な形成に対する積極的な影響を受けたとは考えられない。確かに彼は個々の哲学的な概念や術語の使用等に関しては中世のユダヤ哲学の少なからぬ影響を受けている。しかしそれらは、彼の思想形成にとって核心となるものではない。彼は単にそれらの言葉を用いて、自分の思想を合理的に表現したにすぎず、またその際その意味するものが従来のものと異なったものになったことは否めない。

しかしユダヤの精神世界には、ユダヤのスコラ的哲学のほかにカバラ思想という豊かな汎神論的な土壌が見出される。それ故スピノザにその気があるならば、汎神論への道は容易に開かれたであろう。だが彼は「私が熟知するすべての人々と同じように、神が自然から離れているとは考えません」(15)と主張する。このことから必然的に、我々は彼がカバラ思想の中にも神即自然の汎神論を見出し得なかったと考えることができよう。換言するならば、彼はカバラ思想を特に汎神論思想として受け取っていなかったとも言えるのである。スピノザがカバラ思想に接したのは、先のユダヤ哲学の研究の場合と同じように、聖書研究の一環としてであった。もちろんそれ以前にもそれについて全然知らなかったわけではない。彼が学んだユダヤ人学校にはマナセ・ベン・イスラエルやサウル・モルテイラのようにカバラ思想に共感する人々が教授にあたっていた(16)。しかしその学校はカバラ思想を正科として取り入れていなかった。このためスピノザがカバラ思想について何らかの知識をうる機会があったとしても、それは個人的なものに限られたと思われる。もっとも次節において述べるように、アムステルダムのユダヤ教会がアシュケナスのユダヤ教会であり、その教義の中心がタルムードやカバラ思想であったとすれば、カバラについて彼が前記二人の教師から直接聞くことがなかったとしても、カバラ的な神秘主義が一種の雰囲気として彼の身辺にただよっていたことは想像に難くない。だがそれにもかかわらず、聖書研究に取りかかる以前の彼のカバラ思想についての知識は、いわば聞きかじり程度のものであって、それに対して批判的であるほど豊かなものではなかったと言えるのである。

彼がカバラ思想に本格的に接したのは、一六四七年から四八年にかけての短かい期間（スピノザ十五～十六才）であった。[17] しかも彼はこの期間にタルムード研究をあわせて行なっていたため、カバラ思想についての本格的な研究の段階にまで進むことができなかったと想像される。そしてこの研究は前述のようにあくまで聖書研究の枠の中で行なわれ、カバラ思想を汎神論と見なしての研究でないことを銘記すべきであろう。ユダヤ人学校においてすでにその片鱗を示した彼の批判力は、もちろん文字遊びや数の占い、また祈祷に重点をおいた神秘主義、いわゆる実践的カバラを認めることは、到底できなかったと思われるが、後述のようにカバリストの聖書解釈についてもその不条理な解釈については全く否定的であった。この為早くも一六四八年にはカバラの証明なきファンタジーに嫌気がさし、そのもとを去らねばならなかった。クーノー・フィシャーは、スピノザが聖書解釈に関してカバラに批判的であったところから、スピノザにはカバラ思想の影響がなかったと極言する。[18] しかしスピノザの完成された体系とカバラ思想との間には、ボルコヴスキーの主張するように少なからぬ一致点が見出されることも事実であろう。[19] 彼はのちにカバリストたちの見解を「古きヘブライ人の智恵」と呼び、カバラの思弁のある面には共感さえいだいている。確かに西方スペインに根づいた思弁的カバラは中世ユダヤの宗教哲学と密接な関係をもち、教説の多くの点で両者の間に共通点が見られる。それ故彼がマイモニデス研究をなした際にも、マイモニデス流の合理主義のみでなく、思弁的カバラにも接することができたと主張できるのである。従って彼とカバラ思想との関係は、単に否定的な面にのみつきなかったと言える。

しかしこのことはカバラの思弁がスピノザの哲学思索に多大の影響を与え、その思想を基礎づけるに役立ったことを意味するものではない。彼は神の特質を述べる場合、カバラに頼る必要はなかった。例えば、彼は神に意志や欲望、感覚的属性を帰せしめることを拒否した。しかしこのことはカバラばかりでなく、マイモニデスの思想にも見られることである。また彼の根本思想の一つともなっている「限定は否定である」は、ふつうカバラ思想の中に見出されると主張されているが、これもボルコヴスキーによればユダヤ哲学のうちに見出されるのである。[20]このような例を見れば、スピノザはカバラ思想よりもユダヤ哲学から多くの影響を受けたとも考えられよう。だが神が存在の統一であり、また全一であるという汎神論的思想はユダヤ哲学のうちには見出されない。これがカバラのSoharの思想のうちに見出されることは、大方の学者の指摘するところである。このためスピノザの汎神論思想の出所をカバラ思想に求めることは、キリスト教世界のブルーノに求めるよりも無難であると考えられよう。しかし両者の間に共通点、類似点がいかにあるとはいえ、両者の思弁には大きな相違のあることを認めなければならない。なぜなら、カバラ思想は新プラトン主義に由来するミトロギーであるとすれば、スピノザはむしろカバラ的ミュトスを排し、ロゴスを重んずる合理主義の立場に立っているからである。つまりカバラの議論はいわば証明なき単なる主張であるとすれば、スピノザの体系は、全然神秘主義的要素がないわけではないが、あくまでロゴスの体系であることを建前としている。両者はなるほど汎神論において一致しているが、それに至る道程においては全く異なっている。このため彼は自分の求めるものに対する理論的な根拠をカバラ思想に求めることは困難であったと考えられる。換言すれば、両者の関係は平行的であって、ボルコヴスキーの主張するように、「依存」や「借用」の関係でなかったとさえ言えるのである。[21]特に両者の間には、世界の神における内在（カバラ）と神の世界への内在（スピノザ）という相違があるとすれば、[22]なお一層以上のことが言えるのではなかろうか。従ってスピノザがその思想の発展においてカバラ思想に見られるような神秘主義的、汎神論的な結論に到達したとしても、それは後述のような彼の内在的合理主義の徹底が、単なる神秘主義としてのカバラと外面的な相似をなしたと言える。そしてたまたま両者の考えが一致しているとき、それがスピノザをして過去のカバラ研究を想起せしめ、「古きヘブライ人の智恵」と言わしめたとも考えられるのである。

以上簡単に、スピノザのカバラ研究の時期並びにその研究の動機から見て、カバラ思想の影響がその汎神論の形成に対して積極的なものでなかったことを見てきた。ゲプハルトもこれと同じことを異なる見地から、つまりスピノザ

・マラーネ説から主張する。(23) ゲプハルトの提起したスピノザ・マラーネ説は、スピノザの思想的環境を知る上で極めて重要な意味をもっているので、さらに次節において問題点を指摘する。ここではただスピノザに対するカバラ思想の影響との関連において、スピノザ・マラーネ説を瞥見して行きたい。

マラーネとは、スペインにおいてユダヤ教からキリスト教へと強制改宗を余儀なくされたが、キリスト教に自己の真の信仰を見出すことができず、内面では依然としてユダヤ教への憧憬をいだいていたユダヤ人のことである。スピノザの先祖はこのようなマラーネであった。現実にはユダヤ教について何の知識ももたず、ただあこがれしかもち得なかったマラーネたちが、アムステルダムに移住後、自分たちの信仰を求めて、ユダヤ教の門をたたいたことは想像に難くない。しかしアムステルダムのユダヤ教会は、彼らマラーネの先祖たちが信仰し、中世においてマイモニデス、ゲルソニデス、クレスカスなどの哲学者を生んだセファルディ系の教会ではなかった。それは彼らにとって無縁な東方アシュケナス系のユダヤ教会であり、その教義の核心となったものは、すでに述べたようにタルムードやカバラであった。加えてこの教会は古い伝統に固執し、排他的であったため、外の世界のルネッサンス的な気運に触れることがなかった。このため、マラーネたちがアムステルダムのユダヤ教会において出会ったものは、今まで自分たちがスペインにおいて身につけてきた近代的な世俗性とは全く異質的な、十五世紀の神秘主義的な宗教形態であった。(24) マラーネたちは過去の宗教的弾圧と世俗的、職業的な関心から、彼岸よりも此岸に生活の中心をおいていた。従って彼らがユダヤ教会に入り、アシュケナス化されるにつれて、当然彼らの現実の生活との間に大きな間隙が生じてくる。ここに近代的な世俗性と前近代的な神秘主義との対立が生まれる。ところが大部分のマラーネたちはその対立を自覚するまでに至らず、あるいは自覚したとしても、それに抗するに至らず、大勢に順応し、スペイン・カトリックの装いをぬぐい去り、アシュケナス化されていった。この意味でアムステルダムのユダヤ人移住者の歴史は、アシュケナス化の歴史であると言われる。しかしこのアシュケナスの宗教に同化し得ぬ少数のマラーネがいた。彼らはアシュケナスの宗教、あるいはカバラのミュトスよりもマイモニデス流のロゴスを重んずる反面、マラーネの世俗性を弁護し、それを徹底させて、宗教の合理化、世俗化を実現しようとした。その代表者としてゲプハルトは、ウリエル・ダ・コスタとデ・プラドーを挙げる。そしてさらに彼はスピノザをも彼らと同一線上にあるマラーネとしてとらえている。もしそうであるならば、当然スピノザに対するカバラ思想の影響は過小評価されねばならない。そしてカバラよりもむしろマイモニデス流の合理主義がクローズ・アップされねばなるまい。かくてスピノザに対するカバラ思想の影響を強調しすぎることは、ダ・コスタやプラドーの提起した問題を充分にわきまえたスピノザにとって不都合に思えるのである。

三　ウリエル・ダ・コスタとプラドー

前述のようにスピノザは、神即自然の汎神論を特に誰からも影響されなかったと主張しているにもかかわらず、彼の汎神論形成について極めて重要なことを次のように言っている。「神はあらゆるものの内在的原因であって、彼らの主張するように超越的原因ではないと私は主張します。私はパウロとともに、あらゆるものが神のうちにあり、神の中に動いていることを主張します。さらにまた、このことはおそらく古代の哲学者たちも異なった仕方ではありますが、そう主張しておりますし、古代のすべてのヘブライ人もそう言っていると私はあえて主張します。多くの点で誤ってはおりますが、ヘブライの種々の伝統から結論される限り、以上のように主張します[25]」と言っている。つまり彼は汎神論の大きな特徴である神の内在性を、カバラを含めてユダヤ教、キリスト教、またギリシアの哲学思想のうちに見出している。彼によれば西欧の哲学思想、宗教思想の殆どは神の内在性を主張しているのである。このうちのギリシアの哲学思想に関して言えば、彼はギリシア語ができなかったために、直接にその思想を知ることができなかった。このため彼のギリシア哲学についての知識はそれほど豊かなものではなかった。かくて彼が他に内在神の思想を見たとすれば、それはユダヤ教やキリスト教の啓示宗教やそれらの思想においてであったと考えるのが、この場合至当であろう。もちろん彼には前述のパウロの言葉、「神のうちにある……」を端的に、また無造作に内在の意味に理解したような誤解の存することも事実であろう。しかし彼がパウロの言葉や啓示宗教の教義を正統的な意味においてでなく、独断的に解釈したかどうかを吟味しても意味がない。むしろここでは彼がまず神について思考し得たのは、ユダヤ教やキリスト教においてであったことに注目しなければならない。だが彼が本格的にキリスト教の教義に接し得たのは、一六五六年の破門前後のことであったとすれば、彼がまず神についての何らかの思索をめぐらしたのは、ユダヤ教の内部においてであったと言える。換言すれば、彼の上に挙げた二つの告白との関連において言うならば、彼が内在神、ひいては汎神論的な思想をいだくに至ったのは、ある特定の哲学者たちの教説によるのではなく、自分がそこで生まれ、育った環境とユダヤ教においてであったと言える。

かくてスピノザの汎神論的な根源直観の形成を問題とする場合、彼自身の告白を基礎として考えるならば、それが哲学史の上で誰を、またどのような思想を、先駆者とし、また先駆思想としているかに問題を集中することは、あまり意味のあることではない。それらはもちろん何らかの意味で、彼がその根源思想を形成する際、機縁になり得たものであろう。しかしそれらは本質となるものではない。むしろ本質的なことを問題とするなら、彼がユダヤ精神世界の内部でユダヤ教、ひいては啓示宗教に対してどんな態度をとったかを究明しなければならない。

もちろん前述のゲプハルトの主張するように、スピノザのマラーネ的な環境も彼の思想形成において見逃し得ぬ重大な要素をもっているとすれば、当然スピノザとマラーネの中の異端者、ウリエル・ダ・コスタやデ・プラドーとの関係が問題となってくる。以下彼ら二人の説を瞥見し、スピノザとの関係あるいは相違を問題として行きたい。

ウリエル・ダ・コスタはポルトガル生まれのキリスト教徒であったが、キリスト教の中に自分の真の信仰を見出すことができず、ユダヤ教に改宗した人である。[26] 彼が旧約聖書を読んで明らかになったことは、それが新約聖書と完全に矛盾した点をもっていることとキリスト教徒とユダヤ教徒との間に大きな対立、相違があるということであった。旧約聖書と新約聖書とをくらべた場合、旧約聖書が神について言っていることの方が、彼によればそれほど無理がない。またユダヤ教徒もキリスト教徒も旧約聖書は信じているが、新約聖書はキリスト教徒しか信じない。かくて彼はユダヤ教の方がキリスト教よりすぐれていると判断し、ユダヤ教に改宗しようとしたのである。そして自分の故郷を捨て、アムステルダムに移住した。しかし彼がアムステルダムの教会の中で見たものは、モーゼの説く教えとは全く異なるもの、律法からかけ離れたものであった。ダ・コスタはこのアムステルダムの教会の在り方にあきたらず、教会に頼らず、律法を自分なりに自由に解釈し、それを墨守しようとした。そして自説の正当性を示すために、また律法そのものから見れば、パリサイ的な伝統と戒律は無価値であること、そしてその伝統と組織はむしろ律法に反していることを明らかにするため、一書を著わそうとした。この際彼は旧約聖書の律法の賞罰の観念が世俗的な意味において理解されねばならないこと、また聖書の中には現実的な生活と異なる永遠の生とか魂の不死性がどこにも述べられていないと考えるに至った。次いでモーゼの律法そのものは神のものであるかという疑問に達し、ついにそれは人間の手になるものであるという結論に達した。そして律法の中には自然の法則に矛盾するものが多くあるが、自然の創造者としての神は、自然に矛盾してまで人間に何かを命令することができない。真の律法は自然の法則と一致するものであり、これはあらゆる人間にとって共通であり、生得的なものであると主張するに至った。

ダ・コスタがスピノザの一世代前の人であったとすれば、デ・プラドー(一六一五〜一六六三年)はほとんどスピノザと同世代の人であったため、そしてその新しい思想の故に、スピノザも少なからず影響されるところがあったかも知れない。一説によればスピノザはプラドーの仲間でもあり、また弟子であるとも言われている。[27] ゲプハルトによれば、プラドーは聖書の真理と聖書の中に啓示された神の真理とを否定し、その代わりに自然の法則の中に啓示された神の法を考えているため、スピノザの神即自然の概念は、プラドーの Dios de Naturaleza の中にすでに含まれていると考えられる。[28] しかしこのゲプハルトの説は、最近の研究によれば否定され、[29] 理神論者としてのプラドーの神は、十七世紀のフランスの理神論者の神と同じように、被造物たる自然に最初の刺激を与えたならば、それ以後は自然の法則に万事任せるという、いわば無関心の神である。すなわちこの神には自然の神という概念はどこにも見出されない。プラドーは創造主たる神と被造物たる自然とを明白に区別している。この点ウリエル・ダ・コスタも同様であった。またプラドーはダ・コスタと同様に理性のうちに真理の規範を見出す合理主義者であった。このためプラドーは聖書の奇蹟を否定し、またそこに現われた神の特殊な摂理を否定する。なぜなら彼によれば奇蹟とは普遍的な自然の法則に反するものである、そして自然の法則を神の摂理と解する彼にとって反自然的なものは結局神の不完全性を示すものにほかならないからである。

右に示したように、ウリエル・ダ・コスタとプラドーに共通な点は、彼らがともに世俗的、合理主義的な観点に立って、聖書を解釈した点にあるだろう。つまり彼らは聖書に合理主義をもち込み、聖書に書かれた非合理的な要素を一方的に否定する。彼らは聖書に合理主義的な解釈をもち込むかぎり、ユダヤ中世の哲学者、マイモニデスの側に立っている。だが非合理的なものを比喩と解さずに、ただそれを一方的に否定する点ではマイモニデスと異なる。換言すれば、彼らの果たしたことは、マイモニデスの合理主義を復興させたというより、それの徹底的な世俗化である。そして彼らは聖書の合理主義的批判から、宗教の世俗化、宗教否定へと傾いて行く。この結果が、彼らの場合前述のように律法の世俗化、自然化となって現われ、ひいては神の法を自然の法と同一視するかのようになったのである。しかしこの二つの法の同一化がなされるためには、その前提に神と自然との同一性がなければならない。しかし彼らは依然として自然の創造主としての神を立て、それを被造物としての自然から区別する。換言すれば、彼らには神と自然の二元論があり、この二元論は、例えばプラドーにおいてもスピノザの神即自然の汎神論的な始源が見出されないと主張されている以上、決して彼らの場合には克服されていないのである。このため彼らにおいて神の法を自然の法と同一視することは、創造主としての神を被造物としての自然に従属させることにほかならない。彼らがその合理主義を真に貫徹するならば、当然この宗教の神にも合理的な批判を下さねばならなかったのである。この点彼らは不徹底であった。

この点、スピノザは彼らと同じように世俗的なものの観方に組しながら、神と自然の二元論を克服し、神即自然の一元論の体系を築いた。これは、彼が彼らと異なる聖書解釈の原理を立て、また信仰と理性の関係についても異なる見解をいだいていたからである（これらについてのスピノザの見解は次章以下にゆずる）。彼ら、ウリエル・ダ・コスタとプラドーの場合には、彼らの聖書解釈から明らかなように、宗教の領域に合理主義をもち込んだため、信仰と理性の原理的な区別がなされず、むしろ両者が混同されている。ところがスピノザは真理の規範を理性においた点では同じであるが、あくまで理性の活動をそれ自身の領域に限定させ、その外に出ないようにした点、彼らと異なっていた。つまりスピノザは彼らと異なり理性と信仰の原理的な区別を明確にし、両者を徹底的に分離し、それぞれの独立性を確立した。そして理性に真理の規範をおく以上、絶対者、神は理性の領域においてしか見出されないのである。これがやがて彼の場合には神即自然の概念に結実する。そして自然の法と神の法との同一化を果たすことができた。この点彼はダ・コスタやプラドーが目指しつつ果たし得なかったことを成就し得たと言える。換言すれば彼は彼らの止んだところから出発したと言えるであろう。[30] 否、目標は一つであっても、両者の間には聖書解釈、信仰と理性、また合理主義などに異なる見解をもっていたため、同一の目標を異なる立場から追及し、一方がその途中で挫折し、他方がそれを成就したと言えるであろう。従ってスピノザが彼らの影響だけを受け、彼らのたどった道を歩むだけでは決して汎神論の形成はなし得なかったと言える。むしろ彼らの態度はスピノザにとっては一種のムードにすぎず、それをもって彼の思想形成の強力な契機とするためには、彼自身が何よりも聖書についての独自の解釈の仕方を確立し、信仰と理性の本質と両者の関係を明確にしなければならなかったのである。

注

（1） Kuno Fischer : Spinozas Leben, Werke u. Lehre,S. 283～284.
Robinson : Kommentar zu Spinozas Ethik, S. 29 ff.

（2） Descartes : Meditations, §6. (Oeuvres de Descartes, VII. P. 80)

（3） Tractatus de Intellectus Emendatione, §100, P. 36.

（4） Robinson : op. cit., S. 29 ff.

（5） Borkowski : Spinoza, 1. S. 358 ff. (Der yunge De Spinoza)
Alexander Koyré : From the closed world to the infinite universe, p. 110～150.

（6） Borkowski : op. cit., S. 361 ff.

（7） Kuno Fischer : op. cit., S. 263. ff.
Borkowski : op. cit., S. 155.

（8） John Caird : Spinoza, p. 86 ff. (MCMX)
F. Pollock : Spinoza, his life and philosophy, p. 103 ff. (1880)
ポロックもケアードもスピノザに対するブルーノの影響については消極的であった。

（9） Borkowski : op. cit., S. 325 ff.

（10） Colerus : Kurze, aber wahrhaftige Lebensbeschreibungen von Benedictus de Spinoza, 2 Kap. (Spinozas Sämt. Werke, Bd. III, Die Lebensbeschreibungen Spinozas, S. 54～55)

（11） Borkowski : op. cit., S. 255 ff.

（12） Borkowski : op. cit., S. 326.

（13） ボルコヴスキーはブルーノの影響を重視せず、第二次的な意味でしかそれを認めなかった。筆者は彼と同意見である。
Borkowski, op. cit., S. 327 参照。

だがブルーノとスピノザとの間に歴史的な連続性が認められないにしても、汎神論という思想の形式から見れば、両者の間に注目すべき共通点のあることも事実である。この点についてはディルタイの次の著作を参照されたい。
Wilhelm Dilthey : Gesammelte Schriften II. S. 343 ff.
また彼の Der Entwicklungsgeschichtliche Pantheismus, II. (Gesammelte Schriften II. S. 326 ff.) において詳しい。

(14) K. Fischer : Spinozas Leben, Werke u. Lehre, S. 265 ff.
Borkowski : Spinoza, Bd. 1. S. 154 ff. S. 176 ff.

(15) Ep. 6. P. 36.

(16) Borkowski : op. cit., S. 170～171.

(17) Ibid.

(18) Kuno Fischer : op. cit., S. 265ff.

(19) Borkowski : op. cit., S. 172.

(20) Borkowski : op. cit., S. 351 ff.

(21) Borkowski : op. cit., S. 170～171.

(22) Joseph Klausner : Der jüdische Charakter der Lehre Spinozas, (Spinoza, dreihundert Jahre Ewigkeit, S. 116)

(23) Gebhardt : Uriel da Costa, Einleitung. (Bibliotheca Spinozana, Curis Societatis Spinozanae, Tome II.)
Gebhardt : Juan de Prado, (Chronicon Sp. III) S. 269 ff.

(24) Gebhardt : Uriel da Costa, Einleitung, S. XXIII.

(25) Ep. 73. Spinoza Opera IV. p. 307.

(26) ウリエル・ダ・コスタの考え方については、 Gebhardt : Uriel da Costa の中の Einleitung 参照。

(27) Gebhardt : Juan de Prado, Chronicon Sp. III. S. 281.

(28) Ibid. S. 287.

(29) I. S. Revah : Spinoza et Juan de Prado, p. 53.

(30) ウリエル・ダ・コスタやジュアン・デ・プラドーの出現によって、周囲のアシュケナス化の傾向に反して、此岸中心、自然中心の思想が現われてきたことは注目に価する。彼らによってなされた伝統的な宗教の批判は確かに従来の立場からすれば無神論的、異端的なものであったろう。しかし伝統に拘束されず、自由に自らの納得のゆくように神を求めることは当時のメンノー派の考え方に近づいていくことは否定し難い。スピノザはこのような考え方からメンノー派の人たちとも親密な関係をもつに至ったのである。(Feuer : Spinoza and Rise of Liberalism, p. 38 ff)。ともかくダ・コスタやプラドーはアシュケナスの単に神秘的な信仰を捨て、父祖の宗教を合理的な形において回復しようとした。しかしマイモニデス流の合理主義はもはや現実には残されず、単に歴史的な過去の産物にほかならなかった。このため彼らのマイモニデス復興は、時代の世界史的潮流にマッチした此岸性に中心をおいた合理主義となって現われてきた。しかしこれは旧時代の宗教形式を墨守していた当時のユダヤ人の間では理解されなかった。特に彼らが結論として導き出したものは、セファルディ系の意味においても、またアシュケナスの意味においても、宗教と言われるようなものでなく、むしろかえって反ユダヤ的なものすらそこには見られる。それ故彼らの考え方は理解されなかった。彼らはマイモニデスの側に組しながら、それを超えて、むしろ反ユダヤ的なものを形成した。彼らは宗教の単なる儀式化、形式化を排し、ルネッサンス以来生活感情ともなっていた現実肯定の意識において新しい宗教を創り出そうとした。この点彼らの運動にもそれ相当の意義があったと言えよう。しかし彼らの運動は単にユダヤ精神世界の枠内にとどまってしまった。このためその意図はなるほど世界史的なものであったとしても、実際にはユダヤ精神世界の謀叛的一小事件にとどまらざるを得なかった。これに対してスピノザはその哲学において彼らの求めていたものをそのあるべき姿に開花したと言えるであろう。

ダ・コスタやデ・プラドーのもっていた現実肯定の意識は何も彼らの専用物ではない。当時のアムステルダムのユダヤ人たち、マラーネたちは多かれ少なかれ過去の宗教的弾圧並びにその世俗的、職業的な関心からむしろ彼岸より此岸の生活に眼を向けねばならなかったのである。それがアシュケナス化されることによって、現実との間に大きな間隙が生じてきたことは事実であろう。大部分のものが大勢に順応し、その矛盾に気づいてもどうすることもできなかったのに、ダ・コスタなどはむしろこの矛盾を除去し、アシュケナスの信仰に対してマラーネ的な世俗性を弁護し、それを合理化したと言うことができる。ルネッサンスが単に古典的古代の復興ではなく、新しい人間の内的な覚醒を促したものと解するならば、ユダヤ精神世界におけるこのマラーネの出現はいわば一種のルネッサンスであると言える。だが彼らはそれを中途において挫折し完成するに至らなかったとすれば、スピノザはむしろユダヤ精神世界におけるルネッサンスの完成者であったと言えるのである。

『なお今までの第1章、第2章の論述にあたり、注にあげた参考文献のほかに次の文献を参考にした』。

(1) K. Jaspers : Spinoza (Die großen Philosophen I)

(2) J. Freudenthal : Spinoza, Leben u. Lehre.

(3) Lucas : Das Leben des Herrn Benedict de Spinoza, (Spinozas Sämtliche Werke, Bd. III).

(4) Borkowski : Spinoza nach dreihundert Jahren.

(5) Isaac Husik : A history of medieval Jeurish philosophy.

3　スピノザの聖書解釈

一　『弁明書』と『神学・政治論』

今日スピノザの聖書解釈ならびに啓示宗教に対する考え方を知ろうとするならば、一六七〇年に公刊された『神学・政治論』のほかにない。しかしこの『神学・政治論』はなにぶんにも彼の体系がほとんど完成されたときに書かれたものである。このため彼がユダヤ教会から破門される以前にいかなる聖書解釈をしたか、また信仰と理性の関係をどのように考えていたかを知るには不適当であると思われる。しかしそれにもかかわらず、我々はこの『神学・政治論』を唯一の文献として、彼の破門以前の聖書に対する考え方を知らなければならないのである。それはなぜであろうか。

すでに述べたようにスピノザは一六五六年に教会から破門された。彼はこの破門に対してスペイン語で『弁明書』を書いた(1)。この弁明書はスピノザの著作の刊行者であったリュウエルツが所有していたが、彼はこれをある人にやってしまったため、今日では残されていない。このリュウエルツの証言によれば、「ユダヤ教徒を反駁して書き、彼らを苛酷に扱った大著(2)」であった。すなわちボルコウスキーの主張するように、それは『神学・政治論』の場合におけるよりも、教会関係者に対して苛酷に書かれたものであり(3)、スピノザの感情が如実に反映されたものであると考えることができる。ピエル・ベールもこの『弁明書』に関して次のように言っているのである。つまり彼の『批判的歴史辞典』によれば「彼（スピノザを指す――筆者）は教会堂離脱に関してスペイン語で弁明書を書いた。この文書は印刷されていない。しかし後日『神学・政治論』に出て来た多くの事柄をその中に書き込んだことが知られている」[4]と。たとえ『弁明書』が機縁となって『神学・政治論』が生まれてきたのでないにしても、やはりこれらのことから、『短論文』が『エチカ』の前身であるように、この『弁明書』も『神学・政治論』の前身であることを認めなければならない。[5]このような見解は、『弁明書』を実際に読んだ当時のユトレヒト大学の神学教授、サロモ・ファン・チル（Salomo van Til 一六四三―一七一三年）のつとに主張しているところである。[6]

ファン・チルによれば、スピノザの『弁明書』は旧・新両聖書の諸巻の権威をくつがえし、それが人間のいわば恣意によっていかに変改され、またいかに神聖性の装いを身につけたか、またモーゼ五書が一人の人によってではなく、何代にもわたり何人かの手によって書かれたものであることなどを論じているのである。このようなことは、彼の後年の『神学・政治論』の中にも論じられている。否、ファン・チルは、『弁明書』の内容をより流暢に、またより簡潔に書いたものが『神学・政治論』だと主張している。このファン・チルの証言は、『神学・政治論』の中にも見出されないような事柄にも言及しているところから見て、彼が実際に『弁明書』を手にし、それを読んだことは明らかである。同時にまたこのことは、彼の証言が極めて信頼度の高いものであることを意味する。右のファン・チルの証言から明らかなように、スピノザはかなり早くから聖書についての独自の解釈をしていたことが明らかである。前述のように『神学・政治論』は一六七〇年に公刊されたが、その執筆の時期は一六六五年にさかのぼることができる。[7]これは彼の聖書研究が一六六五年から七〇年にかけて行なわれたことを意味するのではない。むしろ彼が『神学・政治論』において、「私はここですでにはるか以前に、そして長い間考えていなかった何ごとも書いていない。そして私は幼ないときから聖書に関する諸々の一般的な意見を教え込まれてきたのであるが、結局以上のことを認めざるを得なかったのである」[8]と言っているように、彼のかなり以前の、つまり破門以前からの研究の成果がこの五年間の『神学・政治論』の著述に示されたことは間違いないのである。加えて、彼の『弁明書』が、十九世紀になって初めて明らかにし得た近代聖書学の成果をすでに先取しているところから見て[9]、スピノザが破門以前からかなり高度の聖書解釈を行なっていたことを知る。そしてこの聖書解釈が当時の教会関係者や神学者たちとの衝突をきたし、ついに破門を招来するにいたったと見ることができる。

彼が破門に際して『弁明書』を書き、のちになってその内容を『神学・政治論』において再び取り上げたことは、彼の『書簡集』第三十において示される『神学・政治論』執筆の動機からも消極的ではあるが、明らかにされてくる。彼はそこで三つの動機を挙げている。すなわち、第一に、神学者たちの偏見を取りのぞくこと、第二に、スピノザ自身に浴びせられた無神論者という非難を除去すること、第三に、哲学する自由を確保すること、の三つであった[10]。この三つのうち最も大きなものは、第一の神学者の偏見を取りのぞくことである[11]。彼に対する無神論者という非難は彼によれば神学者の偏見から生じたものであり、彼自身は自分を無神論者とは一度も考えなかった。また第三の哲学する自由も神学者の偏見によって阻害されるのである。当時のオランダはヨーロッパの他の地域に比べて比較的自由な雰囲気につつまれていたにもかかわらず、なお「当地では説教僧たちの過度の権威と厚かましさのために、この自由が様々の仕方で抑圧されて」[12]いたのである。このように神学者の偏見を取りのぞくことが『神学・政治論』執筆の動機として集約されるならば[13]、『神学・政治論』は聖書の解釈を通じて教会関係や神学者を苛酷に批判した『弁明書』と一脈通ずるものをもっていると言える。つまり『弁明書』が『神学・政治論』の前身であることが一層明らかとなってくるのである。

かくて、ファン・チルの証言を信頼し、『弁明書』と『神学・政治論』との密接な関係を知るならば、この両著作の聖書解釈がその骨子において一致していると見なければならない。そして『弁明書』が今日残されていない以上、我々は『神学・政治論』から彼の破門以前の聖書解釈の大体の筋道を知ることができると思うのである。もちろんこの場合、『神学・政治論』が彼の体系形成後のものであるため、それには彼の後年の思想、特にその哲学思想が少なからず見られる。従って彼の破門以前の思想を見るためには、彼の後年の哲学思想とそれとを区別しなければならない。右のことに注意して、彼の聖書解釈を以下において問題にして行きたい。

二　伝統的聖書解釈の批判

スピノザの聖書解釈の方法を論ずるに先立ち、彼が自分の反対者と認めた人々の聖書解釈についての彼の見解を見て行こう。まず第一に、スピノザが批判しているのは、聖書解釈に超自然的光明を必要と考える人々の意見である。スピノザの同時代には反レモンストラント派がその代表である。スピノザはこの派の解釈に対して次のように批判する。「一体自然的光明以外の光明とはどんなものであるかについては彼ら自身の説明にまかせよう。少なくとも、彼らは聖書の真の意味が多くの場合よくわからないことを極めて不明瞭な言葉によって告白しようと欲したのであるとしか、私は考えることができない(14)」と。スピノザによれば彼らの解釈は超自然的光明による解釈であるとはいえ、その超自然的光明が全然超自然的なものでなく、むしろ人間の妄想の産物にすぎないため、その解釈は極めて主観的な、片よった解釈、つまり「純然たる人間的解釈」にほかならなかったのである。さらに彼はこの解釈の正しくないゆえんを二つに分けて考察する。一は、聖書の解釈が批判的、言語学的、歴史的でなければならないと考えるスピノザにとって、彼らの解釈の仕方は全く歴史的研究を欠き、またそれを無視していることである。否、「聖書の歴史をまとめあげることが可能であった時代に、それを軽視した人々の怠慢(15)」から、聖書の歴史的研究が困難となったために、その歴史的研究にかわって、いわば超自然的光明をもち出したのである。つまり彼らは自分たちの無知を隠すために、一般の人たちの与り知らない秘密のベールの中に隠れてしまったのである。二は、本来、聖書は神学者や篤信者のみでなく、不信心者や無知の人々にも与えられたものであるのに、彼らはこれを前者、つまり自分たちの専有物のように考える。そして聖書の中には一般の人々の与り得ない秘義がひそんでいると主張し、その秘義の探求に全精力を傾注する。だが彼らの見解を認めるとしても、「もし律法がそれを何ら必要としない篤信者にのみ理解されうるならば、モーゼが律法を規定したことは無意味なものとなるであろう(16)」とスピノザは主張するのである。

このような聖書解釈はカバリストたちの聖書解釈の中にも見られる。彼らは何らかの特殊な霊感によって、聖書の章句のみでなく、聖書の文字のうちに隠されている秘密を探求しようとする。哲学的な面において、カバラの教説と似た汎神論的な思想を形成したスピノザは、このカバリストたちの聖書解釈に対してはむしろ嫌悪の感情さえいだいている。彼はカバリストの聖書解釈について次のように言っている。すなわち、彼らは聖書に「種々な読み方があるのは深遠な秘義がある証拠だと考える。章節の中間に二十八個所にわたって見られる星標についても、彼らは同様のことを主張する。否、文字の模様の中にさえ深い秘義が含まれていると強調する。彼らがそう言うのは愚かな、あるいは耄碌した敬虔のためか、それとも自分たちだけが神の秘義に与っていると人々に思われようとする僭越や奸策のためか、私は知らない。少なくとも私の知っていることは、彼らの書いたものの中には秘義めいたものは何もなく、ただ幼稚な思想のみが見られるばかりだということである。なお私は何人かのカバラ派の饒舌家たちの書いたものを読み、そのうえ実際に彼らと知り合ったが、彼らの荒唐無稽さにはいくら驚いても驚きたりないほどであった(17)」と。すでに述べたように、スピノザは自分の聖書研究の一環としてカバラ研究をなした。しかしカバリストたちの聖書解釈は右に引用したように、スピノザにとっては全くとるに足らない解釈であった。このためクーノ・フィシャーは、スピノザが聖書解釈においてその価値を否定したと同じように、否、そのためにかえって哲学においてもカバラ思想から何の影響も受けることがなかったと主張したのである。スピノザが実際に何人かのカバリストたちと話し合ったと告白している以上、単に聖書解釈のみでなく、哲学的な面についても、彼らと語り合ったことは充分想像できる。だが右の引用文から察し得られることは、彼が自分と同時代のカバリストの思弁にはとにかくついて行けなかったことであろう。

以上の超自然的光明による聖書解釈は、理性的なものや自然的な事柄を軽視した点において、R・エフダ・アルカパールの聖書解釈と一脈通ずるものがある。スピノザによれば、アルカパールは理性が聖書に従属すべきであると主張し、理性の確実性を否定した懐疑論者であった[18]。このアルカパールは聖書の教えが絶対に真であり、もしその個々の教えが理性に矛盾したときも、それを比喩的に解釈すべきではなく、ただそれが「聖書の明白に教えている教義に矛盾する場合にのみ」、すなわち聖書の中の最も基本的な教義に矛盾するときに、比喩的に解釈すべきであると主張した。例えば、聖書の中には多数の神の存在を推測させる個所がある。しかしこの場合、多数の神が理性的には容認し難いという理由によって、それを比喩的に解釈すべきではなく、聖書が明白に、そして直接的に教えているものが唯一神の教えであるということによって、比喩的に解釈しなければならないのである。また聖書の中には神が形体的であることを推測せしめる個所があったとしても、それは理性によってでなく、聖書の『申命記』四章十五節において神の非形体性を直接に主張していることから、比喩的に説明されなければならないのである（これに対してスピノザは神の形体性を聖書に基づいて主張しているのであるが、これについては後に述べる）。

右のアルパカールの聖書解釈の方法は、聖書を聖書のみから説明し、それによって章句の意味や精神を問題とするならば、正しい解釈と言える。もしアルパカールがこの方法を正しく用いたならば、スピノザから批判されることはなかったであろう。実はスピノザ自身もこのような方法を用いたのであるから。だがこのような解釈において問題となるのは、「一度真の意味を究めたのちに、我々がそれに同意を与えるためには、必然的に判断力と理性とを用いなければならない[19]」ことである。ところがアルパカールは、理性なしに聖書の教えに同意しようとする。ところで理性なしに聖書の教えを受け入れることは、スピノザによれば「我々が愚者として、また判断力なきものとして行動する」こと[20]、あるいは聖書の教えにただ盲従することを意味する。理性に矛盾し、また理性が否定することを精神が容認することは、精神の自己矛盾である。理性は精神とは別のものではなく、精神そのものである。理性や精神の存在を否定し、人間を動物や自動機械のように見なすならば、確かにアルパカールの聖書解釈は有意義なものとなろう。敬虔を、自分の理性や判断力を信頼せず、ただ無批判的に、聖書の教えに、あるいはその権威に盲従することと解するならば、彼の解釈には意義がある。ところがスピノザはこのような盲従としての敬虔を真の敬虔とは見なさない。聖書が絶対に真なるものであるならば、それに対する服従は確かに敬虔を意味しよう。換言するならば、アルパカールの言う聖書の真理性が、理性によって証明される真理性と同じであるならば、聖書への服従は盲従でなく、敬虔と言われよう。ところがアルパカールの場合、聖書の真理性と理性の真理性とは全く別のものであり、前者はむしろ後者の否定において成り立っている。――かくてスピノザは、聖書において何が敬虔であり、また何が真であるかを決定する前に、聖書の歴史的研究を行なった。彼は権威に盲従するのではなく、いかにしてそれが権威でありうるかを問題とするのである。

右に述べたことから明らかなように、アルパカールの聖書解釈の規則は次の二つである。一は、「聖書が肯定し、否定するいっさいのものを真として受け入れるか、あるいは偽として拒ける」ことであり、二は、「聖書がある個所において肯定し、否定したとは反対のことを、聖書は決して明白な言葉で肯定したり、否定したりしていない[21]」ということである。このような規則が成り立つためには、聖書の明白な教義と矛盾するような個所が、「言語の本性から、そして文章の前後の関係から容易に比喩的に説明されること[22]」、さらに聖書が今日に至るまで全く無傷のままで、我々に伝わったことが前提されていなければならない。だが少しでも聖書の歴史的研究をなした者なら、また注意深く聖書の各章節を読んだ者なら、このような前提を立てることが、大きな誤りであることに気づくはずである。ともかくアルパカールの主張するように、聖書の教えをすべて真として受け入れなければならないとすれば、聖書の多くの個所で主張されている、神が嫉妬深いということは、たとえそれが明白に理性に矛盾しているとしても、真なるものとして容認されなければならない。もしこれに関して、「聖書の中に神が嫉妬深くないと推定するような個所がいくらか見つかるならば、これらは必ず比喩的に説明されて、そのようなことを決して推定しない」ようにしなければならない。これと同じことは神が場所的運動をなすかどうかという問題についても言える。アルパカールの解釈に従えば、神が場所的に運動することは真と見なされ（聖書がこれを明白に教えているから）、もしこれと異なることを推定させるような個所があれば、できるだけこれを隠蔽しなければならないのである。

またアルパカールは、聖書の中には互いに矛盾するような教えは存在せず、たとえ矛盾した個所があったとしても、それはただ「含蓄的に」（per consequentiam）矛盾しているのだと主張する。[23] だがスピノザは、聖書の中には明白に矛盾する個所が数多くあると主張する。例えば、申命記四章二十四節には神が火であると主張されているが、同じ章の十二節には神の形体性が問題となっている。このようなことから、アルパカールの聖書解釈の方法は、聖書を聖書によって説明するという利点があるにもかかわらず、多くの矛盾をもっている。ただ聖書の文字に忠実であることは、必ずしも聖書の精神を忠実に伝えることにはならないのである。[24] つまりそこに批判的精神がない限り、聖書の精神あるいはその意味を把握することはできない。結局、アルパカールの聖書解釈も、先の超自然的光明による解釈と同じように、聖書の歴史的研究を怠っているし、またスピノザの立場からすれば、聖書の精読にも欠けている。このためその聖書解釈から多くの欠点や矛盾が生じてきた。アルパカールはこの自分の無知や矛盾を隠すため、一方では聖書の権威を必要以上に高め、また他方では無理にこじつけた解釈をなしたと言われるのである。このアルパカールの解釈と対照的な解釈をなし、彼と同じく誤った解釈におち入った人に、スピノザはユダヤ中世最大の哲学者、マイモニデスを挙げている。以下スピノザのマイモニデス批判をかかげて行きたい。

マイモニデスはアリストテレスの哲学の影響を多分に受けた主知主義的な哲学者であった。彼は聖書の解釈についても極めて主知主義的であり、理性を基準にして、聖書の真理性を思弁によって確証する方法をとった。これはスピノザよれば聖書を理性に順応させる方法であり、独断的な解釈と言われるものである。(25) つまりそれは聖書に理性と矛盾する個所があれば、躊躇なくそれを排する解釈である。そしてたとえその意味がそれ自体において明瞭であったとしても、理性によってそれが証明されない限り、その意味は真とは言えない。むしろこの場合には聖書は他の仕方で解釈され直さなければならない。例えば神の形体性が理性と矛盾するならば、それは文字上の意味とは異なる仕方によって解釈されなければならない。また世界の永遠性が理性にとって明白であるなら、「マイモニデスはためらうことなく聖書を曲げて解釈し、聖書がこのようなことを教えているかのように説明したであろう。それどころか彼は直ちに聖書が世界の永遠性を説こうと欲した――たとえ聖書の至るところで明らかにその反対のことが述べられても――と確信したであろう(26)」。彼の聖書の解釈において中心となるものは聖書ではなくて理性である。そしてまず問題となるのは、理性によって証明される真理性であり、聖書の意味やその精神は二次的なものにすぎなかった。つまり「事柄の真理性が我々に明らかでない限り、我々はその事柄が理性と一致するか、それとも矛盾するかを知り得ないし、従ってまたその限り文字上の意味が真であるか偽であるかを知り得ない(27)」のである。換言すれば、聖書の意味や精神は事柄の真理性が把握されたのち明らかとなるのである。かくてマイモニデスによれば、聖書は理性的な思惟をなす学者、知識人にのみ理解され、一般の民衆には理解されないこととなる。民衆はただ「聖書に関して哲学者たちの権威と証言からしか何ものも受け入れず、従って民衆は哲学者が聖書の解釈において誤ることがないと仮定しなければならなくなるだろう(28)」。これはまさに新しい教権制度を設けることと何ら変わりがない。かくて宗教は、マイモニデスによればスピノザの最も排斥して止まなかった学者の宗教となり、一般の民衆は直接に神の恩寵に浴することができなくなってしまうのである。

右のようなマイモニデスの立場に立てば、聖書はそれ自身からは知られず、理性によってのみ知られるのであるから、理性以前においては聖書は聖書でないことになる。だが聖書から理性的な真理を求めようとする試みは、失敗に終わるであろう。なぜなら、聖書の内容の大部分は非合理的な物語から成り立っているため、「自然的光明をもって聖書の内容の真理性を何ら確知できない[29]」からである。このため聖書の真の意味を知るためには自然的光明以外の他の光明、いわば超自然的光明が必要となる。マイモニデスはまた聖書が理性に合致しないとき、他の仕方で解釈しなければならぬと主張するが、もしこれが比喩的な解釈の場合、一層困難となる。なぜなら、比喩は教育的な観点と哲学的な真理の観点の両面から考察され、そのいずれの立場に立って解釈するかが問題となるからである[30]。ともかくマイモニデスの主張するような方法のみが聖書において有効であるとすれば、哲学的な訓練を経ていない古代のユダヤ人は聖書について何一つ理解し得なかったであろう。だがスピノザによれば、古代のユダヤ人はマイモニデスのように聖書の内容の真理性を理解して、その意味や精神を知ったのではない。むしろ聖書の内容は哲学的証明を要しない物語であったために、かえって分り易く、そのために彼らは聖書が言おうとする意味をとらえることができたのである。すなわち「救済に必要なすべてのことは、極めて一般的な、そして平凡なことであるから、たとえそれを根拠づける理由がわからなくても、それはどんな言語においても容易に理解しうるのである[31]」。マイモニデスが聖書の中に理性的な真理を求めようとしたのに、スピノザは真理ではなく、単にその意味を求めようとする。ここに両者の聖書解釈に対する態度の相違を見出すことができるであろう。

以上スピノザが従来の聖書解釈のうちに、つまり超自然的光明による解釈、アルパカールの解釈、マイモニデスの解釈のうちに見たことを跡づけてきた。これら従来の解釈に共通なことは、歴史的研究を無視したこと、また聖書を一方的な見地で解釈したこと、つまり聖書を絶対に神的なものとして見るか、またそれを聖書以外の原理から見るかということ、それから解釈が人為的で主観的な解釈にとどまり、そのため自説にとって都合の悪い章句はあえて無視してしまったことなどであろう。スピノザはこの今迄の解釈を徹底的に改め、聖書研究に歴史的な研究を導入し、アルパカールのように聖書を聖書そのものから説明する反面、聖書解釈における理性の役割を重視しようとした。これが彼の聖書研究を単なる研究にとどめず、近代的な聖書学の基礎を確立することになったのは、周知の通りである。また彼にとって重要なことは、聖書の研究において、聖書の命題の真理性は、聖書そのものの性質上、その探求の枠外にあったということである。彼の聖書研究が明らかにするものは、命題の真理性ではなく、すでに述べたように命題の意味であり精神であった。つまり聖書研究は意味や精神を知るだけで充分であり、そのための方法の確立が彼において問題となったのである。

三　聖書解釈の方法（一）

彼の聖書研究、あるいは聖書解釈の方法とはいかなるものであろうか。彼は『神学・政治論』において聖書解釈の方法を自然研究の方法になぞらえる。つまり自然研究が自然を自然そのものから理解すると同じように、聖書解釈は聖書そのものの中に原理を求め、それから聖書の各章節を解釈しようとする。自然を自然そのものから理解することが近代の科学的な精神であるとすれば、彼はこの近代の自然研究の精神をもって聖書解釈に向かったと言えよう。だがこのことは、彼が自然研究の方法によって聖書解釈をなしたという誤解を招きがちである。換言すれば、彼は自然研究の方法を聖書解釈のために利用あるいは適用したのではないか、あるいは前者をモデルにして聖書解釈の方法を確立したのではないかと主張されがちである。だがこれらのことはすでに述べたことから見て極めて疑しい。なぜなら前述のファン・チルなどの証言によると、スピノザはすでに『弁明書』において『神学・政治論』に見られるような聖書解釈を行なっているのであるし、またこの時期に彼が近代の自然研究の「方法」について特に研究していたとは思えないからである。すなわち、後述するように彼がベーコンの方法論に興味をいだいたのは、破門後数年を経たのちのことであって、破門以前にベーコンの著作に触れる機会がなかったと考えられるからである。かくて彼の聖書解釈の方法は自然研究の方法と一致していると言っても、それは自然研究の方法をモデルとして彼が聖書解釈の方法を確立したことを意味するのではなく、逆に彼が破門前に確立した聖書解釈の方法が、たまたま彼の後年の研究に属する近代哲学の方法（特にベーコン）と一致していたからであると主張されるのである。そしてこの場合、彼の独自の聖書解釈が、自然研究との関連によって、より近代的、合理的、客観的になったことは否めない。以下彼の聖書解釈の方法と自然研究の方法とがいかなる点において一致したかを吟味していこう。

スピノザは次のように言う。「聖書を解釈する方法は自然を解釈する方法と異ならないのであり、むしろこれと完全に一致する」[32]と。だがいかなる点において両者が一致するのであろうか。これに関して彼は言う。「自然を解釈する方法が、もっぱら自然の歴史を総括し、確実な所与としてのその歴史から自然の諸物に関する定義を結論すると同じように、聖書を解釈するにはまず聖書の真の歴史をまとめ上げ、確実な所与そして原理としてのその歴史から聖書の著者たちの精神を正しい帰結によって結論することが必要である」[33]と。このスピノザの見解をただ表面的に見る限り、彼の聖書解釈の方法は、レオ・シュトラウスの主張するように[34]、実証的、帰納的方法であると言えよう。このことは彼が自然研究の方法を実証的、帰納的方法としか見ていないことを意味しよう。果たしてそうであろうか。

スピノザは右の引用文において「自然の歴史」という言葉を用いている。この「歴史」（ヒストリア）という言葉が、今日我々が用いている歴史という言葉と異なる意味をもっていることは、右の引用文から明らかである。この点、ザクはギリシア語のヒストリアと同じ意味でこの言葉が使用されていると主張する[35]。つまりそれは「探求」、「探求されるもの」を意味しているのである。このように「歴史」という言葉をその語源から理解するならば、確かに前出の引用の「自然研究」の意味が通ってくる。このことからスピノザの考えた自然研究の方法は、探求される所与としての自然の事実から自然の諸物を定義づけて行く方法であると言える。この意味でザクは、スピノザが聖書解釈の方法と一致すると考えた自然研究の方法は、ベーコンの帰納的方法であると主張する。[36] 因みにベーコンもまた「歴史」という言葉をスピノザと同じ意味で使っているのである。彼の『書簡集』や『知性改善論』を見ると、彼がベーコンの影響を受けたことは明らかである。彼は『知性改善論』において次のように言う。「個物の認識にとりかかる前に、次のような補助手段について論ずべき時であろう。その補助手段はすべて、我々が感官の用い方と、かつ探求されるものを規定するのに、十分な実験を一定の法則と秩序に従って行なうことを知るためのものである[37]」と。つまり実験的、帰納的方法は自然の諸物を認識するための補助手段と見なされているのである。また『書簡集』第二においてはベーコンに関して、スピノザは「彼は単に主張しているだけで、殆ど何事も証明していません[38]」と批判しているにもかかわらず、『書簡集』第三十七の方法論に関する書簡において、「少なくとも方法の要求する限りでは、精神の本性をその第一原因によって認識する必要はありません。ただベーコンが教えたように、精神あるいは諸知覚についての短い記述を与えるだけで十分です[39]」と言っている。このことからスピノザがベーコンの方法を熟知し、それを意識して活用していたことも事実であろう。かくてスピノザが『神学・政治論』において次のような主張をなすならば、すなわち「聖書はその語っている事柄について定義を下していない。このことは自然と同じである。それ故、自然の種々雑多な出来事から自然物に関する定義を結論しなければならないように、聖書における諸々の事柄の定義もまた、個々の事柄に関して聖書の中に見られる種々雑多の記録から導き出さなければならない[40]」と言うならば、これはまさしくベーコンの帰納的方法を念頭においた発言であると言えるであろう。

ところがスピノザは、『書簡集』第十において、ものの本質を定義する際、経験は何の役にも立たないと主張する。すなわち「経験は何らものの本質を明らかにしてくれません。経験がなしうることは、せいぜいものの一定の本質だけを思惟するように、我々の精神をしむけるくらいです[41]」と。また『知性改善論』では学問の真の方法は、ものの定義あるいは本質から特質を導き出すという演繹的方法であると主張する。[42]ところが前述の『神学・政治論』においては、経験的な所与あるいは種々の記録からものの定義をなすことが問題となっている。つまり前者ではものの定義は方法の出発点となり、後者ではその目標となっている。このためスピノザの方法論の本来の著作である『知性改善論』とまた『神学・政治論』における自然研究についての見解は全く反対であると言える。[43]では『知性改善論』の場合、方法の出発点としてのものの定義はいかにして見出されるのであろうか。スピノザはこれをものの因果関係から考察し、そのものが生じてくる内的原因、あるいはものの構成原因を見つけ出そうとする。つまりこれは、「原因の系列」あるいは因果関係に着目すると言っても、その原因の系列というのは、外的に、あるいは単に経験的にのみ把握される「変化する個物」の因果系列ではなく、スピノザの言葉に従えば「確固にして永遠なる諸物」の因果系列である。[44]すなわち形而上学において様態や個物の本質は存在を含まないと考える彼の立場からすれば、変化する個物の本質は、その「存在の秩序から導き出されない。なぜなら存在の秩序は外的な特徴、関係、あるいはせいぜいその事情以外の何ものも我々に示さないから。それらすべては事物の内的本的とは全くかけ離れている」[45]のである。このように経験的な帰納的認識によってとらえられるものが、ものの本質の認識や定義のために役立たないとすれば、ベーコンの主張する実験的、帰納的方法はスピノザにおいてそれほど高い意義をもち得なかったと言える。換言すれば、実験的な方法は個物の本質の認識にとって単に「補助手段」にすぎず、それ以上のものではないと言えるのである。かくてスピノザにおいて実験的、帰納的方法のみを自然研究の唯一の方法と見なすことができない。

『神学・政治論』においても、スピノザは、実験的、帰納的方法のみを自然研究の方法と見なしていたのではない。このことは次のことから明らかであろう。「自然の諸物を探求するためには、何よりもまず最も普遍的なもの、全自然に共通するものを、換言するならば運動と静止ならびにその諸法則、諸規則――自然が常にそれを守り、また自然がそれに従って絶えず活動しているところの――を探求することにつとめ、そしてそれから次第に普遍性の度合の低い他の事柄に進む」[46]と。これは明らかに『知性改善論』における演繹的方法と同じものである。同じ『神学・政治論』という書物の中で、自然研究の方法がこのように異なって表現されるのはいかなる理由においてであろうか。文字上の意味からすれば、「確実な所与としての自然の歴史」から、あるいは「自然の種々雑多な出来事」から「自然の諸物に関する定義を導き出す」方法と自然の普遍的な諸法則から自然の諸物を定義する方法とが全く同一であることはできない。両者は全く異なるものである。つまり前者は帰納的方法であり、後者は演繹的な方法である。スピノザ自身はこの二つの方法のうちどれを重んじたのか、それともこの二つの方法を自然研究において不可欠のものと見なしたのか。[47]

なるほどスピノザは『知性改善論』において帰納的方法がものの本質の認識には不適当であると主張しても、それが全く無用のものとは考えなかった。それは前述のようにあくまで「補助手段」として、「事物が永遠なる諸物のどんな法則によって生起しうるかを結論しうるし、また事物の内的本性がどんなものであるかが知られる」[48]のに役立つのである。つまりこれによれば実験的、帰納的な方法は、演繹的方法の出発点に立つ自然の普遍的法則を見出すための手段であり、いわば彼の方法の前段階を形成するものである。しかしスピノザの哲学の場合、自然の最も普遍的な法則や存在は帰納的方法のみによっては見出されない。それには共通概念としての理性を用いなければならない。つまり究極的には理性によって神の存在は認識されるのである。[49]スピノザは『書簡集』第二のオルデンブルグにあてた書簡において、ベーコンやデカルトが万物の第一原因としての神についての正しい認識をなし得なかったと批判する。[50]すなわち神は、デカルトのような合理主義の立場でも、またベーコンのような経験主義の立場でも、真に認識することができない。それはいわば共通概念、これは一種の経験的な認識であるが（これについては後に述べることがあろう）、理性のみがそれをよくなしうるのである。[51]もちろんこれにはスピノザの哲学にとって特有な神即自然としての神の認識が問題であり、いわゆるベーコンやデカルトの考えたような超自然的な神は問題外であることも考えねばならない。スピノザの場合、神の認識がこのような理性によって果たされると同じように、自然の普遍的な法則の認識も、この共通概念としての理性によって果たされるのである。(52) かくてスピノザが自然解釈の方法として見なすものは、まず実験的、帰納的な方法を手段として用いながら、彼のいわゆる理性的な認識によって自然の普遍的な法則を把握し、それから演繹的な方法によって自然の諸物を定義するという過程をとることになる。このようなことが果たして『神学・政治論』において考えられていたであろうか。

もちろん『神学・政治論』は特に方法論について論及した書物でないから、『知性改善論』の叙述に比べ極めて曖昧である。例えば、前者においてスピノザは「自然の歴史を総括し、確実な所与としてのその歴史から」自然の諸物を定義するという場合、なるほど「自然の歴史を総括する」ことは帰納的な方法によってなされなければならないであろう。また「確実な所与としての自然の歴史」が、もし個々の自然の出来事を意味するものであれば、この方法全体は確かに帰納的方法であると言える。だがスピノザは「この確実な所与」を必ずしも個々の自然の出来事とは明確に言っていない。彼はなるほど前述のように「種々雑多な出来事」から自然の諸物を定義すると言っている。だがこの主張がなされた前後の文章を仔細に考察すれば、これはむしろ彼の方法の発端にたつものが帰納的方法であることを意味するだけで、これによって諸物の本質の定義がなされることを積極的に主張したものでないことが判明しよう。つまり彼の自然研究の方法は二つの部分に分かれているのである。一は、帰納的方法によって自然の歴史をまとめ上げることであり、他はその自然の歴史の中の「確実な所与」から出発する演繹的方法である。この「確実な所与」が自然の普遍的な法則であることは、前述のことから自明であろう。かくてスピノザが自然研究の方法と一致すると考えた聖書解釈の方法も、二つの部分に分かたれることになる。すなわち、第一に「聖書の真の歴史をまとめ上げる」ことであり、第二にその歴史の中の「確実な所与そして原理」に基づいて聖書の著者たちの精神、あるいは聖書の意味を導き出すことである。スピノザの場合このような方法は単に『神学・政治論』のみならず、かなり以前にも、すなわち『弁明書』以前になされていたのではあるまいか。なぜなら、もしそうでなければ、ファン・チルが「無信仰をあらゆる考えられうる武器をもって強化しようと企てる人々は、モーゼの史書がいつの時代にか失くなってしまったかのような考えを、また我々が現在もっている史書が、残された断片から集められたものであるかのような考えを共同体の人々に注ぎこもうとしている。彼らは再収集をこのような形にもたらし、そして律法をできるだけよく秩序づけた人がいると主張しているのである。スピノザが年若い彼の友人たちに注ぎこもうとした思想は、……このような方向性をもったものであった[53]」と主張するような『弁明書』は成立しなかったであろう。つまりこのファン・チルの証言は、スピノザがすでに『弁明書』の時代に聖書を神聖不可侵のものとしてでなく、単なる歴史的文献として取り扱っていること――これは聖書の歴史的研究のことであるが――を意味する。かくて彼は何ら自然研究から影響を受けることなく、独自の仕方でその聖書解釈の方法を確立したと主張しうるのである。

スピノザの聖書解釈の方法は上述のように自然研究の方法と一致しているとはいえ、すべての点において一致しているというわけではない[54]。聖書の内容の大部分をなすものは、人の理解力を超えた物語であるため、それを単に合理的な仕方で解釈するならば、マイモニデスと同じような誤謬に陥る。また自然研究においては事物の因果関係や法則の探求が問題となる。ところが聖書においては因果関係や法則の探求をなすことができない。また自然研究は事柄の真理性を探求し、それを記述することが問題となっているのに、聖書はその特殊性の故に、事柄の真理性は問題とならず、むしろザクの主張するように、章節の意味関係や命題の意味を探索する[55]。このように自然研究と聖書解釈の間には大きな相違がある。つまり二つの研究方法の一致点は単に形式的な面に関してであって、「所与」から何を導き出すかという内容的な面においては、両者は全く異なっている。スピノザは自分の聖書解釈の方法を自然的光明による解釈だと主張する。このことについて、彼は『形而上学的思想』において次のように言っている。「もし万一聖書の中に自然的光明に矛盾するものを見出すとしたら、我々はコーランやタルムードを排撃すると同じ自由によって聖書を排撃しうるであろう。しかし私には聖書の中に自然的光明に矛盾するものが見出されるとは考えられない」と。[56]この『形而上学的思想』におけるスピノザの見解を、ザクはマイモニデス的な解釈であると主張する。[57]ところがスピノザはこの自然的光明によって事柄の真理性ではなく、意味を、預言者の精神を知ろうとしているのである。確かにスピノザは、聖書が「自然的光明によって認識される諸原理からは導き出されない事柄」、あるいは「人間の知的理解を超えるもの」を取り扱っていることを認める。[58]この限り聖書の中から事柄の真理性を探求することは無駄なことである。しかし「意味」や「精神」は、非合理な物語の中からでも導き出すことができる。真理性を問題にするときは、マイモニデスのように何か合理的な先入見を基準にし、[59]それに基づく解釈をしなければならなかったが、スピノザの場合にはただ聖書それ自身の中からその意味や精神を自然的光明によって導き出すのである。換言すれば、聖書の物語が我々に教えてくれるものを自然的光明によって受け入れようとするのである。かくて彼は「聖書が明確に教える事柄の中には知性と一致しない、あるいは知性に矛盾する何ごとも見出さなかった」[60]と言うのである。では自然的光明とはいかなる本性あるいは働きをなすものであろうか。これに関してスピノザは、「不明瞭なことを明瞭なことから、あるいは明瞭なものとして前提されたことから、正しい推理によって導き出し、結論する」ことを自然的光明の本性あるいは働きと見なす。[61]つまり理性による演繹的な推論を自然的光明の働きと見なしているのである。かくて自然的光明による聖書の解釈、すなわち意味の究明は、聖書の諸命題の中で最も意味の明確な個所から不明の個所を明らかにすることである。換言すれば、人間の理解力を超える物語を、アルパカールのようにそのまま肯定するのではなく、それを聖書が教える最も簡単な、また知性にとって最も明瞭な教えから解釈するのである。つまり最も明瞭な意味とそうでないものとの意味の連関を知性によって確立することである。これは理性的な原理と聖書の物語との間に人工的な関連や説明を試みるのではなく、聖書の意味の内的な連関を自然的な光明によってなしとげることでもある。[62]このために聖書を神聖なものとして初めから扱うのではなく、自然的な所与として扱い、その神聖性を意味の解明によって明らかにしようとするのである。

四　聖書解釈の方法（二）

右に述べたことからスピノザの聖書解釈の一般的な規則は極めて簡単である。それは「聖書の歴史から極めて明瞭に帰結されないいかなることをも預言者の教えとして認めない」[63]ことである。では彼の言う聖書の歴史とはいかなるものか。彼はこれを三つに分けて考察している。[64]第一のものは聖書の著者たちが「ふだん使っていた言語の本性あるいは特性」についての知識、すなわちヘブライ語についての言語学的研究である。ヘブライ語について知ることは、彼によれば旧約聖書を解釈する場合のみでなく、新約聖書を解釈する場合にも重要なことであった。なぜなら新約聖書はギリシア語で書かれているとはいえ、やはりヘブライ的な性格をもっているからである。しかしこのヘブライ語について知ることは極めて困難なことであった。スピノザ自身ヘブライ語の文法に関する論文を書き、[65]ヘブライ語の専門家であったにもかかわらず、この言語学的な研究が多くの困難を内蔵していると主張する。その困難とは、まず第一にヘブライ語の基礎が殆ど文書の形で残されず、伝承の形でしか残されていないことであった。このため、聖書に出てくる多くの名辞や言葉の意味が不明になっているか、また種々の異論が生じてきたのである。そしてまたヘブライ語の熟語の用法も多くは不明となっている。これらのためヘブライ語の完全な歴史を形成することは不可能になっている。またこれに加えて、ヘブライ語には他の言語に比較し、多くの曖昧さを生み出すような構造があることを彼は指摘する。この曖昧さの原因として彼は次の三つを挙げている。第一に、ヘブライ語には同一の言語機関に属する文字が相互におきかえられること。第二に、ヘブライ語の接続詞と副詞には多義性があること。第三に、動詞には他の言語に見られるような時称性が欠けていること、の三つを挙げている。さらにこの三つの原因のほかに、ヘブライ人は母音文字をもたなかったことと文章を記号によって区切らなかったことを挙げ、後者の方が前者より重大な意義をもっていると主張した。なるほどヘブライ語には母音文字と記号のかわりに、点符と揚音符が用いられているが、これはスピノザによれば何の権威ももたない後世の人々が勝手につけたものであるから、信用がおけないのである。かくて聖書を「何の先入見もなしに解釈しようとする人は、このようなものに頼らず、独自の立場で研究する」ほかないし、またそうしなければならないのである。ここに言語学的研究の困難がある。このことから、スピノザは聖書を完全に理解することは不可能であると主張したのである。

第二に、聖書の歴史が含まねばならないものは、「聖書各巻の諸命題をあつめ、これを主要項目に分類する(66)」ことである。これは聖書の各章句の意味をあらかじめその意味別に分類することである。ではいかにして「意味」を把握するのか。それは彼によれば、「言語の表現」のみから、あるいは「聖書以外の何ものをも基礎と見なさない推論」によってなされる。この「言語の表現」による解釈は、聖書の章句をその文字通りに解釈することを意味する。では具体的にはいかなる仕方でなされるのか。例えば「神は火である」とか「神は嫉妬深い」という命題がある。この命題はマイモニデス的に言えば、極めて非合理な命題であり、真ではないと主張されるであろう。だがスピノザの立場から見れば、たとえ文字上の意味が自然的光明に矛盾していても、もしそれが聖書の諸原理、諸基礎に矛盾しないかぎり、その意味は言葉通りに解釈されなければならない。右の二つの命題は、その文字通りの意味からすれば極めて明瞭な命題である。そしてもしこれが聖書の諸原理と矛盾するならば、たとえそれが理性と一致しても、象徴的に理解されなければならない。つまり「神は火である」という命題は、それが理性に一致するか否かによって結論されるのではなく、モーゼの他の諸命題から結論されなければならない。例えば、もしモーゼが、神は可視的なものと何の類似性ももたないと主張しているならば、「神は火である」はこれと明白に矛盾する。そしてこの「神は火である」は象徴的に理解されなければならないのである。この点、スピノザが批判したアルパカールは、二つの命題が明白に矛盾する場合、一方の命題を他方の命題に順応させてしまう。アルパカールにとっては相互に矛盾する命題は、顕在的にはあり得ないからである。だがスピノザの場合、命題の意味が文章の前後関係から不分明であり、矛盾しているように見えるときは、それは聖書の原理、あるいは根本命題に照応させて解釈することが規則となっている。

さらにスピノザの立場は、文字上の意味ばかりでなく、文字に含蓄された意味を探ろうとする。例えば、前出の命題において「火」という言葉が、我々のふだん現実に見ることのできる火と異なるかどうかを探求する。もしこの言葉が別の意味をもち得ないようであったなら、「神は火である」は文字通りの意味に解釈されなければならない。ところが火という言葉は、他面において怒りとか嫉妬とかいう意味をもっている（ヨブ記三十一章十二節参照）とすれば、「神は火である」という命題と「神は嫉妬深い」という命題は同じ意味をもつことになる。かくて前者は神の非形体性の命題に照らして象徴的に理解される必要はなく、むしろ神の「怒り」、「嫉妬」の象徴として理解されることになる。また神が人間のように嫉妬の感情をもつことは、極めて非合理である。だがスピノザによれば「モーゼは神が嫉妬深いことを明白に教えているが、反対に神が情熱や感情をもたないとはどこにも教えていない」のである。すなわち聖書の意味が我々の理性から見て甚だしく非合理なものであっても、聖書がそれを明白に教えているなら、それをゆがめることなく、是認しなければならない。換言すれば、神が嫉妬深いことは、アルパカールのように真理とは認められないにしても、聖書の教えとしては認められなければならないのである。――このようなスピノザの意味の把握にも困難がないわけではない。意味の把握に関するスピノザの方法は、前述のことから明らかなように、いわば各章句の相互比較によってなされる。だがその言語自体に多くの曖昧さを生み出す原因がある以上、相互比較によって真の意味を発見することは、まことに困難なことであろう。否、聖書全体を完全に理解することは不可能である。なぜなら「いかなる預言者もある章句を書くとき、特に他の預言者の言葉や自分自身の書いた他の章句の言葉を解釈する目的をもっているわけではないから、各章句のこのような比較によって、ある章句を解釈しうるのは偶然にすぎないからである」(67)。

以上は聖書の意味、あるいはその連関をいかに把握するかということであった。だが聖書は、その性質上知識人のみでなく、一般の無知な人々を対象として書かれたものである。聖書が知識人向きに単に知的に理解される書物であるなら、「理解するものには一語でたりる」と言われるように、それを解釈するために、特別の場合をのぞいて歴史的研究は必ずしも必要でないであろう。つまりユークリッド幾何学の内容を知るために、著者の精神や意図を知る必要がないのと同じである。ところが聖書は知的な学問の書ではなく、それとは無縁な物語から成り立っている。このため聖書を解釈するには、まず聖書の著者たちの意図や風習、また生活について、そして著者たちが一体誰のために、どんな機会にこのようなものを書いたか、等々の聖書成立の歴史的な事情を知らなければならない。すなわち、聖書の歴史が第三に含まねばならないものは、聖書の歴史的研究である(68)。これはいかなる研究をなすのであろうか。それは、右に述べたような聖書の著者たちの生活や意図、動機について知るだけでは充分ではない。聖書を一個の歴史的文献として取り扱い、聖書各巻の運命について、例えば各巻がいかに認められ、聖書の中に組み入れられたか、またどれだけ多くの読み方があったかなどについて知ること、そしてまたすべての巻がいかにして一体をなし、聖書としてまとめられたかを知ることである。これらは聖書のいかなる命題が律法や道徳説として、また永遠の教えとして見なされるかを知るために必要である。次に、聖書の中の永遠の教えが時代や民族を超えた説として、他の教えから区別されるために、すべての教えがいかなる機会、時、民族のために書かれたかを知る必要がある。最後に著者たちのこととは別に、聖書の原文が途中で改竄、あるいは訂正されたかどうかという文献学的研究もこの歴史的な研究の中に含まれなければならない。

以上の三つがスピノザによれば聖書の歴史をまとめ上げるために必要なものであった。彼の聖書解釈における聖書の歴史の位置は、すでに述べたように自然研究において自然の歴史をまとめ上げることに対応した。後者においてその歴史をまとめるためには帰納的方法が必要であったが、前者においては単に帰納的方法だけでは不十分である。つまり自然研究では事実を問題とし、その真理性を探求するのにたいして、聖書ではその意味を、価値的な意味を問題とする。このため、いかに聖書を客観的に解釈しようとしても、自然研究のように単純ではない。またこれに聖書の物語的性格も加わって、事態をますます複雑化していることは否めない。だが以上のようにして聖書の意味が明らかにされるならば、次に問題となるのは、聖書の精神であった。

五　聖書の精神

スピノザは聖書解釈において聖書の意味と精神とを区別する。なぜなら意味を正しく、適確に把握しなければ、その精神は理解し得ないからである。彼によれば聖書の精神は意味を把握する仕方とは逆のものである。既述のように意味を把握するためには、聖書の歴史をまとめ上げることが必要であった。これは形式的にはいわば帰納的な方法であった。ところが聖書の精神は、その逆の演繹的な方法によって把握されるのである。スピノザはこれを「確実な所与ならびに原理としてのその歴史から聖書の著者たちの精神[69]」を導きだす方法であると主張する。具体的に言えば、「聖書の歴史からまず最も普遍的なもの、聖書全体の基礎、根底にあるもの、……永遠の教え、生きとし生けるものに最も有益な教えとしてすべての預言者がすすめているもの」を探求し、次いで普遍性の度合の低いものに進んで行くのである[70]。換言すれば、聖書の歴史をまとめ上げる帰納的方法によって、聖書全体の基礎にある普遍的な教えを見出し、それから演繹的な方法によって個々の具体的な教えを基礎づけるのである。

ではスピノザは聖書の最も普遍的な教え、聖書全体の基礎となる教えとしていかなることを考えていたのか。彼はこれを「神を何よりもまして愛し、隣人を自分自身のように愛すること」であると考えた。つまり神への愛、隣人への愛は「全宗教の基礎であり、これを取りのぞけば、全機構は一瞬のうちに崩壊する」のである。[71] しかもこの教えは極めて単純なものであるから、後世の人によって「改竄されることができなかったし、また時間の経過によって抹消されることもできなかった」。かくて聖書が要求する教えは、この神への愛と隣人への愛を強化する教えとなる。これをスピノザはまた次のように言い表わしている。つまり「正義と愛とを愛する最高の存在が存在していて、すべての人は、救われるためにこの神に服従しなければならず、またこの神を正義の実践と隣人への愛によって尊敬しなければならない」[72]ということである。この普遍的な教えから比較的普遍性の度合の低い教えが導き出される。だがこの場合、普遍的な教え自体が実践的な内容をもっている以上、それから導き出される教えも、当然実践的なものに限られる。しかし聖書の中には実践的な事柄に関して不明瞭な教えや曖昧な教えが見られる。このときには、右の普遍的な教えを基準として、それを解釈しなければならない。また互いに矛盾するような教えがある場合にはどうすればよいのか。これに関してスピノザは、「それがどんな機会、どんな時に、またどんな人のために書かれたかを見なければならない」[73]と言う。具体的には、その前後の文章から、それに関する章句を見つけ出し、その連関から解釈するか、またすでに述べたような歴史的研究を基礎にして解釈しなければならないのである。[74] かくて聖書の精神を知ることは、神への愛と隣人への愛という最も普遍的な教えから、聖書を理解することから始まる。換言すれば、それは最も普遍的なものを基礎として実践的、道徳的な教えを体系的に理解することである。[75]

以上スピノザの聖書解釈の方法について論じたが、彼はこの方法をもってしても聖書の歴史をまとめ上げ、聖書の意味を明らかにするには多くの困難があることを卒直に認め、「我々は聖書の真の意味をその多くの個所において知らないか、あるいは確実性なしに推量しているかのどちらかである」[76]と主張する。またスピノザの説くような方法を使用しなければ、聖書を理解しえないとすれば、一般の人々はそれを容易になし得ない。つまり聖書解釈はマイモニデスの場合と同じようにまさに学者の専有物となろう。しかし聖書の理解を困難なものとしているのは、預言者の謎のような言葉、想像力に関するものに限られ、知性によって「その明瞭な概念を容易に形成しうる事柄」、つまり知性によって理解しうるものはその限りでないとすれば、聖書の解釈に、あるいは聖書の精神を知るために、特別の歴史的研究は必要ないであろう。これはユークリッド幾何学の諸定理を理解するために、歴史的研究が必要でないと同様である。では我々が知性によってふつうに理解しうるものは何か。これは愛を基礎とした道徳説であった(77)。この人間の至福、救済に関する教えは、彼によれば「極めて一般的、極めて単純な、極めて理解し易いものであるから、最もふつうの言葉で表現されているからである(78)」と。このように考えれば、スピノザの聖書解釈は、聖書の中に何か高遠な思想や秘義が含まれると主張し、あたかも教会が大学であるかのように論争にあけくれた神学者の解釈とその独善性を批判し、聖書を万人の前に解放しようとしたと言える。また同時に彼は同時代のウリエル・ダ・コスタやデ・プラドーのように、ただ聖書を世俗的な合理性を基準にして解釈したのではない。秘密のベールを聖書からはぎとった点では、スピノザは彼らと同じである。しかしその聖書解釈の結果はたとえ同じであっても、その方法は全く異なっていた。むしろウリエル・ダ・コスタやデ・プラドーは聖書の外に、理性にそれを解釈する基準を設けた点で、マイモニデスと同じ系譜の上に立っていたのである。スピノザは彼らと異なり、聖書をそのものから解釈する。この点では彼はアルパカールと同じである。しかしアルパカールが聖書そのものを神的な書物と見なし、それに書かれていることをア・プリオリに絶対的なものと見なしたのに、スピノザは聖書が神的であるか、またその諸命題が絶対的であるかどうかを、その当時においては革新的な、歴史研究によって解明するのである。換言すれば、両者はともに聖書に基づきながら、一方では理性の介入を拒けたのに、スピノザは歴史的研究という理性的な仕方で聖書の中から導きだされるものだけを結論した。このような彼の態度が、『神学・政治論』において自分の聖書解釈の方法を自然研究の方法になぞらえることになったと考えられるのである。

注

(1) Spinozas Sämtliche Werke II の Gebhardt の Einleitung.
Siwek : Au Coeur de Spinozisme, p. 142～143.
Borkowski : Spinoza IV, S. 96 ff.

(2) Der Bericht der Stolle-Hallmannschen Reisebeschreibung 1704 (Spinozas Sämt. Werke III) S. 103. 〔渡辺義雄訳『スピノザの生涯と精神』(理想社発行)の一六六ページ参照〕。

(3) Borkowski : Spinoza IV, S. 98.

(4) Spinozas Sämtliche Werke, III. の Biographien Spinozas の中の Pierre Bayle : Historisches u. Kritisches Wörterbuch, S. 45.

(5) このことはフロイデンタール、ボルコヴスキー、ゲプハルト、シヴックが主張している。後三者の意見については注(1)において示した当該箇所を参照されたい。またフロイデンタールについては、Freudenthal : Spinoza, Leben u. Lehre, S. 97.

(6) van Til についてはBorkowski : Spinoza IV, S. 97. ならびに Inedita Spinozana, S. 7 ff. 参照。

(7) *cf.* Ep. 23, 29.

(8) T. T. P. Cap. 9. p. 135.

(9) スピノザが聖書の歴史的研究においてユニークな存在であったことは Émile Bréhier も言及している。彼の The formation of our history of philosophy (philosophy and history, The Ernst Cassirer Festschrift, Harper, p. 162 ff.)

(10) Ep. 30. p. 166.

(11) *cf.* Leo Strauss : Spinoza's Critique of Religion, p. 111～112.

(12) Ep. 30, p. 166.

(13) このことは一般に宗教否定の書と見られがちな『神学・政治論』が実はそうでなく、むしろ神学者の宗教に対する批判であったことを意味しよう。彼は後述のように宗教が人間の救済のために、特に哲学と無縁な一般大衆のために、不可欠のものであること、つまり宗教の有用性を『神学・政治論』の中で強調しているし、また『書簡』の中では「他の人々より多くとは申しませんが、聖書に多くの権威を認めている」(Ep. 21. p. 132.) とさえ言っているのである。
スピノザが『神学・政治論』の中で積極的に批判した神学者たちの教説は、彼にとってプラトンやアリストテレスの思想の亜流にほかならなかった。神学者たちは、これらの思想に聖書を順応させるために、聖書の真の解釈をなし得ず、常に先入見をもって「聖書の理解とその厳密な吟味によって始めて明らかになるべきこと」(T. T. P. Praefatio, p. 9.) を独断的に主張する。この結果、宗教そのものへの誤解が彼らの聖書解釈から生ずることになり、多くの障害が生じてきたのである。つまり神学者たちがスピノザを無神論者として非難すること自体、彼に言わせるならば、彼らの牢固にして抜き難い偏見、聖書の誤った解釈の現われにほかならないのである。このため彼は「聖書を新たにとらわれない自由な精神によって吟味し、そして聖書そのものからきわめて明瞭に知ることのできる以外のいかなることも聖書について主張せず、またそれ以外のいかなることをも聖書の教えとして認めないよう」(T. T. P. Praefatio, p. 9.) に決心するに至ったのである。これが彼において聖書解釈の独自の方法を確立させる機縁となり、また『神学・政治論』の結実をうながす一因になったと言える。だが彼がこの書物において示した聖書解釈並びに聖書に対する考え方は、その全く新しい見方の故に、当時の人々を驚かせ、また憤激させるに至った。このことは伝記作者、コレルス、ルカスの証言をまつまでもなく、当時の宗教事情を考えれば、当然のことと思われる。スピノザ自身もこの悪評、非難を予想し、匿名によってしかこの著の公刊をなしえなかった。しかし今日彼のこの著の意義を考えるとき、「まさに天才的な仕方でこの学問に課題と目標とが示され、また天才的な直観をもってこの学問の最も重要な成果の多くが先取されている。『神学・政治論』のこの章は、かつて旧約聖書について書かれた最も重要なものに属している」(Spinozas Sämtliche Werke II. Einleitung von Gebhardt, S. XXVII~XXVIII) というコルニルの言葉以上のものがある。すなわち、従来神の言葉と考えられてきた聖書から秘密のベールをはぎ取り、それを普通の書物のように取り扱い、先人に対する仮借なき批判と聖書そのものに対する客観的研究をなすこと自体、この世界からいっさいの目的論的、価値論的な見方を排除しようとする彼の哲学的精神の現われである。超自然ならぬ、単に自然の領域における客観的な研究なら、すでに彼以前のガリレイにその典型を見ることができよう。だが聖書に前人未踏の批判の眼をそそぎ、そこにいわば「学問」を樹立するに至ったことは、まさにガリレイに匹敵する劃期的な出来事と言わなければならない。なるほど三百年以前のスピノザの意見は、その後の学問の進歩と発展によって批判され、否定されるかも知れない。しかし彼がそこで意図し、考えようとしたものは、なお今日においても生きている。このような意味で筆者は以下において、彼の聖書解釈の方法とその意図したことを吟味し、この『神学・政治論』がその当時のオランダの宗教事情を反映し、背景にした「傾向的」な書物につきないゆえんを明らかにしたいと思う。

(14) T. T. P. Cap. 7. p. 112.

(15) Ibid.
(16) Ibid. p. 113.
(17) T. T. P. Cap. 9. p. 135～136.
(18) T. T. P. Cap. 15. p. 181.
(19) Ibid, p. 182.
(20) Ibid.
(21) Ibid.
(22) Ibid. p. 183.
(23) Ibid.
(24) S. Zac : Spinoza et l'interprétation de l'Écriture, p. 22.
(25) T. T. P. Cap. 15. p. 184.
(26) T. T. P. Cap. 7. p. 114.
(27) Ibid.
(28) Ibid.
(29) Ibid.
(30) S. Zac : op. cit., p. 18.
(31) T. T. P. Cap. 7. p. 115.
(32) T. T. P. Cap. 7. p. 98.
(33) Ibid.
(34) L. Strauss : Spinoza's Critique of Religion, p. 259. ゲプハルトもこれと同じ考え方をしている。Spinozas Sämtliche Werke II, Einleitung, S. XXVI.
(35) S. Zac : Spinoza et l'interprétation de l'Écriture, p. 29.
(36) Ibid. p. 29 ff.
(37) Tractatus de Intellectus Emendatione, § 103. P. 37.

(38) Ep. 2. p. 8.
(39) Ep. 37. p. 189.
(40) T. T. P. Cap. 7. p. 99.
(41) Ep. 10. p. 47.
(42) Tractatus de Intellectus Emendatione, § 95. P. 35.
(43) ザクはこれと同じことが『政治論』と『神学・政治論』の間にも見られると主張している。 S. Zac : op. cit., p. 36.
(44) Tractatus de Intellectus Emendatione, § 100. P. 36.
(45) Ibid. § 101. p. 36.
(46) T. T. P. Cap. 7. p. 102.
(47) このことは『知性改善論』において見るかぎり演繹的な方法であろう。とすれば、聖書解釈の方法のモデルとなった自然研究の方法は、帰納的な方法ではなく、演繹的な方法と見なすことができるのではなかろうか。
(48) Tractatus de Intellectus Emendatione, § 103. P. 37.
(49) Ethica, II. Prop. 47. Schol.
(50) Ep. 2. p. 8.
(51) スピノザの理性は後述するようにいわゆる合理主義者の理性ではない。
(52) スピノザが「最も普遍的なもの、全自然に共通するもの」というのは、「運動と静止ならびにその法則、諸規則」を示すとすれば、これらのものこそ『エチカ』において明らかなように、共通概念としての理性によって把握されるからである。(Ethica, II. Lemma II.)。
(53) C. Gebhardt : Inedita Spinozana, S. 11.
(54) S. Zac : op. cit., p. 36.
L. Strass : op. cit., p. 259.
(55) S. Zac : Ibid.
(56) Cogitata Metaphysica, II, Cap. 8. p. 265.
(57) S. Zac : Ibid. op. cit., p. 36.

(58) T. T. P. Cap. 7. p. 98.
(59) マイモニデスはアリストテレスの哲学を基準にして考えた。
(60) T. T. P. Praefatio, p. 10.
(61) T. T. P. Cap. 7. p. 112.
(62) Jean Préposiet : Spinoza et la liberté des hommes, p. 159.
(63) T. T. P. Cap. 7. p. 102.
(64) Ibid. p. 99〜102.
(65) スピノザは Compendium grammaticus linguae Hebraeaeを書いた（これは Spinoza Opera I の中にある）。
(66) T. T. P. Cap. 7. p. 100.
(67) Ibid. p. 109.
(68) Ibid. p. 101. この研究はスピノザにとって聖書において確実なものと見なされる教えを批判的に受け入れるために不可避的な研究であった。
(69) T. T. P. Cap. 7. p. 98. 次の引用文は Ibid. P. 102.
(70) この方法は彼が『知性改善論』において述べた幾何学的方法と似ている。否、『神学・政治論』は、『知性改善論』よりものちの著作であるため、自然研究の方法になぞらえた聖書解釈の方法を論ずるにあたり、彼が『知性改善論』の幾何学的方法を念頭においていたことは確かなことと思われる。『知性改善論』では単純なものから複雑なものを構成する綜合的な方法が問題となっているが、『神学・政治論』でも単に形式的な面から見れば、『知性改善論』と全く同じことが考えられているのである。
(71) T. T. P. Cap. 12. p. 165.
(72) Ibid. Cap. 14. p. 177.
(73) Ibid. Cap. 7. p. 103.
(74) 例えば、マタイ伝の「悲しむものは幸いなり、そは慰めを受くべければなり」という命題だけからは、何を悲しむか、またなぜ幸いであるかは判明しない。だがマタイ伝の後の個所（マタイ伝、六章三十三節）を見れば、神の国とその正義のみを思いわずらうことが最善のこととしてすすめられているため、神の国とその正義が無視されることが悲しみの意味となる。

また有名な「人もし汝の右の頬を打たば、左の頬もこれに向けよ」という言葉は、もしこれをキリストが立法者として命令したならば、モーゼの律法を廃したことになる。だがキリストは立法者としてでなく、師として、しかも「正義が全く無視され、滅亡が間近に迫っている国家に住む人々に」、そして圧制時代に語ったことを聖書自身の歴史的な研究から知るのである。T. T. P. Cap. 7. p. 103.

(75) 以上のことはスピノザが預言者の精神を最も普遍的なことから説明し、体系化していることを意味しよう。J. Préposiet : Spinoza et la liberté des hommes, p. 156.

(76) T. T. P. Cap. 7. p. 111.

(77) つまり神学者たちの考えるように聖書に見られる思弁、あるいは哲学的な見解ではなかった。

(78) T. T. P. Cap. 7. p. 111. ——かくて聖書の精神は「聖書の歴史から容易に把握できるし、またその真の意味について確実に知ることができる」のである。

4　信仰と理性

スピノザの聖書解釈が神学者の偏見を打破するためになされたとすれば、それに基づく彼の宗教批判は宗教そのものの否定というより、すでに述べたように神学者の宗教に対する批判であったことを意味しよう。[(1)] しかもこれは彼自身がそれによって育くまれてきたユダヤ教を中心に行なわれた。そしてユダヤ教が預言者の宗教と言われる場合、その宗教批判は当然預言者や預言を真先にその対象としなければなるまい。[(2)] スピノザもこれを充分にわきまえ、『神学・政治論』の第一章と第二章において預言と預言者について論じている。そしてこれがまた彼の宗教批判の核心を形成している。以下彼の宗教観を明らかにする上にも、彼が預言者や預言についてどのように考えていたかを考察したい。

一　マイモニデスの預言者観

スピノザの聖書解釈は、すでに述べたように聖書に書かれていることが非合理、不可思議であるから、それを否定しようとするのでなく、むしろそれを一つの事実として肯定し、その意味を全体との連関において探る。この点、理性に矛盾することがあれば、それを否定するか、比喩的に解釈するか、いずれにせよ理性を基準にして聖書を解釈するマイモニデスとは全く異なる立場に立っていた。そしてこのためにかえって、マイモニデスはスピノザに対して大きな問題を提起したと言える。マイモニデスとスピノザの立場は預言や預言者の解釈においても例外ではなかった。

マイモニデスは預言者の条件として、知的完全性、道徳的完全性、想像力の完全性を挙げている。(3) しかも預言者に要求される知識が、ふつう学問的な知識、つまり論理学、数学、自然学ではなく、むしろそれらの学問をふまえた上での哲学的、神学的知識であるとすれば、預言者は単なる学者ではなく、哲学者、神学者であると言えよう。そして特に預言者が、知的完全性のみでなく、想像力の完全性を具えていたことが預言者の預言に大きな意義を与えていたと考える。つまり知的完全性だけなら、ものを分析的、抽象的に思考しうるだけである。(4) ところが想像力の完全性を具えていれば、ものごとを具体的に思考し、それを象徴的に表現できるし、また未来の出来事に対して的確な予言をなしうるとマイモニデスは考える。当然ここに想像力とは何かということが問題となる。

マイモニデスによれば、想像力とは、知性の分析的であるのとは異なり、合成されたものを全体として理解し、存在において離ればなれになっているものを相互に結びつけ、新たな観念を形成する能力である。(5) 例えば、馬の頭をもった人間とか、翼をもった人間の観念を形成することができる。これは想像力が感覚的知覚によって把握した個々のものを保持し、結合し、模倣する能力をもっているからである。だが想像力によって新たに形成された観念の対象がもし実在しないならば、その観念は虚偽となる。ここでまず問題となるのは、マイモニデスが感覚的知覚と想像力とを区別し、両者が本質的に異なった働きをすると考えている点である。認識論的に見れば、想像力の観念には大ていその対象が実在していないため、常にその対象の実在する感覚的認識にくらべ、その認識は虚偽である。しかしその機能の面から見れば、想像力は睡眠中にも働くことができるため、感覚的知覚よりすぐれている。後者が単に肉体的なもの、感覚的なものに向けられているのに、前者、すなわち想像力は超感覚的なものをも知覚することができる。そして想像力そのものが最も完全な形において発揮されるのは、感覚が休止し、その活動が停止したときである。この意味で睡眠時の夢、また存在しないものをあたかも眼前にあるかのように表象する幻などは、想像力の働きが最も完全な形で現われたものと考えられる。換言すれば、想像力の機能は、目覚めているときと睡眠時あるいは夢見ているときとでは異なって現われる。前者の場合想像力は個々の感覚的知覚に従い、それに制約される。だが後者の場合にはそのような制約はなく、むしろ知性[6]が想像力に作用し、imago がそこに生ずる。しかしこの imago は、目覚めているときの我々の願望や先入見に直接に関係する。このことから夢を見る場合、知性は目覚めているときの願望と先入見に従って想像力に作用する。ところが預言者は普通の人たちとは違って、目覚めているときの願望は知性的なものであり、神の認識、宇宙の神秘、あるいはその原因の探求に向けられている。このため預言者の想像力はその知性の完全性に相応して、普通の人とは比較にならぬ高遠なことを想像し、また予見しうるのである。いかに想像力が偉大であっても、知性の裏づけがなければ、あるいは知性がすぐれていなければ、預言者の資格がない。つまり知性なき預言や占いごとは預言者のものではない[7]。かくてマイモニデスによれば預言者においては知的な能力と想像力とが同等の完全性に達しているのである。いわば知性と想像力とは一体をなしているため、預言者は自分の知ったことを生き生きと、また象徴的に、あるいは imago を用いて他の人たちに教えることができる。たとえ自分にいかなる危険が迫ってこようとも、勇気をもって告知する。また預言者は自分が夢見ているとき、目覚めているときに見た visio を解釈したり、未来の歴史的な出来事を神の名において予言する。これは預言者に与えられた能動知性が未来を含んでいることを意味する。かくて知性が完全な状態になったとき、預言者のあらゆる資質、勇気や予見の能力などが最大限に発揮され、『出エジプト記』にあるように、奴隷状態にあったユダヤ民族を救出できたとマイモニデスは主張する。

以上マイモニデスの預言者観を見てきたが、重要なことは預言者が最高の知識人でなければならないということである。なるほど想像力は知性と一体となって働くが、この両者のうちいずれに重きがおかれているかと言えば、知性である。この意味から神が預言者に話しかけたのは預言者の精神に対してであり、想像力に対してではないと主張されるのである。つまり想像力は純粋な知的啓示を表現する手段にすぎなくなる。このためシナイ山において一般の人人が大きな火、雷鳴、恐しい声を聞いただけにすぎないのに、預言者はそのとき神の言葉、神の精神に耳を傾けることができたと主張されるのである。[8] マイモニデスは本来主知主義の立場に立つものとして、このように知性の優越性を認めたが、また聖書において示された預言者の想像力も無視し得ず、結局知性と想像力との融合に預言の成立を見た。スピノザはこのマイモニデスの見解に真向から対立する。以下スピノザの見解を見て行こう。

二　スピノザの預言者観

以上のマイモニデスの預言者観に対して、まずスピノザから挙げられた反論は、[9] 一、預言者の想像力がマイモニデスの理解するようなものでないこと、二、預言者は完全な知者ではなく、むしろ無知な人であったことの二つに帰せられるであろう。以下右の二つに関してのマイモニデスとスピノザの考え方の相違を明らかにして行きたい。

まず預言者の想像力に関して言えば、スピノザはこれを認識論的な問題に還元する。なぜなら、彼によれば神の啓示はすべて言葉や形象、像によってなされたものであるから、[10] それを受けとるには知性より感覚的知覚が問題となるからである。つまり彼によれば預言者の認識は本来感覚的知覚にほかならないのである。そして彼はマイモニデスのように感覚的知覚と想像力とを区別しない。なぜなら、スピノザの場合想像力の認識は感覚的知覚に根ざしているからである。[11] つまり想像力の認識は、感覚的知覚によって把握された個々の観念を合成したものであるため、その認識の始源からすれば感覚的であるというのがスピノザの見解である。この点はマイモニデスもスピノザと同様であろう。[12]

だがマイモニデスの場合、感覚的知覚が想像力に影響を与えるのは、目覚めているときだけであって、夢見ているときには、知性がそれに影響を与える。これに反して、スピノザは目覚めているときの想像力と夢見ているときの想像力の働きを区別しない。「虚構（マイモニデスの想像力にあたるものは虚構 fictio である―筆者注）はそれ自体から見れば夢と大差ない」[13] と主張し、夢と虚構との相違を、その原因が意識されているか（虚構＝マイモニデスの目覚めているときの想像力)、それとも意識されていないかの違いに求めた。また彼によれば虚構は目覚めていながら夢を見ている状態であり、夢とは本質的に区別されるものではない。このことは、彼がマイモニデスと異なり、夢の中での知性の働きを否定していることを意味している。[14]

スピノザはまた預言者が受けとる言葉や形象の存在に関しても、マイモニデスとはその見解を異にしている。マイモニデスにとって言葉や形象はすべて想像力の産物であり、実在するものではなかった。彼のように聖書の言葉を合理的に解釈するものにとって、神が被造物としての声や言葉によって自分の本質や存在を示すことは不条理なことであった。このため彼は、言葉や形象をすべて想像力の産物として片づけ、神と預言者との精神的な語り合いを外化したものにほかならないと考えた。この結果、マイモニデスはモーゼの十誡も実際に神が言ったのではないと主張する。これに対して、スピノザは啓示の言葉や形象を実在的なものと想像的なものとの二種に分け、モーゼのみが神の実際の言葉を聞くことができたと主張する。[15]この場合、彼はマイモニデスのように神が実際にその言葉を発するかどうかの可能性や理論的な根拠から、それを問題にしているのではない。すでに述べたように、彼は聖書に書かれていることを事実と見なし、実際に神が声を発したという個所が聖書の中に見つかるならば、それは実在的なことであったと主張する。例えば、「私はそこであなたを待ち、幕屋の中の二つのケルビムの間からあなたに語りましょう[16]」を、神がモーゼに直接に話しかけた証拠として挙げている。またモーゼの十誡に関しても、マイモニデスの見解[17]が聖書に忠実でないと主張し、そして「聖書の意味をそこなおうとしないならば、我々はイスラエル人たちが真の声を聞いたことを全く認めなければならない、……『神はあなたたちに顔を合わせて語り給い云々[18]』」から、神が実際に声や言葉を発したと主張するのである。つまりマイモニデスの立場に立つならば、モーゼが聞いた神の言葉自体は単に想像的なものであり、この想像力の産物によってモーゼは神の精神を把握したことになる。これに反しスピノザは「神が実際にある声を創造し、その声によって自ら十誡を啓示したと認めるのが、聖書に一致していると思われる[19]」と主張するのである。

スピノザはモーゼのみが神の実際の声を聞いたことを聖書の中から明らかにした。しかし他の預言者についてどうであったかと言えば、「もしあなたがたのうちに神の預言者がいるならば、私は異象（visio）において彼に現われ、[20]また夢において彼に語ろう。[21]だがモーゼに対してはそのように現われない[22]…」というところから、モーゼ以外の預言者は神の実際の声ではなく、想像上の声しか聞かなかったとスピノザは主張する。[23]この例として彼はサムエル（サムエル前書三章）を挙げる。これは神の声がサムエルの聞きなれたエリの声に似ていたこと、またサムエルは神から三度呼ばれてもエリに呼ばれたと思ったことから、サムエルの聞いた神の声はサムエル自身の想像力の産物にすぎなかったことを意味する。これと同じことはアビメレクが夢の中で聞いた神の声（創世記二十章六節）についても言えるとスピノザは主張する。

次に、マイモニデスが預言者を完全な知者と見なしているのに、スピノザがむしろ無知な人たちであったと主張した点を取り上げよう。スピノザによれば、もしマイモニデスの主張するように預言者が完全な知者であったなら、むしろ旧約聖書のうちで最も知的な人であったと言われるソロモンが預言者でなければならなかったであろう。事実はこれに反して、ソロモン、ヘマン、ダルダ、カルコルなどの知的な人たちは預言者ではなかった。むしろ預言者と見なされる人たちは、無教養な農夫やアブラハムの婢ハガルなどのように単純な人たちであったと主張する。[24]これは言葉や形象などによって表わされる啓示を受けとめるためには、想像力の認識だけで充分であり、知性はむしろその妨げになると考えているからである。すなわち、「知性にすぐれ、知性を最大限に錬磨した者は、中庸のとれた、控え目な想像力をもつだけであり、いわば想像力を抑制して、それが知性と混同されぬよう[25]」にするから、啓示を受けとることには不適である。あるいはものの本質や必然性あるいは不可能性を真実に認識したなら、ものを虚構することができないというスピノザの立場に立てば、完全な知者にとって預言者の認識としての想像力（虚構）は原理的に不可能なことであったと言える。かくてスピノザによれば無教養な人や単純な人がその想像力の異常な旺盛さの故に、預言者になり得たのである。換言すれば、預言者は「健全な敬虔心をもちながら無知であり得たし、また事実無知であった」[26]のである。

スピノザは預言者が無知であった証拠としてヨシュアやイザヤを例に挙げた。すなわち、太陽がその運行を停止したことに関して、ヨシュアが本来軍人であって天文学者でなかったことから、昼の長く続いた真の原因を知らず、むしろ地球のまわりを運行する太陽が停止したため、昼が長く続いたこと、またイザヤ書における太陽の後戻りに関しても、イザヤが幻日について全く無知であったことが主張されるのである。[27]このことも結局はスピノザによれば、預言者の想像力には預言者自身の日常の経験、思想、職業、気質、性格などが基礎となっているためである。このため彼らは啓示を受けとる際、彼らが日常いだいていた通俗的思想に啓示を適応させた。換言すれば、預言者が啓示を比喩や謎の形で把握し、それを教えたこと、また極めて精神的なことを形象的に表現したことなどは、彼らが知的なものを欠いていた証拠とされる。この点、預言者自身は高遠な思想家であり、神の啓示を純粋に知的に、精神的に受けとったが、これを一般に伝えるにあたり、比喩や謎によったと主張するマイモニデスの考え方に、スピノザは真向から対立していると言える。[28]彼にとって預言者の比喩や謎は神の意志によるものではない。それは想像力の産物であった。従って預言者が神の啓示を不完全な仕方で受けとったとしても、神が自分の言葉を不完全な仕方で啓示したとは言えない。スピノザは預言者たちが、「一般民衆の理解力の弱さのために、神を人間の姿をしたものとして表わした」[29]と主張する。しかしこれは上に言ったことから、一般民衆のためばかりでなく、預言者が知的な存在でなかったが故に、自分の先入見に適応させて神を人間的にしか表わし得なかったことを意味する（これについては後述する）。——以上のスピノザの預言者観から帰結されることは、預言者の宗教がマイモニデスの主張するように知性の宗教、学者のための宗教ではなく、想像力の宗教、民衆のための宗教であるということであろう。そしてこのために、聖書に何か哲学的な理論、あるいは学問を求めたり、期待することは、預言者の知的水準から見て不可能であった。このことはスピノザの宗教観、またその思索の将来を決定する上で大きな影響を与えることになった。

三　聖書の神の属性

スピノザはその聖書解釈によって聖書の目的が学問を教えることでなく、「敬虔」を教えることだと主張する。そしてこの敬虔を、新旧両聖書が「服従の誡め」以外の何ものも教えていないところから、神への服従と解した(30)。彼はさらにこの聖書の目的から信仰を定義して次のように言う。「それを知らなければ神に対する服従が失われ、またこの服従が立てられれば、必然的にそれが定立されるものを神について考えることにほかならない(31)」と。つまり信仰の本質は服従であって、この服従がなければ信仰は成立しないのである。しかも服従が、聖書の最も主要な、そして普遍的な教義としての神への愛と隣人への愛の実践を意味するとすれば、この愛の実践なき信仰はもはや信仰ではない。また服従によらず、単に理性に基づく愛の実践も、また服従の実践にかかわりない神の思弁、形而上学的認識は信仰に属さないのである。右の信仰の定義から信仰における思弁、神学とはいかなるものであるかも明らかにされてくる。すなわち、聖書のすすめる学問は、「掟に従って神に服従しうるために誰にでも必要な学問(32)」となる。それは単に教会関係者にのみ必要なもの、あるいは専有物ではなく、何よりも一般民衆のために必要な学問である。従ってそれは高度の学問的な真理、哲学的真理を求めるものではなく、むしろ真理よりも敬虔な教義、つまり人々を強制によってではなく、「心の完全な同意によって」神への服従に駆り立てるための教義を必要とする。換言すれば、それを欠くなら神への服従がなしえないような教義を必要とする。従ってそれ以外のことを目的とした学問、あるいは真理探求を目的にした学問は、たとえそれが神の認識に関するものであっても、啓示宗教とは無関係なのである。

もちろん宗教における思弁も神に関するものであろう。だがスピノザは神の知的認識がすべての信仰者にとって共通のものでないと主張する。「すべての人は誡命によって等しく従順であるが、賢明であることはできないのである」[33]。つまり知的な認識は服従や従順と違って特殊な人、知識人にのみ与えられた賜物と解される。これをスピノザは聖書におけるユダヤ人の神の観念から実証しようとした。一般にスピノザは聖書の中に現われた神が真の神を表わすものでなかったと主張する。このことは古代のイスラエル人たちが神について殆ど無知の状態に、つまり彼らは「エジプト人たちの迷信になれ、粗野でみじめな隷属状態に疲労困憊し」[34]、神についての正しい認識をもつ余裕がなかったからである。例えば最初の人間アダムにとって神は決して遍在者として現われず、非遍在者として、またアダムの居場所とまた罪を知らぬものとして現われた。このことはカインについても、またラバンやアブラハムについても言えるとスピノザは主張する。[35]そしてさらに彼は、神の知的認識が一種の賜物であった証拠として、モーゼには神の名がエホバとして知られていたのに、族長たちにはエル・シャダイとしてしか知られていなかったことを挙げる。後者、シャダイの神はマイモニデスの場合自ら充足せるもの、存在に関して言えば自分以外の何ものも必要としない、いわば自己原因の消極性を具えたものであった。[36]ところがスピノザはこの神を充足の神と名付ける点においてマイモニデスと一致しているが、その「充足」の意味はマイモニデスと全く異なり、「各人にその充ち足りるものを与える」[37]という意味であった。スピノザが『神学・政治論』を書いていた当時には、すでに彼の哲学の体系はでき上っていたのであるから、もしこの「充足」の意義をマイモニデスのように理解していたならば、彼はシャダイの神を「自己原因」と書いていたであろう。彼によればシャダイだけで充分神を意味しているが、正式にそれを呼称するためには、シャダイにエル（有力者、勢力者の意）という言葉をつけ加えねばならない。これはエホバが「被造物と関係なく」神の絶対的本質を表わす神の本名であるとすれば、それ以外の神の名、このシャダイの神は、「被造物との関連において考えられる限り」[38]の神の名にほかならないからである。つまりエホバ以外の神の名はすべて人間的な属性を表わす名前となり、エルを付けることによって一層その人間化が果される。[39] ところがエホバという神の本名はモーゼにのみ知られた。これはスピノザによれば神からモーゼにくだされた特殊な恩寵であり、[40] 賜物であった。もちろん神の絶対本質をエホバの名でとらえることが、神の知的認識であるかどうかは問題であるが、スピノザがここで示そうとしたことは、この二つの神の名を例にして、神を真実に知ること、つまりその知的認識が誰にでも容易になし得ない賜物であることを強調したかったのである。

しかしスピノザは、モーゼが神の本名を知り、神についての高遠な思想をもっていたにもかかわらず、なお神の約束を信じなかったと主張する。これは彼によればモーゼが神について未だ確固たる思想をもっていなかったことを意味する。[41] 換言すれば、モーゼに現われた神は、「人間の行動に無関心なもの、人間の未来の行動について何も知らないもの」であった。また神の諸性質を人間的にとらえた点ではモーゼも他の人たちと同じであった。[42] つまりモーゼの神観もまたスピノザの眼から見れば非十全なものであった。だが彼はこのためにそれを全然無視し、取り上げなかったかというとそうではない。むしろ彼はモーゼの神観を偏見をまじえることなく考察し、そこに哲学的な問題を見出そうとした。それは前述のようにモーゼがエホバの名のもとに神の絶対的本質をとらえていたという点である。この点スピノザはマイモニデスと一致している。マイモニデスによればエホバには消極的な意味と積極的な意味とがあった。[43] 前者は創造主と被造物との非通約性を表わし、後者は神の必然的存在を表わす。この後者の起源をマイモニデスは、『出エジプト記』三章十四節の「私はあってあるもの」に求めている。この **I am that I am** において最初の **I am** は主語であり、第二のそれは主語の属性となっている。そして **that** が主語と属性との同一であること、すなわち主語と述語の同一性を表わしている。このため神の本質的属性は存在となり、エホバは必然的存在を示すことになる。この点スピノザも同一の見地に立って、モーゼが「神について、常に存在した、また存在している、そして常に存在するであろうところの実在であると考えた…。このため彼は神をエホバと名付けている」[44] と主張した。スピノザはエホバが過去、現在、未来にわたって存在する永遠の存在、つまりマイモニデスの主張するように必然的な存在として理解したのである。もっともこのような解釈は、ザクによればすでにエフダ・アレビのなしたものであり[45]、マイモニデスやスピノザ独自の解釈ではなかったのであるが、ともあれ、スピノザにとってモーゼは、エホバにおいて神の必然的存在を認めながら、神に人間的な属性を帰せしめた[46]。これはモーゼが神を単にその想像力によって考えたことを意味する。すなわちモーゼにとっても神は、想像力によって把握された「限りの神」、あるいは「被造物との関連において考えられる限りの神」にほかならなかった。このことからスピノザは、モーゼを哲学者とは見なさず(逆にマイモニデスはモーゼを哲学者と見なしていた)、律法によって民衆を正しい生活へと導こうとした立法者としてしか考えなかったのである。

スピノザは神の知的認識とはいかなるものであるかを考察する前に、信仰における神の認識とはいかなるものであるかを明らかにする。スピノザは、聖書の神が単に預言者の想像力の産物であるため、それが認識論的、哲学的に見て極めて非十全であることを認めていた。だが彼は聖書の神がその本性から見ていかに非合理的に表現されていたとしても、それを従来の神学者(特にマイモニデス)のように比喩的に理解したりしない。比喩的に解釈することは、すでに述べた彼の聖書解釈の仕方から見て、聖書をそのものからでなく、むしろ聖書を離れてそれを合理的に解釈することである。だが聖書は神について学問的なこと、例えば神の本性が何であるか、またどのようにすべてのものを見、また配慮するかという哲学的な事柄を永遠の教えとして説いていない。換言すれば、「聖書は神について何ら学問的な定義を与えていない[47]」のである。従ってスピノザが聖書において見出した神は哲学的な神ではなく、服従をその本質とする信仰のための神であった。これは彼にとって聖書が学問を教えるものでなく、敬虔を、神への服従を教えることから見て当然のことであろう。彼は旧約聖書のみならず、新約聖書の中から、預言者たちを通してすべての人に普遍的に求めている神の認識が、神的正義と神的愛の認識のみであることを明らかにした[48]。つまり我々が聖書の中において知ることのできる神の属性は正義と愛の二つしかないのである。この正義と愛の神は「人間が一定の生活仕方によって模倣しうる」[49]神であり、つまり真の生活、隣人愛の実践をなすために人間がそれを模範とするような神であった。これさえ知るならば信仰にとって十分であり、神が他にいかに非合理的な仕方で表わされても、それは信仰とは関係のないことであった。また神学の基礎としての、服従による人間の救済は、「自然的光明によっては探究されえない、あるいは少なくとも今までそれを証明した人はいなかった」[50]ため、なぜこの神が真の生活の模範となるのかという理由を尋ねることも信仰とは無縁なのである。つまりなぜそうあるのか、また何であるかを尋ねること、あるいはその理由づけは各人の解釈の自由であって、信仰にとりそれらを問題にすることは不可能ではないにしても必要なことではない。換言すれば、預言者が自分の先入見や民衆の理解力に適応させて語ったことを、人は自分の理解力に適応させて理解すればよいのであり、その理解が合理的であっても、非合理的であっても、これは信仰の問うところではなかったのである。

以上のように信仰の神が、宗教的、道徳的な実践の基礎となるべき神であるとすれば、神の知的認識とはいかなるものであろうか。それは「神の本性をそれ自体においてあるがままに見る」[51]ことである。換言すれば、信仰の神が人間の真の生活の典型として、あくまで人間的な見地から離れることができないとすれば、知的に認識された神はそのものとしての神であり、人間的な尺度によって考えられない神である。スピノザの言葉を借りるならば、「人間が一定の生活仕方で模倣することのできないものであるし、また真の生活法を打ち立てるために模範とすることができないものである」[52]。すなわち、それは服従の宗教を離れた純粋な知性の立場で把握された神である。神に関するこのような知的認識の立場は、当然当時の人の批判を浴びることとなった。今これを彼の『書簡集』[53]において見れば、次のようなものであった。つまり神の本性と人間の本性とを混同しない限り、神に人間的な属性を帰せしめてよいのではないか、あるいは顕在的には神は人間的な属性をもたなくても、エミネンテルには人間的な属性をもってよいのではないかということであった。だが右のように考えることは、知性の把握するものに顕在的、潜在的の区別を認めなかったスピノザにとって、知性と想像力とを混同することであった。あるいは神を単に人間的な立場でのみ考え、神をそのものとして考えていないことを意味したのである。右のことから明らかなように、スピノザが神の知的認識において求めたものは、「神としての神、何ら人間的な属性の帰せられることがない絶対的な神[54]」、すなわち真の神であった。この神の概念を形成するために、彼は単なる人間理性の立場からでなく、神をそのものとして考える普遍的な理性の立場で、『短論文』以来その努力を結集し、ついに『エチカ』に見られるような神の概念を形成したのである。

四　預言者の精神

宗教の教えの核心が愛の実践という極めて倫理的なものにあるとすれば、なぜそれがこのように倫理的なものになったのかという問題が生じてこよう。スピノザはこの問題に答えて、その根拠が教えを説いた預言者自身のうちに、あるいは自分の預言に対する預言者の確実性のうちにあると主張する。以下預言者の確実性を吟味し、何が最も重要なものであったか、またそれと聖書の倫理的な教えとの関係を問題にして行こう。

スピノザは預言者の確実性が次の三つの上に基礎づけられると主張する。すなわち、「一、預言者たちが啓示された事柄をきわめて活発に、あたかも覚醒時に諸対象から刺激されているかのように想像すること。二、しるし（signa)。三、最後にそして大事なことは、彼らの心情が公正なこと、善いことにのみ向けられていたことである[55]」と。彼によればこれらの三つがすべて預言の確実性を基礎づけているのである。しかし想像力やしるしは単に主観的なものであって、必ずしも人々に納得の行くような確実性を与えているとは思えない。特に想像力は、認識論的に見てそれ自体何の確実性をもっていないのであるから、これをもって預言の確実性を基礎づけるとは考えられない。それにもかかわらず、スピノザがそれを含めて預言の確実性を基礎づけるものとして挙げたのはなぜか。ここに我々はマイモニデスが預言者の必要条件として一、知的完全性、二、想像力の完全性、三、道徳的完全性の三つを挙げたのを想起しなければならない。スピノザの場合、預言者には知的完全性が欠け、その代わりに「しるし」が登場しているとすれば、右に挙げた三つは預言の確実性を基礎づけるというより、預言者の三つの条件を示したものと考えるのが当を得ていると思える。右に述べたように、想像力それ自体に確実性が含まれない。このため預言が確実となるためには、つまり「想像された事物に関して確実性をもちうるためには、想像力に対し必然的にあるものが加わらなければならない[56]」。このあるものとはスピノザによれば啓示そのものではなく、「しるし」である。この例として彼は『創世記』十五章八節のアブラハムの例、『士師記』六章十七節のギデオンの例を挙げる。彼はこれらの例によって、預言者が自分の預言した事柄に関して「確実性をいだくべき何らかのしるしをもっていた[57]」と考えた。このように「しるし」を必要とする確実性は、自然的認識の数学的な確実性に比して、「心的な確実性」(certitudo moralis[58])であると主張される。これは、その確実性が自然的認識のように証明を要する確実性ではないこと、またたとえ理性的に証明されることがなくても、「奇異の念をいだくことなく」受け入れることができる確実性であることを意味する。と同時に、それは証明による必然的な確実性ではないため、確実性の厳密な意味からすれば、あくまで蓋然的な域を出ない。ところがマイモニデスのように預言者が知的完全性を具えていると主張されるならば、その確実性は当然知性による証明を必要とする。だがスピノザの場合心の同意という内的な確信さえあればよい。しかしこのしるしは、預言者を確信づけるものであるから、「預言者の思想(opinio)と能力に応じて与えられた[59]」ということが主張される。すなわちそれは個別的、主観的なものにすぎない。このため、ある預言者のしるしが他の預言者のしるしになることはないし、またしるし自体にも客観的な確実性があるとは言えない。つまり預言者がしるしによって自分の預言に対する確実性をもったとしても、それだけでは不充分である。なぜなら預言者の中には真の預言者ばかりでなく、偽の預言者も居り、新しい神々を説こうとしてそれをしるしや奇蹟によって確証することがありうるからである。かくてしるしに確実性をもたらすものが必要となってくる。スピノザは「預言や啓示はすでに述べたように多くの確実性をもっていたのである。なぜなら神は敬虔な者や選ばれた者を決して欺くことがない[60]」と言い、また「人々を真の宗教から遠ざけようとした預言者はたとえその権威をしるしや奇蹟で証拠だてたとしても、やはり殺されなければならない[61]」と主張する。このことから明らかなように、預言者のしるしに確実性を与えるものは、結局預言者の敬虔な心情であると言える。これがなければ預言者がたとえ並外れた想像力としるしをもっていたとしても、彼は真の預言者となることができない。ここに預言の確実性を基礎づける三つのものの中で第三のものが最も重要なものと見なされた理由がある。

かくて預言者が人々から賞讃され、高く評価されるのは、「敬虔と確固たる信念の故」であり、また彼らが「普通以上の徳をもっていた」からである[62]。つまりそれはスピノザによれば「彼らが神の精神あるいは神の思想を理解したということにほかならない[63]」のである。ここでいう神の精神とか神の思想とは、右のことから明らかなように倫理的な思想、つまり神的正義と神的愛に基づく倫理を意味する[64]。なるほど彼は、「聖書や預言者たちの精神を理解することと神の精神、すなわち真理そのものを理解することとは全く別のことである[65]」と言っている。だがこの場合の預言者の「精神」とは認識論的に考察すれば、想像力を意味している。しかし道徳に関する限り、つまり「真の宗教並びに真の徳を取り扱っている個所について、このことを言うことは決してできない[66]」と主張する。換言すれば、聖書の中の預言者の道徳説は、神の精神、すなわち真理そのものであると主張しているのである。もしそうだとすれば、預言者は真の道徳の具現者ということになる。しかも預言者は自分の言ったことをしるしによって証拠だてたのであるから、「根拠のないことを言ったのではなく、また彼らは預言に際して乱心した精神状態にあったのでもないことを確信する[67]」と主張されるのである。

さらにスピノザは聖書の中に示した道徳説が、「理性と一致すること、また神学の意図と目的を考察するならば、いかなる点においても理性と矛盾しないことを見出すであろう。従ってそれはすべての人にとって普遍的なものである」[68]と主張する。つまり信仰においては神の十全な認識がなされないにしても、あるいは認識において信仰は理性に劣っているにしても、信仰における道徳説が理性的な道徳説と同じ価値をもっていること、換言すれば、信仰と理性の間には何の優劣もなく、両者は完全に一致していると考えられているのである。知識人の理性的な倫理判断が、信仰を通して得た無知の人の倫理観よりもすぐれているとは言えない。逆に聖書の教えさえ守っていれば、単に理性によって有徳の状態をかちうる人と何ら変わりないのである。これらのことは宗教の倫理が無知な民衆のための倫理であることを意味する反面、理性人は啓示を受け入れることなしに、啓示の道徳と同じものを理性的な基盤の上に樹立しうることを意味する。換言すれば理性人には啓示宗教を必要としないのである。なぜなら、スピノザは宗教をただ内的な意味において把握したため、宗教にはもはや倫理的なもの以外のものは残らなかったからである。すなわち、宗教は彼によれば倫理にすぎなかったのである。

スピノザは聖書の道徳説と理性的な道徳説とが一致するのは偶然的でないと主張した。[69]なぜであろうか。このことは預言者の説く神とスピノザの考える理性の神とが、根本において一致していることを前提とすることなしに、主張し得ないことであろう。すでに再三述べてきたように、預言者の神はいわば想像力の産物である。[70]しかしそれは実体なき単なる空想の神ではない。想像力はすでに述べたように、スピノザの場合感覚的知覚に根差したものである。感覚的知覚である以上、その認識には当然現実の対象がある。実際、モーゼは神を見たと聖書に記されている。つまりモーゼの神は、モーゼが現実の神を、絶対的な神をその想像力によって把握したものと言える。そしてまた知性が神をそのものとして認識することは、神としての神、絶対的な神を把握することであれば、当然預言者の神と知性の神とは同一であったと言える。換言すれば、同一の神を異なる認識の仕方によって把握したために、両者の神観に相違が生じたと考えることができる。このように両者の間に同一の神があったことは、（道徳説はそれに基づく以上）、道徳説においても両者は本来同一のものであったことを意味する。換言すれば、同一の神から同じ道徳が、一方では啓示によって、他方では知性を通して得られたと考えられるのである。

それでもなお、ここに、なぜ知的認識と無関係に預言者の倫理が成立しうるのか、あるいは倫理は認識に基礎をおかなくても成立しうるのかという疑問が生じてくる。しかしスピノザによれば預言者の倫理観は自然的光明によって基礎づけられないため、啓示を必要としたのである。このことは、預言者の倫理観、あるいは宗教の教義が哲学の問題としてでなく、むしろ理性の介入を許さない純粋に信仰上の問題として処理されねばならないことを意味する。いわばそれは人知を超越した問題である。だがそれにもかかわらず、二つの道徳が一致するのは、たとえその認識の面で想像力が旺盛であったとはいえ、預言者は道徳的な面において極めて理性的ではなかったかということが問題となる。だが理論理性と実践理性の区別を知らぬスピノザはこれを否定する。なぜなら、彼の後年の哲学体系がそれを示しているように、彼は倫理学を自然的光明あるいは数学的確実性によって基礎づけているからである。すなわち、理性人は単に認識の面ばかりでなく、実践的な面においても理性的でなければならず、認識の面において非合理な人が道徳の面で理性的であるとは考えられないのである。――ともあれ、スピノザはこのような意味から信仰における啓示の有益性と必然性を高く評価し、「全神学並びに聖書のこの基礎的な教義（道徳説をさす――筆者）は、たとえ数学的証明によって示されることができないにしても、我々はやはりそれを健全な判断力によって受け入れることができるのである」[71]と主張した。なお彼はまた次のように言っているのである。

「私はここで聖書あるいは啓示の有益性と必然性について非常に高く評価していることを特に言っておきたい。なぜなら、我々は単純な服従が救済への道であることを自然的光明をもって理解することができず、ただ啓示のみはこのことが理性によって把握し得ない神の特殊な恩寵から生ずることを教えているのであるから、聖書がすべての人たちに極めて大きな慰めを与えるという結論になるのである。もちろん絶対的に服従するということは誰にでも可能なことである。しかしもし理性の指導によって有徳の状態をかちうるものを全人類と比較するならば、極めて少数しかいない。従って我々が聖書のこの証言をもたなかったとしたら、我々は殆どすべての人間の救いを疑わねばならなかったであろう。(72)」と。

五　キリストについて

スピノザの立場は神を認識する際、言葉やまた他の何らかの有形的な手段を介して認識するのではなく、純粋に精神的に認識する立場である。この意味でモーゼといえども、言葉を通じて神を認識したため、神を純粋に精神的に認識したとはいえない。だがスピノザはキリストがそれをなし得たと主張する。一般に、彼がキリスト教の信者たちと交際し、その教義に接することができたのは、彼のユダヤ教からの破門後のことこととされている。確かにそうであろう。しかし彼がそれ以前にキリスト教について全然無知であったとは考えられない。彼が新約聖書を知らずに聖書の解釈の方法を確立し、また信仰に対する態度を決定したとは考えられないからである。――ともあれ、ここで彼のイエス観を取り上げ、イエスのなした神の精神的認識とはいかなるものか、またそれとスピノザのいう神の知的認識との相違を問題にして行こう。

スピノザは次のように言う。「人間が我々の認識の根本的基礎の中に含まれていないような事柄、またそれらの基礎から導き出されないような事柄を、単に精神によってのみ認識しうるためには、その人間の精神は必然的に一般人間の精神よりもはるかに卓越した、またはるかに優秀でなければならない。それ故、私はキリスト以外のいかなる人間も他の人間を超越するような完全性にまで達したとは信じない(73)」と主張する。ここでいう「我々の認識の根本的基礎の中に含まれていないような事柄」とは、預言者が言葉や像によって受け取り、また一般の人間にとってはその理解力を超えていると考えられる、神の啓示を意味する。これをキリストは「精神」によって把握したのである。つまり、預言者の認識によって把握されたすべてのものは合理的な理解の枠外にあるとすれば、キリストはそれを真にあるべき姿において理解したというのである。いわば本来的に非合理なものをその精神によって十全に理解したのである。この限り、キリストの精神は一般の人間知性を超越している、否、キリストは超人間的知性の持主であったと言うことができる。キリストのこのような神の認識は、いかにスピノザが神の精神的な認識を説いているとはいえ、スピノザ的なものではない。なぜならスピノザの説く神の認識は、あくまで人間知性の限界内にとどまるものであり、想像力によって把握されたものを十全に認識しうるような機能はもっていないからである。ザクは、マイモニデスがモーゼを哲学者と見なしたと同じような意味で、スピノザはキリストを哲学者と見なしていたと主張する。[74]だが哲学者といっても、キリストは単に人間知性をもつ限りの哲学者ではない。いわば超人間的知性をもった哲学者であった。

スピノザがここで強調したことは、モーゼが神と面対面、言葉対言葉で交わったのに、キリストが純粋に精神対精神の関係で交わったということである。[75]換言すれば、神はモーゼには身体をもった神として現われたのに、キリストには身体なき精神として現われたことである。スピノザはこのことを次のように言う。「このキリストに対しては、人々を至福に導く神の教えが、言葉や異象によらず、かえって直接的に啓示された。従って、かつて神が自らを空中からの声を媒介にしてモーゼに示したように、神は自分自身をキリストの精神を通して使徒たちに示したのである。このためキリストの声は、モーゼが聞いた声と同じように神の声と呼ばれることができる[76]」と。すなわち、スピノザによれば神の声はキリストの声である。そしてこのことは、モーゼがキリストと同時代に生きていたとしたら、モーゼはキリストの声を神自身の声と見なさなければならなかったことを意味する。換言すれば、モーゼはキリストの弟子となろう。また神とキリストとの精神対精神の関係は、右のことからキリストの精神が同時に神の精神であることを帰結する。[77]いわば両者は二にして一なる存在となる。ここにスピノザもイエス・キリストを父なる神と一つであると見なしたと主張できよう。だがスピノザはこれを肯定しなかった。彼は後年オルデンブルグにあてた書簡において、「……神のあの永遠の子についてなら、換言すれば、すべてのものの中に現われ、特に人間の精神の中に多く現われ、なかんずく最も多くイエス・キリストの精神の中に現われた神の永遠なる知恵についてなら、……」[78]と言っている。つまり彼は神の子を神の知恵（精神）と解し、これはあらゆるものの中に現われていると見る。換言すれば、神の子はキリストそのもののことではない。ただキリストには神の子としての神の知恵が最も多く宿っているというだけである。では神の子とは何か。これは彼の後年の哲学思想を援用しなければ理解されない。

スピノザは『短論文』において神の子を神の直接的な被造物としての無限様態と解している。[79]そしてこれを神の知恵と解釈しなければならぬとしたら、神の子は思惟の属性における神の無限様態としての無限知性となろう。[80]彼の場合、あらゆる観念、認識、精神は、神の思惟の属性からこの無限知性を通して生じてくる。従って、神の無限知性は、右のスピノザの言葉の中にもあるように「すべてのものの中に現われる」のである。彼はこれがイエスの中に特に多く現われていると言っているが、これは彼がイエスを最も完全な、最も崇高な人格と見なしているからである。すなわち、あらゆるものに啓示され、特に人間の精神の中に多く啓示されている神の知恵は、人類の中で最も完全な人格であるイエスに最も多く現われたのである。[81]従って、逆に言うならば、キリストの精神は、神の知恵あるいは神の精神そのものではない。神の精神を最も多く分有しているにすぎない。彼が『神学・政治論』においてキリストを「神の口」とか「神の声」というのは、[82]まさに以上の理由によるのであって、それ以外には考えられない。そしてキリストの精神がこのような性格をもっているからこそ、キリストは預言者がその想像力によって把握したものをその真の意味において理解したと言えるのである。[83]——以上のことから、「我々は神の知恵、すなわち人間のそれを超える知恵がキリストにおいて人間性を帯びたと言いうるし、またキリストは至福への道であったと言いうる」[84]というスピノザの言葉が、よく理解しうるのである。

このようにスピノザはキリストの精神の中に神的なものが最も多く宿っていることを認めたが、しかし神そのものがキリストにおいて「人間の本性を帯びた」という教会の主張には反対した。[85] このことは彼によれば、「円が四角形の本性を帯びたと言うのと劣らず不条理なこと」であった。これに対してオルデンブルグは次のように質問した。「あなたは神が実際に人間の本性を帯びたということを理解できないと言っておられますから、私は次のことをお尋ね致さねばなりません。あなたは我々の福音書のあの言葉やヘブル書のあの章句をどのように理解されるのですか。前者には『言葉は肉となった』と言われており、また後者には『神の御子は御使いたちの本性を帯びず、アブラハムの裔の本性を帯びた』と主張されております。そして聖書全体の趣旨も、神の独り子としてのロゴス（それは神であり、また神とともにあったものです）が人間の本性の中に現われ給うたこと……に帰着すると思うのです[86]」と。これにたいして、スピノザはまず第一にヨハネ福音書やヘブル書における東方言語の表現をヨーロッパの語法の尺度で考えるならば、オルデンブルグのような解釈がなされる。だがギリシア語で書かれたヨハネ福音書ですらヘブライ的な書き方でなされているのであるから、ヘブライ語の用法に従って聖書の章句を読まなければならないと主張する。[87] つまり、ヘブライ語の表現に即して聖書を解釈するなら、神が人間的な本性をもつとは考えられないのである。彼は「神が雲の中に現われたとか、幕屋の中や宮の中に住んだとか聖書が言っている場合、あなたは神自身が雲や幕屋や宮の本性を帯びたと信じますか[88]」と言っている。換言すれば、キリストは神と一つになっているのではなく、「神の宮（templum Dei）」だったのである。神の宮だからこそ、「神は最も多くキリストの中に現われた」と解釈されるのである。そしてヨハネはこれを「より効果的に表現しようとして『言葉は肉となった』と言った[89]」とスピノザは解釈するに至ったのである。

右のことから明らかなように、スピノザはキリストに現われた神が、モーゼのそれとは異なり、純粋に精神的な存在であると考えた。このように身体をもったモーゼの神に代わり、純粋に精神的な神が現われたことは、旧約聖書と新約聖書の一貫性がスピノザにおいて否定されたように見える。(90) なるほど彼は単に認識に関してばかりでなく、法に対する考え方においても、キリストをモーゼよりも高く評価している。(91) しかしこのことが、つまり両者の優劣の問題が、新旧両聖書の一貫性を否定することにはならない。スピノザが言おうとしたことは、モーゼにおいて果たされなかった神の真の認識がキリストにおいて成就されたということであった。これはモーゼの言ったことを否定しようとしたのではなく、むしろそれを「精神」によってより普遍的、より根源的に深化させて行ったのである。換言すれば、同一のものが、一方では律法の宗教あるいは想像力の宗教となり、他方では愛の宗教あるいは精神の宗教となっただけで、根源においては両者の間に一貫性が流れていることを彼自身認めていたのである。また前節において問題となった信仰と理性の関係からこの問題を見るならば、モーゼやキリスト、またスピノザの三者の根底には同一の神があり、これがモーゼには想像力によって、キリストには超人間的な精神によって、またスピノザには人間的な知性によって把握されたと見ることができよう。そして「神はキリストにあるいはキリストの精神に自分を直接的に啓示したのであって、預言者たちのように言葉や像によったのではない(92)」ということから、キリストが精神対精神によって対した神は、絶対的な神、神としての神であって、人格神というより、もしスピノザがその論理を貫徹するなら、スピノザの理性の神と同じく非人格的存在であったと言える。このような考え方は、当時のキリスト者から多くの反感を買ったことは否めない。しかし彼のこのような解釈には、その当時のオランダの自由な宗教的な雰囲気も大いにあずかっていたと認めなければならない。(93) つまり当時のオランダには、神の外的な顕現、すなわち外的なキリストを排し、内的、精神的なキリストを重んずる宗派が存在していた。それらは歴史的なキリスト、奇蹟を行なうキリスト、ドグマ、儀式を排し、キリストを崇高な人間と見なす宗派であり、コレギアント派とメンノー派がその代表であった。スピノザはその『書簡集』においても明らかなようにこれらの人々と親交を結び、哲学的、宗教的な問題に対して種々な意見をかわしていた。もちろん彼はこれらの宗派の一員となることはなかったが、彼らとの交わりにおいてキリスト教についての考え方に多くの影響を受けたことも事実であろう。これが彼の『神学・政治論』や『書簡集』のキリスト論に現われたと見ても行き過ぎではなかろう。[94]

六　奇蹟の解釈

スピノザは信仰と理性とを区別するにあたり、それぞれの目指す目的に従って両者を区別し、従来のように超自然と自然との区別によって両者を区別しない。これは彼がその聖書研究において超自然と自然の区別を無意味と見なしたためであろうか。なるほど彼の神即自然の体系からすれば、超自然はいかなる意味においても存在する余地はなかった。だが聖書の中には周知のように人知を超越した事柄、超自然的な事柄が極めて多く含まれている。従って聖書解釈をなすためには、これをどのように扱うべきかは当然彼の問題になったはずである。彼がもしマイモニデスのような合理主義的な解釈の立場やまたウリエル・ダ・コスタやデ・プラドーのような世俗的な解釈の立場に立つならば、聖書における超自然的な出来事は比喩的に解釈されるか、または頭から否定されるのかのいずれかであろう。だがスピノザはすでに述べたように聖書を聖書そのものから解釈し、聖書以外のものに解釈の試金石をおかなかった。従って超自然的な出来事についても、彼は聖書そのものからそれを解釈しようとした。以下彼がこの問題を聖書解釈においてどのように扱ったかを論じて行きたい。

スピノザが超自然という言葉の意味を彼自身の立場から解明したのは、『神学・政治論』第六章の「奇蹟について」においてであった。一切のものが自然の普遍的法則（これは彼によれば「神の本性の必然性と完全性から生じてくる神の決定にほかならない」[95]）によって生ずると主張する彼の立場においては、何ごともこの法則に反して生ずることがない。奇蹟もこの例外でなく、本来自然的光明によって知られる限りの、あるいは自然的諸原理を通して説明されなければならない自然の出来事である。これが神の業と呼ばれ、人知を超越したものと見なされるのはなぜか。彼はこれを一般の民衆が自然の諸原理について無知であったこと、また「民衆がふつう自然の諸物を説明するような仕方で、それを説明することができなかった[96]」ことに求める。つまり、彼によれば奇蹟といえども、自然の中の出来事（これが神の意志によるとしても）と見なされる以上、何らかの原因を自然の中にもたなければならない。換言すれば、たとえ合理的には理解できないとしても、聖書の奇蹟は何らかの原因をもたねばならないのである。このように奇蹟を解釈することは、聖書を聖書そのものから解釈する彼の意図に反し、何かしら自然主義的な、あるいは神即自然の哲学に基づく解釈におち入っているような印象を受けがちである。もしそうでないとするなら、このことを、つまり奇蹟が人間の無知から生じたこと、また超自然的なものでないことを聖書の中から証明しなければなるまい。彼はこれを聖書の中から証明しようとした。

彼は右のことを、聖書の奇蹟には附帯的事情が伴っていることから証明する。例えば、エジプト人を皮膚病にかからすために灰がまかれたこと（出エジプト記九章十節）とか、蝗は東風によってエジプトにやって来、また西風によって去って行ったこと（出エジプト記十章十四、十九節）とか、海がユダヤ人のために道を開いたのは（出エジプト記十四章二十一節）一晩中激しく吹いた南東風によったこととか、またエリシヤが死んだと思われる子供を蘇生させたのは、子供の体の上に乗ってその体を暖めたためとか（列王記下四章三十四、三十五節）に示される[97]。つまり奇蹟には神の絶対命令とは異なる何らかの原因があり、その原因が附帯的事情のうちに示されているのである。そしてスピノザによれば聖書の中には奇蹟のすべての附帯的事情や自然的原因が記述されていないけれども、こうしたものがなければ奇蹟は生じなかったのである。かくて奇蹟が、「神の意志によってなされたと聖書が言っている場合、それは実際にはそのようなことが自然の法則と秩序とに従ってなされたということを意味しているにすぎない……[98]」のである。ではなぜ聖書には自然に反するような出来事や理解し難いことが数多く記述されているのかということが当然問題となろう。この点、彼は聖書が自然学の書物あるいは哲学書ではなく、信仰の書であるため、人々の想像力に強く訴え、人々を驚歎させ、敬神に駆り立てることを目的にしているからだと言う。[99] またこれと関連して、奇蹟を最初に語った人やそれを記述した人々の平素の見解と実際に起った出来事とを区別しなければならないと言う。[100] つまり、彼らの見解を実際に起こった事柄と混同しないために、書かれた事柄と実際の出来事とを区別しなければならないのである。この意味から、彼は神が天から降りてきたこと、シナイ山に降りて煙をあげたことなどは、実際に起こった出来事でなく、それを記述した人の意見にすぎないと考える。またヘブライ人たちの言い回しや修辞的表現法にも注意しなければ、聖書の著者たちが全然考えてもいないことを聖書に帰することになる。スピノザによれば聖書の特殊な言い回しや修辞的表現は文章を飾るためばかりでなく、敬神の念の表白でもあった。それ故、これらの表現に注意して聖書を読むならば、たとえ附帯的事情が書かれていなくても、聖書の中の出来事はすべて反自然的なものでなく、[101] 自然的なことであったと信じなければならない。以上のように、奇蹟が自然的な出来事にすぎないとすれば、奇蹟は他にいかなる意味において超自然的と言われるかが問題となる。

右のようにスピノザは奇蹟を自然的な出来事として取り扱った。彼はこの問題を預言と比較して次のように言う。すなわち、「預言に関しては聖書の中に啓示された諸基礎から結論し得たことでなくては何ごとも主張し得なかったのであるが、奇蹟に関してはその主な事柄は自然的光明によって認識される諸原理のみから、導き出した」[102] と。奇蹟は神学上の出来事ではなく、純然たる自然的出来事であり、それは人間の無知に基づくものであるから、知識が進歩しその出来事の因果的な解明がなされるならば、その反自然的な性格は自然に解消する。[103] ところが預言は人知を超越するとともに、「純粋に神学上の問題」であるため、右の引用のように、啓示の諸基礎から問題にされねばならなかった。[104] とすれば預言はもはや奇蹟のように因果的に究明されるものでなく、聖書の解釈において述べたように、「聖書の歴史」から、聖書の章句の意味連関から解明されなければならないのである。つまりそれは自然的認識の限界を超えていようといまいと、その原因を因果的に知る必要はない。否、因果的に究明することは原理的に不可能なのである。このためスピノザは啓示がいかなる自然法則によって生じたかわからないと主張したのである。換言すれば、それは人間の理解力を超えるといっても、人間の無知に基づくものではない。ただそれは神と預言者との間に見られることであり、他の何びともそれに介入することができない、いわば秘儀に属するものである。ここに奇蹟も預言も人間の理解力を超えると言っても、この二つの間には大きな差があることを認めなければならない。すなわち、前者は自然的認識の限界内にとどまるが、人間の無知の故に、その原因を理解し得ないという意味であるに反し、後者は自然的認識の限界を超えたもの、否、その外にあるものと言える。だが自然的認識の限界を超えるといっても、それは自然の外にあるということではない。スピノザは自然という言葉を物質的世界にのみ限って使っているのではない。物質を含めたすべての世界という意味で使用しているのである。この限りスピノザにとって、預言は奇蹟のように純然たる自然的な出来事でないにしても、やはり自然の中の人間がそれを受けとる以上、自然の中のものと見なされているのである。

右のように啓示あるいは預言が自然的認識の枠の外にあることは、それについての認識論的批判が不可能であることを意味する。だがここで注意しなければならぬことは、預言の内容、あるいは預言の意味と預言者の啓示の受け取り方とを区別しなければならないということである。すでに述べたように預言者は啓示を「想像力の助けによってのみ把握した」。スピノザは預言者が想像力の助けによって神の啓示を理解したため、「彼らが知性の限界を超える多くの事柄を理解し得たのも驚くに足らない(105)」と言う。つまり想像力の認識は自然的認識の限界を超える――いわば超自然的なものと考えられているのである。なぜか。それは想像力の認識が、言葉と像によって諸観念を結合し、それに対応する実在をもたない、新たな観念を作るからである。つまり合理的な、十全な認識が対象との一致を観念の外的な特徴としているのに、想像力には対象との一致の認識はなく、その枠を超えているのである。換言すれば、想像力の認識は言葉と像から自然的認識よりもはるかに多くの観念を形成しうるのである。

かくてスピノザの場合「人間の理解力を超える」超自然は三つの意味があると言える。一つは奇蹟の超自然であった。しかしこれは自然的な出来事を人間の無知の故に反自然とか超自然と呼ぶものである。第二のものは啓示の超自然であり、純粋に神学上の問題であり、理性の枠外のことである。しかし理性の枠外にあるからと言って、自然の外にあるという意味ではない。自然の中にあるが、理性の問題とすべきものではなく、あくまで信仰の問題に属するという意味で、理性の枠外にあると見なされるのである。第三のものは預言者の認識、つまり想像力の認識が、自然的認識の限界を超えた、否、その外にあるという意味の非合理な認識であることにつきる。以上のことから、スピノザは自然の外にあって、自然を超えた存在、いわば天上の世界の如きものをその「超自然」という言葉において考えていたのでないことが判明しよう。もしそのようなものが超自然と言われるならば、このような超自然は彼には存在しない。彼のいう超自然とは、自然の中にあって、人間の無知の故に理解し難いもの、あるいは合理的な理解を拒むものとなるのである。換言すれば超自然は自然に内在しているのである。かくてスピノザは、従来の伝統的な超自然と自然との区別をその聖書解釈において認めていなかったと言える。彼によれば伝統的な意味の超自然とは、神学者たちのプラトンやアリストテレス流の思弁の産物であって、聖書の中には見出されない。だがその反面、彼がいかに聖書をそのものから解釈したと言っても、聖書の中の出来事を、たとえそれが啓示であるにせよ、何らかの意味で自然内のものと見なす点、我々はスピノザ自身のうちにダ・コスタやデ・プラドーのような自然主義的なものの考え方を見出さざるを得ないのである。

七　信仰と理性の分離

スピノザの聖書解釈はその最後の結論として、「聖書が理性に対して絶対に自由な立場を残している[106]」こと、つまり哲学が信仰から自由であることを導き出す。すでに述べたように彼の先輩たち（アルパカールやマイモニデス）の聖書解釈に従えば、信仰に理性が従属するか、それとも理性に信仰が従属するかのいずれかとなり、信仰と理性の独立性は期し難い。このような解釈に従うかぎり、理性は信仰から分離されず、従って哲学の独立性、自由は達成されない。このため、スピノザは聖書をその独自の解釈によって解釈し、信仰の基礎を明らかにした。それが「哲学の目的はただ真理以外になく、また信仰の目的はすでに充分示したように服従と敬虔以外にない[107]」という意見に現われているのである。両者はこのように異なる目的をもつばかりでなく、異なる基礎をもつ。すなわち、一方は啓示や預言者の権威に依存するが、他は自然的光明による認識に基づいている。このかぎり両者の間には「何らの相互関係、あるいは何らの親近関係もない[108]」。従って両者のうち一方が他を制約し、その独立性を侵害することは、彼にとって原理的に不可能なことであった。あるいは「神学は理性に対して何ごとも欲せず、また何ごともなし得ないのである[109]」。このスピノザの信仰と理性、あるいは神学と哲学についての考え方は彼の先人たちの考え方と比べて、どのような独自性があるのか。

トマス・アクィナスはなるほど信仰と理性が区別されなければならないと主張した。だがこの区別はスピノザのように両者の独立、自由を前提とするものではない。むしろトマスの場合両者の独立は却って真理の探求の妨げとなっている。なぜなら、彼にあっては同一の真理を信仰と理性の異なる面から探求することが、真理についての完全性を期することになるからである。つまり両者は区別されても、完全な独立ではなく、両者の間には流動性、相補的な関係がある。ところがスピノザは上述のようにいかなる意味においても両者の流動性、相補的関係を認めない。むしろ真理を理性にのみ委ね、信仰から真理を奪ってしまった。なるほど信仰もまた「真理」を求めることができよう。だがこの真理は、自然的光明による真理しか認め得ないスピノザにとっては真理ではない。否、超自然的真理は存在し得ないのである。この点、彼は同時代に二重真理説をとなえたベーコンとも異なる立場に立つ。単に二重真理説を認めない限りにおいて、彼はまた「真理は真理に矛盾しない」というマイモニデスと同じ立場に立っているように見える。だがマイモニデスがこの言葉によってトマスと同じような信仰と理性の調和的な関係を考えているとすれば、スピノザはこれに反してこの言葉を理性の領域内にのみ限定し、他の領域における真理の存在を認めなかった。

しかし現実には理性の真理と信仰の真理の相剋、矛盾はその時代の大きな問題となり得た。我々は今日スピノザにあてたブレイエンベルフの書簡においてもそれを認めることができる。すなわち、「私の自然的認識がこの神の言葉と矛盾したり、充分にそれと一致しないように見えるとき、私はこの神の言葉が自分には権威をもっていると認めます……[110]」と。これに答えて、スピノザは、「私が一度確固たる証明を得たならば、その証明を疑うような気持になれないことを知っております。それゆえ、私は知性が私に示すものに全く安住し、それについて疑ったり、また聖書がそれに矛盾するかどうかという疑惑におち入ることなしに安住するのです。これは私がたとえ聖書を探求しなくても、そう言えます[111]」と。すなわち、彼において理性の真理は絶対的であり、信仰の領域に真理の所在が認められない以上、真理の矛盾は考えられない。かくて理性は信仰から何の制約も受けることなく、真理をそれ自身の立場で求めることができる。そしてこのことが、彼の場合信仰と理性に関してトマスの「調和」やベーコンの二重真理説とは異なる第三の立場を打ち立てることになったのである。

スピノザにおける信仰と理性の独立性は、両者が全く何の共通点をもたないという意味ではない。前節において見たように、両者は道徳説に関するかぎり一致している[112]。そしてこの一致は偶然的なものでなく、両者の根底に同一の神があることから導き出されるのを見た。しかし現実には、信仰の神は人格神であり、また理性の立場からすれば神は非人格的な存在である。人格神と理性における非人格神とは矛盾しないのか。この問題を考察するために、なぜ神に関してこの二つの見方あるいは区別が生じたかをスピノザに従って問題にしよう。まず第一に、それは信仰の神が預言者の想像力の産物であったところに求められよう。想像力はものを真にあるがままに認識するものではない。従って預言者の神、つまり人格神は、神そのものではなく、(偽なる神と言わないまでも)、真なる神の単なる Bild、あるいはその影にすぎない。次に、啓示を認めるか否かが、神を人格的なものにするか、また非人格的なものにするかの決め手となっている。なぜなら、信仰と理性の根底に同一の神があるというとき、それは啓示以前には神は同一であることを意味するからである。つまり「啓示以前には何びとも神の法(信仰における神の法を指し、スピノザが哲学において言う神的法則とは異なる——筆者注)に拘束されない」のである[113]。それ故啓示以前には誰も神に従うように義務づけられないと考えられるが、啓示を認めそれを受け入れたとき、神は人格神となって現われる。いわば人格神は、(スピノザの後年の体系からすれば)、真なる神の単なる様態にすぎない。ところが啓示をそれ自体に必要としない理性は、初めからそのものとしての神、つまり真なる神、非人格神に対しうる。これらのことから、彼において人格神、非人格神は矛盾するものでなく、むしろ理性の神としての絶対的な神は信仰の神の根底にあるとさえ言える。従ってスピノザは、人格神を唯一絶対の神と見なし、その傘下に信仰と理性の区別を考えるトマスやマイモニデスとは全く異なっていると言える。と同時に、理性の道徳説が信仰の道徳説と全く一致していると言われるとき、理性は信仰から何の影響も受けることなく、理性と信仰の根底にある同一の神に基づき、理性それ自体の原理に従って思考した倫理が、信仰の倫理と一致したと考えねばならないのである。

信仰の神が右のように真なる神の単なる Bild にすぎないとすれば、我々は信仰の道を通して信仰の人格神から真の神に達しうるであろうか。結論を先取すれば、それはスピノザの場合不可能であった。なぜなら、彼において偽は偽を通して真とはなり得ない、否、偽はあくまで偽にとどまり、真になる道は閉ざされているからである。これは、真の認識、理性の認識が単なる想像力の認識から生じ得ないことから、明らかである。また神としての神、真の神が人格神の根底にあると見なされるならば、それはエックハルトの「神性」と同じようなものと考えられるだろう[114]。だがエックハルトの場合、神性は人格神の突破、超越において現われたとすれば、人格神から神性への道は開かれていたと考えることができる。しかしスピノザの場合、人格神の突破としての神性は存在しない。むしろ両者の間には断絶のみがある。かくて啓示宗教の人格神から出発したスピノザが、後年それから離脱した動機、彼の哲学への動機を探るならば、信仰家が神として神の前に立ちながら、その認識力の不足の故に、それを把握し得なかった絶望にあったとも言える。換言すれば、いかに敬虔深くあっても、それだけでは、あるいは想像力の認識に立つかぎり、真の神に到達し得ないのである。

八　スピノザの神

スピノザの聖書解釈は、今述べたように、過去における信仰と理性の調和的、融和的な関係を断ち、それぞれの純化を必然的なものとした。彼は理性の側に立つ人として、理性のなすべき真理の探求を果たそうとする。だがこの真理は、彼が信仰に真理を認めない以上、二重真理説におけるような単なる理性の真理ではない。むしろ信仰がかつて求めながら、求め得なかった真理を、すなわち神の真の認識、つまり知的認識をまず第一に果たさねばならない。なるほど彼によれば、キリストは神の言葉を精神的に理解し、神の法を永遠の真理として把握した。だがこれは誰にでも可能なことではなく、超人間的な知性をもつキリストにのみ可能なことであった。スピノザはこのキリストのなしたことを同じ仕方で果たすのではなく、理性において、哲学において果たそうとした。ここに彼がそれをいかに果たしたかが問題となるが、(これは彼の哲学全体に関することであり、概略的にせよ、これをいま論述するときではない)、その前に彼が認識しようとしたそのものとしての神がいかなるものであったかを問題としよう。

彼にとって神とは、かつてエホバの名のもとに示された「あってあるもの」、すなわち必然的な存在としての神であることは、『エチカ』冒頭の「自己原因」の定義から明らかである。このかぎりそれは決して新奇な神ではなく、むしろ旧約聖書以来の西欧の Sein に立脚した神であると言えよう。だがそれは宗教におけるように混乱して把握された神（モーゼが想像力によってそれを把握したため）ではなく、むしろそれを知性によってその本来あるべき姿に還元したものである。スピノザの聖書解釈はすでに述べたようにいわゆる「超自然」の存在を認めない。奇蹟をも自然的出来事と見なすように「存在」と見なされるものは自然だけである。彼には自然のみがあって超自然はない。ここに従来の超越神が否定され、新たに自然のうちなる神が登場する。否、彼にとって自然が唯一の存在と見なされる以上、神は自然のうちにしかない。この点、その世俗的な合理主義にもかかわらず、なお神と世界の二元論を脱却できなかったダ・コスタやデ・プラドーとは異なり、彼は彼らを越えて、神と世界の一元化を果たしたと主張しうる。彼の非宗教の神はまず神の自然化として現われた。だがこれは神を単に自然の世界に引き下げることではなかった。それは自然化であるとはいえ、有限化ではない。なぜなら彼の場合自然とは存在のことであり、被造物、有限物ではないからである。創造主、被造物の観念は、彼が超自然と自然の二元論を止揚したとき、すでに消滅しているのである。そして超自然と自然との区別はすでに述べたように、神学者の哲学的な思弁によって生まれたものであり、宗教そのものあるいは聖書そのものには本来存在しなかったものである。換言すれば、宗教の領域に哲学を持ち込むことによって、超自然、自然の区別が考えられたのであり、これは宗教と理性、神学と哲学のそれぞれの純化を主張するスピノザにとっては全く無意味な区別にほかならなかった。

スピノザはこの自然としての神に従来の神がもっている絶対性を与え、それが無限の存在であると主張した。従ってそれは神の有限化でないとともに、自然の単なる神化でもない。彼には本来無限と見なされるものを有限化したり、また逆に有限なものを無限と見なす考えはない。無限はどこまでも無限であって、決して有限の延長でもなければ、部分の単なる全体でもない。無限はこの意味で確かに超越的である。しかし超越的であるとはいえ、彼には無限即超自然の考えがないため、無限の超越性は自然それ自体のうちになければならない。つまり自然は単なる自然ではない。既述のことから明らかなように、単に超越的な従来の神が非存在であったと同様に、単なる自然もまた非存在である。このいわば死せる自然に活を入れ、従来の神がもっていた絶対性をそれに与えるために、彼は「神即自然」(Deus sive natura) なる表現を用いる。(115) この sive は単なる繋辞ではない。むしろこれは形式的には全く矛盾し、対立するものの同一化を果たしている。換言すれば、それは従来の神でもないし、また単なる自然でもない、全く新たな概念がこの sive によって形成されているのである。つまり「カテゴリーの中でカテゴリーを超えた(116)」新たな神の概念が、この神即自然という言葉の中に表現されているのである。この神即自然が具体的には後に「能産的自然」となった。スピノザはこのようなものを理性の立場で求めようとしたのである。当然ここにスピノザの合理主義が問題となる。

スピノザにおける信仰と理性の分離あるいは超自然と自然の二元論の止揚は、理性を自然の理性たらしめ、それを真理の唯一の規範とすることになった。これは、マイモニデスがその合理主義的思考を信仰の領域にもち込み、神学を哲学的思弁によって基礎づけたに反して、スピノザがいわゆる超自然の信仰に対する自然の理性をその本来の姿にもどしたことを意味する。つまりスピノザは、信仰の内部にあって信仰を基礎づけた理性を信仰から解放しようとする。換言すれば、それは信仰との関係において信仰の虜となり、その本質を失った理性を本来的に純化することである。また彼は理性を真理の基盤とする点ではマイモニデスやまたダ・コスタやデ・プラドーと同じ立場に立ったが、前述のことから明らかなように、彼は後二者のようにその理性を単に世俗的なものに限定しなかった。もしそうであるなら、たとえそれが自然の神であるとはいえ、それを絶対的なものとして把握することができなかったであろう。彼の理性は絶対的な神、いわば神性を把握する。エックハルトはこの神性をトマスの主知主義の突破によって把握したとすれば、スピノザはマイモニデスの主知主義を自然の内在の方向に徹底し、それを突破している。そしてまたいわゆる被造物としての自然に限定された理性を超越の方向へと突破させていると言える。換言すれば、スピノザの理性は、マイモニデスの理性が信仰の領域、あるいは神学において果たそうとした神の認識を自然の領域において果たすばかりでなく、それをなし得ぬ近代の認識論的な理性を超え、また同時にそれを自然の理性であるが故に包括しているのである。この点、スピノザの理性は単に近代的なものではなく、深く中世に根差し、それを越え、そのあるべき方向に純化されたものと言える。

宗教はなるほど神の存在を既定の事実としてそれを疑わない。しかしそこでは神の本質と存在の真の論証はスピノザによればなされていないのである。もしなされたとしても、それは信仰と理性の混同の上でなされているにすぎない。換言すれば、理性そのものの側から神の思弁が確立されていないとするのが、彼の聖書研究の結論であった。彼は宗教を離れて単に理性の領域で問題とされたギリシア哲学の神についてよく知らなかった。否、彼は知っていたとしても、方法論の立場から、すなわち、神の定義の仕方の相違から、むしろ否定的な態度をとっていた。因みに彼はデモクリトスやエピクロス、ルクレチウスなどの原子論者などの意見には肯定的な態度をとっていたとしても、ソクラテス、プラトン、アリストテレスの権威については否定的であった。[117] このため、自然の神、理性の神の概念を形成するためにも、ギリシア的な思弁に依存せず、むしろ彼自身の聖書批判、中世の神学的な思弁の批判を通して、独自にそれを形成して行かねばならなかったのである。

彼は後年の『知性改善論』において確固にして不可変的な自然の秩序、「永遠なる諸物」[118]から神についての思弁をなさねばならないと主張した。そしてこれは『エチカ』において成就されたが、その片鱗はすでに彼の聖書研究の時代に萌芽として現われているのである。スピノザの自然への関心が、たとえスペインでルネッサンスを体験したマラーネを先祖にもっていたことに求められたとしても、それは彼自身の聖書研究に結びつくことによって、初めてその意義をもちうるのである。かくて信仰が単に「導き」や「服従」によって不可視的なものを求めて挫折したに反し、哲学は理性の確実性を通して不可視的なものを得ようとする。――以上述べたことを理解しないで、彼の汎神論が単に近代のルネッサンス的な自然から導かれたと解釈するのは、悪しき誤解にほかならない。また彼の自然が、ボルコヴスキーの主張するように、単に彼がユダヤ神学者において見出したアラビアの自然主義哲学の影響によると解することもできない。むしろそれらの影響があったとしても彼の思索にとっては二次的なものであったろう。いわんやマラーネたちがもっていた宗教的敬虔と世俗性と合理性との結合がスピノザの思想に見られたとしても、それは彼の思想形成にとって本質的なものでない。彼には単なる宗教的な懐疑が存しなかったと同様に、また神学者たちの説くような神の認識、神への愛もない。ただ純粋に宗教の枠の外で神を思惟することのみがあった。この意味でユダヤの宗教哲学者が神の観念をいかに哲学的に思惟しようとも、彼の思索の本質にとって無縁であった。むしろ前述のように、完全に宗教から独立し得なかった中世の哲学者たちの合理主義的な思弁の吟味と批判から、彼は出発しているのである。[119] それ故に、これが彼の『神学・政治論』の著述、否、『弁明書』の著述の主たる動機となり得たのである。

信仰の神、人格神から理性の神に達するには、信仰の領域から理性のそれへと単に移行することではない。もしそれが可能であるならば、信仰と理性の領域はいわば連続的であり、上下の関係に立つ。彼は信仰における挫折、つまり信仰においては真の神に達し得ないという挫折から、否、それを契機として、自己の立場を理性へと質的に転換し、本来的な神に達する。しかもこれは結果において神の概念を純化することでもあった。だが単なる純化は人格神からの自由であり、否定である。スピノザの目指す純化は、単なる否定ではなく、理性の道を通じてその根源に触れるという意味で、あるいは理性の深化を通して理性を超えるものに至ることである。従って彼のいう神としての神、絶対的な神とは、信仰に対立する単なる理性の神ではない。その対立を超えた、信仰と理性の根底にある神である。従って理性の神という場合の理性とは、信仰と理性の対立を超えた新たな理性のことである。いわばそれは超理性の理性である。この意味で彼がいう理性には何か神秘主義的なものが宿っていると言えるよう。しかしもしここに神秘主義を見出すならば、それは神性との合一という、いわゆる神秘的な体験によって裏付けされたものではない。またそれは超肉体的な、超感覚的な幻想の体験でもない。スピノザはこのような体験を根底から否定する。もしこれを認めていたなら、『神学・政治論』においてあれほど神の奇蹟を批判することはなかったであろう。ただ彼において神秘主義が言われるならば、それは純粋な思惟によって神性との合一を可能にすることであった。つまり彼の示したものは思惟のみによる神秘主義の可能性であり、超理性の理性も思惟の最も深い根源においていわゆる神秘主義的体験と異なる体験、直観に結びついているのである。彼の神秘主義が、ユダヤの神秘主義であるカバラ思想と内面的に相容れなかったこともこの面から理解されるのである。

スピノザは預言者の想像力を信仰の領域では肯定したが、理性の領域ではそれを非十全なものとして拒ける。それというのも、彼の場合、想像力はマイモニデスのようにものを具体化するものではなく、かえって抽象化するものであった。とすれば、預言者の人格神は彼にとってまさに抽象の神であったと言える。具体的認識とは彼において理性に属する知性の認識であったとすれば、この知性によって認識された神、つまり神としての神は、抽象的な人格神を超えた、具体的な神であり、それ故に「生きた」神である。否、この神のみが真に具体的にして生きた神である。このような神を認識する知性、すなわち自然的認識は、彼によれば「我々がものの認識を獲得し、知恵の優越性を味わった後に、倫理学と真の徳を教える」[120]のである。「永遠の相の下で」我々が神を生き生きと体得するのは、この倫理――宗教的な意義においてである。たとえ後年の『エチカ』においてその幾何学的方法による、冷厳な、単に法則において示される神が現われたとしても、それは表面だけのことである。彼の神は啓示を受け入れず、むしろ受け入れないからこそ、一層宗教的なものとなった。なぜなら啓示を受け入れないで、啓示の果たすべきものを果たすためには、啓示以上のものがなければならないからである。そしてまたそこには反ユダヤ的なものはない。むしろ信仰とは別の領域でより宗教的、より倫理的なものを潜在的にもっていたからこそ、「生きた」神への直観をいだき得たのである。そしてこの結果が汎神論として成就されたとしても、彼は自分の哲学がいわゆる無神論としての汎神論であることの自覚が全然なかったと言える。否、むしろ上述の意味で宗教的であったからこそ、彼の場合啓示なき宗教としての汎神論が可能となったのである。

以上スピノザにおける信仰と理性の分離の徹底あるいはその対立を通しての理性の深化が、「神即自然」の汎神論的根源直観を形成したとすれば、彼の思索はそれを哲学として展開するため、この根源直観の合理化、体系化に向かわねばならない。これは彼の破門後の思想の歩みから見て、西欧キリスト教世界の科学や哲学の受容とそれとの対決を通してなされたと見るのが最も無難なことであろう。

注

(1) このことからスピノザの哲学思想の発展において聖書解釈がいかなる位置を占めているかが問題となろう。彼にとって聖書についての研究は、後述のように信仰と理性を分離し、もって信仰に対する理性の独立と自由を確保し、哲学を純粋に理性の学問として確立するための手段であった。もし彼において聖書研究がその生涯をかけた仕事であったなら、『神学・政治論』は現在あるのとは別の形に、つまり彼自身の歴史的研究が濃厚ににじみでた書物となっていたであろう。ところが『神学・政治論』の中に見られる聖書解釈あるいは宗教批判には、レオ・シュトラウスの主張するように、(Leo Strauss : Spinoza's Critique of Religion, p. 261 ff.)、実証的な面と形而上学的な面の二つがあるように見える。前者はスピノザ自身が樹立した聖書解釈の原理に従って聖書を解釈するものであり、後者は聖書解釈によって得られた諸成果を彼自身の形而上学、あるいは哲学的な立場において、またそれとの連関において批判することである。そして『神学・政治論』にはこの二つのうち、後者の方が強くにじみでている。

(2) つまり彼も言うように、「預言とは何であるか、またどのような手段によって神は自分を預言者たちに哲示したか、そして預言者たちはなぜ神に気に入れられたか。それは彼らが神と自然に関して崇高な思想をもったためか、それとも単に彼らの敬虔のためか」(T. T. P. Praefatio, p. 9.) ということを究めねばならないのである。これは単なる歴史的研究によってはなし得ない。それは歴史的研究をふまえた批判的研究、哲学的批判によって始めてその目的を達成しうる。このことは信仰と理性の原理的な区別に基づく両者の分離と独立性が両者の相互の批判を許さないというものでなく、特に哲学においては思想の自由の名のもとに宗教の批判が許されていることを意味する。宗教、否、教会はスピノザにとって不可侵の聖域ではなかった。無責任な批判ではなく、然るべき方法にのっとった学問的批判は宗教の単なる批判ではなく、かえって宗教の意義を明らかにするものであった。これが彼の『神学・政治論』において現われ、哲学的な、いわゆる「永遠の相下」の宗教批判になっている。このため、この著作は彼の歴史的研究の成果であるにもかかわらず、他の『知性改善論』や『エチカ』と同じように、形式的には歴史を欠いた平板的な叙述となっている。すなわち、それは『神学・政治論』が宗教についてのいわば哲学概論的な叙述になったことで示されよう。このような性格をもつ『神学』・政治論を問題とする場合、彼の歴史的研究の成果自体を最近の聖書研究の成果に照らして追求することは当を得ないであろう（もとよりこのようなことは筆者にとって不可能である）。ここでなしうることは、スピノザが自分の歴史的研究を前提として展開した宗教批判を彼の哲学との関連において問題として行くことであろう。つまり彼の歴史的研究をそのものとして是認し、もっぱらその考察の対象を彼がいかに信仰を理解し、規定して行ったかに向けることである。これが『エチカ』において現われた彼の哲学の立場を理解する上にも必要であることは、彼の哲学するに至った理由からも明らかである。そしてこの宗教批判をなすにあたって、預言ならびに預言者についての考察は不可欠のものであろう。このためスピノザも『神学・政治論』の冒頭においてそれを取り扱ったのである。

（3）マイモニデスはその著『迷える者への導き』において預言には三つの種類があると主張する〔Moses Maimonides : The guide of the perplexed, (Translated by Shlomo Pines), II. Cap. 32. p. 360~361.〕。第一のものは、異教徒でありながら預言を真理と見なし、それを信じている人々の意見である。これによると神は自分の気に入った人々――たとえその人が知識人であろうと無知な人であろうと、また老人であろうと若人であろうとかまわない――を選び、預言者にする。そして預言者になる条件としては善良さと健全な道徳心とを挙げる。この条件が満たされるならば、神の意志次第によっては誰でも預言者となることができる。第二は哲学者の意見で、預言とは哲学的訓練を経て獲得される、人間の本性におけるある種の完全性によってなされると主張されるものである。そしてこの種の完全性とは知的完全性、道徳的完全性、そして想像力（imaginatio）の完全性を示すとすれば、預言者になるためにはこの三つの条件を満たさなければならない。従ってここでは第一の場合のように全然無知な人が預言者になる可能性は全くないと言える。第三はマイモニデス自身の見解である。それはただ次の点をのぞけば、右の哲学者の意見と同じである。それは啓示を受け入れる準備のできている人でも、神の意志がなければ預言者になり得ないことである。換言すれば、右の三条件は預言者になるための必要な条件であるが、充分な条件ではない。マイモニデスは単なる学者と預言者となりうる学者とを次のようなたとえ話によって区別する。(Ibid. III, Cap. 51)。すなわち、単に論理学や数学の知識を身につけた人は、門を探しながら家のまわりをうろうろしている人と同じである。だがより高い知識を身につけ、自然学の研究をするようになれば、家の中に入り、控えの間を歩くことができる。そして自然学についての完全な知識を獲得し、神学の知識を理解したならば、その家の主の居間に入り、主とともにあることができる。この段階にある人をマイモニデスは学者と言う。さらに神学についての完全な知識を身につけ、神に向かい、神のことしか考えない人がいる。この人が預言者である。預言者は主とともにあることができるばかりでなく、主に質問し、その答弁をうることができる。右のたとえ話から明らかなように、預言者とはマイモニデスによれば完全な知性、哲学的、神学的な知識を具えた人のことである。

(4) マイモニデスによれば知性は合成されたものを分析し、諸部分に分け、それらの諸部分についての抽象概念を形成するとともに、それを真の実在において、また原因から理解しようとするものである (Maimonides : op. cit., Cap. 68.)。単なる哲学者はこの知性によって抽象的な思考をなし、具体的にものを思考することがない。このため哲学者の思考は生き生きと働かず、ただ型にはまった思考の技術におち入る。従って哲学者にはものの visio を見る能力がない。またこのことは哲学者に未来の出来事についての予言能力がないことを意味する。なるほど自然物についてはある程度の予測、予言を自分の経験や自然学の知識に基づいてなしうる。だが人間社会の出来事についてはただ常識的な予測しかなし得ないのである。

(5) Maimonides : op. cit., Cap. 68. このマイモニデスの想像力についての見解はレオ・シュトラウスによればアリストテレスの影響によるものとされる。 L. Strauss : Spinoza's Critique of Religion, p. 183.

(6) マイモニデスの場合この知性はアリストテレスの影響を受けて能動知性と解せられている。

(7) 単なる占いごとをなす人は、目覚めているときですら、異常なことを夢想し、知的な思弁をなしていない。あるいは自分は学問をしていると思いながら、実は知性を用いていないために、知的な事柄の中に大きな混乱をまき起こし、また知的なことと想像とを混同してしまうのである。この反対に知的能力が優れていても、想像力に欠けていれば、確かにものを知ることができても、それを他に教えることができない。なぜなら彼らはものを具体的に思考していないから。知性の完全性はマイモニデスによれば単にものを知るばかりでなく、教えることである。

(8) Maimonides : op. cit., II. Cap. 32. p. 363.

（9）ここでスピノザの反論を挙げる前に、彼の預言ならびに預言者についての考え方を示しておこう。スピノザは預言を定義して「ある事柄について神から人間に啓示された確実な認識である」(T. T. P. Cap. 1. p. 15) と言っている。これによると預言は神に起源を有する確実な神的な認識となる。だがスピノザの哲学の立場からすれば、神的な認識は預言の認識にのみつきない。「自然的光明によって認識する事柄はもっぱら神の認識とその永遠なる決定にのみ依存する」(Ibid.) とか、「神の本性――我々がそれに関与する限り――と神の決定が自然的認識を我々にいわばささやくのである。」(Ibid.) というように、自然的認識も神にその起源を有する。このため自然的認識も神的な認識と言えよう。もちろん、この自然的認識の「自然」とはコーヘンも言及しているように (H. Cohen : H.Cohens jüdische Schriften, Band, III S. 313.)、人間がいわば恣意的欲望のままに生活する自然状態の自然を意味していないし、また単に自然科学的な自然を意味するのでもない。この場合の自然とは彼の神即自然の汎神論的な世界観における自然である。またその認識自体も彼の認識論において非十全な認識を意味するイマギナチオの認識でなく、十全な認識、すなわち「すべての人間にとって共通な諸基礎に依存し、それ故にすべての人間に共通した」認識であって、それは『エチカ』の第二部において示されているような共通概念としての理性的な認識を意味している (Eth. II. Prop. 40, Schol. 1 et 2.) この理性的な認識は彼の認識論によれば一切のものにとって最も共通なものとしての神の観念を含んでいる。このためそれは神的な認識と見なされるのである。つまり「自然的認識が含む確実性と自然的認識が発生する源泉（すなわち神）に関しては、それは決して預言的認識に劣るものではない」(T. T. P. Cap. I. p. 15～16.)。かくて神に起源を有し、神的なるが故に、自然的認識は預言的認識と同等の位置に立っていると考えられる。このため彼は自然的認識をも一種の「預言」と見なすのである。――自然的認識を預言的認識と見なすことは一般の常識から見て奇妙なことかも知れない。しかしこれは彼の聖書批判の立場からすれば当然のことであった。このようなことは何も預言にかぎられないが、彼が聖書の中のある事柄を定義する場合、彼はその実証的な研究によってその事柄の本質的な特徴を認識する。そしてそれを一たん定義したならば、自分の哲学的な立場に戻って、それを自分の哲学との連関において批判、検討する。すなわち、預言も自然的認識も神に起源を有し、そしてともに神的であるが故に、後者もまた預言であると解する。つまり彼にとって預言とは神に起源を有する認識である。そして神的でありさえすれば、自然的認識も預言となりうるのである。

　スピノザは右のようなことから自然的認識を預言と見なしたが、一般の人々はこのようなことを主張しない。スピノザの場合上述のように自然的認識が普遍的な根拠としての神の観念を含む共通概念であるに反し、預言は神にその起源を有しても、それは神と預言者との特殊な関係、あるいは預言者個人の信仰にのみ依存している。いわば自然的認識は「すべての人間に共通したものであるから、常に稀有なもの、自分の本性からかけ離れたものに憧れをもち、自然の賜物を拒否しがちな民衆から尊敬されない」(T. T. P. Cap. I. p. 15)。つまり預言が人間の認識能力によっては説明されない、あるいはその限界の外にある全く超自然的なものと解せられる点に、自然的認識に対する預言の優越性が一般に主張されていると解するのである。しかしこの優越性こそスピノザにとって問題であった。上述のように両者がともに神に起源を有するかぎり、両者の優劣をその起源によって決定することはできない。しかし預言が単に稀有な出来事であるという理由だけでは、その優越性の根拠は全く薄弱である。むしろそれは両者を区別する認識の在り方から吟味されなければならないのであろう。

スピノザは聖書を解釈する際、聖書そのものに書かれていることだけを取り扱い、聖書以外の数多くの伝承に関しては何の権威も認めなかった。このことは預言者を定義する際にも示される。スピノザは預言者を「神から啓示されたことを、神の啓示について確実な認識をもつことのできない、従ってまた啓示を単なる信仰によってしか受け入れることのできない人々に代弁する人間である」(T. T. P. Cap. I. p. 15.) と定義する。この預言者(ナービー)の定義の出所を彼は『出エジプト記』の「見よ、私はあなたをパロに対して神のごときものとする。あなたの兄弟アロンはあなたの預言者となるであろう」に求めている。今日『出エジプト記』のこの言葉は後代のいわゆる祭司典の筆になるとされる以上、この言葉をもって預言者が神の代弁者であると解釈することは当を得ないと思われる。だがこれは聖書の歴史的研究の進んでいなかった時代のことであるから、止むを得なかったと思われる。

(10) T. T. P. Cap. I. p. 17.

(11) Eth. II. Prop. 40, Schol. 2.

(12) マイモニデスによれば想像力は、二つ以上の観念を結合して、その対象が現実に存在しないような新しい観念を形成する。このような観念は、スピノザの場合には相互に関係があるかどうか明瞭でない二つ以上の観念の結合から形成される「虚構」(fictio) の観念にほかならない。(Tractatus de Intellectus Emendatione §57.)。例えば、ある人に言葉と木という観念が頭に浮かび、「これに精神が区別なく混乱して働くとき、木が話す」ということが主張される。これから見れば、確かに虚構の観念そのものは、単なる感覚的認識のように外部に実在する事物から直接に刺激されて生ずる観念ではない。つまりそのもの自体としては、マイモニデスの imaginatio の観念と同じように感覚的認識ではない。だが仔細に考察すれば、そうではない。これはスピノザの認識論から明らかである。彼はすべての認識を身体の観念、あるいは身体の変様の観念であると主張する。従ってすべての認識はまず身体を通して我々の精神のうちに形成されてくると見なければならない。虚構もその例外ではない。例えば、「馬の頭をもった人間」という虚構の観念の場合、そのようなものが実在していないにもかかわらず、過去において「馬の頭」とか「人間」を個別的に直接に（感覚的に）認識しているから、この二つの観念を結合してそのような観念が形成されるのである。つまり虚構の認識の始源には感覚的なものがある。この点、マイモニデスの場合も、感覚的知覚によって把握した個々のものを保持、結合、模倣することができると考えられている以上、それはスピノザの場合と同じように感覚的なものに始源を有していると見なければならないであろう。

(13) Tractatus de Intellectus Emendation, §64. NB. p. 24.

(14) このことからマイモニデスの想像力にあたる預言的認識は、スピノザの体系からすれば最下位の認識、非十全の認識を意味する感覚的認識あるいは虚構の認識となる。だがマイモニデスの場合には想像力に知性が作用しているため、預言的な認識は十全な認識であり得た。ところがスピノザの場合たとえ神に起源を有していても、感覚的なものに根差している以上、非十全である。

(15) T. T. P. Cap. I. p. 17.

(16) 『出エジプト記』二十五章二十二節

(17) すなわち、マイモニデスは「イスラエル人たちは言葉を聞いたのではなく、ただ音を聞いただけである。そしてこの音を聞いている間に彼らは十誡の律法を純粋に精神的に理解した」と考えたとスピノザは主張する。(T. T. P. Cap. I. p. 18.)

(18) Ibid. つまりスピノザによればモーゼのみが真の声を聞いたのではなく、イスラエル人たちも真の声を聞いたのである。（このことがモーゼの特殊な恩寵と矛盾していることは今は問わない）このことから彼は、神は言葉を発しないのであるから、モーゼの十誡は神の言ったものではないというマイモニデスの見解が聖書に忠実でないと主張する。

(19) T. T. P. Cap. I. p. 18.

(20) スピノザはこの個所に次のような注を（　）の中に入れている。すなわち、（すなわち形象と謎によって。なぜならモーゼの預言について神は謎をともなわない異象を語っているから）

(21) 同じくこの個所にもスピノザは次のような注を入れている。（すなわち実際の言葉と真実の声によってではなく）

(22) 『民数記』十二章六、七節。T. T. P. Cap. I. p. 20.

(23) もしこのことをシナイ山上の出来事に適用するならば、モーゼ以外の人たちは神の声を聞くことができなかったということになる。そうであるなら、スピノザはマイモニデスと同じことを考えたことになる。なぜなら、シナイ山において神の言葉を理解したのはモーゼだけであるとマイモニデスは主張しているからである。ところがスピノザは、その当時のイスラエル人たちが神の名前だけしか知らなかったために、「神の存在を確かめるために神そのものと語ることを欲していた。このような彼らの願望が『我は神なり』という一被造物の言葉によってどんなに満足され得たか私は知らない」(Ibid. p. 18)と言っているように、モーゼ以外のイスラエル人たちもシナイ山上で、モーゼの口からでなく神の口によって「我は神なり」という言葉が発せられたのを聞き、神の存在を確かめることができたと主張する。このことからモーゼの十誡に関しては、モーゼ以外の預言者もモーゼと同じく神の実際の声を聞き、それを理解できたと主張されてくる。それ故この十誡についてはは別扱いにし、他の預言についてはモーゼ以外の預言者たちは、スピノザによれば神の真実の声ではなく、ただ想像上の声しか聞かなかったのである。

(24) T. T. P. Cap. 2. p. 29.

(25) Ibid.

(26) Ibid. p. 37.

(27) Ibid. p. 35〜36.

(28) 以上のようなスピノザの考え方は当然当時の人たちの批判を浴びた。『書簡集』の第二十において次のような質問がスピノザに対してなされた。「確かにあなたは、神が聖書に書かれてあることを預言者に啓示したことを信ずると言われる。だがあなたの判断によればそれはきわめて不完全な仕方で啓示されたのであり、もし事態があなたの主張される通りだとしたら、それは神の中に矛盾をふくむことになります。なぜなら神がもし自分の言葉と意志を人々に啓示したとしたら、神は彼らに一定の目的をもってそれを明瞭に啓示したでしょうから」(Ep. 20, p. 118)と。この質問に対する直接の解答は『書簡集』においてなされていない。ところでこの質問者は、神が預言者に対して自分の言葉を誤らないように伝えたという前提にたち、比喩や謎もすべて神の意志によったものと考えている。しかしこのような考え方こそ、スピノザによれば預言者たちを「人間の身体はもっていたが、人間の精神はもっていなかった。従って彼らの感覚と意識は我々のものとは全く本性を異にするものであった」(T. T. P. Cap. I. p. 16)と考えるのと全く同じである。否、預言者は何らの精神、思想も、あるいは想像力ももたず、ただおおむ返しに神の言葉を伝える機械のように考えることである。スピノザの立場は、あくまで預言者が神の啓示を想像力をもって受け取ったと主張するのである。この立場にたてば、比喩や謎は神の意志というより、預言者の想像力の産物となる。
(29) T. T. P. Cap. I. p. 25.
(30) T. T. P. Cap. 14. p. 174. これと同じことは『神学・政治論』の十三、十四、十五章の至るところにでている。
(31) Ibid. p. 175.
(32) Ibid. Cap. 13. p. 168.
(33) Ibid. p. 170.
(34) Ibid. Cap. 2. p. 41.
(35) Ibid 37〜38. すなわち、カインには人事について何も知らないものとして、ラバンにはアブラハムの神として、またアブラハムにはアダムと同じように非遍在者として現われたとスピノザは解釈する。
(36) S. Zac : Spinoza et l'interprétation de l'Écriture, p. 82.
(37) T. T. P. Cap. 13. p. 169.
(38) Ibid.
(39) エホバ以外の名前に関しては有力者、勢力者を表わすエルという言葉があり、このエルに神の諸性質を表わす形容詞が加わり、「恐るべき、正しき、慈悲深い……勢力者」となり、一層人間化されてくる。そして神からその絶対性がはぎ取られ、神はもはや神であり得なくなる。T. T. P. Cap. 13. p. 169.
(40) 族長たちが神を認識するに際して、神の絶対的本性を表現する神の属性を知らず、神の諸結果と約束のみから、すなわち「可視的なものによって知られるかぎりの神の力を知った」のに、モーゼは神から特殊な恩寵を受けることによってエホバを知ったのである。Ibid.
(41) スピノザはこのことに関して次のように言っている。すなわち、モーゼは「神が全知者であり、人間のすべての行動は神の決定によってのみ定められることを充分理解しなかった。なぜなら、神はイスラエル人たちが彼に従うであろうことを彼に告げた（『出エジプト記』三章十八節参照）にもかかわらず、彼はなおそれを疑って『彼らがもし私を信ぜず、また私に従わなければ、如何』（『出エジプト記』四章一節参照）と言っているからである」(T. T. P. Cap. 2. p. 38) と。
(42) スピノザは聖書の中でモーゼがいかに神を把握したかを次のように列挙した。(Ibid. p. 38〜39.) 一、神は慈悲、恩恵、嫉妬などの人間的な性情をもっていたこと。二、可視的な像によって表現されないこと。三、力の点において比較を絶していること。四、神々の中の神であること。五、創造主。六、選民としてのヘブライ民族の神であること、七、他の諸民族には他の神々がおかれたこと。八、神は天に居住していること、などを挙げている。

（43）S. Zac : Spinoza et l'interprétation de l'Écriture, p. 81.

（44）T. T. P. Cap. 2. p. 38.

（45）S. Zac : Ibid. p. 82.

（46）神に人間的な属性を帰せしめることは、スピノザによれば「象や馬を完全ならしめる諸属性を人間に帰せしめると同じように不条理なこと」（Ep. 23. p. 148.）であった。このことは神学において許されても、哲学においては許されないというのが、スピノザの終始変わらぬ意見であった。

（47）T. T. P. Cap. 13. p. 171.

（48）Ibid. p. 170.

（49）Ibid.

（50）Ibid. Cap. 15. p. 185.

（51）Ibid. Cap. 13. p. 171.

（52）Ibid.

（53）Ep. 55. p. 255. この書簡においてスピノザに対して次のような質問がなされた。「あなたは神の本性と人間の本性とを混同しないために、神に何らの人間的な属性を認めないと言って居られます。これはそのかぎりにおいて私も賛成です。我々は神がいかなる仕方で行動するか、いかなる仕方で意志し、認識し、熟考し、見たり聞いたりするかを知らないからです。しかしあなたがこれらの行動や我々の神についての最高の観想を全然否定し、それらのものが神の中にエミネンテルに（eminenter）、そして形而上学的に存在しないことを肯定されるのでしたら、私はあなたの神を、あるいはあなたがこの神という言葉によって何を理解しておいでになるかがわからないのです」と。この質問に対してスピノザは次のように答えた。「見たり、聞いたり、注意したり、意欲したりなどする行為が神の中にエミネンテルに存在することを私が否定するなら、私がどんな神を考えているのかあなたにはわからないと言われます。しかしそれも私には不思議ではありません。……もし三角形がものを話す能力をもつとしたら、三角形は神がエミネンテルに三角形であると言うでしょうし、また円は神の本性がエミネンテルな理由において円形であると言うでしょう」（Ep. 56. p. 260.）と。スピノザの体系にはエミネンテルなものは存在しない。すべてが現実的に存在する。このため神が人間的な属性をエミネンテルにもつという考えを否定するのである。

(54) Ep. 21. p. 127.

(55) T. T. P. Cap. 2. p. 31.

(56) Ibid. p. 30.

(57) Ibid.

(58) Ibid.

(59) Ibid. p. 32.

(60) Ibid. p. 31.

(61) Ibid. Cap. 15. p. 186.

(62) Ibid. Cap. 2. p. 37 et Cap. 1. p. 27.

(63) Ibid.

(64) 彼はこの神の精神とは何であるかを聖書そのものから語源的に明らかにしようとした（T. T. P. Cap. I. p. 21〜27）それによれば、精神とか思想の語源はヘブライ語の霊（ruagh）である。この霊は本来的には風という意味をもっていたが、これから色々な意味が生じてきた。すなわち一、気息、二、活力、三、呼吸、四、能力、適応性、五、判断力、意志、決定、欲望、興奮、また心を意味するかぎりのすべての動き、性質、六、精神、生命そのもの、七、方位などの意味が生じてきた。またこの霊が神に関係させられて「神の霊」と言われる場合の「神の……」の意味については、一、神の本性に属し、神の一部になっているもの、二、神には属さないが、神の力の中にあり、神の指図によって行動するもの、三、神に捧げられたもの、四、預言者を通して伝えられたもの、五、常ならぬもの、きわめて高い程度にあるもの（この意味から預言者たちが自分の理解力を超えるものをすべて神に帰せしめた理由が判明する）などの意味をもつ。以上のような霊の意義と「神の……」の意義を綜合するならば、神の霊とはものすごい風を意味することもあるし、また常ならぬ勇気、徳を意味することもある。特に神を人間的に考え、その神に属するものとしての神の霊を考えるならば、それは神自身のもつ精神、心、感情、恩恵、慈悲、力、能力などの意味をもってくる。だがスピノザ自身はこの神の精神を語源的な意味から転じて、聖書をつらぬく根本的な教え、つまり道徳的な教えに求める。（T. T. P. Cap. I. p. 27）。

スピノザによれば聖書は敬虔を教えるかぎり、神的であり神聖である。この場合、神の言葉とはまず第一に聖書が「神の法」、つまり「全人類に共通する宗教、あるいは普遍的な宗教」を教えるからだと主張する。(Ibid. Cap. 12. p. 162.)。そしてこの普遍的な宗教の意義は、『イザヤ書』一章十節以下にある真の生活様式、すなわち愛と誠実を教えるところにある。つまり、敬虔とは道徳的なものを核心におき、またそれを内容したものである。第二にそれは自然的な秩序において生ずる出来事のうち、預言者たちが未来の出来事を予見した部分において示される。第三は預言者たちの命令を意味する。スピノザが以上三つのうちで最も重要なものとして挙げたのは、第一のものである。つまり彼は敬虔を倫理的な意味において把握したのである。従って聖書の神聖性とはそれが真の道徳を教えたことに求められるのである。

(65) T. T. P. Cap. 12. p. 163.

(66) Ibid. スピノザの預言者像はマイモニデスのそれと異なり、知的な面に関しては無知な人々であったが、道徳的な面に関してはマイモニデスの見解と同じように道徳的な完全性を具えた人たちであった。この点、預言者の道徳的心情は知的なものと無関係にある、あるいは預言者の倫理は人間認識の基礎と無縁であるかのような印象を与える (H. Cohen : Hermann Cohens jüdische Schriften, Band III, S. 317.)。スピノザはこれを肯定しているように見える。

(67) T. T. P. Cap. 15. p. 186. むしろこの点に関して、スピノザは、預言者の道徳説がたとえ理性的な基盤の上で基礎づけられなくても、理性的な道徳説と同じ価値をもっていると考える。このことは後述のことから明らかである。

(68) Ibid. Cap. 15. p. 185.

(69) Ibid. p. 186～187.

(70) このかぎりそれは人間化された神であって、神を十全に表現するものでないことは明らかである。

(71) Ibid. p. 187.

(72) Ibid. p. 188.

(73) T. T. P. Cap. I. p. 20～21.

(74) S. Zac : Spinoza et l'interprétation de l'Écriture, p. 73.

(75) T. T. P. Cap. I. p. 21.

(76) Ibid.

(77) Eth. IV. Prop. 68, Schol ; H. Cohen : Hermann Cohens judische Schriften, Band. III. S. 317.

(78) Ep. 73. p. 308. オルデンブルグはスピノザに対して次のような質問をした。(Ep. 71.)。「あなたは世界の救世主であり、人類の唯一の調停者であるイエス・キリストについて、またその受肉と贖罪について御自分の意見をかくしておられると言われて居ります」と。これに対してスピノザは、「我々の救いのためにキリストを肉に従って認識することは絶対に必要なわけではないのです。しかし……（以下本文に引用）」と。

（79）Korte Verhandeling, I. Cap. 9. p. 48.

（80）この「無限知性」は『エチカ』において神の観念となっている。

（81）これをスピノザの言葉をもって表わすならば、「神には完全性の最高の程度から最低の程度にいたるまでのすべてのものを創造するための資料に欠けていなかった」(Eth. I. Append, p. 83.) と言われるように、神の観念は、個物の認識能力の程度に従ってより少ない完全性においても、またより大なる完全性においても現われるのである。このことがたまたま最も完全な人格としてのイエスに現われているのである。

（82）T. T. P. Cap. 4. p. 64.

（83）キリストの精神に現われた神の知恵が無限知性と解せられることは、スピノザの哲学においていかなる意味をもつか。彼の場合、無限知性から一切の認識が生じ、また前者が後者を含むと解せられる以上、無限知性は理性的認識、またそれに基づいた哲学的認識のみならず、偽なる認識と見なされる想像力の認識を含んでいると考えねばならない。無限知性が真の認識を含むことは理解できるが、偽なる認識を含むのはなぜか。それは彼の哲学においてものの真偽は人間的な立場において語られるのみであり、無限知性にあっては単なる人間的な基準による真偽は成立し得ないからである。偽は彼において認識の欠乏である (Eth. II. Prop. 35. et 45 Schol, Ep. 21.)。とすれば無限知性には認識の欠乏はあり得ない。このような無限知性を最も多く含んでいるが故に、キリストの精神は前述のように預言者が想像力によって認識したものをその真の意味において認識しうるし、またそれは同時に哲学的な認識をも含んでいると理解される。このことはキリストの精神が哲学的知性の認識するものを単なる理性の立場からでなく、そのものとして直接的に認識しうることを意味する。従ってキリストの認識はたとえ哲学的認識の形を具えていなくても、哲学的認識との間には一致がある。かくてキリストの認識が神の無限知性を最も多く含むということは、キリストの精神自体が無限知性の一環を形成していることを意味しよう。この点、スピノザは自分の神観がパウロのそれと一致していると考えたように、キリストの精神を汎神論的に把握したと言える。たとえ神学的に見てそうでなくても、スピノザ自身はそれを自分の体系から導きだしたのである。このことは同時に彼が、自分の考える神の概念のうちでキリストの教えたことをキリストなしに成就しうるという確信をいだかせることになった。これが後年の

「神の知的愛」に代表される宗教思想になって現われたと考えることができるのである。

(84) Ibid. Cap. I. p. 21.

(85) Ep. 73. p. 309.

(86) Ep. 74. p. 310.

(87) Ep. 75. p. 315.

(88) Ibid. p. 315～316.

(89) Ibid. p. 316.

(90) André Malet : Le traité théologico-politique de Spinoza, p. 123.

(91) すなわち、モーゼにとって単にイスラエル民族のための法、つまり「……イスラエル民族が完全な社会を形成し、あるいは国家を建設しうるための手段」は啓示によって認識された。しかしモーゼはこれが最善のものであるとは認識せず、ただ命令や規定として把握した。ところがキリストはユダヤ人のみでなく全人類のためにつかわされたのであるから、「キリストはユダヤ人たちの思想に適応された精神をもつだけでは充分でなく、むしろ人類に普遍的な思想と教訓とに、換言すれば、普遍的にして真実な諸概念に適応された精神をもたねばならなかった」(T. T. P. Cap. 4. p. 64) のである。そして神の諸決定を法や命令としてでなく、永遠の真理として教えた。このため人々を法への隷属でなく、「精神の完全なる同意」によって信仰へと向けることができたと評価されているのである。

(92) T. T. P. Cap. 4 p. 64.

(93) Borkowski : Spinoza 1, S. 439 ff.

(94) もちろん、スピノザの場合に言えることは、彼は彼らの意図しているもの、あるいは彼らの精神を理解したが、それだけにとどまらず、内的なキリストを自分の哲学に結びつけ、キリストの思想を汎神論の体系の中で理解したのである。

(95) T. T. P. Cap. 6. p. 83.

(96) Ibid. p. 84.

(97) Ibid. p. 90.

(98) Ibid. p. 89.

(99) Ibid. p. 91. 奇蹟が単に自然的な原因によって生じたものであるとすれば、つねに稀なもの、異常なものに驚歎する民衆は、それに対して畏敬の念をいだくことができない。かくて「その原因が我々に理解されないような事柄、また自然の秩序の外で、否、自然の秩序に反して起こったかに見える事柄が聖書の中に書かれてあっても、我々はそのためにためらうべきではない。むしろ我々は実際に起こった事柄が自然的な経過において起こったことを絶対に信じなければならない」(T. T. P. Cap. 6. p. 90.) とスピノザは言う。

(100) Ibid. p. 92.

(101) スピノザは反自然と超自然との区別を認めない。超自然が一般に解せられるように「自然に矛盾しないが、しかしまた自然によって創られもたらされもしない」(Ibid. p. 86) ことであるならば、結局それは一切が自然的なものと見なされ、自然によって生じてくるスピノザの立場からすれば反自然的なものにすぎない。彼によれば反自然も超自然も非存在にすぎないのである。ここに彼の汎神論が強くにじみ出ていることを認めないわけにはいかない。このような見解が彼の場合聖書の忠実な解釈によって導きだされてきたものか、それとも最初から彼が神即自然の公理を聖書解釈に適用したものか興味ある問題であると言える。この点について聖書の忠実な解釈を主張する彼の『神学・政治論』を信用するならば、これは聖書解釈から導きだしてきたものと考えねばならないであろう。だが聖書の出来事をこのように存在論的に見て、超自然も反自然もなく、ただあるのは自然のみであると解釈するのは、問題が聖書を離れて哲学の問題に移ったことを示唆するのではあるまいか。

(102) Ibid. p. 95. これによれば彼は奇蹟を聖書そのものの解釈から論じているのではなく、むしろ彼自身の哲学的な見地から論じたのである。その理由は奇蹟が神学上の出来事でなく、純粋たる自然的な出来事であったことにつきる。

(103) すでに述べたように、奇蹟には附帯的な事情がともなっているとすれば、それには何らかの自然的な原因があると考えられる。しかしこの自然的原因は聖書において見るかぎり、科学的な意味における原因ではない。このためスピノザは「奇蹟は確かに自然的原因をもってはいるが、その自然的原因は人間の知性によっては探求され得ない」(Ibid. p. 85) と主張する。つまり原因があっても、それを因果的に究明し得ないのである。彼はこれを「人間の理解力を超える」(Ibid.) 出来事と主張する。このことは奇蹟が人間知性によって把握し得ないほど超越的、神秘的、不可思議的なものであることを意味するかも知れない。だがスピノザはそのようなことを考えているのではない。むしろ彼は奇蹟がいかなる自然法則によって生じたかを知らぬ、いわば人間の無知に帰因したものと見なす。このため「奇蹟は人間の無知の故にのみ何か新しいものと見られる」(Ibid. p. 95) のである。このように奇蹟の超自然的な性格は人間の無知に由来するとすれば、預言の超自然的な性格も同じように取り扱ってよいのであろうか。

(104) このことに関してスピノザはまた次のようにも言っている。すなわち、「啓示された諸基礎からでなくては何ごとも主張し得なかったし、またそのような諸基礎からでなくては預言が主として何に成り立っているかを何ごとも知り得なかった」(Ibid. p. 95.)と。

(105) Ibid. Cap. 1. p. 28. スピノザはこの言葉の次に次のようなことを言っている。「なぜなら、我々の自然的認識全体がそれによって打ち立てられているところの諸原理と諸概念とだけからよりも言葉と像からはるかに多くの観念が形成されうるからである」と。

(106) T. T. P. Praefatio, p. 10. なおスピノザはこの引用文のあとに次のようなことを言っている。すなわち、「聖書は哲学と共通する何ものをもたず、むしろ聖書と哲学とはそれぞれ固有の基礎の上に立っていることを確信するに至った。……聖書ならびに霊的な事柄に関する全知識は、聖書の中からのみ求められるべきであって、自然的光明によって認識される事柄から求められるべきでないことを示している。……神の言葉は預言者に啓示された神の精神の単純な概念であり、換言すれば神に全心をもって服従し、そして正義と愛とを育くむ概念であることを示している。……啓示的認識と自然的認識とは対象において、また基礎と手段において全く異なること、前者は後者と共通する何ものをもたず、むしろ前者と後者はともに他に反撥することなしに自らの王国を保持しており、両者のいずれもが他に隷属すべきでないことを結論したのである」と。

(107) T. T. P. Cap. 14. p. 179.

(108) Ibid.

(109) T. T. P. Cap. 15. p. 184.

(110) Ep. 20 p. 97.

(111) Ep. 21. p. 126.

(112) スピノザはこの点次のように言っている。「哲学者たち、同時に律法を超越する人々、徳を律法としてでなく、それが最上のものであるから、愛によって徳に従う人々は、これらの言葉に煩わされる必要がないのです」(Ep. 19. p. 93)と。つまり理性は聖書なしに、啓示を受け入れることなしに、啓示の目指すものを獲得しようとする。理性の徳は単に理論的な認識の領域にのみかぎられるのではなく、信仰のもつ道徳的実践をその独自の立場から果たすことである。つまり彼の理性は著しく実践的である。しかも啓示を受け入れないため、その理性は服従としての宗教より、かえって一層宗教的でさえあったと言える。

(113) T. T. P. Cap. 16. p. 198.

(114) 西谷啓治著『神と絶対無』一、「突破」の思想について、十九ページ以下参照。

(115) Eth. IV. Praefatio.

(116) Jaspers : Spinoza,S. 792 (Die gropen Philosophen 1).

(117) スピノザの友人ボクセルが、超越的な霊の実在を主張する人々としてソクラテス、プラトン主義者、アリストテレス学派ならびにストア学派、ピュタゴラス学派を挙げた（『書簡集』第五十五）に反し、スピノザはそれを否定し、次のように言った。「プラトンやアリストテレス、ソクラテスの権威は私にはあまり重きをなしません。もしあなたがエピクロスやデモクリトス、ルクレチウスを、あるいは原子論者ならびに原子論の支持者を引証されたのでしたら、私も驚いたかも知れません。隠れた質、志向的種、実体的形相、その他数多くのつまらぬことを考えた人々が、幽霊や霊魂を考え出し、デモクリトスの権威をおとしめるために老婆の言葉を信用したとしても不思議ではないでしょう」(Ep.56,p.261～2) と。

(118) Tractatus, de Intellectus Emendatione　§102 et 103.

(119) つまり完全に宗教から独立し得なかったアリストテレス流の一連の合理主義哲学者の道をスピノザはその純粋な思惟において徹底したのである。挫折から創造への道は、聖書研究を通じてマイモニデスの合理主義を宗教から区別された哲学において徹底することであった。

(120) T. T. P. Cap. 4. p. 68.

第二部　体系の合理化

5　神の属性としての延長概念

今まで述べてきたように、スピノザが宗教を離れて純粋に理性の立場で考えようとした神は、そのものとしての神、絶対的な神であった。このような神は宗教において示されるような正義と愛の神ではない。正義と愛という、人間生活の規範となるべき属性、いわば人間的な属性は、彼のいう非人格的な、真の神の属性とはなり得ない。スピノザは愛と正義そのものを非難しているのではない。預言者がその想像力の立場で、人間的な立場で論じたものを、神そのものに帰せしめることができないと主張しているのである。また神学者たちは、神にたいして万物の原因、全知、全能、永遠、無限などの諸属性を帰せしめているが、これらの諸属性も彼によれば神の一定の様態を示し、神の性質や特質を表わす形容詞的なものにすぎない。(1) すなわち、単なる言葉にすぎない以上、それらは神の本質、神そのものを構成するものではない。もともとアリストテレス・スコラ的な類、種差の論理によってしか、ものを定義し得なかった中世の哲学者たちからすれば、神の本質は類、種差によってはもはや定義できないのである。このため神は肯定的に定義されず、むしろ永遠、無限、不変というように否定的、消極的にしか表現することができない。マイモニデスの消極神学の立場はそのよき例であろう。スピノザによれば本質は特質や性質に先立つものであり、後者は本質の定義から導き出されてくる。(2) 従って本質を知らないで、特質のみを論ずることは本末顛倒である。かくてスピノザによれば、彼以前の哲学者たちは神について本質的なことは何も知らずにしゃべっていただけにすぎないのである。

このようなことから、彼は特質よりも本質を定義しうる方法を見つけ出そうとする。この方法が従来の類、種による方法にかわる、幾何学的方法によるものの定義の仕方であった。幾何学的方法については後に詳述するが、ここではその最も基本的な点について簡単に言うならば、ものの定義の仕方が最も重要な位置を占めている。幾何学的な方法によるものの定義は、ものをそのものとして構成する内在的な原理、原因を明らかにすることによって、そのものの本質を把握しようとする。換言すれば、ものの本質とはものそのものを構成する原理、原因のことである。そのものを構成する原理、原因を知ることはものの本質を知ることであった。彼が神について論じた属性とはこのような仕方で把握される属性であった。彼は神の属性を「知性が実体についてその本質を構成していると理解するもの(3)」と定義した。この属性の定義の解釈には、古くから主観的な解釈と実在論的な解釈が対立している(4)。しかしスピノザ自身の立場は、神をそのものとして観る、あるいは「ものを知性の外にあるように説明する(5)」立場であるため、属性を知性の主観によって思惟する観念論的な立場は問題とならないであろう。むしろここでは神の本質を構成する属性を、スコラ哲学者とは違って、スピノザが知性によって積極的に認識しうると言明したところに大きな意義がある。では彼が神の属性として考えたものは何か。

　スピノザは、神学者たちが「神に帰せしめているものを私は被造物と考え、これに反して彼らが偏見のために、被造物と考えているものを神の属性であると主張します(6)」と主張する。これは従来被造物と見なされてきた自然を神の本質的属性と見なすことを意味する。この自然としての属性を物理的な見地から見ると、それは「延長」と見なされる。確かにスピノザは延長の概念をデカルトから得た。しかし神が延長している、あるいは拡がりをもつ存在であることは、彼の神即自然の根源直観とともに古い。すでに彼はその聖書解釈において聖書の神が延長的な存在、つまり身体をもっていたことを指摘する。すなわち「モーゼに啓示された律法は神が非形体的であることを、また神が何らかの像なり姿をもっていないことを我々に信じさせるように指示していない(7)」と。あるいは「モーゼは神が語るのを聞いたときに、その姿を目撃したこと、しかし彼の後姿しか見ることができなかった(8)」(『出エジプト記』三十三章二十三節）とさえ主張している。ここに当然神の可視性、形体性が肯定され、しかもそれはこのことが「神の本性から見て何の矛盾も含んでいないことをモーゼが信じていた」[9]ことを意味する。確かに聖書によればモーゼは神を実際に見ることができた。だがこの神の可視性は神を像に刻んではならぬという聖書の言葉に矛盾する。しかしこのことは、スピノザによればモーゼ以外のイスラエル人たちは神を実際に見ていないため、神を再現する像を刻むことが本来的に不可能であったことを意味する。つまり神の可視性自体は全く不可能なことでなく、むしろ人間の無力が神を見ることを不可能にしているのである。モーゼも神の後姿しか見ることができなかった。そしてこのためモーゼは神の像を描くことができなかった。否、それはモーゼの想像力の認識にとっては不可能であったと考えられている。——かくて、スピノザにとっては聖書ですら神の形体性を暗示させることを言っているのであるから、神の延長性を哲学において論ずることは、決して新奇なことではなかったのである。むしろその結果から見れば、スピノザは聖書の曖昧な表現を神の知的認識の立場で学問的に表現し直したとさえ、感じられるのである。

神の延長的存在については、すでにストア哲学にその表現を見出すことができるが、スピノザがこれに関してストア哲学から影響を受けたという明白な証拠はない。またスピノザの哲学の成立に関して彼とユダヤ中世の哲学との関係を重視するウォルフソンは、スピノザの延長概念がユダヤ哲学から導き出されたものであると主張する。[10]なるほどスピノザの神的延長の概念は、アリストテレス・スコラ的な質料と形相の二元論を否定し、それを一元化して、質料あるいは物質は形相からでなく、「質料」から生じてくることを結論として打ち出すであろう。換言すれば、物質を産出する原因は形相ではなく、物質でなければならない。しかし神は単に物質的な存在ではない。このため、ユダヤ中世のゲルソニデスは物質そのものに永遠性を帰せしめ、それが生成も消滅もしないものであると主張した。[11]いわば単なる物質の根底に根源的な永遠の物質を想定し、それによっていっさいの物質的な存在が生じてくるということである。だがこの根源的な物質は神ではない。むしろそれは神と一般の物質との間の中間者にすぎない。このゲルソニデスの影響を受けて、クレスカスはゲルソニデスの永遠なる物質に無限性を帰せしめ、それが無限の空間的拡がりであると主張した。(12) 後述のように、スピノザのこの延長の無限性についてはクレスカスから少なからぬ影響を受けたことも事実である。しかしその延長は無限であっても、それは彼の立場からすれば神の属性となりうるものではない。クレスカスにとって神とは純粋な形相、非物質的な存在であった。そして創造に関して非物質的な神と被造物としての物質的世界を媒介するために、神の意志、目的を考えていた。この意味でスピノザの立場はゲルソニデス、クレスカスの立ち止まったところから出発したと言えるであろう。しかし彼は物質の世界が神からいかに生じてくるかということから、神の延長性について論じたのではない。むしろそのような神と世界の原因、結果の関係からよりも、すでに述べたような神即自然の汎神論的な直観からそれは当然のこととして導き出されたものである。(13) かくてユダヤ中世の哲学者、特にクレスカスとスピノザとの間に延長概念の歴史的な発展を見るボルコウヴスキーやウォルフソンの立場は、両者の外面的な相似点にのみ注目し、両者の神観そのものの本質的な相違を見逃していると主張できるのである。あるいはスピノザがユダヤ中世の哲学者たちから神的延長の概念について影響を受けたとしても、それは本質的な点においてでなく、むしろ二次的な面においてであったと言える。

注

(1) Korte Verhandeling, Pars I, Cap. 7.
(2) Tractatus de Intellectus Emendatione, § 96.
(3) Eth. I. Def. 4.
(4) Kuno Fischer : Spinoza, Leben, Werke u. Lehre, S. 377 ff.
Erdmann : Spinoza (Geschichte der neuern Philosophie, II) S. 59 ff.

（5）Ep. 9. p. 43.

（6）Ep. 6. p. 36.

（7）T. T. P. Cap. I.p. 19.

（8）Ibid.

（9）Ibid. Cap. 2. p. 40.

（10）Wolfson : The philosophy of Spinoza,I. P. 223 ff.

（11）Borkowski : Spinoza, I. S. 361 ff.
Wolfson : The philosophy of Spinoza, I. P. 262 ff.

（12）Borkowski : Ibid.
Wolfson : Ibid.

（13）神と世界の因果関係が問題となる前に、神即自然が延長性を神に帰属せしめる基盤となっているのである。

6　無限の延長概念

一　延長の無限性（一）

スピノザが従来被造物と見なされてきた自然や「延長」を自己の形而上学的基盤あるいは神の属性と見なす以上、この自然概念と近代の単に空間的、物質的な自然との関係が当然問題とならなければならない。あるいは見方を変えるならば、近代の物質的自然との対決、相剋を得て、彼の自然概念は一層厳密に規定され、合理化されてこなければならない。このため、彼の破門後の研究が近代の自然研究、数学的自然科学の研究に結びついて行ったのはごく自然の成行であったと言える。彼が自然研究を重視したことは、デカルト研究に際しても、その形而上学よりも自然学に早く接し、しかもそれから形而上学以上に多くの影響を受けたということからも明らかであろう(1)。自然学に関するスピノザのデカルトへの依存を考慮するならば、延長は彼にとってもまず空間的なものあるいは量的なものと考えられたであろう。このことは、被造物を神の属性と見なす以上当然であろう。以下彼の延長概念が近代の自然研究によっていかに合理化されてきたか、またそれと近代の単なる物質的延長とはいかなる点において区別されるかを吟味して行こう。

スピノザと同じく汎神論をとなえたブルーノは、アリストテレスの空虚の存在の否定を無意味なものと考え、「空虚とは無であり、そこには何ものも存在せず、何ものも存在し得ぬものであると定義するのはアリストテレスだけである」(2)と主張した。彼は宇宙を物体の世界と非物体のエーテルの空間にわけた。これは中世ユダヤの哲学者、クレスカスの物体量と非物体量の区別に似ている。ところがスピノザはデカルトの影響を受けて、空間の充実性を主張し、エーテルの空間を否定する。そして『短論文』において「物体のない空虚は存在しない」(3)と主張する。これはデカルトのいう「物体的実体のない延長」(4)、「物体のない物体」(5)としての空虚の否定である。またデカルトは物質の無限分割によってアトムの存在を否定した。スピノザもその『デカルトの哲学原理』ではこのデカルトの説に賛意を表している。(6)だが『エチカ』では物質は分割されるが、延長は不可分であると主張する。(7)なぜならスピノザはデカルトのように延長と物質とを同一視する考えはないからである。つまりデカルトとスピノザの延長概念は本質的に異なっているのである。このことは、当時の学界で大きな問題となった右の空虚の存在の有無に関しても、スピノザが異なった解決の仕方をもっていたことを意味する。(8)換言すれば、デカルト的な立場からも右の問題に対する否定的な解答をなしうる。しかしスピノザは単にデカルトに従っていたのではない。むしろ彼の延長についての独自の考えがその解決の仕方を決定的なものにしているのである。

スピノザの延長はデカルトの延長のように単に静止した物質ではない。そして彼には物質の運動の原因を物質の外に求め、その第一動者を神に求める考えはない。もともと彼の神即自然の立場からすれば、運動の原因は自然の外ではなく、自然のうちに、つまり延長自体のうちになければならない。この結果、神の属性と見なされた延長は、単に空間充実の存在であるばかりでなく、運動と静止の直接的な原因と見なされる。(9)しかもその運動概念も単にデカルト的な「位置の移動」につきず、物質あるいは物体を組織する力と見なされているため、延長はその内部に運動と静止の内在したデュナミッシュな空間的実在であって、運動から区別される単なる物質ではない。以上のようにスピノザの延長は物理的に見れば運動をもつ空間充実の存在、否、それ自体いわば一種の運動するもの(ens movens)である。

従って彼の考え方は空間内の運動のために空虚な空間を想定したデモクリトス流の考え方とは異なる。彼の延長概念には空虚な空間の成立する余地はなかった。しかも延長の中の諸物体あるいは諸物質は彼の場合運動と静止の「関係」として把握されている。[10] そして諸物体の質的な相違はこの「関係」を数量的に表現することによって決まる。物体とはデカルトのように延長的実体の単なる部分ではない。物体や物質を構成するものは運動と静止である。従って物体相互の関係は全体と部分あるいは部分相互の関係とは見なされない。彼は物質の無限分割を必ずしも否定していない。[11] だが物体を「関係」として把握することは、彼において物質の分割が消極的であることを意味しよう。[12] 否、そのことは、彼が物体や物質を考察するにあたり、物体や延長の世界を部分に分割する考えがなかったと言える。事実、彼は延長的実体の不可分性を主張する。このため、デカルトのように物質の無限分割をしなくても、彼はアトムの存在を否定できた。彼はこのように延長における運動の内在と延長の不可分性という一見矛盾するような説を立てることによって、空虚の空間とアトムの存在を否定したのである。

スピノザの場合延長の不可分性はその無限性の積極的な肯定と密接な関係をもっている。延長は神の一つの属性であるため、それは「自己の類において無限」(in suo genere infinitum) である。だがそれは神の本質を構成するものであるから、当然神の本質に基づく「本性上無限」(a natura infinitum) をそれ自身において具現していると考えられる。[13] この本性上無限の特徴とは何か。それは神の自己原因的な性格から明らかなように、他に原因をもたないということから転じて、それ自身に限界をもたないということであろう。だが限界がないからといって、それは無限定的無限 (indefinitum) が示す無際限とは異なる。無限定的無限は有限の無限延長であるし、また無限に多くの部分に分割される無限である。ところが本性上無限には可分性を示す受動の否定がある。もし延長が可分的であるなら、それは受動であり、この受動を神に帰することはできない。[14] 従って神の延長は不可分的な無限延長であると帰結される。すなわち「その本性において無限」なる延長は、大きくも小さくもなりえず、またそれについていかなる部分も考えることができないと主張される。[15] スピノザは『短論文』においてさらに次のように述べる。「もし延長が種々な部分から成り立つならば、そのときそのいくつかの部分が絶滅されても、なお延長は依然として存在し、そしてその消滅したいくつかの部分のために、ともに絶滅されることがないということを理解するであろう。このようなことは、その本性によって無限であり、決して限定されず、また有限であり得ず、あるいはそのように理解されないものに関しては、明らかに矛盾である」[16]と。

右のようなスピノザの見解にたいして、ボルコウヴスキーは次のような批判をなす。[17]（いまその大略を述べると……）。すなわち、延長が本性上無限であることを前提するや否や、延長のいくつかの部分の絶滅を想定することはできない。従ってスピノザの右の証明は彼自身の立場からも否定される。部分は必然的に無限の本質から帰結されるか、それとも無限の延長にとっては非本質的であるかのどちらかであると。前者の場合、部分は否定されない。後者の場合、無限の延長はその部分が消滅しても依然存続しうる。だがスピノザがこの証明において意図したものは、デカルトのように無限の延長が部分より成り立っていると主張する人々にたいしての批判である。全体が部分の単なる和にすぎず、また部分相互に何の連関もないとき、確かに延長のある部分が消滅しても、他の諸部分は存続しうる。スピノザはこの存続する部分が、空虚か、他の物体か、それとも延長そのものであるかの三つの場合に分けて考察する。[18] 第一の空虚の場合、スピノザ自身はブルーノと異なり、非物体的な空虚の存在を認めないから、空虚がそこに残るとは考えない。また第二の他の物体が存続することは、存在しない物体が存在することになるから、これも十全ではない。結局、彼は「何ら部分は存在せず、全体としての延長のみが存在する」[19]と結論する。彼によれば延長はその様態に先立って存在するからである。かくて延長に関して全体と部分の関係は成立しない、原因と結果の関係のみがあると主張されるのである。全体と部分は彼において「理性の有」にすぎないのである。もし仮りにこの関係が成立したとしても、彼の立場からすれば、部分がいかに分割され、その増減、消滅があったとしても、全体としての延長には何の変化もないことを意味し、事実上延長が自己と異質的な有限の部分に分割されることは否定されるのである。以上が『短論文』の延長の不可分性についての論拠である。では『エチカ』においてこの問題は、どのように取り扱われているのであろうか。

前述のようにスピノザの哲学において延長は物体ではない。また物体は延長の部分ではなく、あくまでその様態にすぎない。だがスピノザの反対者たちは延長的実体を単なる物体と見なし、その可分性を当然のことと考える。そしてもしこれが無限であるならば、そこに解き難い問題が生ずると主張し、その無限性を否定する。すなわち、物体的な実体を無限であると仮定しても、それが部分より成り立つ量と見なされる以上、分割された部分は無限であるか、有限であるかのどちらかである。もし無限である場合、全体としての無限は分割された無限の部分の和となる。つまり全体としての無限は部分としての無限の和となる。換言すれば、無限は無限の和となる。このことは矛盾である。また有限である場合、無限は有限の和となるため、これまた矛盾である。従って延長を無限と見なすことができず、それを有限なものと考えるに至ったのである。[20]

これにたいして、スピノザも延長の不可分性を主張するため、彼の反対者たちが用いた右の論拠、つまりアリストテレス的な論拠を使用する。すなわち、無限なる延長の可分性を前提し、その部分が無限である場合と有限である場合を考察し、そのどちらの場合も前述の理由によって矛盾であると主張する。この点彼は反対者たちと全く同意見である。しかし彼はここで一転して無限の延長を可分的な量として取り扱うことを拒否する。つまりスピノザと反対者たちはともに同じ前提に立っているが、結論は異なる。スピノザはアリストテレスの論法を借り、アリストテレスと反対の結論を打ち出すのである。このことはまた、同じ無限の存在を肯定しながら、スピノザがブルーノとは異なる無限観をもっていたことを意味する。ブルーノは、「無限の部分と言われるものはすべて、それが無限の部分であることによって、無限の持続にしても、無限の量としても、つねに無限である」[21]と言っている。ブルーノの立場に立てば、無限の部分はやはり無限であるから、これをいかに増減したとしても、無限であって、全体が部分より大きいということは成立しない。もし無限において全体が部分より大きいと主張されるならば、それは有限量における全体と部分のカテゴリーを無限に適用するからである。だが無限を有限のカテゴリーをもって思惟することはできない。かくて無限はたとえ部分をもっていたとしても、その部分は有限のカテゴリーにおける部分ではない。もし有限のカテゴリーをもって無限の部分を問題とするならば、無限は部分をもたない、従って不可分であると主張されるのである。このような考え方はスピノザにはない。このかぎりスピノザには、ブルーノの無限論の影響はなかったと言える。

無限を考える上で、スピノザがある意味でアリストテレスの影響下にあったことは、右のことから看取できるであろう。彼はアリストテレスと同じように、線が点より成り立たないと主張するが、このことは彼によれば物体的実体の全体と部分との関係において見られる。つまりスピノザは、線と点との間の関係が無限と有限との間に見られると主張するのである。だがアリストテレスによれば延長は異質的な部分に分割されず、同質的なものに無限分割される。この場合無限は ad infinitum を本質とする無限定的無限であり、一種の連続量であっても、完結した積極的な無限ではない。ところがスピノザの場合、無限は同質的なものにも、異質的なものにも分割されない。同質的なものへの分割は様態としての物体においてのみ有効である。かくて無限は彼の場合、アリストテレスと異なり、分割を認めないという点で連続量ではない、完結した積極的無限と考えられる。

スピノザの無限論に影響を与えたと言われるユダヤの哲学者、クレスカスは、無限の量が物体的なものであれば、部分に分割されたとき、前述の解き難い矛盾におち入ることを認め、それを解決するために、無限なる量を、部分をもたない非物体的、空虚なものと考える。(22) つまり物体的な連続量においてのみ、全体が部分の和であることが考えられるのである。だが非物体的な連続量においては、たとえその分割が可能であっても、それ自身は空虚な存在であるから、部分は全体を構成しないと考えられる。このことは、無限の分割によって生ずる難問を、クレスカスが無限そのものから解決せず、彼特有の空虚という概念を導入して解決したことを意味する。スピノザはクレスカスについて次のように言う。「近代の逍遙学派の人々は、神の存在に関して古人の証明を正しく理解しなかった。なぜなら、ラブ・ヒャスダイ（クレスカスを指す―筆者注）と呼ばれるユダヤ人の書いたものにこの証明があるからである。『もし原因の無限進行があるならば、存在するすべてのものは何らかの原因の結果となるであろう。だがいかなる結果も、その本性により必然的に存在することができない。それ故、自然の中にはその本質に存在が属するもの（これはスピノザによれば神を指す―筆者注）は何もない。しかしこのことは矛盾である。それ故、前の前提も矛盾である』と。この論証の意義は無限が現実的に存在しないこと、あるいは原因の無限進行が不可能である、ということにあるのではなく、むしろ本性上必然的に存在し得ないものが、本性上必然的に存在するものによって、すなわち結果ではなく原因となるものによって、存在に決定されないと仮定する点にある[23]」と。右のことを前述のクレスカスの物体的な連続量に関連して考察すれば、物体的な連続量、すなわち自然の中では、すべてが結果と見なされ、原因となるものが見出されない。このため原因への無限進行が考えられても、原因がないため、実質上無限進行はない。つまり無限の存在はここでは不可能である。しかしクレスカスは非物体的な量における無限進行や無限の存在を認める。そしてスピノザ自身も、右のクレスカスの引用文を通して、無限の存在と原因の無限進行を暗に肯定しているのである。

今まで述べてきたことから、延長の可分性は大体次の三つに要約されよう。第一の可分性は、クレスカスの非物体的な量に見られる可分性である。それによると全体は同質的なものに分割されるが、その分割された部分はactualではなく、potentialであるから、全体を積極的に構成することができない。すなわち、無限の分割は可能であっても、それは現実的な分割ではない。このためかえって無限の不可分性が帰結されてくる。第二は物体的な連続量の可分性である。これは全体と部分が同質的であるが、量的に見れば全体と部分、あるいは部分相互の間に大・小が考えられるような可分性である。つまり全体を無限とすれば、その部分も無限である。そして全体としての無限は、部分としての無限の和となり、ここに無限の大・小が考えられてくる。第三に、全体が自己自身とは全く異質的な部分に分割されるような可分性である。これは線が点に、面が線に分割されるようなものである。ここでは全体と部分は相互に異質的であるが、部分相互は同質的である。この三つの可分性のうち第二と第三の可分性は、『エチカ』においてスピノザが否定したものである。すなわち前述のように、前者の場合無限は無限の和となり不条理である。後者においては無限は有限の和となる。これは彼によれば線が点より成るというのと劣らず不条理なことであった。第一の可分性がスピノザの延長の不可分性を考える上で重要である。以下これについて述べて行こう。

二　延長の無限性（二）

前述のように、スピノザは延長の中の物体を自然学的な観点から考察し、それを運動と静止の関係として把握したが、全体の部分とは見なさなかった。だがここでは自然学的な観点を離れて、量の認識の仕方から延長が分割されるかどうかを見て行こう。彼によれば量は二つの見地から認識される。[24] すなわち、想像力（imaginatio）の認識と知性（intellectus）の認識の二つである。前者によれば量は可分的、有限的なものとして把握され、後者によれば不可分的、無限なもの、すなわち実体として把握される。[25] 例えば、延長は想像力の認識によれば単なる物質として把握され、物質である限りの可分性をもつに至る。このかぎり想像力によって認識された延長は、クレスカスの物体的な量、あるいはデカルトの延長と同一である。しかし知性の認識の立場に立てば、物質は実体と見なされる。換言すれば、物質としての水は想像力によって認識されるならば水と見なされるが、知性の立場に立てば実体そのものに外ならない。[26] スピノザ自身の本来的な立場は知性の立場であるとすれば、想像力によって物質を認識し、その無限分割を把握することは不可能である。すなわち、無限分割あるいは無限定的無限は、クレスカスにおけると同じように、スピノザにおいても消極的であった。ただクレスカスの場合、非物体的な量、つまり空虚において無限分割が考えられたとすれば、スピノザの場合物体的な量としての物質においてそれが考えられていたのである。換言すれば、スピノザは、クレスカスのように対象の側の延長を始めから物体的、非物体的な量と区別せず、むしろ主観の側の認識の種類によって同一物を物体と実体とに区別し、その無限の消極性、積極性を主張したのである。

彼は右の無限の消極性と積極性に関して、前者は後者なしに考えられないと主張する。彼の次の言葉がこれを明白に物語っている。すなわち、「知性はある事柄を絶対的に認識する。すなわち、ある種の観念を絶対的に形成する。しかしまたある種の観念は他の観念から形成される。例えば、量の観念はこれを他の思想を考慮に入れずに絶対的に形成されるが、運動の観念は量の観念を考慮に入れてのみ形成される」[27]と。この場合量の観念とは神の属性としての延長と見なされるならば、延長と運動の関係がこれから明白となる。またスピノザは「知性が絶対的に形成する観念は無限性を表現する。これに反して、他から形成される観念は限定された観念である。例えば、知性が量の観念を原因によって知覚するならば、知性はそれを量を通じて限定しているのである。……しかし運動は量そのものが知覚されなければ理解されないということ……、同じようにまた我々には線を描くための運動を無限に継続することができるが、それはもし無限なる量という観念をもたなかったならば、決してできないであろう」[28]と言っている。つまり知性によって無限なる量が把握されて始めて、運動の無限定的無限、無限進行が理解されるのである。換言すれば、物質の無限分割も、延長としての無限なる量を前提とした運動そのものの多様性にほかならないのである。

以上のように無限なる延長としての量が知性によって絶対的に把握され、その無限性が表出される以上、スピノザの延長とは知性化、精神化された延長と関連があるのではないかという問題が生じてくる。スピノザと同時代に知性化された延長の観念を主張した人にヘンリ・モーアがいる[29]。モーアはあらゆる空間的な変化と運動の根源を精神の能動的な活動性に求め、そして空間そのものを物質的な存在としてでなく、空虚な拡がりとして理解していた。しかもその空間は物質的な事象の根底にある、不動の、永遠にして無限なるものと理解されている。それは神的な延長であるため、かえって神の精神的な力が内在していると考えられている。かくて神は延長的本質であるとモーアは主張する。延長的な本質と見なされる限り、それはスピノザの属性としての延長と異なるところがない。また知性によって把握される延長と想像力によって知覚される物質とを区別している点もスピノザと共通である。しかしスピノザの場合延長は空間を満たす物質から区別されるものでなかった。あるいは単なる容れ物、あるいは物質がなくても理解されるような非物質的な空虚な拡がりではない。なるほどスピノザの場合無限の延長と無限定的無限の物質との間の区別は、確かにモーアのように延長が現実に二つに分たれているかのような印象を与える。しかしそれは彼によれば単に認識論上の区別であって[30]、延長そのものは常に唯一で同一のものでなければならない。もとよりこのことによってスピノザの延長も、一面から見るならばデカルトの物質としての延長と何ら変わりない。あるいは単なる機械論的な自然も、本来的に言えばスピノザの延長と何ら変わりないのである。この延長をいわば非十全な認識としての想像力によって認識したとき、あるいはものを分割し、自然を任意に限定する想像力によって認識したとき、機械論的な自然が問題となってくるのである。

さらにスピノザは、右のことと関連して延長の分割、区別に関して次のように言っている。「もし物体的実体が、その諸部分を実在的に区別しうるように分割されうるとしたら、その一部分が消滅しても他の諸部分は依然として前のように相互に結合しているということも不可能でなくなるであろう。また空虚ができないように、すべての部分が接合しなければならないという理由もなくなるであろう。実のところ、相互に実在的に区別されるものにあっては、一が他なしに存在しうるし、またその状態を続けることができるのである。しかし自然の中には、空虚というものは存在しないし、……またすべての部分は空虚ができないように相互に協力しなければならないのであるから、このことからも、部分は実在的に区別され得ないこと、すなわち物体的実体は、それが実体である限り、分割されないということが帰結されるのである」[31]（傍点―筆者）と。右の引用文の傍点の箇所から明らかなように、実体の実在的な区別とは、その一部分が消滅しても、他の諸部分が以前のように相互に結合するように、ものを区別する見方である。これによると、全体の中の部分相互の関係には、「一が他なしにありうる」ということから、部分相互の有機的な連関がない。たとえ相互に結合していても、それは部分の機械的結合、和を示すにすぎない。部分は互いに独立し、全体の部分というより、むしろ全体の中の全体である。ところがスピノザには空虚を否定するために、実体をこのように実在的に分割する意図はない。むしろものをこのように分割する仕方はデカルト的な分割の仕方である。スピノザにとって空虚が否定されるためには、実体は様態的に（modaliter）区別されなければならない。つまり彼において自然の中の諸物は、様態的にのみ区別され、実在的には区別されない。このとき、全体と部分、あるいは部分相互は有機的に連関し、一定の法則に従って作用し合う。そしてその一つの部分の消滅は、同時に他のすべての部分の消滅となるのである。つまり一つが消滅すれば、全自然は消滅する。だが実体としての自然あるいは延長の消滅はあり得ない。従って部分の消滅はなく、部分の他のものへの変化があるだけである。いわば死は無に帰することではなく、運動と静止の関係が今までの関係と異なるということであり、一の他のものへの変化である。

ところがデカルトは前述のように、物質の部分が実在的に区別されると主張し、「一は他なしに存在しうるし、また相互に依存しない」[32]と言う。これはスピノザの見地から見れば、物質の非連続性を容認することであり、空虚の存在を可能ならしめることである。換言すれば、デカルトがいかに物質の無限分割を主張し、空虚の存在を否定しても、それが物質の非連続的分割に基づいている以上、空虚の否定は不可能である。このことは彼によれば、デカルトの延長、物体の世界が、非連続の連続であって、決して言葉の真の意味で連続体でなかったことを意味する。だがスピノザの場合、自然の中の諸事物の様態的な区別が問題となっている以上、自然は一種の連続体である。そしてブルーノにおいてエーテルの充満した空虚な空間があったと同じように、スピノザにも個体以前には単に運動と静止のみから成り立つ空間が存在する。個体以前ということが、物質が未だ個体=物体の形をなしていないという意味であれば、「物体のない延長」としての空虚な空間は、スピノザにも存在していたと言えるであろう。だがたとえ個体としての物体が存在していなくても、延長がある以上、スピノザにとっては空虚は存在しない。なぜなら、そのような空間こそ、彼の粒子論における最単純物体の活躍する場であり、また最単純物体そのものを意味するからである。このように見るならば、スピノザの空虚の否定は、物質の実在的分割を認めるデカルトの物質観に向けられたものであって、ブルーノの空虚に向けられたものではないと主張できるのである。[33] むしろブルーノとスピノザとの間にはエーテルと運動・静止があるだけで、空間の構造に関する原理上の相違はないと主張されるのである。だがブルーノには世界と宇宙の区別があるのに、スピノザにはそのような区別がないと反論されよう。しかしブルーノの「世界」にあたるものが、スピノザの場合最単純物体から組織された個体の総体としての世界である。とすればスピノザの世界、すなわち自然とは、この個体よりなる世界とブルーノのエーテルに対応する最単純物体の世界を含むものであって、ブルーノの宇宙の構造形式と何ら異なるところがない。あるいはスピノザの自然はブルーノの宇宙と酷似していると言える。このかぎりスピノザはブルーノの汎神論と宇宙論から影響を受けたと言えるかも知れない。だがブルーノはスピノザの汎神論の体系化、合理化に役立ったとしても、すでに述べたように、汎神論そのものをスピノザに伝え、彼の汎神論形成の直接の動機となったとは考えられないのである。なぜならスピノザとブルーノの間には、歴史的にも、また理論の上から見ても、デカルトが介在しているからである。

注

(1) Borkowski : Spinoza, I. S. 404.
(2) Bruno : Zwiegespräche v. unendlichen All u. den Welten, S. 55. 『無限、宇宙と諸世界について』(清水訳) 六十五頁。
(3) Korte Verhandling, I. Cap. 2. §19. Anmerkung.

（4）Principia Philosophiae Des Cartes, II. Def. 5.

（5）Ibid.

（6）Ibid. II. Prop. 5.

（7）Eth. I. Prop. 15. Schol.

（8）Borkowski : Spinoza, I. S. 361 ff.

（9）スピノザは『書簡集』六十四において「運動と静止」を延長の直接無限様態としている。

（10）Eth. II. Prop. 13, Schol. 以下。物体あるいは物質を運動と静止の関係として把握することは、『エチカ』のみならず、すでに『短論文』において現われている。Korte Verhandeling, II, Cap. 19.

（11）Ep. 12 et Principia Philosophiae Des Cartes, II. Prop. 10 & 11.

（12）スピノザは延長あるいは実体における全体と部分あるいは部分相互の関係を「理性の有」と見なしている。そして部分に分割することが、物と物とを実在的に区別し、相互に何の関係もないようにすることであれば、このような分割はスピノザの延長において考えられない。

（13）Ep. 12. et 35.

（14）Korte Verhandeling, I. Cap. 2. § 18.

（15）Ibid, § 19.

（16）Ibid. § 20.

（17）Borkowski : Spinoza, I. S. 357.

（18）Korte Verhandeling, I. Cap. 2. Aanmerkung. 7.

（19）Ibid.

（20）Eth. I. Prop. 15. Schol.

（21）Bruno : Zwiegespräche v. unendliche All u. den Welten, S. 77. 『無限、宇宙と諸世界について』（清水訳）八十八頁。

（22）Wolfson : The philosophy of Spinoza, I. p. 272 ff.

（23）Ep. 12. p 61～62.

（24）Ep. 12 et Eth. 1. Prop. 15. Schol.

(25) Ibid.

(26) Eth. 1. Prop. 15. Schol.

(27) Tractatus de Intellectus Emendatione. p. 38～39.

(28) Ibid. p. 39.

(29) Koyré : From the closed world. p. 37.
Borkowski : Spinoza, 1. p. 359 ff.

(30) つまり延長はそれを認識する仕方によって無限とも有限とも、また神的なものとも単に物質的なものとも理解されるのである。

(31) Eth. I. Prop. 15. Schol.

(32) Principia Philosophiae Des Cartes, II. Prop. 8. Schol.

(33) ブルーノの無限の宇宙は無限に多くの世界を含み、さらにその世界の外にエーテル界、いわば空虚な空間を含む。つまり「無限の宇宙は、エーテルの領域と諸世界とから合成された一つの連続体として一である」(ブルーノ、前掲書、一九八頁)。ブルーノは世界と宇宙とを区別する。彼はエピクロスやストア派のなした、この二つのものの区別を踏襲し、物体的なものを世界と見なし、また空虚を物体の存在しない空間と考える。これはユダヤ中世のクレスカスのとなえた、物体量と非物体量の区別に似ている。このようにブルーノは物体のない空間としての空虚を肯定するが、デカルトやスピノザはこのような空虚をまず否定した。特にスピノザに関して言えば、彼は『短論文』において「物体のない空虚は存在しない」(Korte Verhandeling, I. Cap. 2. §19. Aanmerkung.) と言って、空虚を否定する。これはデカルトのいう「物体的実体のない延長」(Principia Philosophiae Des Cartes, II. Def. 5.)「物体のない物体」(Ibid.) としての空虚の否定を意味する。換言すれば、スピノザは『短論文』の段階ではブルーノと全く反対の立場にあった。ところが『エチカ』では延長における諸物体の様態的区別を主張することによって、ブルーノのエーテル界にあたる「物体のない延長」を肯定しているのである。もちろんこの場合の「物体」とは最単純物体より成りたつ個体としての物体のことである。

7　自然の法

一　形而上学的自然の法則

スピノザはその自然研究によって、自然の中のあらゆるものが原因と結果の連鎖の中にあり、そこには目的概念などは考えられないということを明らかにした。精神的な事象を含めてあらゆるものは、必然的に、因果的に規定されている。彼はこの考えを個物のみならず、世界全体にまで拡張し、世界あるいは自然を機械論的因果を成立せしめる一つの機械のように考える。この見地から見るならば、個物は自然という機械の一部分にほかならなくなる。この点人間もまた例外ではない。だが先に述べたように、スピノザは個物を、物体を自然の部分と見なす考えはない。つまり部分と見なすことは、自然を実在的に分割することを意味し、自然の諸物を様態的に見るスピノザの立場からは明らかに排斥されねばならぬものであった。このことから、自然全体を機械論的因果の支配する一つの機械と見なすことは、彼の哲学の立場から見れば決して本来的なものではなかったと言える。なるほど自然研究なしには、自然の中に運動と静止のみがあり、それらの諸関係によって空間的な諸物が規定される延長の世界を確立することはできなかったであろう。だが自然の中の諸物を運動の諸関係として把握することは、それを全体と部分のカテゴリーのもとで、あるいは実在的に分割する見方ではない。彼によれば、自然をいわゆる全体と部分のカテゴリーのもとで把握することは、自然の中の諸物が個々別々に存在し、対立しあっていると考察することである。このかぎり自然の中の人間は、かえって自然と対立し、自然の外にあるかのように考えられる。人間は自分と対立する巨大な自然に征服され、それに隷属されるか、それとも逆に自然を征服するかの岐路に立たされる。いわば自然と人間との間に力の世界が出現し、自然との果てしない戦いのうちに人間は常に不自由なものとなる。なるほど自然研究は人間に有利なものをもたらした。しかしそれは自然のメカニズムを明らかにし、自然を人間のためにいかに役立てるかを問題とするにとどまり、メカニズムに対処した人間の倫理的な自由を問題にし得ない。この点スピノザは近代の自然研究を通じて人間の倫理を問題とする。倫理は彼において自然研究とは無関係ではない。むしろ彼自身の自然研究の上に倫理学が基礎づけられているのである。

ところがスピノザは同時代の自然研究の成果を受容しつつも、それとは異なる結論を打ち出した。これは彼のデカルトの自然学に対する態度から明瞭に看取されるところである。例えば前述のように運動と静止の関係として物体を把握すること自体、同時代の自然学者の一般的な考え方とは異なる。そしてこの「関係」の認識が彼において自然認識を意味し、またそれが哲学的な、ものの様態的な区別の仕方と一致する認識であるとすれば、彼の自然認識は自然の単なる因果関係の認識と異なり、常にその背後に彼自身の哲学を背景にした自然認識であったと言える。このことは、彼が自然研究によって神即自然の汎神論的世界観を打ち出したというより、その逆であったことを意味しよう。なるほど彼においても自然の法則の認識が問題となっている。しかしそれが意味するものは単に近代の科学的法則の認識ではない。彼の場合法則と言われるものは、物理的なものに関するかぎり、外的な、因果関係の機械論的な法則と永遠法則の二つが考えられる。前者は『エチカ』第一部の定理二十八や同じく第二部物体論の補助定理三に示されているように、ものの存在の法則、すなわちものの本質から区別された時間的存在の法則である。これは『知性改善論』において「可変的個物の連結」(series rerum singularium mutabilium) あるいは「存在の秩序」と言われるものであって、「ものの外的な特徴、関係あるいはせいぜい環境など、すべてのものの内的な本質と全くかけ離れた事柄以外の何もの」も示さないのである。(1) 科学的な法則がものの内的な本質を示さず、もの一般の普遍的な法則しか示さないとすれば、それはスピノザにとって機械論の外的因果の法則にほかならないのである。また彼において永遠の法則と言われるのは、ものの時間的な存在から区別された「ものの特殊的肯定的な本質 (essentia particularis affirmativa)」の法則である。(2) つまりこれは個々のものに内在し、そのものの具体的な本質を明らかにする。スピノザは以上二つの法則のうち、永遠法則の方を機械論的な法則よりも高く評価する。彼は科学的な認識よりも哲学的な認識によって明らかにされる法則を重んじているのである。

右のことから明らかなように、彼が自然において真の認識と言うのはものの本質の認識である。この認識は彼の場合ものを対象的に外面的に認識するものでなく(もしそうであるならそれはものを実在的に分割する認識となる)、対象認識の枠を超えた認識である。それは自然の中にあって自然との対立関係にあってものを認識するのではなく、ものそのものの中に没入し、ものと一つになること、換言すれば自然との合一の認識である。この意味で、単なる自然認識が彼の場合ものの外面的な因果法則の認識によってものの存在しか認識し得ないとすれば、それは彼にとって消極的な意味しかもち得ない。しかし彼はそのような自然認識の意義を全然認めなかったわけではない。むしろ彼の立場が自然をよりよく知ることによって自然との合一をより容易にすることにあれば、自然認識はそのための手段となるものであった。つまりそれは手段として真の認識に結びつく限りにおいて、その意義と価値を有するのである。そして真の認識に結びつかない自然認識はむしろ十全ならざる混乱した認識としての意義しかもち得ない。かくて彼にはいわゆる自然の認識と言われるものに二種ある。一つは前述のようにただ「存在の秩序」から、あるいは「可変的個物の連結」においてものを認識するものであり、ものの時間的存在の認識しかなし得ない。他は真の認識としての自然の合一の認識に役立つ自然の認識である。前者は想像力の認識であり、他は理性の認識である。——以上のことから、スピノザは近代の自然研究の成果を多分に自然世界の考察のために役立てたが、決してそれを目的としていたわけではない。むしろそれを基礎として自分の哲学を述べることが目的であった。彼はこの意味で自然の研究者であったというより自然の求道者であったと言える。彼は十七世紀の方法の世紀に生まれたものとして、ベーコンやデカルトと同じように方法論を書いた。しかし彼の方法論は前二者のように近代の自然認識に積極的に寄与した方法論でなかった。むしろそれは近代の機械論的自然に対処していかに人間が自然との合一を果たしうるかという、宗教的、倫理的な動機に基づく方法であるため、単に認識のための知性改善というより、むしろ倫理的な変革のための知性改善が主となったのである。

二　グロティウスとスピノザ

既述のようにスピノザは啓示宗教の倫理性を極めて高く評価した。だが彼は信仰を離れて理性の側に立つものとして啓示を受け入れることなしに、啓示の道徳と同じものを理性の上に基礎づけようとした。彼のこの試みは、まず命令としての律法、あるいは神の法に代わる自然法において示された。自然法については、スピノザとほぼ同時代のオランダ人グロティウス(一五八三―一六四五)がすでに近代自然法の基礎づけをなしている。しかしグロティウスは敬虔なキリスト教徒であったため、彼において自然法が神の権威から解放されているとはいえ、そこにはおのずと限界があった。彼は自然法の上位に神意法をおく。だがスピノザの哲学的立場には命令としての神意法は存在せず、ただ必然的な神的法則としての自然法則しかなかった。以下同時代のグロティウスやホッブスの自然法思想と対立させつつ、スピノザの自然法思想の特質を明らかにして行きたい。

グロティウス（一五八三―一六四五）がスエーデンのフランス駐在大使をやめて、オランダへの帰途ロストクで客死したとき、スピノザはまだ一三才であり、ユダヤ人学校の生徒であった。だがスピノザはグロティウスの友人でもあった彼の師、マナッセ・ベン・イスラエルからグロティウスについて聞く機会があったであろうし、(3) また彼の死後その蔵書目録の中にグロティウスの二著、すなわち De Satisfactione と De Imperio summarum protestatum があったことから、(4) グロティウスの学者としての名声については十分知っていたと考えられる。だがグロティウスの自然法が書かれている『戦争と平和の法』(De jure belli ac pacis, 1625) は彼の蔵書目録の中になかった。この点に関しポロックは、このことは必ずしもスピノザがその書物をもたなかった証拠にはならないし、またそれを知らなかった証拠にもならないと主張している。(5) スピノザが自著の中にグロティウスの名を挙げなかったとはいえ、彼がグロティウスの自然法理論を知らなかったという根拠にはならない。(6) なぜなら、スピノザがホッブスから政治論について多くの影響を受けたにもかかわらず、彼の『政治論』にホッブスの名を挙げず、僅かに『書簡集』第五十にその名を挙げているにすぎないからである。

グロティウスは法を自然法と「法規的な」法としての意志法に分け、さらに後者を神意法と人意法とに分けている。(7) そしてこの自然法、神意法、人意法の三つの法のうち、人意法が人間の本性に基づく自然法から導き出されるのは当然のこととして、神意法と自然法とはいかなる関係に立っているのか。グロティウスは神意法が「神の意志にその源泉を有する法」(8) であると主張する。このためこの法は絶対的であり、「我々の知性はそれに文句なしに従わねばならない」(9) のである。それはいわば背反し得ぬ法であり、自然法といえどもそれに従属しなければならない。つまり、「我々が語る自然法は人間の社会生活に関係するもの、ならびに広い意味においてそう呼ばれているものを含んでいるが、……それにもかかわらず当然神に帰せられうる。なぜならこのような原理が我々のうちに存在することを彼が望んだからである」。(10) この意味で自然法は神意法と同じく神の意志に源泉があることを認めなければならない。ただ神意法の場合には神の意志がそれに直接顕現されているが、自然法には神意法を介してそれが間接的に顕現されているという相違が両者の間には見られる。かくて右の三つの法には最上位に神意法があり、次いで自然法、人意法の順に一種の位階秩序が存していると言える。

スピノザもグロティウスと同じように法（Lex）を「自然の必然性に依存する法（則）」、つまり自然法（則）と「人間の意見（hominum placitum）に依存する法」、Lexよりはjusと呼ばれる、いわゆる意志法に分ける[11]。そしてグロティウスが意志法を神意法と人意法とに分けているとすれば、スピノザもそれを「神の法」（Lex divina）と「人間の法」（Lex humana）に分ける[12]。つまり法の分類の仕方においてグロティウスとスピノザは全く一致していた。ところがスピノザの場合、自然法と言っても、それは自然の法則であり、しかもその自然はものの本性（rei natura）を意味する。このため、それは「ものの本性あるいはその定義から必然的に生じてくる」法則となる。そして彼の形而上学においてものが神とその様態とにわかれているとすれば、当然この自然法則は神の本性を示す法則と様態、つまり個物の本性を示す法則とに分かれる。そして彼の神即自然の体系においては、前者は自然そのものの本性を示す法則として物理学的な運動の諸法則を含む普遍的な法則となる。また個物の自然法則の場合、その個物とは単に人間のみを指すのではなく、生物、無生物を問わず、いっさいの個物を指す。従ってこの法則は個物それ自体がもつ特有の法則である。しかもこれは個物を自然的存在として扱った法則である。スピノザは『短論文』においてこの二つの自然法則を一括して「神の法」と言い、「神が自然の中に課した規定、いっさいのものがそれによって発生し、それによって持続するゆえんの規定[13]」であって、いかなるものもそれに背反し得ない、必然の法則であると主張した。もちろん必然の法則と言っても、義務を伴うSollenの法ではなく、あくまでSeinの法となっている[14]。従って単に人間の本性から導き出され、法としての義務を伴うグロティウスの自然法は、このスピノザの自然法則においてはその占める位置をもたないと言える。また個物の本性の必然の法則と普遍的な自然法則との関係を見れば、前者は後者に従属し、それに反することはできない。むしろ普遍的な自然法則は個物において特殊化され、個物の本性の法則として現われると解されるため、両者は究極において一なるものと見なされる。

次に意志法に関して言えば、スピノザの体系からすれば、人間は自然の一部分として自然の法則に必然的に従属しなければならないため、意志法は当然自然法則に従属する。グロティウスの場合意志法としての神意法は自然法の上位にあった。だがスピノザの場合、神意法といえども、人間によってつくられた法である。このため彼は『短論文』において意志法のことを端的に「人間の法」と言っている。[15] そしてこの人間の法と自然の法則が矛盾したときは、自然の方が人間よりもはるかに強大であるため、人間の法は自然の法則によって廃棄されると言っている。ところが彼の場合個物の、あるいは人間のあらゆる行為は神によって決定されている。換言すれば、人間のあらゆる知的な、意志的な活動は彼によれば神的自然の法則によって決定されているのである。とすれば、意志法を自然の法則とは別に設ける必要はないのではないかという問題が生ずる。この点に関して彼はまず第一に次のように言う。「人間は自然の一部分であるかぎり、自然の力の一部分を構成する。従って、人間の本性の必然性から生ずる事柄、すなわち我々が人間の本性によって決定されると考えるかぎりの自然そのものから生ずる事柄は、必然的であるとはいえ、人間的な力によって生ずるのである」[16]と。（傍点―筆者）右の引用から明らかなように、意志法は彼において人間の本性に基づく法である。だがこの法が本性の必然性から生ずるといっても、自然法則とならないのは、この場合の「人間」が単なる自然的存在としての人間ではないからである。むしろ彼が意志法を定義して、「人間がある目的のために自分や他人に対して命令する生活法である」[17]と主張するように、一定の目的をもって生活を営む人間を指している。つまりこのような人間は自然の法則に支配されているばかりでなく、その目的とする生活のために人間自身による法（その人間が単独な人間であるかどうかは別として）をもたなければならないのである。さらに右のことと関連して、彼は意志法を設ける第二の理由として、いわゆる「運命や諸原因の連結に関する普遍的な考察」[18]が、個々の人間の特殊な実際生活に役立たないことを挙げる。換言すれば、個々の人間の生活は普遍的な自然法則によっては規定されないのである。また同じことだが、いかに我々が普遍的な自然法則を知ることができても、個々のものがいかに秩序づけられ、連結されるかについては全然知らないことから、「実際の生活のためには諸物を可能なものとして考察するのがより適切であり、否、むしろ必然的である(19)」と主張するのである。従ってこの法は自然法則のように不可変的、必然的なものでなく、可能的であり、またある何らかの目的のために立てられたものであるため、義務を伴った法であると言える。

前述のように『短論文』においては意志法はすべて人間の法であったにもかかわらず、『神学・政治論』の場合、それは「神の法」と「人間の法」に分けられている。そしてさらに前者は「自然的な神の法」(Lex divina naturalis) と啓示の神の法に分けられている。スピノザは自然的な神の法を「最高善、換言すれば、神の真の認識と愛のみを目標にした生活法である(20)」と主張する。ここでいう神の真の認識とは、すでに述べたように信仰を離れた理性の立場、すなわち、哲学における神の認識を意味するならば、この自然的な神の法は彼の哲学、倫理学の背景なしには考えられない。事実、彼の『神学・政治論』における自然的な神の法は、『エチカ』第五部の彼の倫理説と全く同じである。つまりこれは哲学における神の認識や神への愛をなすための生活法であり、しかも自分に対してのものであり、他人に対して規定する生活法ではない。換言すれば、これは神の命令 (jussa Dei) であったとしても、外からの他律的なものでない。それは我々のうちなる神、我々が神の観念をもつかぎり、あるいは神の認識をなすかぎりの神からの命令であって、あくまで内なる神の命令である。いわば我々が神を認識するかぎり、我々が必然的にいだかねばならぬ神の命令であって、認識する人間の側から見れば自律的なものである。スピノザはこの自然的な神の法が「普遍的な人間の本性」(universalis humana natura) から導き出されたものであるため(21)、普遍的であり、あらゆる人間にとって共通な法であると主張する。このかぎりこの法はウリエル・ダ・コスタやグロティウスの言う自然法と同じ意味をもっている。なぜなら両者は普遍的な人間の本性から導き出した法を自然法と言っているからである。だがグロティウスの場合、この自然法の上に神意法がおかれたが、ダ・コスタは神意法を認めていない。否、ダ・コスタによれば、自然法はモーゼの律法や他の法が善に関してもっているものを完全な形でもっているのである。[22] とすればこのダ・コスタの自然法はスピノザの自然的な神の法に近いと言える。またスピノザは『短論文』においてこの法が神と人間の共通性から生ずると言い、「人間は絶え間なく常に必然的に神と合一しなければならないから、彼はこのような法則を常に眼前にし、また眼前にしなければならない」と主張する。[23] 従って神の認識に達した人にはこの法則に反する行為を必然的になし得ないのである。

右のように自然的な神の法は、哲学者が自分に対して規定した生活法であったとすれば、啓示の神の法はグロティウスの神意法にあたり、これはスピノザによれば立法者が他の人々に対して神への服従を目的にして規定した生活法、つまり律法であった。従ってこれは義務を伴い、「服従すれば報賞する(背反すれば処罰する)」法として、自然法則のように必然的に背反し得ぬ法ではない。むしろそれは彼の『短論文』によればあくまで「人間の法」としての背反しうる法であった。[24] ところが同じ宗教の法でも、キリストの場合には、神の啓示を真に把握しているため、神の法は命令としての法ではなく、むしろ永遠の真理であったと主張する。このことは既述のように預言者とイエスの認識能力が全く異なるため、同じものが一方では命令としての律法となり、他方では永遠の真理となったことを意味する。つまりキリストは、スピノザによれば人々を法へと隷属させたのではなく、むしろそれから解放し、そのためにかえって「法を確立し強化し、これを彼らの心の内面に深く書き込んだのである」。[25] かくてキリストによる神の法は、永遠の真理としてスピノザの自然的な神の法と同じものであったと言える。

スピノザの哲学的な立場からすれば、神の知性と意志とは本来同一のものであって、両者は単に理性的にしか区別されない。例えば、三角形の本質が神の本性の中に永遠の真理として含まれていると言われるとき、それはスピノザによれば神が三角形の本質を認識したことを意味するばかりでなく、それが神の決定、意志であったことを意味する。

かくて「神が永遠の昔から三角形の内角の和の二直角に等しいことを決定したとか、意欲したとか、或いは神がこのことを認識したと我々が言う時、神に関して我々は同じ事を肯定しているのである。この帰結として、神の肯定と否定は常に永遠の必然性あるいは真理を含んでいる事になる[26]」と。右の事から明らかなように、神の意志に基づく法は、彼によれば本来我々が知性によって把握する神の法と矛盾してはならない。当然この事から「聖書が自然的光明と自然的な神の法についてどのように教えているか」が問題となる。この点、我々は聖書の道徳説が預言者の不完全な認識によるにもかかわらず、合理的に受け入れる事ができるというスピノザの説を想起しなければならない。聖書の道徳説はその内容において自然的理性の道徳説と一致しているとすれば、問題はそれを獲得する手段において聖書は人間に知性の活用を拒否したかどうかであろう。この事についてスピノザは聖書が知性の活用を極力勧めていたと主張する[27]。例えば、最初の人間、アダムの物語において、神はアダムに対して「善を禍いへの恐れからでなく、善への愛の故に求めるように命じた[28]」と主張する。つまりこの神の命令は彼によれば永遠の真理であり、「自然的な神の法全体を総括する」ものであった。ところがアダムはその認識力の不定の故に、神を単に立法者として考えた。このため彼はそれを永遠の真理と把握し得なかったのである。さらにスピノザはソロモンの言葉を引用しつつ、知性によってのみ神を真に崇敬できること、そしてその知識は「神の口から流れでること」をソロモンが主張していたと言う[29]。また彼はパウロの言葉(ロマ書一章二十節)、「神の隠れた性質と神の永遠の力と神性とは、世界の始めからその被造物において知性を通して知られているから、弁解の余地はない」(occulta Dei, a fundamentis mundi, in creaturis suis per intellectum conspiciuntur, & virtus & divinitas ejus, quae est in aeternum, adeo ut sint sine effugio.)という言葉から、知性によって人間は神を知り、そして「何を求め、何を避けねばならないか」を認識できると主張する。以上のような理由からスピノザは「聖書が自然的光明と自然的な神の法を絶対的にすすめている[30]」と主張する。神への服従を教える聖書がこのように自然的光明に基づく自然的な神の法をすすめることは、後者が聖書の神の法を完全な形でもっていることを意味しよう。このかぎりにおいて、スピノザの自然的な神の法はウリエル・ダ・コスタの自然法と同じ意味をもっていると言える。かくて理性の立場で神の真の認識をなしうるものには、啓示の神の法は必要でない、むしろその人は必然的に自然的な神の法と一致しているのである。そして彼が「自然的知識は、我々がものの認識を獲得し、知性の優越性を楽しんだのち、倫理学と真の徳を教える」[31]と言うなら、彼が自然的認識によって得た自然的な神の法は、純粋に倫理的なものであり、義務を伴い、その服従か否かによって賞罰が問題となる律法としての神の法と異なる。――スピノザの法（則）の分類によれば、意志法に属する自然的な神の法は普遍的な人間の本性から導き出されたものとすれば、それは自然の名に価するものであろう。だがこれは彼の場合自然の必然性に依存する、いわゆる自然法則やまた彼が狭い意味で用いた自然法（権）といかなる関係に立つかが問題となろう。

三　欲望としての自然の法

グロティウスは、自然法を神の権威から解放し、それを「正しい理性の命令」として考えたため、近代自然法の父と言われている。しかしこの権威からの解放が果たして真の解放を意味し、自然法の独立性を招来したかについては疑問がある。なるほど彼は「神が存在しないとか、あるいは人間的な事柄が神に無関係であるということは、極悪の罪に陥ることなしには、これを認めることができないが、かりにこれを認めたとしても、我々が前に述べたことはある程度の効力をもつであろう[32]」と言っている。これを文字通りに解釈すれば、我々はグロティウスのうちに許し難き瀆神を見ることができよう。同時にまた、これは自然法が神意法から全く独立しているかのような印象を与える。自然法は彼によれば人間の本性に一致するものを命令し、これに反することを禁ずる。ところが神意法は人間にとって義務的なこと、許されないことを命令したり、禁じたりしないで、「禁ずることによって許されないものとなし、また命令することによって義務的なものとなす[33]」のである。しかも彼において神意法が自然法の源泉である以上、この神意法の禁止と命令は当然自然法の基礎になければならない。それ故、グロティウスがたとえ「自然法は神もこれを変えることができないほど不変のものである。神の力は測り知れないものがあるとはいえ、その力の及ばぬものがあると言うことができる[34]」と言ったとしても、それは自然法が神意法の外にあって、神によって全然基礎づけられないという意味ではない。むしろこれはカッシラーの言うように、近代自然法のプラトニズムを強く打ち出したものと言えよう。[35]つまり、プラトンのデミウルゴスがイデアの創造者ではなく、ただ永遠にして不変な本質としてのイデアに従って現実世界を形成したと同じ理由で、グロティウスは自然法を人間の本性の上に基礎づけたと言える。またこのことをスピノザの言葉を借りて表現するならば、聖書は一般的な原則のみを教え、特殊な事柄は人間の理性的判断にまかせていると言える。[36]かくてグロティウスの場合自然法が神の権威から独立していると言っても、それは条件づきの独立であり解放であったと言うことができる。むしろ完全な独立が果たされるためには、啓示の律法を認めないか、それとも律法以前にさかのぼって人間の本性を規定するかのどちらかであろう。

グロティウスは自然法を人間の本性に基づく法と考えた。だが彼は人間の本性をどのように考えたのであろうか。彼はこれを「社会的欲望」と考える。[37]この「社会的」である点、欲望は単なる個人的な、また不合理な欲望ではなく、むしろすぐれて理性的な欲望であると言える。そして自然法の適用される社会を「平和な、知性の様態に従って同種の人間とともに組織する社会[38]」、あるいは「人間の知性と一致する社会的秩序[39]」と考える。これはスピノザによれば明らかに理性的な国家、社会を意味している。つまりグロティウスは律法以後の、理性的国家における人間をモデルとして、自然法を考えているのである。この点、スピノザは後述のように、狭義の、つまり普遍的な自然法則から区別された人間の自然法を考える場合、ホッブスと同じようにまず人間の自然状態を考える。換言すれば、彼はまず端的に自然的存在としての人間を考える。すなわち、彼によれば人間はア・プリオリに国民として生まれるのではなく、生まれてのち始めて国民となるのである。グロティウスは国家をア・プリオリなものと考え、スピノザはア・ポステリオリなものと考える。彼にとって人間の自然状態から出発することは、国家状態を形成する以前の人間、つまりそれ自体において見られた人間が、個人として何をなしうるかを洞察することでもあった。このように考えるならば、グロティウスの自然法は社会的な法であったに反し、スピノザのそれは社会も国家もない、孤独な人間の法であったと言える。

グロティウスは、ローマの法学者のいう「動物と人間に共通な不変の法」としての自然法と区別して、人間に固有な法を考えることは意味がないと考える[40]。しかしスピノザは普遍的な自然法則と区別して、人間固有の自然法（則）を考える。これは、彼が人間や動物その他のいっさいの有限物を含めて神の様態と見なしながら、それらが自然において同等の権利をもつとは主張せず、むしろそれぞれの存在者がもつ能力を考え、その能力の別によって存在者のいわば位階的秩序を考えていることから明らかである[41]。つまり「人間は、動物が人間に対してもっている権利よりもはるかに大きな権利を動物に対してもっている[42]」とか、「動物の感情は人間の感情と本性上異なる」というのは、その端的な証左と言えよう。すなわち、普遍的な自然法則は個物のそれぞれの本性に応じて特殊化され、その本性が異なれば当然その権利や能力も異なるのである。かくてスピノザにおいても―狭義ではあるが―人間に固有な自然法則が考えられているのである。

一般に彼が個物の自然法則、あるいは個物の本性を示す法則というのは、自分の存在に固執するコナッス、力である[43]（これはその本性の必然性に基づく存在の力を意味する）。物理学的に言えば、それは運動の法則としての慣性の法則である。あらゆるものはこのような法則を自己の本質としてもっている。これを人間に求めれば、それはスピノザによれば「欲望」であった[44]。彼は『エチカ』において自分の存在に固執するコナッスが精神にだけ関係するとき、それを意志と呼び、精神と身体に関係するとき衝動と呼ぶ。そしてその衝動に意識を伴ったものが欲望であり、これは人間にのみ固有なものであった。しかもこの欲望はグロティウスのように社交的な、理性的な欲望ではなく、むしろ原始的な欲望である。かくて人間の本質的な規定は、スピノザによれば従来の合理主義者たちの考えるように理性的な存在ではなく、欲望の存在であると言える。つまり人間は生まれながらにして理性的であるのではない。むしろ「反対にすべての人間は万事に対して無知の状態で生まれるのであり、彼らが真の生活仕方を知り、有徳の状態をうるまでには、たとえ彼らが適切に教育された場合でも生涯の大部分が経過するのである」[45]。理性はスピノザにとって天賦のもの、あるいはア・プリオリなものではなく、発生的には欲望ののちにあり、努力によって得られる後天的なものである。この点が、神から直接与えられた、生得的な理性の存在を考える、いわゆる合理主義者たちの理性と異なる点である[46]。

また合理主義者は理性が欲望を抑制する絶対的な力をもつと主張するが、スピノザはこれを否定する。理性はある程度感情を制御し、調整しうるだけにすぎない。それは人間の根源にあるものを全く否定することはできない。なるほど人間は理性によって導かれることを最善と考える。だがそうは思いながらも、人間は悪と見なされる欲望にひきずられる。これは人間を動かす力が理性のうちになく、むしろ欲望のうちにあることを意味しよう。かくて欲望は発生的にも理性に先立つが、個々の力においても理性よりも強力である。この結果、スピノザは欲望を賢愚を問わず人間が本来的に有する最も原初的なそして最も根本的な力と見なし、人間が理性の諸法則よりも欲望の法則によって支配されると主張するに至ったのである。このように人間において欲望をア・プリオリなものとし、理性をア・ポステリオリなものとすれば、理性の発生的な基盤は欲望であると言えよう。換言すれば、理性はいわゆる合理主義者の主張するように欲望と対立するものではない。欲望も理性も彼の場合同じ精神の領域内における自然の産物である。そして自然の中で、否、人間の自然の中で最も自然的なものが欲望であって、ストア主義者の主張するような反自然的、反理性的なものではない。むしろストア主義者の理性こそスピノザにとっては反自然的であり、それは自然としての欲望から無限に凌駕されるものであった。

右のことから明らかなように、スピノザは自然をいわば一つの境界線とし、その外にあるか、またその中にあるかによって理性の無力あるいは強さを問題とする。自然の外にある理性とは、ストア主義者の理性のように自然としての欲望に対立し、それを抑制しようとする理性である。だがこのような理性は前述のように欲望を抑圧し得ず、逆に欲望に打ち負かされてしまう。従って自然あるいは欲望に対立する理性は常に無力である。これに反して、自然の中にある理性とは欲望のうちにあって欲望と一致する理性である。ここに自然の外に、あるいは中にという言葉の意義を彼の体系から問題としよう。もともとスピノザの汎神論によれば存在するものはすべて自然の中にある。この自然の外には何ものも存在し得ない。それにもかかわらず「外に」、「中に」が考えられるのは、彼の全体と部分の考え方あるいはものの実在的ならびに様態的区別の考え方によるのである。実在的ならびに様態的区別についてはすでに述べたので、ここでは全体と部分についての関係を今の問題と関連させて簡単に述べておこう。(47) 彼の本来的な立場からすれば、全体は部分の機械的な和ではない。もしそうであるなら、部分相互は一致せず、全体と調和しない、いわば諸部分は全体の中で実在的に区別される。換言すれば、部分は一が他なしに理解されるように全体の中にある。このため部分は全体の部分というより、全体の中の全体、いわば国家の中の国家である。このことは、部分としての事物が自然の中にありながら自然と対立し、自然から離れ、自然の外にあることを意味する。欲望を抑制するストアの理性はスピノザにとってはこのような性格をもった理性であった。これに反して自然の中にあるということは、事物が自然という全体の部分となり、他の諸部分と一致し、全体と調和することである。全体はここでは部分の機械的な和ではなく、部分の有機的結合において成立する。このように考えれば、自然の中の理性とはこの全体としての自然に一致する理性である。狭義に自然を欲望と見なしても、理性は欲望と対立的にあるのではなく、むしろ欲望との一致において成立するのである。あるいは欲望が理性に先立っているとすれば、自然全体と一致する欲望から理性が生じてくると見なければならない。

右のことから明らかなように、ものをすべて全体としての自然の中において見ようとするスピノザにとって、欲望と理性の区別はア・プリオリなものではない。むしろ両者の区別は単なる人間理性の立場から考え出されたもので、いわば理性の有と見なされよう。つまりそれはそのものとしての自然から考え出されたものではない。欲望とは単なる衝動ではなく、それ自体に意識を伴ったものである以上、欲望と観念との明確なる区別はなされない。従って欲望と理性とは絶対に相容れないもの、あるいは明白に一線を劃しうるものではない。スピノザによれば欲望も知性によって十全に認識される明晰・判明な原因から生じてくるならば、それは能動的なもの、すなわち理性的なものとなる。もちろんここで明晰・判明というのは、単なる人間理性の立場からではない。むしろ自然全体、否、神の無限知性と結びついた理性の立場からそう言われる。換言すれば、無限知性から見れば、あるいは神の立場から見れば、自然の産物としての感情や欲望は理性的な存在と見なされる。このような見方は、ものを自然必然的なものとして、ものを自然そのものから、自然の光に照らして見ることを意味する。以上のようにスピノザは、ギリシア以来西欧の哲学の伝統となっていた理性と欲望の二元論を一元化し、両者を自然の産物として取扱った。そしてその自然を人間にとって最も原初的な、また最も基本的な自己の存在の維持、あるいは自己保存の欲望において、またそれから見ようとする。当然ここに彼の合理主義がいかなるものであったかが問題となろう。

スピノザは知識を信仰から全く分離された理性の領域内にのみかぎり、また近代の数学的自然科学の影響を「幾何学的方法」において如実に示した点、確かに十七世紀の代表的な合理主義者であった。だが前述のように欲望を最も自然的なものと見なし、それを理性の基盤においたスピノザにとって、彼の合理主義を右のように解することは一面的である。すなわち、彼の体系の単に論理・数学的な面だけをとらえても、彼の哲学の一面だけを明らかにするだけで、その全体を明らかにするものではない。確かに彼の体系には存在と当為、現実と理想の二面性、両極性が表出されている。だが彼はこの和解し得ない両極の上に立って思索を進めた哲学者ではない。彼自身にはこのような分裂はなかった。彼の哲学的な基盤としての「自然」は、単に数学的な必然性によって規定されるものではない。一般に反自然的あるいは非合理なものと見なされるものですら、自然の所与としてある以上、そのものとしてはあくまで何らかの必然的な法則によって生じてきたと考えられているのである。ただその原因が未だ人間知性によって解明されないため、反自然的あるいは非合理的なものと見なされているにすぎない。彼の自然は信仰の超自然に対立するものであっても、決して日常的自然や数学的自然科学の自然と対立するものではない。むしろそれらを包括したものである。彼はこの包括的な全体としての自然の中で思索を展開したのであり、たとえその結果が理想と現実の二面を強く表出したとしてもそれは彼自身が本来意図したものではない。彼はあくまでものごとを発生的に見て現実の存在において何が最も基本的であり、共通なものであるかを見出すのであって、対立する二つのものをア・プリオリに設定して、一から他へ進むのではない。むしろ対立する二つを止揚し、根源に立ち返って考察を進めるのである。これがものごとを発生的に見る彼の方法に示されているのである。

四　自然権

上述のようにスピノザは人間の本性に基づく自然法をコナツス、すなわち欲望の法則と見なした。この自然法は彼によれば自然権でもあった。ここに彼が自然法と自然権とを混同したという非難がある。両者の、いわば Lex と Jus との区別はすでにホッブスのなしたところである。(48) ホッブスの政治論から多くの影響を受けたスピノザは、このホッブスの区別を充分知っていたと思われる。だがそれにもかかわらず彼がホッブスのなした区別を無視して自然法即自然権と解した理由はどこにあるのか。それは彼の場合自然権がおのおの個物の本性から必然的に生じてくる法則、あるいは個物の必然の法則と考えられているからである。従って自然権をもつものは単に人間のみでなく、人間を含めたいっさいの個物である。この点で確かにスピノザは自然権と自然法とを混同していたと言える。否、法と権利とは全く同じ意味に用いられているのである。つまりスピノザはホッブスの主張するように「……する自由」、すなわち「各人が自分自身の本性、すなわち生命を維持するために、彼自身の欲するままに自分自身の力を用いる……自由」[49]を自然権とは解していないのである。このホッブスの自然権の定義は、スピノザの見地に立てばむしろ自然権（法）の特質を示すものであって、決して自然権の本質を示すものではない。つまりそれは自然権から必然的に導き出されるものであり、自然権そのものではない。スピノザの立場はホッブスが自然権として理解したものの根拠を問題とする。またホッブスが自然権と区別して自然法を理性的な、義務を伴った道徳律と考えるならば、後述のようにスピノザには義務を伴った自然法はない。ホッブスの考えるような義務を伴う自然法は、スピノザの場合実定法としての市民法において考えられるにすぎない。

今述べたようにスピノザは自然権を考えるとき、まず国家やその法律に拘束されない単なる一私人の自然権を考えた。つまりホッブスと同じく自然状態にある人間の自然権を考えている。しかもコナッスとしての自然権は一面において力と見なされているから、各自は自然状態にあるとき、力の法則に従って自分のなしうるいっさいのことをなしうると同時に、その本性において強力なものは当然弱小なものを自己の犠牲に供することができる。かくてこの世界には力の法則が支配し、いわば弱肉強食がこの世界の自然の理法となる。[50]従って、ホッブスの自然状態において、「人間は人間にとって狼である」とか「万人の万人に対する戦い」が現出したとすれば、スピノザにおいても同様に「人間は本性上敵」なのである。[51]かくて各人は他人の圧力を防いだり排除したりする間は自分の自然権をもっていると言われても、絶え間ない争いが渦まくこの自然状態においては、自分の自然権をどこまでも主張することはできない。つまり平和や安全の確保されない自然状態においては、自然権は現実には存在せず、むしろ空想においてしか存在しない。すなわち、各自の自然権は無に等しく、すべての人間は自己の権利のもとにあるというよりは、他人の権利のもとで生活しなければならない。かくて自然権に従って生きることが最も自然的であると見なされながら、自然状態のもとではそれが不可能となる。人間各自がもつ自己の自然権のほかに、自然全体をつらぬく強力な力の法則が支配し、すべてのものは人間を含めてこの法則に従わねばならない。この法則は彼の自然学あるいは形而上学では機械論的な因果法則として取り扱われている。とすれば彼は、自然のままに生きることが、かえって生の否定、死を招くと認めていたと見なければならない。つまり彼は一面において自然には機械論的な法則が支配していることを認めながら、人間の生活を考える場合むしろ機械論的な自然状態を排し、むしろそれを超克する道を哲学や倫理学において考えねばならなかったのである。

右のように、スピノザは一方において機械論的な自然法則を認めながら、他方においてそれの超克を考える。この二つの一つだけを肯定することは、彼の場合不可能である。機械論的な自然法則のみを肯定するならば、自然のいっさいのものはその法則にまき込まれ、一瞬たりとも平静なことはなく、常に他の原因によって変化し、その本質を喪失するにいたる。またその法則の超克だけをスピノザにとって本来的なものと見なすならば、機械論的な自然法則は彼の体系から否定される。換言すれば、自然全体を個体の有機的な結合として見る立場を知性の立場とするスピノザにとっては、ものごとを機械論的に見る立場はむしろ想像力（imaginatio、非十全な認識）の立場として、彼の哲学においてそれが占める真の位置をもたない。だが彼自身はこの二つを矛盾するとは考えない。両者は互いに別のものでありながら、自然の中で作用し合う。すなわち、自然全体は有機的な結合をした一つの個体でありながら、その諸部分の運動あるいは存在の仕方は機械論的な原理に従う。否、自然全体のみでなく、個体としての自然の諸部分もそれ自体有機的個体でありながら、その運動は機械論的な法則に従っているのである。換言すれば、ものそのものの構造は有機的なものでありながら、その運動は機械論的である。このことはスピノザにおいて次のことを意味した。すなわち、ものは個体あるいは有機体として存在する以上、たとえいかにその存在の仕方が機械論的な運動の諸法則によって変化したとしても、その本質まで変化することはない。後述のように、彼はものの存在を有限なものと見なしながら、その本質を永遠と見なす。従って諸物体の運動のみならず、その有機的な構造そのものをも機械論的に見ることはできない。むしろその機械論的な運動とは別に、彼はものの有機的構造そしてそれに基づいた、ものそれ自身の活動力、つまりその本質を見ようとする。しかも彼はそれを転変きわまりない運動のさなかにおいて見ようとする。しかしそれは動の中に静を見るのとは異なる。むしろ動の中でものがいかにその本質あるいは自己実現をなしうるかを見るのである。――このような考え方が彼の自然法（権）思想のうちに見られる。つまり自然の機械論的法則に従いつつ、あるいは力の法則に従いつつ、人間がいかに自己の本質＝自然権を発揮しうるかである。かくてもし彼において機械論的な法則の超克が問題となるとき、それはその法則の端的な否定でないことは、右のことから明らかであろう。

自然を端的に機械論的に見る立場は、前述のように、人間を常に自然状態にあるものとして見る。自然状態にある人間は、単に力の関係のみでなく、全体と部分との関係から見ても、その自然権を無に帰してしまう。なぜならこの場合自然における全体と部分の関係は機械論的にしか考えられないからである。つまり全体としての自然は部分の機械的な和にすぎない。部分相互に何の連関もなく、部分は相互に独立しているため、部分としての人間は他の人間との対立、抗争のさなかに投げ出される。この結果、人間は自然の中にありながら自然の部分であり得ず、むしろ自然の外にあるものと見なされる。このようなことが、自然状態の中で欲望のままに生きる人間に現出する。スピノザの形而上学において個物は全体としての神の中に含まれているため、個体としての個物の観念が形成されていないという批判がある。この批判は確かに右の自然状態の個物に妥当することであって、全体と調和し、部分相互と一致する全体の部分としての個物には妥当しない。換言すれば、自然の中にある個物は全体と連関することによって自己の存在を今まで以上に肯定しうるのである。自然の中にあるから個体性を喪失するのではなく、むしろかえってその個体性を高める。このように考えれば右のスピノザに対する批判は一面的であり、彼の全体と部分の教説を無視した謬説であると言える。

スピノザの場合人間の欲望の法則は外面的にはいわば物理的な力の法則であるが、それ自身においてはあくまで自分にとって有利なものを求める欲望の法則である。ここに「利益なくして法は存在せず[52]」というグロティウスの言葉が思い出される。自然状態のもとでは、利益を求めるためには、いかなる手段を用いてもよい。ここには人と人との力関係があっても、国家や社会秩序はない。従って正、不正の観念はこの自然状態には成立しない。罪となるのは他人に対してではなく、自分に対してであり、それは自然権に従ってなすべきことをなさざる罪である。従って契約を結んでも、もしそれが自分に不利益をもたらすならば、自然権によってそれを破棄することが許される。「どんな契約も利益を考慮してのみ力をもちうるのであり、利益が失われるならば、契約も同時に無効となり効果のないものとなる[53]」。自然状態における自然権のこのような行使が著しく反道徳的であることは論をまたない。そしてこれが啓示の神の法に反するのではないかという非難が当然起きてくる。スピノザはこの問題を無視し得ず、『神学・政治論』においてそれに答えている。つまり人間の「自然状態は本性上並びに時間的に見て宗教に先立つのである[54]」と。そして彼によれば我々が宗教に拘束されるのは、啓示によってのみ人間が神と契約を結ぶからであり、理性の認識からではない。それ故律法以前には、あるいは啓示を認めない人たちには、宗教は何の拘束力ももたないのである。「もし人間が生まれつき神の法に拘束されているとしたら、あるいは神の法が自然の法であるとしたら、神が人間と契約を結び、人間を約束と誓約によって義務づけることは余計なことであった[55]」。かくて神なき自然状態は宗教とは無縁であり、またそれ故に彼の自然法が啓示宗教から全く独立したものであることが再確認される。

人間の自然状態は、上述のようにスピノザにおいてもホッブスと同じように「人間は本性上敵」であることを現出させる。常にここでは恐怖にさらされ、人間は利益を求むべく、かえって悲惨な生活をおくらねばならない。ここに恐怖を避け、利益を同じくする人間の集団が考えられてくる。つまり自然状態における単独の個人の自然権より、複数の人間の自然権によって営まれる社会が問題となる。スピノザにおいて注目すべきことは、社会が決して理性のみによって形成されないということであった。「野蛮人であると文明人であるとを問わず、すべての人間は至るところ相互に結合し、何らかの国家状態を形成しているのである」(56)。この国家状態を形成する直接の機縁となるものは何か。それは自然状態において生じた共同の恐怖である。彼によれば人間は理性よりも欲望によって導かれるため、「民衆が一致してあたかも一つの精神によって導かれようとするのは、理性の導きによるのではなく、おのずから何らかの共同の感情によるのである」と主張される(57)。利益を目指す人間が共同の恐怖をのぞき、より大きな利益を求めるために国家が要求されるのである。このことは、スピノザが国家や社会をホッブスのように人工物として取り扱わず、自然物として取り扱ったことを意味する。もちろん国家状態が形成されたならば、当然各自のもつ自然権は国家に譲渡されなければならない。だがこの譲渡はホッブスのように自然権を全く国家に譲渡することではない。あるいは自然権を放棄して、自然権をもつものは一人国家のみであるとするのではない。スピノザは「私とホッブスとの間の相違は、……私が自然権を常にそのまま保持させています」(58)と主張する。つまりホッブスのように共同の意志によって各人の自然権を抑制するのではない。むしろ「もし二人の人間が同時に一致して力を合わせるならば、二人はともに単独である場合よりも一層多くのことをなしうる……」(59)というように、自然権を譲渡することによって人間は不自由になるのではなく、むしろ自然状態における以上にその自然権を享受しうるのである。換言すれば、自然権は利益を前提するものであるから、その自然権の譲渡は当然今まで以上の利益を約束するものでなければならない。かくて国家はスピノザの場合自然権の機械的な和ではなくなり、その有機的な結合によって個人の力を無限に倍加させる可能性をもっているのである。

国家状態が形成されるにつれて、人間は単なる個人としてあるより、「社会的」な人間となる。そして個人の単なここで、グロティウスの自然法が考えられるのはこの時点においてであろう。同時にまた共同の権利によってその社会を維持しようとする国家そのものの自然権が問題となる。当然ここに共同の権利によって法、市民法が制定され、自然状態にはなかった正、不正が問題となる。スピノザは国家の目的が平和と安全であると言う。しかし単に戦争のない国家が平和な国家ではない。なるほど理性は平和を求める。だが単なる平和の維持なら理性がなくても守られる。つまり国民がその恐怖によって武器もとり得ないほど、国家権力の強大な国家も、また民衆が無気力に、不条理に主権者に隷属を余儀なくされた国家も確かに戦争のない平和を味あう。しかしスピノザにとってそのような国家は「国家というより荒野」[61]にすぎない。かくて国家は単に平和を目的とするだけでは充分でない。真の平和は民衆が理性によって自由に結合しうる国家においてのみ可能である。スピノザの国家理性は平和よりも自由を求める。かくて彼の場合理性によって導かれ、基礎づけられた国家は、最も強力な、自由な、平和国家となるのである。

スピノザの『政治論』は理性国家を最善の国家とする。これはプラトンもまたホッブスも目指したところである。だがスピノザ独自の理性概念は、他の哲学者たちとは異なった理性国家を成立せしめることとなった。自然の中で、否、国家の中で各個人が一致するということは、彼にとって全体と部分が有機的に結合することであり、しかもこの一致は彼によれば理性によってのみ可能なことであった。理性は彼の認識論の場合自他に共通なものを認識することを意味した。これが『政治論』では自他に共通な利益の追求となる。たとえ国家状態の形成が共同の恐怖という感情的な、消極的なものを契機とするとはいえ、人間の理性はこの恐怖の止揚から単なる党派的な利益ではなく、一般の民衆に共通な積極的な利益を招来できるのである。もしスピノザにおいて国家論の出発点と帰着点の間に対立、矛盾、あるいは断層があると非難されるならば、我々はこのスピノザの理性によってこのような矛盾、対立は克服しうると答えよう。なぜなら理性は彼において自然と対立するものでなく、むしろ既述のように自然に根差し、欲望の後から生じ、欲望と同じく利益を求める人間の普遍的な法によって基礎づけられるからである。

このような理性によって築かれた国家をスピノザは民主国家と呼ぶならば、民主主義は彼にとって「最も自然的であり、また自然が各人に許す自由に最も近接している」[62]のである。換言すれば、民主主義は理性的な基盤に立つかぎり自然の必然とも言うべきものであった。かくて各人の自然権は自然状態のもとでは自然の法則に従属したが、国家状態において、特に民主国家においては、それは理性的な自然の法となった。しかし理性的な自然法であるとはいえ、それはホッブスやグロティウスの自然法のように義務を伴うものではない。もちろんスピノザの国家においても、各人の自然権は国家に譲渡されるため、自然法は、彼においても義務を伴うのではないかという疑問がでてくる。しかし国家において義務を伴う法は彼の場合あくまで国法であって、自然法ではない。国家における自然法とは、なるほど人類にとって普遍的な法であっても、それはいわゆる自然の法則ではなく、むしろすでに述べた哲学的な神の法のように本質的に倫理的な法則である。否、哲学的な神の法とこの倫理的な法則とは同一のものであった。かくて倫理は彼の場合力の争い合う自然状態には成立せず、国家あるいは社会において成立する。ここに国法と倫理的な自然法との関係が問題となる。彼の見地にたてば共同の恐怖によって国家が形成される場合、また独裁国家にその例が見られるように、国法は必ずしも倫理的な自然法の上に基礎づけられない。だが彼自身の理性的な国家についてなら別である。彼が理性的な国家の法の基礎として倫理的な自然法を考えていたことは、前述のことから明らかである。

五　自然的な神の法

すでに述べたように、宗教の普遍的な法は道徳的であるかぎり、スピノザのいう「自然的な神の法」と一致する。換言すれば、宗教の法はその在り方次第によっては自然的な神の法となりうる。スピノザはこの自然的な神の法の特徴として次の四つを挙げる（T. T. P. Cap. 4. p. 62.）。一、この法は普遍的であること、二、この法は聖書の物語（historiae）を信ずることを要求しないこと、三、この法は宗教的な儀式を要求しない、四、神の法の最高の報酬は法自身にあることを挙げる。第一のことに関して言えば、この法が普遍的であるのは、それが普遍的な人間の本性から導き出され、全人類にとって共通だからである。この普遍的な人間の本性とは何か。スピノザは『神学・政治論』の第十六章においても、『エチカ』においても人間の本質を欲望であると主張した。このかぎり普遍的な人間の本性に基づく法とは彼が『神学・政治論』や『政治論』において述べた自然権となろう。この自然権のままに人間が行動する状態は自然状態であり、それはホッブスが『リヴァイアサン』において説く自然状態と変わらず、各人は自分の欲望のままに行動して何ら差支えない。そこには善も悪も、正も不正もなく、ただ欲望の法則のみが支配する。このような自然権は倫理的な「自然的な神の法」とはなり得ない。スピノザは『政治論』において人間が自然状態を脱するためには国家状態を形成し、各人がその自然権によってでなく、理性的な諸法則の支配下になければならないと主張する。だが国家における理性的な法は各人の恣意的な欲望をおさえ、国家を平和に維持するための法であり、人間の欲望に基づく外的な行動を規制するが、人間の内面まで規制しない。そこではカントのいう適法性が問題となっても、法への尊敬に基づく倫理的な行為は問題とならない。このことから、自然的な神の法は自然権や単なる国法と区別されたものでなければならない。それはキリストが国法としての律法から神の法を区別したと同じような見地に立って、自然的な神の法を基礎づけることであった。国家の理性的な諸法が、欲望から理性へ、また自然状態から国家状態への移行の必然性において考えられるとすれば、自然的な神の法はむしろ「神の真の認識と愛とを対象とした」法である。なぜこの法が人間にとって共通であり、人間の本性から導きだされてくるかについて、スピノザは次のように言う。「我々のいっさいの認識ならびに確実性は、それは実際においてあらゆる疑いを排除するのだが、もっぱら神への認識に依存する。なぜなら神なしには何ものも存在し得ず、また考えられ得ないのであり、我々がいっさいについて疑いうるのは神に関する明瞭かつ判明な観念をもたないかぎりにおいてであるから。……自然の中に存在するいっさいのものは自分の本質と完全性とに応じて神の概念を含み、そして表現することは確実である」と。[63]このことはスピノザの哲学体系を考慮することなしには理解されない。すなわち、彼によれば自然のいっさいのものは神の様態であり、それは神の本質を一定の仕方で表現する「かぎりの神」(Deus, quatenus)である。人間、否、人間の精神といえどもこの例外ではない。つまり人間は単に有限であるのではなく、むしろ自己の有限性のうちに神の無限を表現する。このかぎり人間は神としての「永遠の真理」をそれ自身において具現していると見なければならない。このようにスピノザは形而上学における神の様態としての人間から自然的な神の法を帰結する。だがこのかぎりでは自然的な神の法は「永遠の真理」を含むことが判明しても、それは単に形而上学的なものであって、未だ人間の倫理の法とならない。それが倫理的なものとなるためには、それが「全人類に共通なもの」であるが故に、人間の理性から発するものでなければならない。[64]換言すれば、それは自然状態において単に孤立した人間の法ではなく、一定の国家、社会状態における人間、特に理性的な存在としての人間が本質的にもたねばならない法である。[65]ところが一定の国家社会には国法がある。だが国法そのものはいかに理性的であっても、人間の内的な幸福を問題となし得ない。それによって国民相互の調和や平和が可能になっても、人間の内面的な自由は問題となり得ない。人間の内的な幸福や自由を問題とするのは、理性の認識に基づく神の認識と愛であるとすれば、単に形而上学的に基礎づけられ導き出された自然の法は、この神の認識と愛において倫理的な法に高められる。換言すれば人間はたとえ本来的には神の様態であっても、それを自覚しないかぎり、自然状態における人間にすぎない。自己の神の様態であることを自覚し、自己のうちにある「かぎりの神」を認識することによって、世俗的な幸・不幸あるいは物質的な利害を超えて、いっさいを必然の相のもとにとらえる人間の内的な幸福(いわば一種の解脱の境地である)が実現すると考えられているのである。

次に、スピノザは自然的な神の法が聖書の物語を信ずることを要求しないと主張したが、それは聖書の物語がいわば経験によって人々の想像力に訴えるだけにすぎないからである。そのかぎり聖書の物語そのものから神の認識と愛とがいかになされるかが導き出されない。右の彼の見解は、経験による説明が普遍的な概念に基づく学問的説明のように、必然性と客観性をもち得ないという彼の合理主義の現われであろう。そしてこのことは聖書の物語そのもの、つまり不可思議な物語を表面的に信ずることも、またその物語の中に秘められたる教えを理解することも、神の認識と愛とをもたらさないことを意味する。聖書はいかに思弁的な事柄を取り扱っても、それを学問的に定義づけることがなく、「いっさいの言葉と論拠とを民衆の把握力に適応させている」からである。つまりキリスト自身はその精神によってたとえ「永遠の真理」を把握したとしても、聖書はそれを経験による方法で表わしたため、学問的でなく、従って聖書における神の言葉を基礎として、それから学問的、哲学的な神の認識と愛とを導き出すことはできないと考えられたのである。これは啓示に基づく神の法と自然的な神の法とが彼の場合一致しているといっても、それは両者がその目指す方向において一致しているのであり、質的に全く同一であることを意味しないのである。なるほど人間はその精神によって聖書の意味や精神を理解できよう。しかし彼が信仰の限界内で理性を行使するかぎり、啓示から自由な理性の宗教、つまりスピノザ自身の哲学としての宗教は形成されない。彼がユダヤ教を離れ、自由な哲学思索に身を投じたのも、右のような信仰の限界を見極めたからに相違ない。

右のような聖書の物語への批判は、スピノザが信仰から区別された単なる理性の立場にたって聖書を批判したことを意味する。しかしだからといって、彼は聖書の物語が人間にとって無用なものであるとは主張しない。むしろそれは無知な人々に敬虔とは何であるかを教えるために、必要なものである。もちろん物語についての知識が必要なのではなく、物語の中に秘められた神の教えである。あるいは聖書のすべての物語が必要なのではなく、人の心を敬虔へと動かしうる物語が必要なのである。換言すれば、「民衆はその心を服従と献身とへもっとも強く動かすことのできる物語だけを知れば充分なのである」[66]。ところが無知な人には物語の中に秘められた神の教えとは何か、また聖書の主要な物語とはいかなるものかについて判断する力がない。(このかぎりスピノザによれば民衆には牧師が必要なのである。)——以上の結論として主張されることは聖書が有益であり、人間にとって必要であるのは教えを説くかぎりであり、それ以外では単なる物語にすぎないということであった。またこのこと、たとえ物語を知らなくても、「自然的光明によって神が存在すること、そして上述のことを知り、かつ正しい生活規則を守っている人間は全く幸福である」[67]と主張されるように、物語を知っているから敬虔なのではなく、正しい生活をしているから敬虔であることが結論される。正しい生活をしている人は、物語を全然知らなくても、幸福であり、また「実際にキリストの精神を自己のうちにもっている人」[68]なのである。換言すれば、人は教会に属しているからキリスト教徒であるのではなく、教会に属していなくても、その正しい生活様式のためにキリスト教徒なのである。また聖書の物語も知らず、自然的光明による認識ももたない人が存在するが、このような人はスピノザによれば人間というより動物に近い。このことは他面において信仰の社会的な必要性を示唆するものであろう。なぜなら、右のことは人間が自然状態の人間、いわば単なる動物にすぎない人間に堕さないためにも、信仰をもたねばならないことを示唆するからである。なるほど人間は国家の中では法の支配下にあるため自然状態を脱している。しかしそれは他律的に、表面的に自然状態を脱しているにすぎない。人間は法のもとで合法的に生活しても、なおその心情において自然状態のままでありうる。従って、無知の人がいわば心情の自然状態を脱し、国家が外面的な平和ではなく、真に自由な、平和なものとなるために、スピノザの説くように聖書の物語が必要となるのである。

スピノザが自然的な神の法の第三の特徴として挙げたものは、それが宗教的な儀式を必要としないことであった。なぜそれが必要でなかったかを明らかにする前に、ここでまず彼がヘブライ人の召命をいかに考えたかを問題にして行こう。なぜなら、結論を先取すれば、召命も宗教的儀式も宗教そのものにとっては外的なものと解されているからである。彼は召命について語るとき、「神の指導」、「神の外的ならびに内的な援助」、「神の選抜」、「運命」などをいかに考えるかをまず問題とする。(69) 神の指導について言えば、それは「確固にして不可変的な自然の秩序、すなわち、もろもろの自然物の連結」であり、「いっさいを生起させかつ決定するところの自然の普遍的な諸法則」であり、また「永遠の真理と必然性とを含む」神の決定のことである。このことから明らかなように、それは一面において物理的な法則を含む自然法則であるとともに、また永遠の真理と見なされるところに、それが道徳法、つまり自然的な神の法であることを意味している。次に、神の内的援助とは人間が「その存在を維持するために自分の力からのみなしうるいっさいのこと」である。これは彼の哲学体系からすれば、人間の現実的な本質を意味するコナツスである。また外的な援助とは「外部の諸原因の力によってその人間のためになすいっさいのこと」である。これは当の人間がなす努力（コナツス）のことではなく、それ以外のもの、特にスピノザの場合「自然」がその人間のためになすことである。これは彼の哲学からすれば、自然の外的な因果関係を意味する。以上のように神の内的ならびに外的な援助は彼の場合神の永遠の決定にすぎないため、そのような援助によって何らかの生活仕方を選ぶことは、神の特別の召命があると彼は解する。人間が外的にもまた内的にもなすいっさいのことは、人間の単なる意志からなされるのではなく、神の決定である。つまり人間のなすいっさいのことは神によって必然的であり、またこの意味でいっさいは決定論的である。しかし必然的といっても、特に人間の生活法を問題とすれば、その必然性は単に論理・数学的なものでなく、著しく倫理的な性格を帯びている。また運命とは「外部の、思いがけない諸原因によって人事を導くかぎりの神の指導」である。この「思いがけぬ」ということから、それは認識能力の不足によって把握し得ぬ人事ということができる。つまりそれは偶然的なものであっても、いずれ人間の認識能力が改善されるならば、このような運命の意義は消失してしまうであろう。事実、スピノザの哲学は運命を必然的なものとしてとらえることによって、運命の克服を意図している。

スピノザは以上のように神の指導、援助、運命などの言葉の説明をしたのち、ヘブライ人の「召命」について語る。だが召命が人間にどのような意義をもっているかを明らかにするため、人間の正しい生活がいかにしてなされるかが問題とされねばならない。スピノザは人間の正しい生活の仕方を三つのものに還元した。[70]すなわち、一は、「ものを第一原因によって理解すること」、二は、「感情をおさえあるいは有徳の状態を獲得すること」、三は、「安全かつ健全な身体において生活すること」である。彼によれば前二者は人間の本性のうちに求められる。つまり、第一のことはものを学問的、哲学的に認識することによって成就される。彼において十全な認識とはものを「原因から」認識することであって、それは究極においてものを第一原因としての神から認識することを意味する。たとえ個物を認識するにしても、それを単に単独に認識するのではなく、神の様態として、「かぎりの神」として認識する。けだし個物は単に有限なものではなく、有限における無限者の実現と解されねばならないからである。しかしこのような認識は誰にでも可能なことではない。このために、彼は人間の「知性改善」を特に問題にしたのである。第二のことは倫理学の課題であった。しかし学問的にこの問題を追求することは無知の人には不可能である。だから倫理を説く宗教が必要となる。ともかく一と二は人間が正しい方法によってその努力さえ怠らないならば、当然成就されねばならないものであり、またその手段も各個人のうちにそなわっている。従ってそれはある特定の民族にのみ特有なものでなく、むしろ普遍的なものと解せられる。

　だが第三の、安全にかつ健全に生活することはある程度個人において可能であるかも知れない。しかしその手段は全く人間自身のうちにあるというより、外部にある。スピノザは安全にかつ健全に生活することを単に人間の身体上の健康、不健康に関して言っているのではない。彼はそれを社会生活に関して言っているのである。このため、我々が外的諸原因に左右され、人間の社会生活における安全とか健全は「運命の賜物」と称される。この第三の事柄のうち最も重要なものは、一定の民族が社会や国家を形成することであれば、ヘブライ人の選抜は社会あるいは国家生活に関するものであった。事実、スピノザはヘブライ人が知性や心の平安という点で神から選ばれたのではなく、むしろ「彼らに国家を与えて、それをあのように長く保持した社会や運命に関して[71]」であったと主張する。このことは彼によれば聖書から明白なことであり、聖書を単に表面的に読んだとしても、ヘブライ人がもっぱら神の外的援助にたよって生活の安全や危険の克服をなした点で他の諸民族と異なり、その他の点では何ら異なることがなかったのである。いわばヘブライ人の民族としての特性、独自性をスピノザは神の外的援助による運命としてのみ解し、ヘブライ人が自分の運命を決定するとは考えない。特に国家生活において、どんな国家形態を選ぶかはその民族のいわば英知が決定することであり、それはもっぱら神の外的援助に帰せられ、あたかも民族がその支配のまま何らなすところがないと考えるのは納得がいかない。人間のなすことがすべて運命であるとすれば、理解し得ないことではないが、スピノザ自身の哲学から見ても社会生活において人間が神の外的援助にのみ従って、つまり他律的にしか生活し得ないとは考えられない。だが事実はどうあれ、彼はこのようなことを聖書の中から導きだしてきたのである。かくて彼によればヘブライ人の召命は「国家の世俗的な幸福と利益の中に[72]」(傍点—筆者) あった。このため律法もヘブライ人にとっては宗教の法であるよりは、まず国家の法であり、それに対する服従には国家の永続的な幸福と現実的な便宜さが約束され、また反抗には国家の破滅と災難、不幸が約束され、予告されたと解釈するのである。以上のことからスピノザは召命が宗教そのものとは本質的に無縁であること、それはヘブライ人の「小児的な把握力」に応じて彼らを敬虔に駆りたてるにすぎないものと主張するに至った。

　ヘブライ人の選抜が以上のように国家生活に関するものであるとすれば、それは当然ヘブライ人の国家の続くかぎりのものであって、永遠なものでなく、むしろ一時的なものにすぎないと主張されてくる。なるほど『エレミヤ記』三十一章三十六節や『エゼキエル書』二十章三十二節以下には、ヘブライ人の永遠の選抜を思わせる個所がある。しかしスピノザはこれに対して『レビ記』十八章二十七、二十八節におけるモーゼの言葉や『申命記』八章十九、二十節における言葉から、そのヘブライ人の永遠の選抜を否定する。[73] スピノザ自身は永遠の選抜を彼自身の哲学の立場から真の徳、つまり神の認識と愛に関するものと解しているため、これはヘブライ人に特有なものでなく、むしろあらゆる民族に普遍的なものと考える。換言すれば、永遠の選抜はヘブライ人の敬虔者のみでなく、異邦人の敬虔者にも現われねばならないのである。それは外的な力によって左右される運命ではなく、敬虔者、真の徳を身につけたものに与えられる賜物、しかも精神的なものと解されているのである。ところが聖書のヘブライ人のみを対象とした永遠の選抜は、真の徳に関係せず、単に国家生活に関係するものであるため、スピノザは「ユダヤ人たちは今日すべての民族以上に自分に帰することのできる何ものももたない[74]」と結論する。だがユダヤ人たちが国家を建設することなく、民族として存続してきた理由は何か。スピノザはこれをユダヤ人が選民だからでなく、単に排他的な仕方、つまり外的な諸典礼と割礼のためで他の民族から分離してきたからだと主張する。しかもこの割礼によるだけでも、ユダヤ民族は(中国人と同じく)他の民族と異なり、永遠に存続するのである。そして「彼らの宗教の原理が彼らの心情を軟化せしめないかぎり、私は絶対的にそのように信ずるであろう[75]」。そして機会さえあれば、必ずイスラエル民族は自分の国家を再建するであろうと言っているが、これは第二次世界大戦後の今日のイスラエルの国家と関連してきわめて興味深い。スピノザははからずも三百年以前にこの国家の出現をユダヤ民族の特性から預言したのである。

スピノザは以上のような自分の見解に対してパリサイ人の意見を挙げる。彼によればパリサイ人は『出エジプト記』三十三章十六節から神の賜物がイスラエル民族にだけ与えられると主張していた。[76] しかしこのことは同書三十四章九節から明らかなように、モーゼは自国民の頑くなな気質を知っていたため、神の外的な援助なしに始められた業を果たすことができないので、神に特別な援助を願ったことを意味し、他意はないのである。このスピノザの意見に対立するものとして、彼はさらに『ロマ書』の三章一、二節を挙げる。しかしこれとても仔細に見るならば、スピノザの意見に対立するものでなく、むしろ同書の三章二十九節には本質的に彼と同じ意見が見られる。つまり神は単にユダヤ人のみのものでなく、すべての民族のものであること、また二章二十五、二十六節には「割礼を受けた者が律法を破るならば、割礼は無割礼となり、反対に割礼のない者も律法の誡命を守るならばその無割礼は割礼と見なされる」とあり、かえってパウロもスピノザの理性的な意見を補強していると考えるのである。その他同書の三章九節、四章十五節を挙げて、パウロが自分と同意見であったことをさらに力説する。[77] 一体スピノザはキリストやパウロを問題にする際、自分の哲学的な立場から論ずる。あるいはキリストやパウロの説いたことを自分の立場から解釈する。キリストの精神を無限知性としてとらえたこともその一例であるし、またパウロに関しても彼が汎神論的な世界観をいだいていたと主張するのである。[78] かくて『ロマ書』の三章二節の「ユダヤ人らにのみ神の言葉を委ねられた」は、律法がユダヤ人たちにのみ文書の形で与えられたこと、そして「(パウロはユダヤ人たちからの反駁に対して向かっているのであるから)、ユダヤ人たちの把握力に従い、またユダヤ人たちを当時支配していた諸思想に応じて答えたのである」[79]と解釈され、他の民族には啓示と知性とを通して与えられたと解釈される。真の徳に関する律法は、いわばア・プリオリなものであり、これを啓示によって知るか、また知性によって知るかのいずれかであると主張するスピノザにとって、律法が単に文書によって知られるものでないこと、だがユダヤ人には文書の形で知らされたことをパウロの言葉を借りて強調したかったのである。この考え方は人間の本性に基づく普遍的な道徳法を説くスピノザ自身の考え方と一致する。つまり聖書の道徳法も彼の立場からすれば唯一絶対のものでなく、むしろその普遍的な道徳法の一環をなしているにすぎないからである。

さらにこのことは、スピノザの場合他の民族もまたユダヤ人と同じように特殊な律法をもっていたことを意味する。[80] 彼はこれを『創世記』十四章十八、十九、二十節や『民数記略』六章二十三節から証明しようとする。すなわち、神はイスラエル民族の成立に先立ってエルサレムに王たちや司祭をおき、また典礼と律法を規定した。また『マラキ書』一章十、十一節においては、神が他の民族以上にイスラエル民族を愛さなかったこと、むしろイスラエル民族以上に他の民族に対して多くの奇蹟を示したこと、また諸民族には特有の典礼と儀式があったことを示す。そしてもし聖書において他の民族はユダヤ人ほど神を身辺に感じなかったと主張されても、それはユダヤ人が特別に敬神的であったからでなく、ただ聖書がユダヤ人の国家ならびにその法に関連しているからにすぎないからである。他の点、知性や徳の点に関してはユダヤ人とその他の民族の間には何の相違もなかったのである。以上のことと関連して興味あるのは、スピノザが預言者を単にユダヤ人にかぎることなく、異邦人も預言者となり得たこと、神の教えとしての道徳的な法はすべての民族のものであったということであろう。社会や国家を離れてユダヤ人自身を問題とするとき、ユダヤ人は知的な面、道徳的な面において他の民族以上に神の賜物をもっていない。神はすべての人々を同等に扱った。そして預言者は祖国の特殊な律法を説くよりも、すべての人々に共通な真の徳を説くことにあった。このためすべての民族は自分の預言者をもったこと、また異邦人もまた預言者になり得た。そして異邦人の預言者としてはヨブ、ノア、エノク、アビメレク、バラムなどの名を挙げ、またユダヤ人出身の預言者は自分の民族ばかりでなく、他の民族にも神の教えを伝えた。その例として彼はオバデヤ、ヨナ、イザヤ、エレミヤなどの名を挙げる。(81) このようなスピノザの聖書解釈は、単に彼自身の歴史的解釈より導きだしたというよりは、むしろ彼の哲学を背景にした解釈であった。なぜなら、このような解釈が成立するためには、あらゆる民族に普遍的な神、さらに道徳法が存在することが前提とされ、聖書の啓示に基づく神の法はその一つの現象形態であることが問題となっているからである。このためにはキリストやパウロを彼の哲学の立場から解釈したと同じように、いわゆる「永遠の真理」としての法もその歴史的研究とともに彼の理性の立場から解釈されねばならなかったのである。

宗教における神の法が右のように人間に真の幸福と真の生活を説く道徳法にほかならないとすれば、それは本来文書に書かれるものでなく、人間精神に刻み込まれるもの、(スピノザの言葉を使用すれば)「人間精神に生得的なもの」にほかならない。このような見地から宗教を見るかぎり、従来宗教において重要な役割を果たしてきた諸々の宗教的儀式（caeremonia）は、宗教そのものにとって外的なものであり、本質的なものでないという見解が導きだされる。換言すれば、宗教的儀式がなくても宗教は成立する。つまりそれは神の法とは何の関係もないのである。[82]この点をスピノザは『イザヤ書』の一章十節、また『詩篇』四十篇七、九節をその典拠とし、「儀式は本性上善なるものではなく、制度の故にのみ善であり、従ってそれは精神の中に書き込まれたものではない[83]」と主張するに至った。では儀式は何のためにあるのか。この点、スピノザは特にユダヤ教に関して、その儀式がヘブライ人のために制定され、国家に適応され、しかも個人的に果たされるというより、社会全体によって果たされるため、ヘブライ人の単に一時的な物質的、世俗的な利益あるいは国家の安全のためのものであったと主張する。その根拠となるのは、旧約のモーゼ五書の中にはたとえ道徳的な教えが含まれていたとしても、それは刑罰や報酬をともなう以上、純粋に道徳的なものでなく、むしろ国家の利益を顧慮した国法にすぎないということであった。かくて儀式の施行は宗教そのものにとってではなく、国家のために不可欠であり、あくまで国家の法規の範囲内において果たされねばならない。そして国家が滅亡すれば、国法に拘束されないと同様、儀式からも自由となる。否、国家の滅亡後は儀式を施行する義務はない。このようなことはスピノザによればユダヤ教のみならず、キリスト教にも見られる。例えば、洗礼、聖晩餐、祝日、祈祷その他は「教会一般の外的な記号」として制定されたのであり[84]、それらの行事、儀式のうちに何か聖なるものが秘められているのではない。もちろんキリスト教の場合、それらはユダヤ教のように国家に結びつけられていない。だがそれにもかかわらず、それらは「社会全体を顧慮したものであり、従ってそのような社会から離れて独り住んでいるものは、少しも拘束されない[85]」のである。かくて宗教にともなう儀式は国家や社会に拘束され、それぞれの国民あるいは教徒はその施行する儀式によってのみ、その属する国家あるいは社会、教会が識別されるに至るのである。

以上のことから明らかなように、スピノザは聖書の神の法をその独自の解釈方法によって純粋に精神的に、あるいは道徳的にとらえ、宗教にとっては単に外的なものにすぎない儀式を排し、もって宗教をその本来のあるべき姿にもどそうとしたのである。(86) 彼が自然的な神の法と聖書の神の法との一致を説いたのはその端的な現われであるが、この自然的な神の法の見地に立って啓示宗教を見るならば、それは宗教の本質にかかわりない外的なものを多くもつ。このため彼はこれらを宗教から排除し、宗教を純化する。かくてボルコヴスキーの主張するように、(87) スピノザは宗教的礼拝における象徴的なものを全く認めなかったし、外面的な神への崇敬は単に国家―政治的に見て国家への忠誠と見なし、またその代償として自己の生活の安全保障を約束するものにほかならなかったのである。

注

（1）Tractatus de Intellectus Emendatione, p. 36.
（2）Ibid. p. 37.
（3）Wolf : Spinoza's Short Treatise on God, Man and his Wellbeing, Introduction, p. XXVII.
（4）Feuer : Spinoza and the Rise of Liberalism, p. 269.
（5）F. Pollock : Spinoza's Political Doctrine with special regard to his relation to English publicists, chronic. Spinozanum (Tomus Primus), p. 47 ff.
（6）確かにグロティウスとスピノザは宗教的に全く異なる立場に立っていたし、また自然法の母となるべき人間の本性についても、あるいは法そのものについても異なった考え方をしていた。いわば出発点において両者はあまりに異なっていたため、自然法に関して両者が一致する点はほとんどない。そのため両者の関係を積極的に取り上げた人はほとんどいない。だがそれにもかかわらず、消極的ではあるが、法の形式的な区別に関して、両者は異なる立場に立ちながら、一致した見解をもっていたことを指摘しなければならない。以下述べるように。
（7）H. Grotius : De jure belli ac pacis, I. 1. §9.
（8）Ibid. §15.
（9）Ibid. Prol. §12.

(10) Ibid.
(11) T. T. P. Cap. 4, p. 57.
(12) Ibid. p. 59.
(13) Korte Verhandeling, II. Cap. 24. § 4. p. 104.
(14) J. H. Carp : Naturrecht und Pflichtbegriff nach Spinoza, chronic. Spinozanum (Tomus Primus) S. 82 ff.
(15) Korte Verhandeling, II. Cap. 24. § 5. p. 104.
(16) T. T. P. Cap. 4. p. 58.
(17) Ibid.
(18) Ibid.
(19) Ibid.
(20) T. T. P. Cap. 4, p. 59.
(21) Ibid. p. 61.
(22) Die Schriften des Uriel da Costa, p. 118.
(23) Korte Verhandeling, II. Cap. 24. § 8. p. 105.
(24) Ibid. § 5. p. 104.
(25) T. T. P. Cap. 4, p. 65.
(26) Ibid. p. 63.
(27) Ibid. p. 68.
(28) Ibid. p. 66.
(29) Ibid. p. 67.
(30) Ibid. p. 68.
(31) Ibid.
(32) H. Grotius : De jure belli ac pacis, Prol. § 11,
(33) Ibid. I. 1. § 10.

(34) Ibid.
(35) E. Cassirer : Die Philosophie der Aufklärung, Cap. 6. S. 321.
(36) Tractatus Politicus, Cap. 3. §17. p. 291.
(37) H. Grotius : Ibid. Prol. §6.
(38) Ibid.
(39) Ibid. Prol. §8.
(40) Ibid. I. 1. §11.
(41) Eth 1. Appendix, p. 83.
(42) Eth. IV. Prop. 37. Schol. 1.
(43) Eth. III. Prop. 6 et 7.
(44) Eth. Prop. 9. Schol.
(45) T. T. P. Cap. 16, p. 190.
(46) スピノザの場合、理性もまた自然の産物であって、自然の外にあって自然と対立しそれを征服する近代的理性ではなかった。
(47) スピノザの全体と部分の考え方についてはEp. 32. 参照。
(48) T. Hobbes : Leviathan, Part I. p. 99 (Oxford). Cap. 14.
(49) Ibid.
(50) T. T. P. Cap. 16. p. 189.
(51) Tractatus Politicus, Cap. 2. §14. p. 281.
(52) H. Grotius : De jure belli ac pacis, Prol. §3.
(53) T. T. P. Cap. 16, p. 192.
(54) Ibid. p. 198.
(55) Ibid.
(56) Tractatus Politicus, Cap. 1, §7. p. 275～76.
(57) Ibid. Cap. 6, §1. p. 297.

(58) Ep. 50. p. 238〜39.

(59) Tractatus Politicus, Cap. 2. §13. p. 281.

(60) Ibid. §15. p. 296.

(61) Ibid. Cap. 5, §4.

(62) T. T. P. Cap. 16, p. 195.

(63) T. T. P. Cap. 4, p. 59〜60.

(64) ただ形而上学的に規定された法は、人間の場合他のものと同じようにコナツスの法として現われる。だが単なるコナツスの法は欲望の法則として、未だ倫理的なものになり得ないのである。

(65) もちろん国家の中の人間がすべて理性的存在であるのではない。無知な大衆にくらべ理性的な人間の数はスピノザの言うようにきわめて少数である。彼はこの無知な大衆には宗教によってその倫理性を高め、また理性的な人間には啓示を受け入れることなしに、理性の力によってその倫理性を高めようとする。自然的な神の法は啓示なき倫理的な法であるため、もし理性的人間が啓示を認めず、しかも倫理的にあるためには、当然この自然的な神の法をもたなければならないのである。

(66) T. T. P. Cap. 5, 79.

(67) Ibid. p. 78.

(68) Ibid. p. 79.

(69) Ibid. Cap. 3, p. 45〜46.

(70) Ibid. p. 46.

(71) Ibid. p. 47.

(72) Ibid. p. 48.

(73) Ibid. p. 55.

(74) Ibid. p. 56.

(75) Ibid. p. 57.

(76) Ibid. p. 53.

(77) Ibid. p. 54. スピノザは後述のように律法があらゆる人に啓示されたと主張したが、このパウロの言葉の中にその有力な証拠を見出したのである。

(78) Ep. 73.　p. 307

(79) T. T. P. Cap. 3, p. 54.

(80) Ibid. p. 48～49.

(81) Ibid. p. 51.

(82) Ibid. Cap. 5, p. 69.

(83) Ibid. p. 70.

(84) Ibid. p. 76.

(85) Ibid.

(86) スピノザは現実に儀式が施行されなくても、宗教が成立することを日本国において見出した。(彼の日本国についての叙述は当時日本に渡来していたオランダの商人の報告に基づくのであろうが)、キリスト教の布教を禁止されている日本国において、オランダ人は東インド会社の命令によって外的な礼拝を差控えている。だがそれにもかかわらず、同国のオランダ人はたとえ物質的、世俗的には恵まれなくても、精神的には幸福に暮しうると主張する。T. T. P. Cap. 5, p. 76.

(87) ボルコヴスキー、『宗教としてのスピノザ哲学』十頁『スピノザとヘーゲル』―岩波書店)。

8　理性と経験

スピノザのように超自然の存在を認めず、「存在」を自然にかぎり、それを知性の対象としたとき、そこに生じてくる彼の認識がいかなる性格のものであるかが問題となる。彼は存在の認識を現実的な事物の認識から始めた。これは彼の立場が超越に対する内在の立場であるから当然であろう。この現実的な認識のために、彼は経験的で事実に即した認識を重んずる。つまり彼は個物の認識を重んじ、「最上の結論はある特殊的肯定的な本質から導き出されなければならないと言った。なぜなら観念は特殊的であればあるだけ、それだけ判明であり、明晰であるからである(1)」と言う。そしてまた「できるかぎり原因の連結に従ってある実在的な存在から他の実在的な存在へと進んで行かねばならない。そして抽象的、普遍的なものに進んではならない(2)」と言うならば、このような探求の仕方は、たとえその認識がいわゆる経験的な認識でなくても、帰納的であり、従ってまたある意味で経験的なものであったと言える。彼が単なる合理主義者ではなく、経験を重んじた合理主義者であったことは、彼が精神を「身体の観念」あるいは「身体の変様の観念」として定義づけ(3)、身体を通じて外部の事物を対象とし、その具体的な把握を目指していたことから明らかである。また彼が「理性の有」を取り扱う数学よりも「実在的な有」を取り扱う自然学を重んじていたことも、その一つの現われと解することができよう。彼の自然認識、それは当時の自然学、特にデカルトの自然学を基礎とした認識であったが、デカルトの運動の第六規則を経験に反するが故に否定したことからも明らかなように(4)、彼はデカルト以上に経験を重んじていた。だが経験を尊重したと言っても、彼はイギリスの経験主義者のようにあったのではない。

彼は自然学の基礎概念においてデカルトの自然学の外に出ることができなかったため、その経験尊重にも限界があった。これは後に述べる彼とボイルとの論争から明らかである。だがその認識がたとえ経験主義者のそれでなかったとしても、経験的な実証性を得た合理的認識であったことは確かである。それは前述の個物の認識における具体的な、事物に即した認識であった。彼において最高の認識と見なされる「直観知」は、まさに事物の特殊的な本質を対象とした最も具体的な認識を意味している。それは普通理解されているような冥想の認識ではない。むしろそれは行為する人間の現実への積極的な関与と高度の修練を伴なった知性の純粋な働きが「直観」において示されているのである。スピノザは「神の認識」を自己の哲学の主たるテーマとしている。しかしこの神の認識はすでに述べたように具体的な自然の認識を通じてなされるのであって、何か超越的なものに対する認識を意図しているものでなかった。以下このような彼の現実的、具体的な認識が彼の自然内在主義といかなる関係にあったかを明らかにしたい。

一　唯名論的傾向

右のような彼の認識論的な立場を考察するならば、彼の立場が自然の経験的な事物の考察からその思索を展開したアリストテレスの内在の立場に近いものを見出すであろう。すなわち、彼は自然を自己の合理主義の基盤としたとき、すでにマイモニデスを超えてアリストテレスと結びついているのである。従来スピノザの哲学にはプラトニズムの影響が多分に見られると主張されてきた。(5) なるほど彼の完成された体系の上から見るならば、アリストテレスよりもプラトニズムの影響が際立っていると言えよう。語学的知識の欠如のために、彼は古代ギリシアの哲学者に関してあまり知るところがなかったのであるが、それでも彼の死後に残された蔵書の中には、プラトンの著作はなかったにしても、アリストテレスのラテン語訳をもっていた。(6) また彼が直接にその研究に従事したところのマイモニデスやクレスカスなどのユダヤのスコラ学者の著作から、彼がアリストテレスについて知るところがあったと充分推察されるのである。それ故彼が後年自己の体系を完成されたのち、プラトンやアリストテレスの権威を認めないと言明しているにもかかわらず、(7) 彼自身の心の奥底には、これら古代の哲学者に対する少なからぬ関心があったことは事実であろう。もとよりボルコヴスキーの主張するように、デカルト的な近代的な考え方に対する反動として彼がギリシア的な思弁に立ち帰ったとは主張されないにしても、(8) 内在の方向を目指す哲学者としてスピノザとアリストテレスの間には何らかの関係が見出されるのは当然であろう。事実スピノザの思索の出発点とその展開の仕方を見るとき、多くの点でアリストテレスと共通なものをもっていたことはウォルフソンの指摘する通りである。(9) 彼は古代の哲学者の個々の思想に関して批判的であった。特にアリストテレスに関しては後述のようにプラトン以上に批判的であった。しかしこのことも以上のことを考慮するならば、それだけ彼がアリストテレスを意識していたと言えるのである。

スピノザは前述のように個物の認識から出発した。しかも彼が精神を「身体の変様の観念」と規定する以上、個物の認識がまず経験的な認識、感覚的認識から始まることは自明である。このような認識から出発して真の認識としての直観知、つまり個物の本質の認識にいたる道程は、コーヘンの言うようにある意味において帰納的な認識であると言えよう。(10) しかし帰納と言っても、スピノザは個物の具体的認識から抽象的な結論を導き出したり、また類や種差の概念を適用して個物を理解することはなかった。彼はむしろこのような方法を嫌って新しい方法を考え出し、これを『知性改善論』において取り扱った。なるほど個物の時間的存在の認識から「永遠の相下」における個物の本質の認識に至るまでには何らかの抽象が考えられるであろう。だが彼において本質の認識とは抽象認識ではなく、具体的認識であった。むしろ抽象認識とはふつう具体的認識と考えられる感覚的認識、すなわち imaginatio の認識のことであった。いわゆる理性認識の抽象認識と異なって、事物をそのものとして認識することが彼の場合本質の認識であった。従って彼の本質の認識において抽象(彼はこの言葉を極端に嫌っていたのであるが)が問題となるとすれば、それは事物の具体性を捨象して普遍的なものを認識するという意味ではなく、むしろ事物の主観的、感覚的な具体性を排して事物の本質に迫って行くことを意味する。つまりそれはハルの主張するように事物の多様な感覚的知覚から取り出される普遍性を目指すのではない[11]。普遍的なもの、普遍概念は彼の排斥して止まなかったものである。なぜなら普遍的なものは、彼によれば単に主観的なもの、あるいは主観による形成物にすぎないからである。スピノザは普遍概念や超越的な名辞の否認において、プラトンやアリストテレスの立場と真向から対立する。つまり彼らが「個物が完全であるためには、この観念（普遍的な観念や超越的な観念を指す―筆者注）と一致しなければならない」と説いたことに彼は積極的に反対した[12]。もとより彼には本来的な意味において世界を超越界と現象界に分ける区別はない。

また超感性的、超自然的認識もない。それ故プラトン主義者が「この普遍的な観念（理性的動物など）が神によって創造された」と主張したことに対して、批判の眼を向けたことは当然である[13]。だがそれ以上に、彼は自分と同じ内在的な立場に立っていたアリストテレスには前述したように一層批判的であった。アリストテレスがプラトンのイデア論を批判し、経験的実在の認識から出発しながら、やはり最後にはプラトンと同じように普遍概念を設け、これを実在的な有としたことを激しく攻撃する[14]。つまりアリストテレスが経験的な事実から出発しながら、結局哲学史の教えるように、最後にはプラトンの立場と同じような立場になったという批判であった。またアリストテレス以来事物を定義する際、類や種差の概念が用いられてきたが、スピノザはこのアリストテレス・スコラ的な方法を抽象的な方法として拒ける。彼によればものの定義は「知性の外にあるもの」を説明しなければならないのである[15]。換言すれば、認識の対象は知性の外に存在し、知性はそれをありのままに認識しなければならない。だが普遍的なものは知性の外に存在する実在的な有ではない。いわば唯名論流に言えば、それは実在するものではなく、単なる名辞、名目にすぎない。彼はその著『形而上学的思想』において普遍概念を「理性の有」と見なしている[16]。つまりそれは実在的な有から区別された単なる思惟の様態、思考の産物にほかならない。だがこの理性の有といえども、いきなり思惟そのものから生じてきたのではなく、実在的な有の観念、すなわち現実に存在する事物の観念から生じてきたものである。[17] しかしその生じてきたものは『短論文』において指摘されているように、「我々の知性の中にのみあって、自然の中にはない。それは我々自身の作品にすぎず、それによって我々がものを判然として理解するのに役立つ[18]」にすぎないのである。つまりそれは記号のようなものであって、ものそのものを示すものではない。かくて普遍概念は現実的な具体的な事物を対象としながら、客観的な認識ではなく、単なる主観による抽象的な認識、当時の用語法に従えば、単に objectiv な認識にほかならないのである。それ故「普遍」は現実を離れた抽象の産物であり、従ってまた「特殊的な事物のみが原因をもち、普遍的な事物は無であるが故に、原因をもたない[19]」と主張するスピノザの立場から見れば、まさに「無」にほかならないのである。

以上のような『短論文』、『形而上学的思想』におけるスピノザの見解は、さらに『エチカ』に至って一層確固なものとして基礎づけられる。[20] 彼はここで「超越的な名辞」や普遍概念がいかにして生じてくるかという発生的な根拠を問題としている。それによれば、人間精神は「身体の変様の観念」であるため、身体が他のものから刺激を受けるならば、精神はその身体の変様としての像（imago）を知覚するということが前提となっている。すなわち、感覚的認識が普遍概念を形成するための前提となっている。因みに彼の場合認識の始源と見なされているものは感覚的認識にほかならない。[21] そして人間の身体は限られたものであるから、その身体の上に生じた像の判明な認識も一定の限界をもっている。もしその限界を超えるほど多く像が現われるならば、それらの像は無差別的に、例えば「有」、「もの」、「あるもの」というようなカテゴリーの中に入れられてしまう。換言すれば、身体の上に生じた像があまり多すぎて、知性の手に負えないとき、すなわち知性がそれらを明瞭に知覚しえないとき、超越的名辞が問題となるのであり、その「超越」とは結局我々の明瞭・判明な認識の外にあるという意味である。前述の「有」、「物」、「あるもの」のほかに、スピノザは『形而上学的思想』において「一」、「真」、「善」を超越的名辞として挙げている。[22] つまり彼はスコラの論理学で問題となった六つの超越的名辞を『エチカ』と『形而上学的思想』において批判しているのである。[23] さらに彼はこの超越的名辞と同じ根拠から普遍概念が形成されてくると主張する。ただし、この普遍概念の場合には、像は超越的名辞の場合ほど混乱したものではなく、多くの像の中から一定の特質を一括し、同じ類の中に入れ、例えば「人間」とか「馬」などの普遍概念を形成するのである。すなわち、外部からの刺激によって身体の上に生じた像を基礎にして、このような概念を形成するかぎり、普遍概念も混乱した感覚的認識であることに変わりない。否、それは感覚的認識から生まれ、またそれから抽象されたものにほかならないのである。しかしその抽象の仕方はすでに述べたように客観的な仕方に基づくものでなく、彼によればもっぱら主観的なものにすぎなかったのである。すなわち、普遍概念はその対象全体の一致点を抽象してできたものであるが、その一致点は「すべての人々によって同じような仕方で形成されず、むしろそれによって身体がよりしばしば刺激されたもの、従ってまた精神がより容易に想像し、想起しうるものに応じて、各人の間で異なっている」[24] のである。

彼はこのように知性の外に客観的な対象をもたない超越的な名辞や普遍概念を批判して、「ものはその特殊な観念と一致すべきである。そして特殊な観念の対象のみが真の実在である」[25]という彼の見解からも明らかなように、彼は認識に関して唯名論の立場に立っていたと考えられる。つまり彼の内在主義の立場はその認識論において唯名論になったと言える。これはポロック、ロビンソン、ロス、カッシラー、ハンプシャイアーも同じように主張しているところである。[26] 認識が個物存在の経験的な認識に始まり、それから何ら抽象的な結論を導き出すことなく、最高の認識としての直観知ですら神についての普遍的な認識というより、個物の本質の認識であると主張するスピノザは、確かに同時代人の唯名論者たちと同じような基盤に立っていたと言える。彼がこのような見地に立ったのは、ポロックの主張するように[27]『知性改善論』に見られるような方法論の上からであったと言えるであろうし、またロビンソンやロスのように[28]、プラトン、アリストテレス並びにスコラ学に対する彼の批判的な立場からとも言えるであろう。これに反してカッシラー、ハンプシャイアーはむしろスピノザの唯名論的な立場には同時代人のホッブスの影響があることを認めている。[29] なるほどスピノザはホッブスの著作、特に『リヴァイアサン』を読んだことは事実である。この影響なしに彼の『政治論』は著述されなかったであろう。またこのような点から見て彼がホッブスから唯名論について何らかの示唆を受けたと考えることも全く根拠のないことではない。しかし彼がホッブスから全面的に唯名論に関する影響を受け、それを彼の認識論の根本的態度とすることは行き過ぎであろう。この点ハンプシャイアーは、スピノザの唯名論的立場の源泉をホッブスにのみ求めたのに、また彼がいわゆる哲学史に名を残す唯名論者として徹底されなかったのは、彼が伝統的な合理主義の基盤の上に立っていたからだと主張する。[30] しかし彼は単に合理主義の基盤の上に立っていたため、ホッブスから大きな影響を受けたにもかかわらず、ホッブスとの間に一線を劃するものがあったとは主張できない。この点に関して、スピノザは物理的な実在の把握に関してホッブスと一致するものをもっていたが、ホッブスがいわゆる神学とか神の属性とかを中心のテーマとしなかったため、彼の唯名論はスピノザのそれと分けて考えねばならない、とカッシラーは主張する。[31] しかしこの意見もハンプシャイアーの意見と同じようなことを言っているにすぎない。スピノザは彼らの言う意味で合理主義の基盤の上に立っていたのでもないし、また神の属性、いわば従来の立場から神の属性について論じようとしたのでもない。なるほどスピノザの合理主義に経験主義的な要素のあることを認めたハンプシャイアーの慧眼には敬意を表する。事実スピノザの合理主義は経験と理性との綜合統一から成り立っているのである。むしろ精神を「身体の観念」と規定する以上、いわば一種の経験的な認識がすなわち合理的な認識となっていると言わねばならない。しかしスピノザの唯名論的立場を考える場合、単にその起源がホッブスにあり、その影響を受けつつ、やがてそれが彼自身の根本観念と一致しなくなったため、ホッブスと分かれるに至ったと考えるのは正しくない。[32]

だがボルコウスキーはスピノザをいわゆる唯名論者と見なすことに反対である。[33] すなわち、たとえスピノザがいわゆる唯名論者たちと同じように普遍概念を取り扱ったとしても、その普遍概念の意味は唯名論者たちの場合と異なっていたとボルコヴスキーは主張する。つまり唯名論者の意味する普遍概念が精神によって形成された概念であったとすれば、スピノザの言うそれは概念としてあるよりは、すでに述べたことから明らかなように、イマギナチオにほかならない。換言するならば、彼はスコラ学者が「普遍」と考えなかったものを普遍と見なしていたのである。このボルコヴスキーの見地に立てば、確かにスピノザを唯名論者と見なすことはできない。彼がこの問題に関して強調しようとしたことは、普遍概念が単に「想像力の助け」(auxilia imaginationis)によって形成されたにすぎないということであった。そして普遍概念が知性の外に実在的な有をもたないということやまたそれが思惟の主観的な産物にすぎないということは、むしろ右のことから導き出された二次的なものにすぎないのである。それ故もし唯名論に関してホッブスの影響があったとしても、ハンプシャイアーの主張するほどその影響が大きいとは言えず、むしろそれは彼の普遍概念否定の唯名論的な立場を整合化するためのものであったと言える。換言すれば、ホッブスの影響はスピノザにとって根源的なものではなく、自分の理説を合理化するための二次的なものにすぎなかったのである。かくて彼が唯名論者として徹底し得なかったことも、またホッブスと根本的な点において一致し得なかったことも、みな右に述べた彼自身の立場がそうさせたのであり、決して偶然的なことではない。

なるほどスピノザは、神の存在についてのア・プリオリな証明をその形而上学において行なった。だがこれがもし彼を唯名論から訣別させる大きな原因であったとすれば、それは根拠のないことである。(34) 彼は従来の伝統的な意味において神の存在の論証を企てたのでもないし、また同じ意味で形而上学を樹立しようとしたのでもない。彼はそれらを新たな立場に立って吟味しようとしたのである。つまり現実的な、具体的な実在認識の見地から、方法論を新しく確立し、全く新たな見地から形而上学を問題にして行ったのである。ホッブスが新しい学問のために正しい「定義」の必要を叫んだとすれば、(35) スピノザも同様の見地に立ってものの新しい定義づけの方法、つまり旧来の類、種差によらぬ新しい定義の仕方をその方法論において問題とした[36]。これが彼の幾何学的方法において示されたのである。なるほど幾何学的方法は、当時十七世紀のモードであった。だが彼はこれをモードとして単に外面的に適用したのではなかった。むしろそれは後述のように彼の実在把握の方法として充分なる内的動機をもっているのである。この幾何学的な方法に関しては、彼はデカルトから多くの影響を受けた。彼はデカルトなしには自己の方法論を新たな見地から確立することができなかった。この点から見れば、すでに原初的な形にしろ汎神論的な思想をいだいていたスピノザにとって、デカルトは彼の哲学の教師であるよりは、むしろ哲学方法論の教師であったことは疑いない[37]。『エチカ』に見られるように、スピノザの方法は神の定義に始まる演繹的な方法である。しかしこの演繹的な方法を確立するために、まず神の概念を定義づけねばならなかった。つまり彼の幾何学的方法は空間の諸図形と類比して、有限的な諸存在を秩序づけるだけでは充分ではない[38]。進んで類や種差の概念によって果たし得なかったところの神の定義を果たさなければならない。ところが彼の方法論としての『知性改善論』は、論理的な関心から神の定義の仕方を問題にしたが[39]、実際にそれがいかに見出されるかについては論及していない。むしろそれは実在の把握を取り扱った認識論に属すべきものであろう。次にスピノザが神の認識、つまり神を公理として把握することと関連して、彼の理性概念がいかなるものであったかを問題として行こう。

二　共通概念としての理性

いわゆる理性主義者の「抽象」が自然からのそれであり、結局それは自然を離れた超越的なものを志向しているに反し、スピノザにはそのような抽象は存在しない。彼において「抽象的」(abstracte) という言葉は「表面的」(superficialiter) と同意義をもち[40]、感覚的認識の皮相性を指すのに用いられている。だが理性主義者の抽象がいわば低次元のものから高次元のものへの進展を意味するならば、スピノザにもこれと同じことが見られる。すなわち、彼は自然から離れるのではなく、自然の中においてより根源的なもの、つまり彼の言葉で言うならば、抽象から具体へ、皮相から核心へと進むのである。このようなことは彼の理性概念に見られる。すでに述べたように、理性は本来超自然の信仰に対する自然の理性として考えられながら、なおそこに何かしら神的なものが賦与されていると考える理性主義者に対し、スピノザは理性を全く自然的なもの、現実的なものと考える。精神自体が身体の観念と見なされる以上、理性といえどもこの域を出ることができない。それは超感覚的な認識能力ではない。すでに瞥見したように、それは経験を離れたものでなく、経験認識に根差したものである。以下彼の認識論における理性認識の基本構造並びにその実在把握の仕方を見て行こう。もとよりこれが彼の幾何学的方法とも関連し、その方法の性格を理解する一助となることは論を俟たない。

「理性」(ratio) は彼の認識論において第一種の「想像力」(imaginatio) と第三種の「直観知」(scientia intuitiva)、あるいは「知性」の中間に位する第二種の認識である。[41] 彼において理性と知性とはしばしば混同されて用いられているが、それは両者がともに十全な認識と見なされているからであろう。だが彼は両者の認識能力をロビンソンの主張するように厳しく区別している。[42] つまり理性が事物の共通性の認識として共通概念 (notiones communes) であるとするならば、知性、すなわち直観知はものの本質の認識である。前者は彼によれば後者の発生的基盤となるが、後者のようにものの本質の認識をなし得ない。しかし彼は理性が何から生じてくるかについては論じていない。彼の認識三段階説からするならば、理性は単なる感覚的認識としての「想像力」(imaginatio) から生じてくると考えられるかも知れない。しかしスピノザはそれを明言しないばかりか、むしろそれに対し否定的な態度をとっている。なぜなら、imaginatio は非十全な、誤った認識であり、この誤った認識から十全な認識としての理性が生じてくるとは考えられないからである。しかしスピノザの立場からするならば、理性的な認識も感覚的、経験的な認識と全く無縁なものでなく、むしろそれと積極的にそれとかかわり合うことによって、始めて自然の理性という意味がでてくるのである。彼は超自然の存在を認めないため、彼の形而上学には超自然と自然との区別はない。同様に従来のような意味で真実在と仮象あるいは現象、実体と附帯的存在の区別はない。なるほど彼は実体と様態の区別を設けている。(43) だがこの区別は従来の超自然と自然の区別のようなものでないことは右のことから明らかであろう。従って彼の場合認識を感覚的認識と超感覚的認識とに分ける区別はない。このことは理性的認識と imaginatio とが感覚に根差すか否かによって区別されるのでないことを意味しよう。むしろ両者は彼によれば同じ基盤から生じてくるのである。従って彼の場合すべての感覚的な認識が非十全な、誤った認識であるとは言えない。むしろその手段と方法において誤りがなければ、それは真の認識となりうる可能性をもっている。しかし同じ基盤の上に立ちながら、一方が受動的な認識となり、他方が能動的で十全な認識となるのはいかなる理由においてであろうか。

スピノザは第二種の認識としての理性を基礎づけるのに一番苦心したように見える。すなわち、彼はロビンソンの主張するように『短論文』、『知性改善論』、『エチカ』を通じてそれについての一貫した説明をなしていない。(44)『短論文』において理性は「真の信念」と呼ばれ、推論的認識の意味に理解されている。(45) もちろん理性が推論的認識であることは、『知性改善論』や『エチカ』においても変わりない。しかし彼は『短論文』において「単なる理性によって把握されたものは、我々によって観られているのではなく、むしろただ精神の確信によって、それがそうなのであり、それ以外にないことが我々に知られているにすぎないからである」(46) と言って、「ものそのものを感得し享受する」(47) 明瞭な認識としての直観知から区別している。理性と直観知の区別は、この『短論文』において彼が前者を「誤り得ない」認識と見なしながら、明瞭な認識と呼ばなかったところに現われている。誤りがなければ真の認識と言ってよいはずであろうが、彼は前述のように「真の信念」としか言わない。また彼はこの『短論文』において理性を経験から区別する。(48) (このことは『エチカ』においてもまた経験について論じた『書簡』においても同様に考えられ、むしろ経験は imaginatio の認識の中に数え入れられている)[49]。このため理性は経験によらない、あるいは経験から独立したア・プリオリな認識のように考えられ、むしろ感覚的認識に対する超感覚的な認識という伝統的な考え方の上に立っているように見える。しかしまた彼は一方においてこの「真の信念」としての理性を「諸理由に基づく強力な心証である。詳しく言えば、あるものについて私が知性の中で確信する通りに、そのものが私の知性の外部に実際にそしてその通りにあることを私に確信させるところの諸理由……に基づく強力な確信である」[50]と言っている。ここに理性的な認識は、その対象が知性の外に、つまり彼の言葉に従えば、subjectiv（今日で言う主観的という意味でなく、むしろ客観的という意味をもっている）にあることを前提している。つまりそれは事物に対する現実的、具体的な認識であって、主観の中にのみあって、その外に対象が実在しない抽象的な認識とは異なる。また彼によれば理性は事物の「何であるべきか」を教え、「何であるか」を教えないのである[51]。この「何であるか」がものの特殊的な本質を示すものとすれば、前者はものの共通な性質を示すものである。しかし共通な性質は経験なしには知られない。彼自身も言っているように、経験は「ものの一定の本質についてそれだけ思惟するように我々の精神を決定する」[52]のである。つまり理性は全然経験を必要としないのではなく、むしろ第一種の認識に属する経験だけを彼は排除しようとするのである。すなわち、経験には imaginatio としての不確実なものがある反面、理性認識に役立つものもあるのである。しかし『短論文』では理性の推論的認識の面だけを強調して、経験と理性とがいかなる関係にあるかをほとんど論じない。つまり理性がいかなる仕方で実在を認識するかについては『短論文』では取り扱わず、ただその認識の一般的な性質だけに言及している。では『知性改善論』ではどのようになっているのであろうか。

スピノザは『知性改善論』において理性に関して次のように言っている。「ものの本質が他のものから結論—しかし十全でなく——される知覚。これは我々がある結論から原因を帰結するときか、あるいは常に何らかの特質をともなっているある普遍的な概念から結論されるときに生ずる」[53]と。この「結果から原因を帰結する」ということについて、さらに彼は次のように言っている。「この際我々は原因について結果の中に観察する以外の何ものも理解しない。……結果の中に明瞭に感ぜられる事柄に基づいて、あることが原因に帰せられるが、しかしそれは単に特質だけであって、ものの特殊な本質ではない[54]」と言っている。だがここで原因というのは、直観知において問題となるような、ものの本質的な原因としての最近原因ではない。すなわち、理性は直観知のような特殊な本質の原因についての認識ではなく、一般的な原因についての認識である。それは現象としての結果から原因への認識であるため、当然この認識には外的経験の認識が前提される。彼は理性的認識の一例として「我々が感覚するのは、かくかくの身体であって他の何ものでもないということを明らかにするとき、そのことから直ちに我々は精神と身体が合一していることを知る[55]」を挙げている。この身心の「合一」は彼によれば理性の結論である。だがこの合一そのものをまず知るのは感覚であると彼は主張する。「その合一を我々は感覚そのものであり、それ以外の何ものでもないと理解する。すなわち、我々は結果を感覚し、それに基づいて原因を結論したのだが（傍点—筆者）、その原因について実は何にも理解していないのである[56]」と。結果としての外的な事物を感覚すること、つまり感覚的、経験的な認識によって外部の事物を把握し、それから何らかの原因を結論として導き出して行くのである。つまりこの操作は論理的に言えば抽象化であり、また帰納を意味しよう。しかしこの場合の抽象に関して、「このような種類の結論はたとえ確実であるとしても、極力用心しなければ十分安全だとは言えない。最善の配慮なしにはたちまち誤謬に陥るかも知れない。なぜならものをその真の本質によってでなく、このように抽象的に概念するときには直ちに想像力によって混乱させられるからである[57]」と。このことは前述の普遍概念についての彼の見解を思い出させる。彼によれば普遍概念は感覚的な認識を土台にしたものであった。しかし普遍概念の場合、始めから混乱した像を問題とし、しかもそれからの抽象は外部の対象に対応しない極めて抽象的なものであった。しかし以上のことからスピノザの理性的な認識において、まず第一に像それ自体が普遍概念のように混乱したものでないこと、さらにその抽象も普遍概念とは全く異なったものであることが示されねばならない。だが『知性改善論』ではこのことが明白に示されていない。では『エチカ』においてはどうであったろうか。

『エチカ』においてスピノザは、「我々がものの特質について共通概念、あるいは十全な観念をもつことから。……そしてこれを私は理性あるいは第二種の認識と呼ぶ」[58]と言っている。すなわち、理性認識は共通概念であり、「十全な認識」である。換言すれば、『短論文』や『知性改善論』のように、誤ってはいないが、「十全ならぬ」認識ではない。それは真にして必然的な認識である。[59]ではものの共通な特質はいかにして認識されるのであろうか。スピノザは「人間身体並びに人間身体を常に刺激するいくつかの外部の物体に共通で、且つ特有なもの、そして等しくこれらの各物体の部分の中にもまた全体の中にもあるもの、そのようなものの観念もまた精神の中で十全であるだろう」[60]と言っている。つまり共通概念の認識は imaginatio の感覚的認識と同じく、外部の物体と人間身体相互の刺激関係を基礎としたものである。それはある種の感覚的認識であり、[61]ウォルフソンによればアリストテレスの共通感覚に近いものである。[62]ただ imaginatio のように混乱して対象を把握するのではなく、ものの「共通性」を意識的に把握するところに、ジョアヒムの言う imagine と know あるいは imaginatio と notio との相違が現われていると言えよう。[63]だがロビンソンは「感覚的な、十全でない認識の深所」から理性の認識が生じてくると解釈しているが、[64]理性は既述のことから明らかなように非十全な imaginatio からでてくるのではない。確かに感覚的あるいは経験的なものに根差している点では imaginatio と同じ基盤に立ちながら、理性の場合精神の能動的な働きが問題となっているのである。つまり理性は外部からの刺激を単に知覚するのではなく、むしろ『エチカ』第二部の定義三に示されているように、思惟するあるいは概念するのである。彼の場合経験は単に受動的なものでなく、むしろ理性においては能動として示されねばならない。換言すれば理性において経験は思惟の能動として示される。あるいはものの共通性の把握自体が単なる受動的な知覚のなしうるところではなく、精神の能動的な働きなしには不可能なのである。なるほど理性はものの共通性の把握の故に、普遍的な認識である。しかしこの普遍とは前述のように主観的な形成物としての普遍概念の普遍と同じではない。彼にとって普遍概念の普遍が抽象を意味するならば、共通概念の普遍はむしろ認識の具体性を意味する。ではこの「共通なもの」とは一体彼において何を意味するのか。これを自然の世界に関して言うならば、それは延長の属性と運動と静止の無限様態を意味した[65]。つまり精神が身体の観念と言われるならば、共通なものとは単に形而上学的存在ではなく、むしろウォルフソンの主張するように自然的な存在であった[66]。あるいはそれは自然学の範疇に属するものであった。このことは彼の実在の認識が自然の認識から始まったことを意味しよう。この点スピノザはアリストテレスと同じような観点に立っていたと言える。つまりアリストテレスはその自然学において運動、静止、量、形状、数、一性を物体の共通概念と見なした。しかもこの六つは感覚によってとらえられるものであった[67]。スピノザは上述のようにこの六つの共通概念のうち運動と静止とを共通概念とし、他の四つは思惟の様態と見なしている。これはスピノザがアリストテレスの六つの共通概念を見て、自己の哲学的な関心からそのうちの二つを共通概念としたのではない。この二つを共通概念としたことはアリストテレスの影響によるのではなく、デカルトの自然学の影響によるところが大きい。つまり彼はデカルトの自然学の影響を受け、さらにそれを徹底させて運動と静止の二つの概念のみから物体の構造あるいは自然学の諸規則を考えているからである。従って彼が運動と静止を共通概念としたことはアリストテレスとは何の関係もない。ただ両者が認識に関して自然の認識から出発したことが、時代を超えて彼らの間に一致点を見出すことになったと言える。

右のように理性の認識は個別的な事物を認識の対象としているにもかかわらず、自他に共通なものの認識として、一種の普遍的な認識を意味した。それは結果から原因へ向かう(いわば特殊から普遍に向かう)帰納的な認識を果たすものであった。とすれば理性の認識は単に運動と静止の二概念を基礎とした自然的な諸事物の諸関係あるいは諸法則の認識につきず、むしろ存在の根源としての第一原因の認識に進まねばならない[68]。すなわち、それは諸事物の中で最も共通なものを認識しなければならない。この最も共通なものとは彼によれば「神の形相的な本質」[69]であり、神の属性である。これを自然的な世界に求めれば「延長」の属性である。しかもそれは超越的なものに向けられた認識ではなく、現実からその内在の究極に向かう認識である。彼は「神については共通概念ほど明晰な認識はない」[70]と主張しているように、彼の内在主義は理性の共通概念によって内在的な神の観念に到達する。この意味でボルコウスキーの言うように、共通概念を方法論的な意味に解し[71]、まず理性による神の認識こそ、幾何学的方法の始源であると理解することができる。このことから理性が認識するものは、それが推論的認識と見なされる以上、公理としての神の概念から第二次概念と呼ばれるものによって導き出されるいっさいのものと解されるならば[72]、それはもはや可変的な個物の連結ではなく、むしろ「確固にして永遠なる諸物」(res fixae et aeternae)[73]の連結を意味しよう。この「確固にして永遠なる諸物」に関しては、今まで多くの学者が議論してきた。しかし一番無難な解釈としてそれを属性と無限様態の意味にとっても、この「確固にして永遠なる諸物」がもつ法則的な性格、つまり「いっさいの個物が生起し、また秩序づけられているところの法則」[74]としての性格は理解し得ない。いわゆる有限の諸物の総体の意味で解せられる間接無限様態も、単に総体としてあるかぎり、法則的なものをもたない。延長の世界における間接無限様態は自然の諸物の世界を意味するが、この世界が法則的なものと見なされるためには、彼の場合運動と静止の二概念を導入し、それによって諸物体の構造と法則が考えられねばならない。すなわち、共通概念に基づく認識によって把握されたものが「確固にして永遠なる諸物」の連結となるゆえんがここにある。

スピノザにおいて理性の認識は経験と相即的であるとはいえ、imaginatio の認識のように単に受動的でなく、もののの共通性の認識の故に能動的な認識であった。否、それは受動であるとともに能動、いわば受動と能動の綜合のように解せられる。彼が単に imaginatio として卑しめた経験も、精神自体に主体的なものが確立されているならば、決して非十全なものでなく、むしろ真の認識になりうる。彼は imaginatio としての経験のほかに、真の認識としての経験を認めているのである。しかもこの経験の認識は、精神の本質が「観念の観念」(idea ideae)であることによって[75]、経験の自覚、つまり行為の自覚の意味を帯びてくる。そして彼がその倫理学において行為即思惟を主張するに及んで、彼の哲学は従来解せられたように、単に静的な「永遠の相のもと」における認識ではなく、むしろ主体的な実践の意味をもってくるのである。このかぎり「永遠の相」も単に「無時間の相」ではなく、むしろ無時間と時間を超えた相となり、そのうちに人間の主体的な実践の場が確立される相(species)とならねばならない。

注

(1) Tractatus de Intellectus Emendatione, § 98. p. 36.

(2) Ibid, § 99. p. 36.

(3) Eth. II. Prop. 13.

(4) Ep. 32. p. 174. デカルトの運動の第六規則については、デカルト著『哲学の原理』第二部六十一節参照(なおスピノザもその著『デカルトの哲学原理』第二部定理三十においてこの第六規則を説明している)。

(5) スピノザに対するプラトニズムの影響については、ゲブハルト、ブリュンシュヴィク、ボルコヴスキー(C. Gebhardt : Spinoza u. Der Platonism, chronic. Sp. I; L. Brunschvicg : Le Platonisme de Spinoza, Chronic. Sp. III; Borkowski : Spinoza I.)などが論じている。

(6) Wolf : The Correspondence of Spinoza, p. 453.

(7) Ep. 56. p. 261.

(8) Borkowski : Spinoza, I. S. 514~515.

(9) ウォルフソンはスピノザに対するアリストテレスの影響をその著 'The philosophy of Spinoza' (Harvard) の至るところで主張している。

(10) H. Cohen : Jüdische Schriften, III. S. 305.

(11) Harr : Vom Unendlichen Verstand, S. 187 ff.
(12) Korte Verhandeling, I. Cap. 6. § 7. p. 42.
(13) Ibid.
(14) Ibid.
(15) Ibid. I. Cap. 7. & Ep. 9.
(16) Cogitata Metaphysica I. Cap. 1. p. 235.
(17) Ibid. つまりスピノザは次のように言っている。すなわち、「これらの思惟の様態が事物の観念と見なされる原因は、それらが実在的な有の観念から直接に発生し起因しているので、……」（傍点—筆者）と言っている。
(18) Korte Verhandeling, I. Cap. 10. § 1. p. 49.
(19) Ibid. Cap. 6. § 7. p. 43.
(20) Eth. II. Prop. 40. Schol. 1.
(21) これはすでに述べたように、スピノザの場合精神の認識が「身体の変様の観念」であることから明らかである。
(22) Cogitata Metaphysica, I. Cap. 6.
(23) Wolfson : The philosophy of Spinoza, 1. p. 123 ff.
(24) Eth. II. Prop. 40. Schol. 1.
(25) Korte Verhandeling, I. Cap. 10. § 3. p. 49.
(26) Pollock : Spinoza, his life and philosophy, p. 146.
Robinson : Kommentar zu Spinozas Ethik, S. 348 ff. Roth : Spinoza, p. 225. Cassirer : Das Erkenntnisproblem, II. S. 101. Hampshire : Spinoza, p. 116～117.
(27) Pollock : Ibid.
(28) Robinson : Ibid. ; Roth : Ibid.
(29) Cassirer : Ibid. ; Hampshire : Ibid.
(30) Hampshire : Ibid.
(31) Cassirer : Ibid.

(32) Hampshire : Ibid. 確かにスピノザがホッブスからノミナリズムについて示唆されるものがあったであろう。しかしそれについての根本的な態度はスピノザ自身のものであり、ホッブスからはただ自己のノミナリズムを整合化する際、その影響を受けたと見るべきではなかろうか。このことは次に述べるボルコヴスキーの見解を聞いたのち明らかにしよう。

(33) Borkowski : Spinoza, III. S. 83 ff.

(34) Ibid.

(35) Hobbes : Leviathan, I. Cap. 4. p. 28 (Oxford).

(36) 拙稿『スピノザの定義について』日本哲学会『哲学』(三四年三月)参照。

(37) Borkowski : Spinoza, I. S. 258.

(38) Windelband : Zur Gedächtnis Spinozas (Präludien, 1. S. 88 ff).

(39) Tractatus de Intellectus Emendatione, p. 35〜36.

(40) Eth. I. Prop 15, Schol.

(41) Eth. II. Prop. 40, Schol. II.

(42) Robinson : Kommentar zu Spinozas Ethik, S. 351 ff.

(43) Eth. I. Prop. 15, Schol. & Ep. 12.

(44) Robinson : Ibid.

(45) Korte Verhandeling, II, Cap. 1. § 2. p. 54.

(46) Ibid. Cap. 2. § 2. p. 55.

(47) Ibid.

(48) Ibid.

(49) Ep. 10 & Eth. II. Prop. 40, Schol. II.

(50) Korte Verhandeling, II. Cap. 4. A anmerk. p. 59.

(51) Korte Verhandeling, II. Cap. 4. § 2. p. 59.

(52) Ep. 10. p. 47.

(53) Tractatus de Intellectus Emendation, § 19. p. 10.

(54) Ibid.
(55) Ibid. §21. p. 11.
(56) Ibid. §21. N. 2. p11.
(57) Ibid. N. 2. p. 11.
(58) Eth. II. Prop. 40, Schol. II.
(59) 理性の認識はスピノザによれば「永遠の相のもと」での認識でもあった。Eth, II, Prop, 44. Cor. II.
(60) Ibid, Prop. 39.
(61) Joachim : A Study of the ethics of Spinoza, p. 172 ff. cf. Hallet : Benedict de Spinoza, p. 73 ff.
(62) Wolfson : The philosophy of Spinoza, I. p. 126.
(63) Joachim : Ibid.
(64) Robinson : Kommentar zu Spinozas Ethik, S. 365.
(65) Eth. II. Prop. 13, Lemma II.
(66) Wolfson : The philosophy of Spinoza, I. p. 126.
(67) Ibid.
(68) 共通概念としての理性が一種の帰納であるとはいえ、それは単に個別的な感覚内容からの主観的なあるいは混乱した抽象ではなく、むしろ「身体が他の物体と共通なものをより多くもつにつれて、その精神は多くのものを十全に知覚する能力をそれだけ多くもつことになる」(Eth. II. Prop. 39. Cor.) とあるように、その認識のうちにすでに共通性の把握がなされているのである。つまり共通性の把握と感覚的な内容とが別のものでなく、むしろその二つのことが同時に一つの認識のうちになされているのである。言うなれば共通的な感覚内容の把握が直ちに共通概念となり、また抽象となっているのである。そして共通概念の場合、前述の「普遍概念」におけるように混乱した、また漠然とした感覚的経験に基づくものでなく、個別的であっても全体と連関する経験、すなわち客観的な妥当性をもつ経験が問題となっている。ここにまた方法論的に意欲され、基礎づけられた経験、そして思惟の自発性、能動性が問題となってくる。換言すれば、「普遍概念」においては単に個別的な、混乱した感覚内容が基礎となっていたのに、ここでは逆に個別的なものが共通なものとしての公理（スピノザは共通概念のことを他面において公理とも言っている）に依存し、しかもそれによって基礎づけられているのである。そして公理は思惟の自発性なしには形成されないとすれば、共通概念はイマギナチオと同じ基盤の上に立ちながら、それから区別されるところの大きな特徴をもっていると言える。かくてスピノザの理性認識のもとでは個々の経験は、その個別性を超えて無限に拡大され、知識の体系に連なるのである。

（69）Eth. II. Prop. 40, Schol. II. 理性から生じてくる直観知が「神のいくつかの属性の形相的本質の十全な観念から……」とスピノザが言っていることから明らかである。

（70）Eth. II, Prop. 47,Schol.

（71）Borkowski : Spinoza,Bd. III. S. 87.

（72）Eth. II. Prop. 40, Schol. 1.

（73）Tractatus de Intellectus Emendatione, §100. p. 36.

（74）Ibid. : 101, p. 37.

（75）Eth. II, Prop. 21〜22.

9　ボイルとスピノザ

一　両者の物質概念の相違

スピノザが理性の認識において真の認識としての経験的な認識の存在を認めていたとすれば、我々はその認識を科学における経験的認識、つまり実験的認識と結びつけて考えることができよう。彼の生まれた十七世紀は偉大な科学者の輩出した時代であり、デカルトやライプニッツのような哲学者も一面科学者として科学の研究に積極的に取り組んだ時代であるが、スピノザは彼らのように科学史に残るような業績を何一つ挙げていない。だが彼は科学に対して無関心であったのではない。むしろ積極的な関心を示し、科学的な論文としては『虹について』と『偶然論』をものにしている。(1) また彼の往復書簡八十四通のうち科学に関するものが二十四通もあることから見て、彼の科学への関心は、今日のふつうの哲学者の比でないことが明らかであろう。(2) その中で科学的認識としての実験的認識を彼がどのように考えていたかは、王立協会の秘書、オルデンブルグを介してなした彼とボイルとの論争から明らかにされる。(3) 以下ボイルとの論争から見られる、彼の科学的知識とその研究の方法について問題にして行こう。

リヴォーは自然学に関するスピノザとボイルとの関係を重視するあまり、彼がデカルトの自然学から離れたのは、ボイルの影響によるところが大きいと主張している。(4) しかし書簡において見るかぎり、スピノザにはそのようなところがない。むしろ彼はデカルトの自然学の立場に立ってボイルと対立し、批判している。すなわち、スピノザが数学、幾何学を重んじ、また物理学については機械論者であったとすれば、ボイルはたとえ機械論における数学の役割を重んじたとはいえ[5]、彼の本質はあくまで観察と実験に身を持し、わずらわしい議論を避けた実験物理学者であった。この一見して明らかな両者の相違は、たとえスピノザがボイルの学問的業績について知るところがあったとしても、どれだけそれを承認し、取り入れたか疑問である。なるほどスピノザもボイルも経験的な事実に反するデカルトの自然学の理論を認めない点で一致する[6]。だがこれも両者が経験や実験について異なった意見をもっていたとすれば、一致でも何でもない。ただ異なった立場からのデカルト批判が単に表面的に一致したにすぎないのである。

ボイルは機械論的粒子論を化学、物理学、医学の領域に広く適用した。とりわけ彼の関心をひいたものは化学であった。化学は彼の粒子論を確証する多くの事例を提供したからである[7]。このような彼の化学への関心が、今までスコラ学者、錬金術者によって邪道を歩まされてきた化学を学問的に基礎づけることとなった。ボイルは機械論について次のように考えている。「物質の異なった組織は、その異なった特徴をうみ出し、またそれらから非常に異なった結果が生じてくる。従って上のことから物質が第一物質に分析されないあいだ、ある不均一性が哲学者や他の人々によって結論される[8]」と。ここで注意しなければならないことは、ボイルの場合物質の分析とは当時の哲学的粒子論者たち、つまりデカルトやガッセンディのなしたように、物質を哲学的に分析することではなかった。従って第一物質あるいは実体のようなものはアトムにまで物質が分割されないかぎり認められず、またその故に哲学者といえども、事実の上で物質の不均一性を承認しなければならないのである。そして物質の構造を哲学的ではなく、科学的に、事実に従って粒子論的に考察するかぎり、細かな点においてたとえ不一致であっても、その考え方そのものは一致しなければならないとボイルは考えたのである[9]。この趣旨に従ってなされた実験の一つが、スピノザとの間に論争をまきおこした「硝石の再生」に関する実験であった[10]。それは「硝石全体を化学的分析によって、相互に異なり、またその全体からも異なるような諸部分へと分解し、のちにそれらの諸部分を結合することによって、再び元の状態へと戻し、その得られた重さが最初の重さとほとんど変わりないこと」を示すものであった。[11] ボイルはデカルトやガッセンディが理論において果たしたことを実践の領域で果たしたと言われる。しかし彼の場合実験は理論のアッシスタントであったとはいえ、[12] その理論とは形而上学的、哲学的な粒子論でなかった。むしろボイルは「現象が理性に一致することを欲しないと同様に、理性を信じない人々[13]」に属していたのである。このような立場に立ったボイルの実験をスピノザはいかに評価していたのであろうか。

スピノザは「我々が第一に哲学の機械論的な原理を知り、そして物体のすべての変化が機械論的な法則によって生ずることを知るならば、硝石のこの再生は確かに硝石そのものを研究するためにもっともよい例である[14]」と言う。つまり彼によればこのボイルの実験は硝石そのものの性質を知るためには有効であるとしか認めない。すなわち、この実験は、硝石の分解によって固形の部分と揮発性の部分に分かたれる不均一な物質であることを明らかにしたにすぎなかったのである。彼にとって自然が機械論的原理によって説明されることは、すでにベーコンやデカルトの明らかにしたものであり、[15] これを殊更に実験によって確証することは無駄であるばかりでなく、不可解なことですらあった。換言すれば、機械論的原理を確証するために用いたボイルの「硝石の再生」の実験の意義を認めなかったのである。つまりボイルの実験は彼によれば物質の機械論的な原理に何ら新しいものをつけ加えるものではなかった。なおその上、彼はこの実験が硝石の本性を明らかにする上にも不完全なものであると主張し[16]（もちろんこの実験はボイルにとって硝石の本性の解明を目的としたものではない[17]）、自ら実験を行ない、その本性を解明しようとした。しかし彼はここで自分の化学的知識の欠陥をいかんなく暴露している。否、すべての物質が運動と静止の二つから成り立つと主張するスピノザにとって、これは化学的知識の欠陥というより、自説に固執したあまり、その実験に虚心であることができなかったと言うべきであろう。例えば、硝石は化学的分析によって固形塩（fixum sal 炭酸カリ）と硝酸とに分かたれるが、スピノザはこのような分解を認めなかった。固形塩は彼にとって「硝石の残滓」(foces nitri) であって、硝石の本質とは無関係のものと見なされている。[18] そして硝石と硝酸とは質料的には同質的であり、もし両者を区別するものがあれば、それは固体か液体かという区別にすぎなかった。いわばそれは彼自身も認めているように氷と水の関係にほかならない。そしてこの固体と液体との相違を彼はデカルトの影響を受けて、[19] 物質の部分が運動しているか否かによって決める。それ故硝石の再生が問題となるとすれば、液体がいかにして固体になるか、あるいは活発に運動している物質の部分がいかに静止した状態になるかということにしぼられる。スピノザは自分の実験において十分にこの自説を確証したと信じているのである。しかしこのような不完全な化学的知識と先入見に災いされたスピノザの実験がボイルを満足させなかったのは当然である。すなわち、「硝石の固形塩は硝石の残滓であるというあなたの御考察、並びに他のこのようなことどもはあなたの一家言であって、証明されたことではありません」[20] とボイルは主張するのである。もちろんボイルも硝石と硝酸とが質料的には同一であるが、形相的には同一でないと主張している。しかしその意味がスピノザの場合と全然異なっているのである。すなわち、「性質と働きにおいて、味、匂い、揮発性、そして金属を溶解し、植物の色を変化させる能力において極めて異なっている」[21] のである。単に固体と液体、氷と水との差ではないのである。しかしこのような意見は末梢的である。むしろもっと根本的な対立が両者の間に見られるのである。すなわち、それは粒子論における粒子の構造と実験の意義においてであった。

二　両者の粒子論の相違

ボイルは粒子論を基礎づけるにあたり、あらゆる物体に共通な、普遍的な根源物質を想定している。[22] しかもそれは延長的、可分的、不可滲透的なものであった。このかぎりこの根源物質はデカルトの延長的実体とほとんど同じであったと考えられる。しかしまたそれは同質的、統一的なものであったため、我々が個々の物体において経験する物体の多様性はこの物質からは説明されない。むしろこれを説明するためには、この物質以外のもの、彼によれば運動の概念を導入しなければならなかった。つまり普遍的な根源物質は空間的な運動によって多様化されるのである。この点、我々はここにも運動による物質の分割というデカルト的な発想法を見ることができよう。ところがこの分割された部分の粒子とは、運動のほかに大きさと形状をもっている。つまりボイルの粒子とはスピノザの主張する可視的な存在であった(23)。デカルトにおいても粒子は一定の形状をもったものとして考えられている。スピノザはその著『デカルトの哲学原理』において「この可視的な世界を構成するすべての物質は、最初神によってできるだけ相等しい微粒子に分割された。しかしこの微粒子は球状ではなかった。なぜなら同時に結合された多数の小球は空間を間隙なく満たすことができないからである(24)」と言っている。だがデカルトの微粒子は形状をもつとはいえ、ボイルのように可視的なものであろうか。物質は彼の場合無限に分割されるのである。とすれば、粒子が一定の可視的な形状をもつことは不可能である。なぜなら彼にとって無限分割は観念的には可能であっても、事実の上では不可能なこととされているからである。それ故彼の微粒子はたとえ形があっても、それはあくまで仮定の問題であって、事実の問題ではない(25)。かくてボイルが「近代の著作家たちは硝石粒子の形状を間違って説明している」と主張するとき、スピノザは「デカルトは肉眼で見られるような粒子については語っておりません(26)」と言うのである。彼にはボイルの主張がデカルトを非難しているように見えたのである。これに対してボイルは「自分は決してデカルトを指したのではなく、硝石の粒子が実際は角柱形であるのに、円筒形であると想定しているガッセンディや他の人々を指したのである(27)」と答えている。このようにボイルが化学者の立場から語っているのに、スピノザはあくまで哲学の立場から粒子の形状を批判したのである。このため彼らの意見はいつもすれ違い、共通の立場に立つことができなかった。

スピノザが哲学の立場に立って粒子を不可視的なものとしたことは次のことから明らかである。「物質のそのような微小部分があるかどうか」という問題に対して、彼は物質の無限分割を認め、真空の存在を否定するならば、そのような微小部分の存在は肯定されなければならないと主張する。[28] すなわち、粒子とは彼の場合真空の否定と物質の無限分割を承認するかぎり、不可避的に考えられねばならないものであった。そしてこれがボイルのいう物質粒子より小さいものであることは、「硝石の粒子はより大なる孔の中で極めて微細な物質によってかこまれる……それを私はボイル氏の指摘したように真空が不可能であることから結論した」[29]ということから明らかである。このスピノザの見解は、あくまで実験家として、化学者として、可視的な形状をもった物質粒子に固執するボイルにとって実証可能なものではなかった。すなわち、ボイルは「あなた（スピノザを指す—筆者）が主張される最も微細な物質の必然性はいかなる現象からも証明されず、むしろ真空が不可能であるという仮設のみから想定される」[30]と考えたのである。スピノザは当時の Horror vacui の考え方に影響されて、デカルトと同じように真空が不可能であることを当然のこととしていた。つまり実体なき量の存在は考えられなかったのである。それは仮説でも何でもなく、哲学上の必然的な結論にほかならなかった。このスピノザに対して、ボイルは「その議論（真空の否定に関する議論—筆者）は知っており、予見しておりました……だが自分はそれに決して満足しておりません」[31]と答えるのである。彼は当時の哲学的な真空否定論に満足し得ず、あくまでそれを実験によって確かめようとした。オルデンブルグは一六六三年王立協会において「空虚の存在を信じている人々を非常に困らせ、空間の充実性を信じている人々に極めて満足を与える」実験の行なわれたことをスピノザに報告している。[32] だがスピノザにとって真空の不可能性と物質の無限分割とは同じような意味をもっており、それらは実験によって確証されるものではなかったのである。

ボイルが「硝石の再生」において示したものは、異なる物質粒子の結合が全く新しい物質を産み出すということであった。しかしスピノザにとってはこの結合そのものが問題であった。彼によればボイルの考えているような物質粒子がもし結合するとすれば、ただ粒子が大きくなるだけであって、それによって物質の性質まで変わることはない。

すなわち、大きくなったとしても、その大きさに比例した運動と静止の関係をたもっていさえするならば、その物質は従来通りの性質をもっているのである。[33] 逆に言えば、粒子のもつ運動の変化は物質の性質まで変化させるのである。この点、単に粒子の大小によって物質の流動性、固体性を論じたボイルとの差は歴然としている。[34] 従ってスピノザが以上のことを主張する以上、ボイルの、粒子の結合によって違った性質の物質が生じてくるという見解は全く否定されてくる。このようにスピノザはボイルの粒子の結合の意義を全く無視してしまった。あるいは「硝石再生」の実験は彼にとって無意味だったのである。

デカルトによれば内径の異なる円管を流れる物質は無限に多くの速度段階をとる。つまり異なる速度をもつ。あるいは物質は運動によって種々な速度をもつ部分に分かたれる。[35] しかし前述のように、スピノザの場合粒子の結合が、物質の性質に何の変化ももたらさず、単にその機械的な和だけを産み出すとすれば、粒子は異なる速度をもつものとは考えられない。なぜなら異なる速度をもっていたとしたら、粒子の結合は単にその空間的な大きさのみでなく、その速度まで変化させねばならないからである。しかも運動と静止は相対的なものであり、それが速度の緩急によって表わされるとすれば、[36] 当然速度の変化によって物質粒子の性質も変わってこなければならない。けだし物質粒子の性質はそれのもつ運動あるいは静止によって決まるからである。だが上述のようにスピノザが物質粒子の結合を単にその大きさの増大としてのみ考えたことは、彼自身が運動による物質の分割を単に空間的なものとして把握し、その速度にまで考え及ばなかったことを意味する。このため粒子はたとえ異なる空間的な大きさをもっていたとしても、すべて等速的であったとも言えるし、また同じ大きさ、同じ速さをもったものとも言える。果たしてこのような粒子によって物質の性質的な差異が機械論的に説明されるであろうか。それは不可能なことであろう。

以上のようにスピノザはボイルに反対するあまり、あるときは物質粒子の運動と静止のみをもって物質の性質的差異、例えば硝石と硝酸の差異を説明したり、またあるときは粒子の空間的な大きさのみをもち出して、粒子の結合を単にその機械的な和と見なしている。明らかに彼は粒子そのものに関して全く無定見に陥っていたのである。すなわち、ボイルとの論争当時、彼は粒子の運動と静止そしてその空間的な大きさという二つのものを綜合して、粒子そのものについての確固たる見解を打ち出すことができなかったのである。この二つの点を綜合し、粒子についての明白な意見を述べたものが、彼の主著『エチカ』の物体論である。彼はここで粒子を「最単純物体」と呼ぶ。[37] この物体は単に運動と静止、速度の緩急によってのみ区別される物体である。速度の緩急によって区別される以上、彼のデカルトの自然学への依存を考慮するならば、それは当然究極的には無限小的な存在をなすものと考えられよう。[38] しかし彼はその物体の運動あるいは速度を問題としても、運動による物質の無限分割については一言も触れない。もともと彼のように延長を実体と見なす立場ではその可分性は問題にならない。もしそれが分割されるとすれば、延長は実体としてでなく、単なる物質と考えられる。[39] しかも無限の分割が単に観念上の問題であって、そのように分割された物質の部分は現実の物体を構成できないとすれば、彼において物質の無限分割はなおいっそう問題とならなかった。なぜなら彼は物体論において理性の有を問題としたのではなく、現実の有をその対象としているからである。それ故粒子を扱うにしても、それは彼の場合仮説ではあり得なかった。むしろ最単純物体としての粒子は、物体、つまり「運動と静止の関係」として規定される物体を構成する現実の有である。換言すれば、粒子を構成する運動は、単にデカルト的な「位置の移動」としてあるばかりでなく、物体を構成する積極的なものである。たとえ彼がその形状については言及していないとしても、何らかの意味で大きさをもったものと考えられる。すなわち、少なくとも位置の移動による空間的な大きさだけはもたなければならない。かくて彼において粒子とは大きさと運動をそれ自身のうちにもった存在となる。ここにボイルとの論争当時、彼が示した粒子論についての曖昧さは消え失せ、彼なりの粒子論が形成されたと見てよいであろう。

以上のような最単純物体が複合物体としての個体を構成する。スピノザは言う。「同じあるいは異なった大きさをもついくつかの物体が、相互に結合するように他の諸物体から圧力を受けているとき、または同じあるいは異なった速度をもついくつかの物体が、自分たちの運動を一定の割合で相互に伝達するように、結合されるとき、それらの物体を相互に合一していると言い、またすべてが同時に一つの物体、あるいは個体を構成していると言う。そしてこの物体は諸物体のこのような合一によって他の諸物体から区別される」と言う。[40] 我々はこの複合物体の定義において彼の粒子論に関する重要な見解を見出すのである。第一に個体は粒子相互の連関において成り立っている以上、それは粒子の単なる機械的な和ではなく、有機的な結合を意味していることである。第二に粒子の結合いかんによって異なる性質の物体あるいは物質が生じてくることである。つまり物質は不均一であり、それは粒子の結合いかんによって示されるということである。この第二のことがボイルの「硝石の再生」の実験における中心テーマであったとすれば、スピノザは物質の最小構成要素としての最単純物体を想定することによって、始めてボイルの中心テーマを理論の上で確立したと言える。かくてリヴォーの言うように、[41] 彼はボイルから粒子論についての影響を受けたとは言えないにしても、晩年近くになってやっとボイルと同じ結論を打ち出したと言えるのである。

三　スピノザの実験の意義

以上粒子論に関するスピノザとボイルとの論争とその後のスピノザ独自の粒子論について述べてきた。だがさらに両者の科学上の見解の相違を求めようとするならば、それは両者の実験に対する考え方にはっきりと示される。ボイルは理論を重んじたが、しかし実験によって確証されない理論については何の考慮も払わなかった。彼はスピノザとの論争において実験を二つに分けて考察している。[42] すなわち、第一に「自然が何をもたらし、何がその間に介在しているかを知らない普通の実験」と第二に「何が一体その際もたらされるかということが確実に知られている実験」である。前者は現象に関して何の知識も、また何が起こるか分からないときの実験である。また後者はある推理を立て、それが正しいかどうかを験証する実験であった。ボイルが「硝石の再生」において示した実験は、すでに述べたように硝石の本性が何であるかを明らかにする実験ではなかった。つまりそれは第一の意味の実験ではなかった。それは機械論的な粒子論を硝石の分解、綜合に至る過程において確証する実験であった。すなわち、その実験は験証としての実験である。ところがスピノザはボイルのこの実験の意義を全く無視してしまった。すでに述べたようにそれは機械論的粒子論が自明の真理であるため、あえてこれを実験によって験証することは無駄であったからである。そして彼はボイルの実験を第一の実験の意義、つまり硝石の本性を解明する実験の意味にとったのである。彼がなぜこの験証としての実験を無視したかというと、それはある事柄についての推論が実験によって必ずしも完全に確証されないからである。[43] 彼がここで推論と見なしているものは数学的な確実性をもったものでなければならなかった。[44] 彼はこの意味で「推論と計算によって」粒子の存在の確証を行ない、また実験が物質の無限分割を果たし得ないと主張したのである。それにもかかわらず彼はこの第一の意味の実験も行なっている。しかしそれは「私の説明を絶対的に確証するためではなく、私がはっきりとそのことを言ったように、それをある程度確かめよう[45]」としただけにすぎないのである。あくまで数学的な厳密性を尊ぶスピノザにとって、この験証としての実験は不正確であり、「ありきたりの実験以上の明晰・判明さすら与えない[46]」のである。この「ありきたりの実験」とは、例えば木片を摩擦すれば熱が生ずるとか、また水の沸騰によって音が発するとか、悪臭をもった物体が運動したり、熱せられたりすれば、一層はげしい臭気を発する等々の日常的な経験の域をでるものではなかった。つまり科学的験証としての実験は、我々が日常遭遇する事実の経験的な確証で充分事足りると考えたのである。

日常的な経験が彼において科学的実験と同じような価値、否、それ以上のものをもっているのである。ここに我々は合理主義者としての彼がいかに科学的実験を軽視したかを見ることができる。それにもかかわらずスピノザは『知性改善論』において次のように言う。「個物の認識にとりかかる前にその補助手段を論ずる必要があろう。……我々が感覚の用い方を知り、探求される事物を規定するために、充分な実験をある一定の法則と秩序とに従って行なうことを知り、ついにその実験から永遠なる諸物のいかなる法則によって事物が生起したかを結論し、そしてまたその事物の内的な本性が我々に知られる……」[47]と。この『知性改善論』はボイルとの論争当時に執筆されたものである。それ故我々はこれによって彼の実験についての正式見解を知ることができるのである。これによると実験とは認識の補助手段にとどまっている。しかし「感覚の用い方を知る」とか「ある一定の法則と秩序とに従って」という言葉に示されているように、理性的な基盤の上に立って始めてなされるのである。それはもはや単なる経験ではない。リヴォーはスピノザにおいて理性と経験とは相補的な関係にあると言う。[48]だがこの相補的な関係とは理性が感覚を自然の法則に従って用いるとき可能となるのであって、ただばく然とした経験が理性を補うのではない。「経験、日常的な経験すらスピノザの方法において大きな役割を果たしている」[49]とは、一定の経験が理性の指導によってなされるとき始めて言えることである。しかもこの経験が理性の指導によってなされるとき、一層その感を深くする。そしてこのとき経験はもはや単なる感覚のそれでなく、方法論的に自覚された経験、実験となるのである。

　以上のようにスピノザの実験とは「ある一定の法則と秩序とに従って」行なわれ、事物が「永遠なる諸物のいかなる法則によって生起したか」（傍点—筆者）を知ることを目標としている。このかぎり実験は自然法則の探求のためのものではない。ゲプハルトはスピノザの実験がベーコンに影響されるところが大きいと主張する。[50]ジョアヒムはこのゲプハルトの見解に消極的ながら賛意を表する。[51]しかしベーコンの実験が複雑な事実の中から原因を求めることを目標にしているとすれば、[52]スピノザのそれは事実がいかなる法則に合致するかを見るものであった。この点彼はデカルトの見解に従っていたと言える。[53]デカルトにとってもスピノザにとっても自然の法則はすでにア・プリオリに規定され、真理と見なされている。それはボイルのようにあらためて験証する必要のない真理である。むしろ法則がいかなる事物、現象に適用されるかが問題だったのである。同時に彼が実験によって「事物の内的本性が我々に知られる……」と言うとき、実験は個物の認識、特にその本性の認識のために用いられたことは明らかである。彼がボイルとの論争の際硝石の本性を実験によって知ろうとしたのは、まさにこのことを意味しているのである。それは事物がいかなる法則によって生起したかを明らかにしたら、更に一歩進んで単なる「法則」によっては明らかになし得ない、個物の具体的本性の探求に進むのである。いわばそれは個物の本質の認識としての直観知の補助手段である。しかもこの直観知が彼の場合最高の認識であり、哲学的認識であるとすれば、実験とは彼において科学の方法であるというより、著しく哲学的色彩を帯びたものと言える。このことがボイルとの対立を深め、一方が純粋に観察と実験に身を持す科学者であるとすれば、他があくまで哲学者であろうとした両者の相違を際立ているのである。

以上のことから明らかなように、ボイルとスピノザとの論争はスピノザはもとよりのこと、当時の機械論的粒子論を理解する上に少なからぬ示唆を与えてくれる。ボイルの粒子論は同じ粒子論と言っても、デカルトやガッセンディの粒子論とは根本的に性格を異にした粒子論である。それは何よりも哲学的なものではなかった。ボイルはデカルト的な普遍的な物質を自然界の根底におきながら、粒子論を可視的な現象に限って確証する。この点、彼は数学的な思弁、すなわちスピノザの言う「推論と計算によって」粒子論を基礎づけたデカルトと区別される。ボイルと論争していた当時のスピノザはこのデカルトの立場に立っていた。そして理性の有とも見なさるべき粒子をもって自然全体を幾何学的、綜合的な方法によって再構成しようとしたことは、彼の『デカルトの哲学原理』において明らかに看取されるのである。しかし観念的な、無限小的な粒子をもって現実の世界を再構成することは実際には不可能である。このため彼は後に粒子を運動による物質の無限分割によるというより、むしろその無限分割を止揚して、単に運動と静止、速度の緩急のみから成り立つ物体、最単純物体を想定するに至った。この物体はそれ自身に大きさと運動をもったものであった(54)。そして彼はこの自然の最も単純な要素から複雑な物体、ひいては自然全体を綜合的な方法によって再構成しようとする。単にデカルトの影響の下にあったとき、数学的な理性の有に基づいて幾何学的方法を展開していったに反し、彼は『エチカ』では実在的な有の学である自然学を基盤として幾何学的な方法を展開しようとしたのである。ここにデカルトの影響を脱皮したスピノザの十七世紀の機械論的粒子論における特殊な位置づけを見ることができよう。

注

(1) Spinoza Opera IV. p. 348～362, Reeckening van den Regenboog. Reeckening van Kanssen.

(2) この点ボルコヴスキーの挙げている書簡は次のようなものである。4, 6, 10, 21, 23, 34, 35, 36, 38, 39, 40, 41, 46, 51, 54, 58, 60, 64, 66, 73, 75, 78, 80, 83. ここではボルコヴスキーの見解に従っておいた。また直接書簡を交していないが、彼が親しく往来していたクリスチャン・ホイヘンスから種々科学上の新発見、新知識について知らされていた(ホイヘンスは一六六四―六六年頃スピノザの近所に住んでいた。スピノザがホイヘンスと親しく交際していたことは、オルデンブルグにあてたスピノザの書簡 Ep. 26. において明らかである)。だがそのすべてに共鳴していたのではなかった。例えば、ホイヘンスの運動理論やレンズの研磨機には批判的であった(Ep. 32)。彼はこのホイヘンスを通じて当時レンズ磨きに関して著名であったフッデとも知り合い、文通をしている(Ep. 34. 35. 36.)。またチルンハウスとは自然学、数学上の議論をかわしている(Ep. 59, 60, 65, 70, 80, 81, 82, 83.)。彼はここで(Ep. 81.)始めて自分の延長概念がデカルトの単に静止せる物質としての延長と異なるゆえんを明らかにし、デカルトから種々影響を受けたにもかかわらず、その自然学の原理が「不条理と言わないまでも、役に立たない」と主張している。チルンハウスはまたスピノザに対して曲線の切線の測定法の発見を暗示している(Ep. 59.)。だがこれはスピノザの関心をひくところとならなかった(Ep. 60.)。なぜなら、チルンハウスが図形の性質だけを問題としているのに対して、スピノザはそれを作図するに至るまでの手続き、あるいは原因を問題にしているためであった。つまりスピノザにとって図形の本質を最近原因によって説明することだけが問題だったのである。ここに一方が哲学者として、また方法論者（『知性改善論』の著者）としてあくまでものの原因、発生原因を求めて行こうとしたのに、他方が科学者としてその性質のみを客観的に記述して行こうとする、両者の立場の相違が歴然として現われているのである。次に、ライプニッツがスピノザの哲学者としての令名を知ったのは、一六六九年のこととされているが、両者の間に直接に書簡がかわされたのは一六七一年のことであった（J. Freudenthal: Spinoza Leben und Lehre I. S. 267. Ep. 45.）。この書簡と同時にライプニッツはスピノザに対して Notitia Opticae promotae, Frankfurt a. M., 1671. を送り、スピノザの批判を求めた。ライプニッツはスピノザに、「私はあなたが光学上のことで卓越した知識をおもちのことと存じ上げて居ります。……この研究の分野におきまして私はあなたよりすぐれた批判者を容易に得られないであろうと思います」と言っている。だがスピノザはライプニッツの意見がよく理解できなかったばかりでなく、それに対して懐疑的ですらあった（Ep. 46.）。その後両者の間に二三回往復の書簡がかわされたらしいが（J. Freudenthal: Spinoza, Leben und Lehre I. S. 268）、それは現在残されていない。ライプニッツが後にスピノザを訪問して、哲学的な議論のほかに自然学上の議論をかわしたことは有名である（J. Freudenthal: Ibid. S. 269, L. Stein: Leibniz und Spinoza, S. 53 ff.）。

以上のことからスピノザが当時の著名な哲学者、科学者と種々議論をたたかわし、またその知識の吸収につとめていたことは明らかである。そして彼が一応自信をもって諸学者と接することができたのは、自然学（物理学）、応用光学の分野であった。だが科学史の上で興味深いのは、ボイルとの論争であろう。

（3） Ep. 6, 11, 13, 16.

（4） Albert Riveud: La Physique de Spinoza (Chronic. Spinozanum, IV) p. 55 ff.

（5） Burtt: The Metaphysical Foundations of Modern Science, (Anchor Book), p. 172.

（6） Ibid. p. 169., Ep. 32. & Rivand: La Physique de Spinoza, p. 30 ff.

（7） K. Laβwitz: Geschichte der Atomitsik, .II S. 275. すなわち、機械論的粒子論を確証するために、「化学がいかに必要であるか」を痛感していたのである(Ep. 11.)。

（8） Ep. 16. p. 74

（9） **K. Laßwitz: Geschichte der Atomistik, II. S. 275.**

（10） この「硝石について」の論文は、「流動性と個体性」という論文とともに、一六六一年スピノザのもとに送られた。この実験の意義については Robert Boyle: The Sceptical Chymist (Everyman's Library) に詳しい。Cf. Wolf: The Correspondence of Spinoza, p. 380 ff.

(11) p. 11. p. 49.

(12) Burtt: The Metaphysical Foundations of Modern Science, p. 171.

(13) Ep. 11. p. 50.

(14) Ep. 13. p. 66〜67.

(15) cf Bacon: Novum Organum, I. 66.
cf Descartes: Principia Philosophiae, II.

(16) Ep. 6. p. 17.

(17) Ep. 11. p. 48.

(18) Ep. 6. p. 17.

(19) ボイルとの論争当時彼はデカルトの『哲学原理』第二部五十四、五十五節に見られる考え方に全面的に従っていた。しかし晩年には『エチカ』第二部に見られるような考え方に変わった。このことはリヴォーもすでに認めているところである。
Rivaud: La Physique de Spinoza, p. 52.

(20) Ep. 11. p. 49.

(21) Ibid.

(22) Burtt: The Metaphysical Foundations of Modern Science, p. 174.
Laßwitz: Geschichte der Atomistik, II. S. 267.

(23) Ep. 6. p. 24.

(24) Principia Philosophiae & C. III. Postulatum, p. 228
このスピノザ著『デカルトの哲学原理』は、スピノザが一人の弟子にデカルトの哲学を講述するために書いた書物であって、彼自身の思想より、デカルトの思想をほぼそのままに表現したものと見てよいであろう。
Freudenthal: Spinoza, Leben und Lehre I. S. 112 ff. E. Gilson: Spinoza interprète de Descartes (Chronic. Spinozanum III.) p. 69 ff.

(25) スピノザはデカルトの微粒子を仮説と見なしていた (Principia Philosophiae & C. III. p. 227 f.)。なおこの点に関しては近藤洋逸著『デカルトの自然像』（岩波書店発行）の当該個所を参照されたい。
（26）Ep. 6. p. 24.
（27）Ep. 11. p. 50.
（28）Ep. 6. p. 32.
（29）Ep. 13. p. 65.
（30）Ep. 11. p. 49.
（31）Ep. 16. p. 74.
（32）Ep. 14. p. 70.
（33）Ep. 6.
（34）Ibid. ラスヴィッツによればボイルの物質の流動性は単に構成粒子の微小さによって説明されるものではない。しかしスピノザはここでは粒子が微小であることが流動性の要因であると考えたのである。
Cf. K. Laßwitz: Geschichte der Atomistik, II. S. 283 ff.
（35）Descartes: Principia philosophiae, II. 33, 34. p. 58〜60 (A. T. VIII-I).
Spinoza: Principia Philosophiae & C. II. Prop. 9, 10, 11.
（36）Descartes: Principia Philosophiae, II. 44. P. 67 (A. T. VIII-I).
Spinoza: Principia Philosophiae & C. II. Prop. 21, Corol. 3.
（37）Eth. II. Lemma III, Axioma II. Corpora simplicissima. 最単純物体については『エチカ』第二部の物体論の公理一から補助定理三の公理二まで論じられている。
（38）Siwek: L'ame et le corps d'après Spinoza, p. 39〜40.
Hallet: Aetermitas, p. 86.
（39）Ep. 12 et Eth. I. Prop. 15, Schol.
（40）Eth. II. Prop. 13 以降の個体の定義、Spinoza Opera II, P. 99 f.
（41）Albert Rivaud: La Physique de Spinoza, Chronic. Spinozana. Ⅳ. 1924〜26, p. 40 ff.
（42）Ep. 11. p. 50.

(43)　スピノザの場合推論が合理的な根拠に基づいてさえいるならば、もはや験証としての実験は不必要だったのである。
(44)　これに反してボイルの実験はスピノザによれば数学的な確実性をもっていなかったのである。Ep. 6. p. 25. 参照。
(45)　Ep. 13. p. 66.
(46)　Ep. 6. p. 25.
(47)　Tractatus de Intellectus Emendatione § 103. p. 37.
(48)　A. Rivaud : La Physique de Spinoza, (Chronic. Spinozanum IV.) P. 27 f.
(49)　Ibid. p. 26.
(50)　C. Gebhardt : Spinozas Abhandlung über die Verbesserung des Verstandes, S. 113〜115.
(51)　H. Joachim : Spinoza's tractatus de Intellectus Emendatione, p. 218, Annotation I.
(52)　É. Gilson : Discours de la Méthode (R. Descartes), P. 456 f.
(53)　G. H. R. Parkinson : Spinoza's Theory of Knowledge, p. 161.
(54)　最単純物体はそれぞれ固有の大きさをもつとはいえ、アトムでないことは『エチカ』第一部定理十五の注解から明らかである。またそれが大きさと運動をもっているといっても、大きさと運動とはここでは区別されない。むしろ運動は大きさとして示されているのである。このことは彼において運動が単に「位置の移動」につきず、物質そのものを構成する積極的なものであったことから明白である。

『関係諸論文ならびに文献』

拙稿、『スピノザの物理学』（東京教育大学哲学論叢、三十三年）。
Siwek : L'ame et le corps d'après Spinoza.
A. Rivand : La physique de Spinoza (Chronic. Spinozaum, IV).
Borkowski : Die Physik Spinozas (Septimana Sp.).
Borkowski : Spinoza II. (S. 253〜286).

10　身体の観念としての精神

一　その意義

すでに述べたようにスピノザは人間精神を「身体の観念」として規定し、このために彼の認識が本来的に経験と相即的であることを見てきた。この一見奇異の感を与える精神の概念規定は、一体いかなる根拠あるいは背景のもとになされてきたのか、以下この問題について論じ、身体の観念という規定が彼の認識論においていかなる意味をもっているかを問題として行きたい(1)。

「身体の観念」としての精神の概念規定は、『エチカ』では第二部の定理十一と十三において見られる。しかしこの規定は『エチカ』において始めて現われたものでなく、すでに『短論文』において見出される(2)。すなわち、『短論文』第二部の序言の注において、スピノザは運動と静止から成り立つ「身体についても他のあらゆる事物と同じように思惟するものの中に認識や観念がなければならない。これが我々の観念、認識ひいては精神である(3)」と言っている。また同じく第二十章の注においても「人間はその観念が必然的に思惟するものの中になければならぬところの身体から成り立ち、また観念は必然的に身体と合一していなければならないのであるから、我々は大胆にも人間精神が思惟するものの中にある身体の観念にほかならないことを主張する[4]」と言っている。この『短論文』の場合、彼は、『エチカ』において定式化された神の属性の平行関係とそれに基づく精神と身体の平行関係を前提にして、人間精神は身体の観念であることを帰結しているのである。すなわち、彼によれば観念は延長のある様態を対象としている。人間の場合身体が延長の様態である。従って観念としての人間精神は、単に人間が身体を有するという理由からでなく、心身関係の形而上学的な原理を前提して始めて規定されるのである。だが『短論文』ではこの人間精神の規定を未だ認識論的な意味で問題としていない。それがなされたのは『エチカ』においてであった。

『エチカ』においてもスピノザは『短論文』と同じように形而上学的な心身の平行関係から精神を身体の観念と規定した。（彼はその証明の際心身の平行論を引き合いに出していないけれども、これを暗黙のうちに前提していることはその証明前後の彼の見解から明らかである）。だが『エチカ』は『短論文』と違って単に心身の形而上学的平行関係からばかりでなく、経験的、あるいは認識的な見地からそれを規定して行く。すなわち、「もしも身体が人間精神の対象でないならば、……身体の変様の諸観念は我々の精神のうちにはないであろう。だが（この部の公理四により）我々は身体の変様の諸観念を有する。それ故、人間精神を構成する観念の対象は身体である[5]」と。すなわち公理四の「我々は身体が多くの仕方で刺激されるのを感ずる」（傍点—筆者）という経験に基づく公理を前提としてその証明が展開されている。この場合この「感ずる」（sentire）という言葉を単に感覚的なものとして把握するならば、この身体の観念、ひいては人間精神は根源的に感覚にすぎなくなるであろう。このかぎりスピノザは彼と同時代に身体の観念という表現を用いた Marci やグリッソンのそれと何ら異なるところがないであろう[6]。彼らは身体の観念を理性的な認識から区別された感覚的な認識の意味に解しているからである。だが彼は身体の観念を精神一般の意味に用いている。もちろんこれは精神一般が感覚に基づくという意味ではなく、感覚を含めて一切の精神的所産が身体の観念であることを意味した。このことは「感ずる」という言葉と同様に、彼がしばしば用いる「知覚する」（percipere）

という言葉から明らかである。彼において「知覚」（percipio）はもっぱら受動的認識、いわば感覚的認識の意味に用いられているが、(7)「知覚する」という言葉は感覚的認識にもまた理性的な認識の意味にも用いられ、広く認識するという意味をもっている。例えば、『エチカ』の属性の定義においてスピノザは「知性が実体についてその本質を構成していると知覚する」(8)（傍点―筆者）と言う。この知覚は知性の認識を意味し、感覚的知覚を意味しない。このように彼は「知覚する」という言葉を単に一つの意味に限局せず、むしろ無造作にどちらの意味にも理解されるように用いている。このような例は単に右の例だけにとどまらないが、特にこの精神の概念の際には顕著な形で現われている。それ故彼が「人間精神を構成する観念の対象が身体であるなら、その身体の中には精神によって知覚されないものは何ものも起り得ない」(9)（傍点―筆者）というとき、常識的には感覚的認識がここでは意味されているように思えるが、決してそうではない。彼が身体以外に精神の対象がないというとき、それは単なる感覚的認識以外の、いわゆる精神的、知性的認識すら身体をその対象としなければならないことを意味しているのである。このことはまた、我々の精神の中に生ずる身体の変様の観念が単に感覚的なものばかりでなく、理性の認識にも、あるいは彼が第五部において示したように明瞭・判明な観念でもあるということから明らかである。(10)従って彼が精神を身体の観念であると主張するとき、それは Marci やグリッソンの意味するものとは全く異なっているのである。ボルコヴスキーはこの Marci やグリッソンの用いた身体の観念という言葉が当時の専門家の間でかなり知られていたため、直接的にそれを知る機会がなかったとはいえ、スピノザがそれを全然知らなかったとはいえないと主張している。(11)だがたとえそうであっても、スピノザはこれを自らの哲学の原理から導き出し、根拠づけたのであり、決してそれが Marci やグリッソンのものをそのまま受けついだものでないことは、以上述べたことから明らかであろう。

では観念の対象たるべき身体は彼の認識においていかなる意義を有するのか。確かに身体を対象としなければ身体内に生ずることを精神は何にも理解し得ないであろう。だが身体以外の外部の物体を知覚する場合はどうであろうか。

このときも身体が認識の対象となるとスピノザは主張する。[12] 人間が心身の二つのみから成り立つと主張する彼にとって、心身以外のものが対象となることは心身の平行関係を破り、もはや人間精神は人間精神であることができず、他物の精神となってしまう。この結果、身体以外の外部の物体の認識は彼において直接的なものではなく、キルヒマンの主張するように間接的なものにすぎない。[13] かくて身体が精神の対象となるのは、我々が身体についての観念を有するからではなく、むしろ身体はそれなくして一切の認識が不可能となるところの nicht-seelisch なモメントになっているからである。[14] 換言すれば、身体は人間認識が成立する条件にほかならない。そして「精神の中に認識し、欲求し、愛したり絶対的能力のない」[15] ことが主張される以上、彼には近代的な意味における意識自体の存在はない。[16] 精神は身体と相即である。従ってもし精神が身体と全く無関係に思惟するならば、それはケアードの主張するように非存在の抽象の認識である。[17] 否、このような認識は彼にとって成立する余地はなかった。

以上のことから彼の心身平行論が更に吟味されてくる。もしこの平行論を単に心身相互の独立性を意味するならば、精神は身体と無関係に自らの独自の原理に従って思惟し、認識しなければならないであろう。スピノザもこのことを肯定している。しかしこれは精神が身体と全く無関係にあることを意味しない。なるほど心身の相互関係は彼において否定されている。両者は無関係である。しかし実在は唯一であり、心身はその二側面にすぎないと主張する彼の立場には、二つの実在の相互関係は否定されるが、同一実在の二側面相互の平行という関係は依然として存在する。いわば同一実在における相互関係なき二側面の平行関係がそこに見られるのである。この点、精神の独自の認識活動を強調するあまり、心身の関係を誤解し、身体と関係を有するものは感覚的な知覚にすぎないと主張したフィシャーは大きな誤りをおかしている。[18] スピノザの場合それぞれの認識に応じた身体の変様がある。imaginatio にはそれに応じた身体の変様があり、知性には知性に応じた身体の変様がある。[19] すでに述べたように外からの影響のみを受ける受動的認識としての感覚的認識も、またその影響を受けない知性の認識もともに身体の観念であり、一人前者のみが身体の観念ではない。かくて身体の観念としての精神は人間における心身の合一性を表わし、もって形而上学的心身の平行論と認識論との緊密な連関を明らかにするためであって、決して感覚的認識の説明につきるものではなかった。いわば形而上学と認識論との一致が身体の観念としての精神の規定のうちに見られるのである。そうでなければ身体以外の外部の物体さえも精神の直接的な対象となったのであろう。この点確かにスピノザの説は我々の経験、あるいは常識に反しているように見える。だが彼においてまず問題となったのは、外的事物の認識でも、また Cogito における自己の精神的存在の確証でもなく、ただ身体を有する具体的な人間としての自己の存在の確証であった。これがまさに身体の観念としての精神の中に含蓄されているのである。

スピノザは精神を身体の観念と規定したが、具体的にいかなる根拠、原理に基づき身体の観念としての精神の認識がなされるのか。ここにスピノザは自己の自然学の知識を援用する。否、彼は自然学を基礎として認識を考える。精神の対象としての身体は延長の様態である以上、それは単独には存在し得ず、自己の存在のためには他者を必要としなければならない。換言するならば、身体は延長の他の様態と必然的に関係しなければならない。この関係は延長の様態に関するかぎり、自然的世界の法則あるいは物体相互の力の法則に従った他の諸様態との力学的関係として示される[20]。この場合身体は他の物体から刺激されると同時に他の物体を刺激するという受動、能動の働きをする。この身体に生ずる刺激の痕跡、すなわち身体の変様を精神は知覚し、そこに身体の変様の観念が生ずる。スピノザによれば精神はこの身体の変様の観念によって、自己の身体、精神それ自身並びに外部の物体を認識しうる[21]。身体の変様の観念によって精神はいわば自己並びに自己を取りまくいっさいのものを認識する。ここで問題となるのは人間精神は身体の観念であると規定されながら、その身体の認識は身体の変様の観念によってのみ可能であると主張された点である。すなわち、精神は外部の物体との力の関係によって生じた身体の変様によってしか身体を認識し得ない以上、全体としての身体そのものの認識は不可能であるということである。例えば、スピノザが「変様とは人間身体の部分、従ってまた身体全体が刺激される様式」[22]（傍点―筆者）であると主張しても、身体の一部分に生じた局所的、表面的な変様が身体全体に影響を及ぼすということは経験に反する。なるほど人間身体が部分の機械論的な和、あるいは機械的な合成体ではなく、有機体であるとしても、我々自らの経験に徴して身体のある部分の刺激を通じて身体全体が理解されるとは考えられない。さらにまた身体に生じた刺激あるいは変様が「人間身体の本性と同時に外部の物体の本性を含まねばならない」[23]ということから、変様の観念によって身体そのものが理解されるとは考えられない。換言すればたとえ変様の観念によって身体そのものを認識しようとしても、それは同時に他の、物体の認識を伴うことになる。このため身体の認識が全く不可能でないにしても、それは決して十全なものとは言えない。[24]スピノザ自身も夙にこのことを認めていた。この結果、人間精神を身体の観念と規定することはスピノザの心身平行論からすれば正しいが、厳密な意味において正しくない。我々は身体そのものを認識するというより、変様に現われた身体のimagoを認識しているにすぎない。換言すれば、精神の対象は全体としての身体ではなく、ただその変様にすぎない。このかぎり人間精神は身体の観念と言われるより、その変様の観念と規定されなければならない。また身体が他の諸物体と常に力の関係に入り、絶えず刺激を受けなければならない以上、人間精神を身体の観念として規定することは抽象的であるとさえ言える。また身体の認識が問題となったとしても、またこの変様の認識が当時の自然学的知識を背景にした認識である以上、決してそれは身体についての単なる生理学的な認識でないことはケアードの主張する通りである。[25]スピノザは感覚的認識としての視覚あるいは聴覚をも一つの物理的現象であるかのように取り扱う。しかしこの認識も単に刺激による自己の身体の状態の確認にとどまり、真に身体そのものを対象とした近代的な主観・客観の枠内における認識は不可能である。変様が自己の身体と他の物体の本性を含むと見なされる以上、特にそうであろう。あるいは心身の状態の単なる平行関係と心身の認識論的主・客の関係とが混同され、両者の間に真の意味の認識論的な関係が生じてこないと言えるのである。[26]

エアハルトは身体の変様が外的諸物体の直接的直観の基礎となっているが、しかしそれは知覚の対象ではなく、知覚の制約であると言っている。[27] なるほどスピノザによれば外的諸物体は身体を通じて認識される。このかぎり身体は認識の手段となり、制約となろう。だが身体そのもの、すなわち全体としての身体とその変様とは区別されなければならない。身体そのものは外的諸物体の認識の場合、確かにそれの手段として精神と外的諸物体との間の中間者となろう。このかぎり後者は精神にとって直接的なものでなかった。それはあくまで自己の身体の彼方にある。しかも単に彼方にあるだけでは、他のいっさいのものと同じように自己を取りまく中立的な事物にすぎず、対象とはなり得ない。それが対象となり意識されるためには、身体を刺激しなければならない。この身体の変様に生じた外的物体の imago を精神が認識するのである。たとえその認識の形式は変様を通じての外的物体の認識であっても、それは変様に生じた外的物体の imago の認識である。それ故身体そのものは認識の手段であっても、その変様は認識の対象となりうるのである。この点、クラマーは外的物体の認識の場合身体は認識の手段であり、この手段は知覚されないと言っている。[28]

確かに身体そのものはこの場合認識の制約であり得ても、対象としては把握されない。だが外的物体と身体との間に生じた刺激の関係は身体に変様として刻印されている以上、また変様を通して外的物体が見られる以上、変様は知覚されなければならない。変様の認識こそ外部の事物の認識である。この点、エアハルトもクラマーも身体そのものと身体の変様とを混同してしまったため、そのどちらも対象と見なすことができず、スピノザが本来的に意味していたものを全く誤解してしまったと言える。また変様が自他の本性を含むものとすれば、外的物体の知覚のために、自己の外にある外的物体を直接の対象とする必要はないし、またこのことはスピノザによれば不可能なことであった。エアハルトは身体の変様によって客体の知覚が媒介されると主張しているが、[29] スピノザ自身の意図を見るならば、むしろ変様そのものの知覚は同時に客体の知覚であった。かくて彼の立場から見るならば、外的な物体を見ても、実はその物体をそのものとして見ているのではない。このことは確かに奇異の感を与えるかも知れない。なるほど外的物体の認識の場合、常識的には自己の身体を一々意識することがないと考えられよう。つまり我々の知覚はこの場合自分の身体よりも外界に向けられているのである。[30] この意味で精神が身体の変様を認識の対象とすることは経験に反しているように見える。しかしスピノザによればこのような批判はむしろ身体の変様がいかにして生じ、また認識がいかに成立するかを知らないのである。この点、彼はたとえ知覚一般の成立を物理的に考察しているとはいえ、その説明には知覚の発生過程をいわば生理学的に説明しようという意図さえ見られるのである。

二 イマギナチオと理性

身体の変様の観念は外的物体の刺激によって生じた身体の観念であるため、前述のようにそれはまず一般的にはそれは感覚的認識と考えられよう。しかしすでに述べたように、身体の変様には単に感覚的なものばかりでなく、むしろそれについて明瞭・判明なる概念を形成しうるような変様も存在するのである。これはいかにして可能か。以下このことが精神とその対象との関係をめぐり、いかに展開されているかを imaginatio と ratio において見て行きたい(直観知 intuitiva scientia については後に別個に論ずる機会があるので、それにゆずりたい)。

すでに述べたように、身体の変様の観念は自分の身体と他の物体(身体)の本性を含む観念である。だがこの変様は自分の身体の中に生ずるものであるから、「我々が外部の物体についてもっている観念は、外部の物体の本性よりも我々の身体の状態をより多く示す[31]」のである。このため同一の事物がそれを認識する人の身体の状態いかんにより、また認識する人が異なるにつれて、異なって見えるのは当然である。このような認識がスピノザの場合 imaginatio と呼ばれる。彼は imaginatio もそれ自体から見れば何の誤りも含んでいないと主張する。[32] これはどういう意味か。この点、彼は「精神が自己に現在的なものとして想像するものについて、その存在を排除する観念を欠いていると見られるかぎりにおいて」[33]、imaginatio は虚偽の認識であると主張する。つまり身体の変様の観念は自他の本性を含む認識であるにもかかわらず、その認識によって単に他のもの、あるいは自分を認識したと考えるとき誤りが生ずる。換言すれば、二つの本性を含む認識を単に一つの事物の認識と見なすとき、それは虚偽の認識となるのである。例えば、リンゴAを認識してA′という身体の変様の観念をうるとき、A′にはAの認識と認識者自身の身体の観念Bが含まれている。このためA′をもって直ちにAの認識と見なすならば、そこに誤りが生ずる。問題はAをAとして認識することである。このためにはA′においてAの認識とBとを区別をしなければならない。ところが imaginatio の認識の場合この区別がなされず、むしろ未分化の状態にある。それは未だ観念としては純化されない認識であり、従ってそれを言表する際主観としての認識者の身体の観念に依存しがちである。この意味でスピノザは当然のことながらこの認識を高く評価しなかった。だが彼はこれを全く否定したわけではない。むしろ（前述のAとA′との関係から見れば）、AをA′として認識するのは誤りであるが、Aを離れてA′そのものをその成立過程から考察するならば、そこには何の誤りも含まれないのである。だが大抵の人間はA′を端的にAの認識と見なして、A′における自他の認識の判別をしない。このため誤謬はこの判別をなし得ぬ人間の側にあって、認識そのものにあるのではない。従って身体の変様の観念が真の認識となるためには、この観念が自他の二つの本性を含むことを認め、しかるのちこの両者を判別し、もって他の本性を説明する認識とならなければならない[34]。精神がこのことを充分にわきまえているならば、「精神はこの imaginatio を自分の本性の欠点とはせず、むしろ長所とするであろう。特にこのimaginatioが精神の本性にのみ依存するならば、すなわちもし精神のこの imaginatio が自由であるならば、なお一層そうであろう[35]」とさえスピノザは主張しているのである。以上述べてきたところから明らかなように、身体の変様の観念は決して単に事物の模写あるいは反映ではない。むしろそれはあたかも存在しないものを存在しているかのように認識する想像力でもあり、これはある種の判断であり、推論であって、単に受け取る能力ばかりを意味しない。ただそれは事物の真の原因、理由、あるいは身体の変様の観念がいかに生ずるか、いかなる性質をもつかを知らないため、十全なものとは見なされないのである。

これに反し理性の認識はどうであろうか。スピノザはこの認識を共通概念と言っているが、その発生の根拠をたずねれば理性もまた身体の変様の観念であることに変わりない。[36] ただ身体の変様が imaginatio のように外部の物体との単なる偶然的な接触によるのではなく、自他にとり共通なものによって刺激される点が imaginatio と異なる。もちろん imaginatio の場合も自他の両者に共通なものがなければ、身体に何の刺激も起こらない。imaginatio は身体が共通なものによって刺激されながら、それを判然と意識せず、混乱しているため、十全なものとは言えなかった。この点理性はそれを判然と認識する。このためそれは受動的でなく能動的な認識である。また imaginatio は自他の本性を区別しない認識であるため、それは虚偽の認識であった。だが理性は共通概念であるため、自他の本性の区別というより、むしろ自他不二の認識と言える。このため前者のように他の本性よりも自分の状態を多く示す主観的な認識ではあり得ない。むしろそれは自他に共通なるが故に客観的認識であると言える。だが実際の問題として自他に共通性がなければ、身体の変様の観念が生じ得ないことを認めるとしても、我々はその共通性を常に意識することができない。もし常に意識しているとすれば、我々の認識はすべて理性的な認識となるであろう。この自他の本性にとって共通なものの認識は彼の場合いかにして可能か。

例えば、Aを自他の本性にとって共通なものとするなら、Aを対象とすることによって生じた身体の変状の観念A′は、実はAそのものの認識を意味する。なぜなら、A′はすでに述べたように自他の本性、つまり対象Aの認識と認識者自身の身体の観念Bを含むが、後者は前提によればAの観念にほかならないからである。ここで問題となるのは、自他にとって共通なAをいかにして見出すかということであろう。このAの発見の仕方に理性の認識のすべてがかかっている。というのは、Aがすでに与えられているなら、我々はそれを身体の変様を認識する仕方に従って認識すればよいからである。ではこのAを我々はいかにして見出すのか。スピノザはこれを「多くのものを同時に観想する」[37] ことによって見出そうとする。なぜなら、すでに述べたように自他の本性を含む身体の変様の観念がそれ自体に誤りを含まないということは、彼の言葉を借りれば、「多くの個物の観念に変様したかぎりの神の中に」その観念があるからである。つまり理性の認識が普遍的、客観的であるのは、その認識が本来多くの個物に共通な事柄を含んでいるからである。かくて理性的な認識は多くの事物を認識することによって、ものの共通性を発見する。つまり身体の変様の観念を成立させるための要件として自他の共通性を把握するのである。いわば、imaginatio において自覚されなかった事物の共通性が、多くの事物を認識することによって自覚されてくる。この共通性の認識は一種の帰納的認識であろう。しかし彼の場合共通性の認識あるいは発見がいわゆる「普遍概念」に堕さなかったのは、それが常に身体の変様の認識にとどまり、その枠から出ることがなかったからである。この点、スピノザの理性認識は、経験から独立した純粋に精神的あるいは観念的認識と異なり、すでに述べたように一種の経験的な認識である。しかしそれは imaginatio のように偶然的な経験ではなく、むしろ共通性の認識として、あるいは事物相互の内面的連関の認識として(なぜなら、多くの事物を認識することによって事物の共通性を把握することは、単なる imaginatio の認識にとって渾沌としてあったものに何らかの連関を精神において見出すことであるから)、外的ならぬ内的経験の認識である。また自他にとり共通なものとは自他がそれによって完全に一致することを意味するのではない。もしそうであるなら、精神の対象としての身体は外部の物体と全く一つにならなければならないであろう。なるほど筆者は理性の認識が自他不二の認識であると言った。しかしこの自他不二は両者の完全な同一性という意味でなく、共通性を根拠とした認識の客観性の意味である。もしそうでなければ理性は多くのものを認識することによって、事物を比較し、事物の一致点、相違点、反対点を明らかにすることはできなかったであろう。

注

（1）スピノザにおいて個物の認識をなしうるのは imaginatio（想像力）と scientia intuitiva（直観知）の二つである。精神が「身体の観念」(idea corporis) である以上、imaginatio も scientia intuitiva もともに身体の観念であることに変わりない。たとえこの二つの認識が価値的な面から区別されたとしても、発生的に見れば両者はともに同じ根から生じてきたものと言えよう。つまり直観知はいわゆる超感性的な叡智的な直観としての純粋な精神的認識というより、imaginatio と同じ基盤の上に立ち、同じものを対象としながら、ただ見方が相違するが故に区別される認識ではないのかという疑問が生ずる。

（2）これについてはすでにボルコヴスキーやロビンソンが主張している。
Borkowski : Spinoza, I. S. 368.
Robinson : Kommentar zu Spinozas Ethik, S. 301.

（3）Korte Verhandeling, II. Voor Reeden, Aanmerk. 9, p. 52.

（4）Ibid. Cap, 20, Aanmerk. 4, P. 98.

（5）Eth. II. Prop. 13, Dem.

（6）Borkowski : Spinoza, I. S. 384 ff.

（7）Eth. II. Definitio III. Explicatio.

（8）Ibid. Definitio IV.

（9）Eth. II. Prop. 12, Dem.

（10）Eth. V. Prop. 4 et 14.

（11）Borkowski : Spinoza, I. S. 385.

（12）Eth. II. Prop. 13, Dem.

（13）H. v. Kirchmann : Erläuterung zu B. v. Spinozas Ethik, I. S. 58.

（14）N. Cramer : Spinozas Philosophie des Absoluten, S. 74.

（15）Eth. II. Prop. 48, Schol.

（16）Caird : Spinoza, p. 195.

(17) Ibid.

(18) K. Fischer: Spinozas Leben, Werke und Lehe, S. 484～485.

(19) Eth. II の imaginatio の項参照、また同じく Eth. V. Prop. 4. 参照。

(20) このことは身体の変様の様式を示す Eth. II. Prop. 16 が Eth.II の自然学の Lemma III. Corol. の公理一を引き合いにだしていることから明らかである。

(21) Eth. II. Prop. 19, 23 et 26.

(22) Eth. II. Prop. 28, Dem.

(23) Eth. II. Prop. 16.

(24) Eth. II. Prop. 27 et 28.

(25) Caird: Spinoza, p. 198, 199.

(26) H. F. Hallet: Creation, Emanation and Salvation, p. 118.

(27) Erhardt: Philosophie des Spinoza in Lichte Kritik, S. 332.

(28) Cramer: Spinozas Philosophie des Absoluten, S. 93.
Hallet: Creation, Emanation and Salvation, p. 118.

(29) Erhardt: Ibid. S. 333.

(30) Ibid. S. 331～332.

(31) Eth. II. Prop. 16, Corol. II.

(32) Eth. II. Prop. 17, Schol.

(33) Ibid.

(34) Eth. II. Prop. 18, Schol.

(35) Eth. II. Prop. 17, Schol.

(36) Eth. II. Prop. 39.

(37) Eth. II. Prop. 29, Schol.

11　体系合理化の方法としての幾何学的方法

神即自然の根源直観を形成したのちのスピノザは、キリスト教国の文化に本格的に接し、様々な知識を取り入れ、その根源直観を合理化して行った。このことが彼の実体、属性、様態の概念に反映し、また独自の自然観に昇華して行ったことは周知のことである。だが彼の体系の合理化にとって逸することができないのは、幾何学的方法であろう。幾何学的方法と言えば、我々はまず「幾何学的秩序によって証明された」(ordine geometrico domonstrata)『エチカ』を思い出すことができよう。しかし彼の幾何学的方法とは、単に幾何学的論証の仕方を自分の思想を表現する際に適用したことにつきない。彼の汎神論が幾何学的汎神論と言われるのは、この方法が彼の体系の内面にまで滲透しているためである。これによって彼の体系の合理化は、他の同時代の哲学者たちよりも一層徹底されてきた。だが注意すべきことは、すでに序説において述べたようにこの方法はあくまで汎神論の幾何学化を意図したものであって、方法そのものの貫徹が彼の思想を汎神論として結実させていったということを意味するのではない。これが彼において幾何学的方法を語る場合の特異な点である。筆者がこの方法について語る場合、一般と異なってこれを本書の冒頭にかかげず、今になって論ずるのもこの理由によるのである。以下この点を顧慮しつつ、彼が幾何学的方法をいかに体系に適用して行ったかを考察して行きたい。

一　体系の幾何学的叙述の意義

数学的、幾何学的方法が十七世紀をいかに風靡したといっても、単にこれを外面的な説明の技術の方法として用いるならば、すでにこのことはウォルフソンの主張するように古くからあった。(1)例えば、哲学的な見解を定理の形式に還元したり、三段論法による証明を幾何学的形式になおしたり、またユークリッド幾何学の形式をそのまま模倣したりする方法ならば、何も十七世紀の産物ではない。しかし十七世紀の幾何学的方法はこれらとは全く性格を異にし、単に形式においてばかりでなく、内容においても、すなわち哲学思索そのものにおいてもこの方法がゆきわたっているのである。(2)この背景には十六世紀以来数学的自然科学が実在の探求に大きな役割を果たしてきたことが挙げられよう。そしてまたこの実り豊かな土壌の上に、ポール・ロワイアルの論理学、パスカル、デカルトなどの努力があって、(3)始めて幾何学的方法は新たに哲学の方法として脚光を浴びることになったのである。

一般に十七世紀は方法の世紀とも言われ、ルネッサンス以来のめざましい科学の興隆に対処して、哲学が自己自身の学問の新しい基礎づけとその方法を問題にした時代である。ベーコンもデカルトもそれぞれ方法論を書いた。スピノザもこれらの二先輩と同じように方法論を『知性改善論』において書いた。ふつうスピノザはデカルトから多くの影響を受けたと言われる。(4)しかし彼の汎神論は彼がデカルトに接する以前にすでにその根源的な形態が形成されていたとすれば、デカルトの影響はこのスピノザの汎神論的根源直観を合理化し体系化する方向に向けられていたと考えられる。特にデカルトの方法論の影響はスピノザに顕著な影響を与えた。彼の思想が単なる個人の信条にとどまらず、普遍的な、ある面において冷厳とも言うべき体系として成就されたのは、このデカルトの影響によるところが大きい。ではどのようにして、またどの点において彼はデカルトの方法から影響を受けたのであろうか。

スピノザはその主著『エチカ』に先立ち、『デカルトの哲学原理』を幾何学的方法によって著わした。この書物の序文を書いたスピノザの友人マイエルは、[5]「学問を研究し、それを伝達するにあたり、数学者たちの方法、すなわち定義、公準、そして公理から結論を論証して行く方法が、真理を探求する上にも、最善、且つ最も確実な方法である」[6]と言っている。マイエルは幾何学的方法を定義や公理を前提にした、いわゆる綜合的な方法の意味に理解しているのである。この方法によれば未知なるものは「確実に前もって認識されたもの」としての定義や公理から一定の手続きを経て必然的に導き出されるのである。果たしてそうであろうか。デカルトは『省察』の『第二反駁への答弁』において証明の幾何学的方法について論じている。[7]それによるとこの方法には二種あり、一つは分析的方法であり、他は綜合的な方法である。前者は「事物が方法的に発見され、いわば結果が原因に依存しているかのように」証明する方法である。『省察』において示された方法はまさしくこの方法であった。また後者の綜合的方法は、「明晰な真理において結論において含まれているものを証明し、定義、公準、公理、定理そして問題の長い系列」を用いる方法である。スピノザの『デカルトの哲学原理』や『エチカ』の方法はこの後者の方法であった。マイエルによればスピノザの『デカルトの哲学原理』は、デカルトが分析的方法で書いた『哲学原理』を綜合的に書きなおしたものである。[8]すなわち、「デカルトが分析的秩序に書いたものを綜合的な方法で書きなおし、幾何学にとってファミリアな仕方で(more Geometris familiari)」証明したものである。またスピノザ自身の『知性改善論』がジョアヒムの言うように分析的方法で書かれたとすれば、[9]『エチカ』は『知性改善論』が結論として示したものを綜合的な方法で書きなおしたものであると言えよう。それだけ『知性改善論』と『エチカ』とは証明の方法に関するかぎり、密接な関係をもっていると言えるのである。しかしこの証明の綜合的な方法はスピノザの哲学において一体いかなる意味をもっているのであろうか。

前述のようにマイエルはユークリッド幾何学の形式に従った幾何学的方法が真理の探求ならびにその伝達の仕方に

において最善であると言っている。なるほど定義や公理による証明は必当然的な結論を生み出し、誰でも納得させずにはおかない一種の強制力をもっていることは疑いない。だがこれのみが最善の方法とは言えない。デカルト自身もすでに論証の方法が必ずしもすべてユークリッド幾何学の形式をとらねばならないとは主張していない。彼が『第二反駁への答弁』の『附録』において挙げたユークリッド幾何学の秩序に従った論証の方法は、人にたのまれて一つの例として示したものである。それ故方法それ自身の内面的な要求として、それがユークリッド的な形式をとらねばならないという必然性はない。このような方法に従って論証を展開することは当時のモードですらあった。[10] 否、それは一種の「遊び」ですらあった。マイエルもこの方法に魅せられ、一度ならずこの方法に手をそめたのである。だがこれが発見の方法としての分析的な方法に対する綜合的な方法であると考えるならば、彼はデカルトの方法を誤解していたと言わねばならない。幾何学的方法において幾何学の論理と哲学の論理との間に何らかの連関がなければ、それは単に外面的な技術上の操作にとどまり、それによって確実な哲学的な認識を表現することはできない。もし幾何学的方法が単に外面的、技術的なものでなく、新たな存在の理法としての意義をもつならば、それはユークリッド幾何学のような仮説的な、名目的な定義から出発することはできないであろう。それはいわば第一原理、真実在からの出発でなければならない。このためもし哲学に幾何学的方法が適用されるならば、その基礎となるべき「定義」は単に名目的、仮説的なものでないことは明らかである。[11] もちろんただ論証だけが問題となっているならば、名目的な定義だけでも一応その使命を達することができるであろう。しかしスピノザは幾何学的方法をただ論証のためにだけ用いたのではない。むしろそれを哲学的思考の方法として自己の哲学の体系樹立のために役立てようとするのである。このため彼は『知性改善論』において定義の発見の仕方に苦心し、この定義論を彼の方法論の主要な部門に数え入れているのである。しかし『エチカ』の幾何学的方法には、彼がその『知性改善論』において示した意図は貫ぬかれているであろうか。彼が後者において問題とした「定義」は本質の定義としての実質的な定義であった。[12]

だがもし『エチカ』の幾何学的方法が単に外面的な、ユークリッド的な形式にのみつきるとすれば、その定義は実質的な定義であることを必要としない。むしろ「規約」としての定義で充分こと足りるのである。しかし『知性改善論』において充分に定義の条件を吟味した、実質的な定義を真の定義と見なしたスピノザが、『エチカ』の定義においてそれを反映させなかったとは考えられない。ところが『エチカ』はその外面的な叙述の形式上、定義、公理というように順を追ってその演繹を展開している。このため、いわば種々な論証を経て始めて体系の基礎としての神が理解されるというようなものになってしまった。もしそうであるなら『エチカ』における神の定義は実質的であることを必要としないであろう。だが彼が『知性改善論』において述べた演繹的な方法は諸定理が形式の上においても、内容の面においても、神の定義から導き出されてくるということであり、諸定理が論証の末に神を明らかにして行く方法とは全く異なっている。

ではなぜスピノザは自分の哲学的な見解を表明するためにユークリッド幾何学の形式を用いねばならなかったのであろうか。すでに述べたことから明らかなように、彼がユークリッドの形式をとらねばならなかった必然的な理由は何もないのである。[13] むしろマイエルが、「この最も著明な、比類のない人（デカルトを指す—筆者）の哲学的な諸著述は、数学的な証明の方法、秩序を含んでいるとはいえ、ユークリッドの幾何学書（Elementa）や他の幾何学者たちの書物にふつう用いられている方法……によって仕上げられていない[14]」と言っているように、デカルトのなし得なかった幾何学的な叙述の方法をあえてスピノザが成就したところにその意義が存するのである。あるいは同じことであるが、当時の幾何学的方法全盛の時代に、スピノザがその範を示した点、ウォルフソンの主張するように、教育的、啓蒙的な意義があったとさえ言える。[15] これらのことはユークリッド幾何学の形式に従った叙述の方法も幾何学的方法の中に数え入れていたことを意味しよう。しかしこれが方法であると言われるならば、それはヤスパースの主張するように前提されたものだけを証明あるいは説明して行くだけであって、決してマイエルの言うようにそれが真理探求の方法であるとは考えられない[16]。同時にまたこの方法の場合叙述の形式と哲学の内容とが、『エチカ』に見られるように混乱し、大きな循環論すら見られるのである。このためこの種の幾何学的方法は真理を伝達し、教えるためにだけ有効であったとしか考えられない。かくて『デカルトの哲学原理』や『エチカ』において示された論証の幾何学的な形態は何か新しい原理に基づいたものではなく、ここで最初に述べたように、古代や中世においてすでに用いられてきた幾何学的方法の型から一歩もでていないと言わなければならない。それ故幾何学的方法が単に外面的でなく、哲学の内容にまで徹底されねばならないとしたら、それは別の形態の幾何学的方法とならねばならなかったであろう。

二　綜合的方法──ものの定義

すでに述べたように、マイエルによれば証明の綜合的な方法は発見の分析的な方法と対をなし、前者は後者とは逆の道をたどった方法のように考えられている[17]。もしそうであるならば、綜合的な方法はスピノザの場合単に外面的な方法でなく、むしろ実在の世界に照応した体系を積極的に形成する方法でなければならない。つまり方法の貫徹が体系そのものを幾何学的に形成するものでなければならないであろう。しかし事実はそうでなかった。このため綜合的な方法が単に外面的なものにすぎなかったと批判されるのである。だがこれはスピノザの責ではない。むしろあの序文において間違った見解を述べたマイエルの責に帰せられるであろう。マイエルは発見の方法に関して全く誤解していたため、すなわち、証明の分析的方法を発見の方法と思い込んでしまったため、綜合的な方法をあのようなユークリッド幾何学の形式に従わねばならないものと考えてしまったのである。このことはマイエルがデカルトの『レグラエ』に見られる発見の方法に考え及ばなかったことを意味する。否、マイエルはデカルトの『レグラエ』を知らず、『省察』やその『反駁』に対するデカルトの答弁のみを読み、その中にもられた叙述の幾何学的方法しか知らなかったと主張しうるのである。マイエルもそうであったなら、その親友であるスピノザもデカルトの『哲学原理』、『省察』を読んでも、デカルトの初期の著作『レグラエ』を知らなかったのではないかという疑問が生じる。この点、ロスは『レグラエ』がスピノザの在世中には出版されていなかったために、スピノザはそれを読む機会がなかったと主張する。[18]このロスの見解に対しジョアヒムは一六五六年頃にはすでに『レグラエ』のテキストがオランダのデカルト主義者の間で読まれて居り、スピノザも自己の方法論である『知性改善論』を書く前に、それを読み影響されることがあったと主張する。[19]ボルコウスキーもこの点同意見であった。[20]スピノザが実際に『レグラエ』を読んだか否かという問題は、後述されるであろうが、結論を先取して言えば、彼は『レグラエ』なしに、『知性改善論』、彼の最も初期の著作、『短論文』すら書き得なかったほど、『レグラエ』から大きな影響を受けているのである。

デカルトは『レグラエ』において、「すべての方法は何らかの真理を発見するために、精神の力がそれに向けられるべきであるところの事物の秩序と配列とに存する。そして複雑にして不明瞭な命題をより単純なものに還元し、次いですべてのもののうちで最も単純なものの直観から他のすべてのものの認識へ同じ段階を経て到達しようとつとめるならば、この方法に正確に従うことになろう[21]」と言っている。これは『方法序説』における方法の第二、第三の規則に対応するものである。彼はそこで「私が探求しようとする問題のおのおのをできるだけ、そしてよりよく理解するために要求されるであろうところの小部分に分割」しなければならないと言っている。[22]この分割は彼によれば「枚挙あるいは帰納」によってなされる。分割によって複雑なものから単純なものへと進む方法、これが分析的な方法である。この過程だけを見るならば、それは古典的な帰納の方法を想起させるかも知れない。しかしデカルトが『レグラエ』で説いた分析的方法は数学の解析学の方法に則ったものであり、経験主義者の帰納の方法とは異なる。これに反して綜合的な方法は分析的方法とは逆に、単純なものから複雑なものへと進む方法である。デカルトはこのような分析、綜合の方法を単に数学の領域ばかりでなく、すべての学問にも適用しようとする。これが彼の「普遍数学」の理念に現われているとすれば、従来の数学は die Mathematik ではなく、eine Mathematik である。そして単なる数学は普遍数学となることによって、その学問としての真の意義をもつことができるのである。同様に方法も普遍化され、あらゆる対象領域に適用されるとすれば、方法の汎神論すらそこに意図されていると考えられるのである。

問題を単純なものと複雑なものとに分ける分析的方法が、「存在」の領域に適用されるならば、「単純なもの」とはいわゆる「単位」やスコラ的な「普遍概念」ではない。いわゆる「普遍的なものは、個別的なものよりも、一層単純な本質をもつものであるから、一層絶対的である。しかしそれは存在するためには個物に依存するのであるから、また一層相対的であるとも言うことができる」(23)のである。デカルトはこの単純なものが、「哲学者たちがそのカテゴリーにおいて事物を分割したような存在のある類（傍点—筆者）」ではないと主張している(24)。それは彼の場合秩序に従った原因の認識によって発見され、しかもあらゆる事物が存在するために、それに依存するようなものでなければならない。このように考えるならば、「自己原因」こそ真に単純なものと見なされるであろう。デカルトは単純なものを「絶対」、複雑なものを「相対」と見なしている(25)。しかし彼は未だ『レグラエ』において単純なものを絶対的な存在としての「自己原因」とは言っていない。このため方法に従って単純なものから複雑なものを演繹すると言っても、哲学あるいは存在論の方法としてこれを適用することには、不徹底なものがあったと言うことができる。実際デカルトはこの方法を彼の体系樹立のために直接に適用することができなかった。このため方法と体系とは、彼の場合ハイムゼートの主張するように、いわば分離されているとさえ言われるのである(26)。これに反してスピノザはデカルトのこの方法を徹底させて、綜合的な方法を哲学の方法として内面化して行った。もちろんこのような方法が遂行されるためには、存在そのものが数学的な構造をもたねばならなかった。つまり幾何学的方法と存在の幾何学化とは彼の場合相即的であり、これによってのみ始めてそれが体系樹立の方法として内面化されたと言うべきであろう。単にユークリッド幾何学の証明方法に従ったものが幾何学的方法ではない。マイエルの言ったように、デカルトが分析的に書いたものを綜合的に書き改めたということだけが、彼の方法の真の意義をなしているのではない。方法即体系、つまり方法の貫徹が直ちに彼の究極的な体系の形成を意味しているところに、彼の方法の真の意義が存するのである。

以上のような意味からスピノザが幾何学的図形との類比において自己の哲学的な見解、特に存在の必然性について語ることは、単なる類比以上のものを含んでいるとさえ言うことができる。スピノザは「神の最高能力、あるいはその無限の本性から無限に多くのものが、無限に多くの仕方で、すなわちすべてのものが必然的に流出したこと、あるいは常に同一の必然性をもって生起するということは、三角形の本性からその三つの角の和が二直角に等しいことが、永遠から永遠にわたって生起するのと同じである[27]」（傍点—筆者）とか、また「三角形の本性からその内角の和が二直角に等しいことが帰結されるのと同じ必然性によって、すべてのものが神の永遠なる決定から帰結される[28]」と言っている。彼は単なる比喩からこのようなことを述べたのではなかった。むしろ彼には幾何学的図形のもつ内的、論理的な必然性が彼の哲学がもつ存在の必然性の表現にほかならなかったのである。つまり彼がその方法を貫徹することによって得たものは、前述のように哲学を存在の幾何学、あるいは幾何学として哲学を形成することであった。この点、デカルトの「普遍数学」の理念は、スピノザにおいて始めて具現されたと言うべきであろう。そしてこのことはデカルトにおいて意図されていた方法の汎神論が、彼の場合には汎神論の幾何学化となったことを意味しているのである。そしてこの一事をもってしても、スピノザがデカルトの合理主義の影響を受けながら、デカルト以上の合理主義者となったと言えるであろう。またこの意味で彼は十七世紀の合理主義者の中で最も合理主義的な哲学者であったとも言えるであろう。では彼の場合方法はデカルトの影響を受けて具体的にどのように内面化され、展開されて行ったのであろうか。

デカルトとの関係においてスピノザの方法を考えるとき、まず念頭に浮かぶのは、前述のように『知性改善論』における「定義論」であろう。だがスピノザの「定義」についての考え方はすでに彼の初期の論文『短論文』に現われている。その意図するものは、従来のアリストテレス・スコラ的な類・種差によるものの定義の仕方の行き詰りに対する新たな定義の仕方であった。[29] いわゆる「規約」としての名目的な定義ではなかった。それはものそのものの本質を表現する実質的な定義であった。しかも本質の定義と言っても、創造者、被造物とを問わず、一様に同じような仕方、あるいは手続きによって定義されるのではない。デカルトの場合、概念の論理的な分析によって事物が単純なものと複雑なものとに分かれたと同様、スピノザにおいてもこのような分析を基礎として事物が二種に分かれ、従ってものには二種類の定義が考えられている。[30] すなわち、それ自体の本質によって存在し、また理解されるものの定義と第二にものの「最近原因」による定義である。前者は彼の哲学によれば「自己原因」としての神の定義であり、後者はいわば神の「様態」の定義である。しかしデカルトの影響は概念の分析に対応したこの二種類の定義に示されるばかりではない。その定義そのものの構造がデカルトに従って考えられているのである。すなわち、デカルトにおいて単純なものの観念は真でしかあり得なかったが、スピノザも「もしある観念が最単純なものに関するものであるならば、それは明晰・判明でしかあり得ない。なぜならこのようなものは部分的には認識されず、むしろ全体的に認識されるか、全く認識されないかでなければならないからである[31]」と言っている。同様に「観念が単純であれば、明晰・判明であり、従って真である。もし判明な諸観念の合成から成り立っているとすれば、またそれから諸観念の合成もまた明晰・判明であり、真である[32]」と言っている。スピノザにとって単純な観念が真であることは自明であるにしても、複雑な観念が真であるためには、それが単純な観念からの合成あるいは導出であると強調するのは、まぎれもなく彼がデカルトの綜合的、演繹的方法の影響を受けたことを物語る。しかし彼は単に諸観念の分析・綜合にとどまることができなかった。彼はこの方法を体系の樹立のために積極的に用い、もってデカルトを超出しようとしたのである。

ではどのようにしてこれに到達することができたのであろうか。

スピノザは真理の外的な特徴として古典的な「対象との一致」をもち出す。[33] このため彼は認識論的には模写論の立場にたっていたと言われる。もとより彼は単にこの立場に立っていたのではない。むしろ彼自身の本来的な立場は観念あるいは「客観的本質」(essentia objectiva　客観的と訳したが、近代的な意味のそれではない)そのものに真理の内的特徴を認める立場である。[34]だがそれにもかかわらず彼は対象との一致を真理の外的特徴としたのは理由のないことではなかった。すなわち、彼は観念がその対象の「形相性」と一致することを前提して、対象の世界、つまり実在の世界を綜合的な方法によって再構成することを説こうとしているのである。「観念がその形相的本質と一致しなければならないと我々が言ったことから、我々の精神が全く自然の写し(naturae exemplar)であるために、すべての観念を全自然の根源と源泉とを再現している観念から導き出し、この観念がまた他の諸観念の源泉となるようにしなければならないことは明らかである[35]」と言うのである。またこれと関連して彼は次のようにも言っている。「すべての観念が一つの観念に還元されるために、それらの観念を我々の精神ができるかぎり、自然の形相性を全体に関しても部分に関しても客観的に(objective)再現するように連結し、秩序づけること……[36]」と。このように「対象との一致」を前提にして、綜合的な方法によって全自然を再現することがスピノザの意図であった。そしてこの演繹の最初の出発点が自然の根源としての神の観念であることは自明である。神は自己原因にしていっさいのものの原因である。従って方法はこの原因から結果へと進む方法である。だが単に原因から結果へと進む方法ならば、スピノザの主張しているようにすでに古人のなしたところである。[37]だが彼の示した演繹的方法は、数学的な分析(解析)の手続きによって諸観念を単純、複雑、あるいは絶対、相対という論理的な関係に還元し、この両者を知性の独自の働きによって結合することであった。彼において「対象との一致」、あるいは対象の、すなわち自然の法則性に対応した観念それ自体の法則的連関は、彼の心身平行論によって基礎づけられている。[38]しかもこの形而上学的な心身平行論の基礎づけを与えたものが、ボルコヴスキーの主張するようにデカルトの解析幾何学とするならば、[39]彼はその体系樹立の方法に関するかぎり、当時の数学的自然科学の成果に大部分を負うていたと主張しても過言ではあるまい。彼はその当時の数学的自然科学の総決算をその方法において示したのである。自然が一定の法則に支配されていると同様に、観念もそれ自身の法則に従い、何らの中断もなく原因と結果を秩序づけ連結することができる。中断なき思考の連結、これが精神をして一種の「自動機械」たらしめ、ひいては古代人の思考法から区別される大きな特徴となったことは、スピノザ自身の認めるところである。しかしたとえそうであっても、最初の観念、つまり第一原因の観念なくしては、方法は出発することができない。この観念は彼の場合いかにして見出せるのであろうか。ここに彼自身の分析的方法が示されなければならない。

三　分析的方法――理性

スピノザはその方法論の「定義論」において定義の条件について述べても、(40)その「発見の方法」については述べていない。これは『知性改善論』が未完に終わってしまったために、それについて述べようとしても、その機会がなかったのかも知れない。だがこのような推測にもかかわらず、彼が右のように定義の条件についてしか述べなかったために、彼の方法は「第一原因」の定義に始まる綜合的、演繹的な方法でしかなく、発見の方法としての分析的方法がなかったと誤解され易い。しかし彼は分析的方法なしに果たして綜合的方法を考えることができたであろうか。なるほど彼は定義の発見について語ることができなかった。彼がここでいう定義の発見とは事物をいかに定義づけるかという技術上の問題ではない。定義は彼によれば事物の本質を表現するものである以上、その発見とはむしろ本質そのものの発見、認識にほかならないのである。本質の認識は『エチカ』の認識論において重要な問題となっている。だがもしデカルトのように「枚挙あるいは帰納」が発見の手続きと見なされるならば、(41)そのような働きをなすものはスピノザの場合果たして見出されるであろうか。なるほど彼はデカルトのようにあからさまに「枚挙あるいは帰納」について語ることはなかった。もともとスピノザにはデカルトが『レグラエ』に示したようなものは見られない。しかしそれにもかかわらず彼は次のように言う。「すべての混乱は精神が全体的な事物（res integra）を、あるいは多くのものから合成されたものを部分的にしか認識せず、そして認識されたものを認識されないものから区別しないことから生ずる」[42]（傍点—筆者）、あるいは「多くのものから合成されているものが、もしすべての最単純な部分に思惟によって分かたれ、そのおのおのに注意を向けるならば、すべての混乱は消滅してしまうであろう[43]」と。すなわち、上の引用文の意味は、何らかの意味で彼に「枚挙」が考えられていたことを物語るのではないか。特に「思惟によって分割すること」（cogitatione dividere）が最単純な事物の発見を志向しているとすれば、スピノザにもデカルトとは異なった意味であるが、「枚挙」が問題になっていたと考えられるのである。それ故彼が『知性改善論』において分析的な方法やまたその手続きを語らなかったとしても、彼が全然それについて知らなかったと言うことはできない。もしそうであれば、彼が『知性改善論』の「方法」の第一部において述べたこと、すなわち真の観念を他の諸観念から区別し、分離することを問題にし得なかったと考えられる。しかし真理の発見についての具体的手続はそこでは何一つ語られなかった。ただ「思惟によって分割すること」のみが彼においても新しい意味での分析的方法であることを示唆し、また思惟が問題となっている以上、当然それは認識論の問題であると考えられる。それ故この問題は『知性改善論』においてでなく、『エチカ』において果たされねばならぬものであると言えよう。

スピノザによれば定義を発見する方法は、知性の定義がなされたのちに考えられねばならない[44]。このことは彼が知性の定義に関して一つの循環論に陥ったことを意味する。なぜなら、定義をもって始まる彼の哲学の体系は、当然知性をも定義しなければならないのに、ここでは逆に知性の定義がいっさいの定義の始源とならなければならないからである。つまりもともと事物を定義しなければならないもの、すなわち知性が、逆にその定義したものから定義されなければならないからである。このかぎり知性は彼の場合永遠に定義されないものとなろう。このためか、彼は

『知性改善論』において知性の諸特質をかかげ、それから知性を定義しようと試みる。これはスピノザの定義論そのものの性格から見れば逆のことを意味する。彼によればものの定義は、例えば三角形の本質すなわち定義からその内角の和が二直角であると帰結されるように、それ自身からその特質を導き出すことにその本来的な意義がある。だがそれにもかかわらず、彼はここでは知性を定義するのにその特質をもってする。しかしこのことは見方を変えれば、知性を定義するためにこそ、いわゆる分析的な方法が必要であるとも言える。すなわち、分析的な方法が示す複雑なものから単純なものへの進行をもし「特質」から「本質」への進行、あるいは探求と見なすならば、スピノザが知性の定義の発見においてとった方法も分析的方法に従ったものであると言える。このことを確証するために、スピノザの次の言葉をかかげるだけで十分であろう。「知性の定義はそれ自体で明瞭でなければならないか、それとも我々がそれを全然知ることができないかのどちらかである。しかしそれはそれ自身では絶対に明瞭ではない。だが知性の諸特質は、我々が知性についてもっているいっさいのものと同様に、その本性が認識されなくては明瞭・判明に知覚され得ないから、それ故もし我々が明瞭・判明に理解するその諸特質に注意するならば、知性の定義はそれ自体で知られるのである(45)」と。

スピノザは右の意見のあとで知性の諸特質をかかげる(46)。これらの諸特質は彼が『エチカ』で説いた無限知性並びに有限様態としての人間知性の諸特質である。そして『エチカ』は、それが無限なものであっても、有限なものであっても、知性を神の様態として定義づける。しかし前述の『知性改善論』における彼の意図を知るならば、『エチカ』は彼において『知性』の定義がなされたのちの産物、哲学の体系であると言える。それ故もし彼が体系の形成に先立って知性の定義をなし得たとすれば、それは時期的にみて『知性改善論』と『エチカ』との間に求められねばならないであろう。あるいは知性の定義なしには『エチカ』は成立し得なかったであろう。たとえ知性の定義が『エチカ』において明文化されていなかったとしても、何らかの形でそれがなされていたと見るべきが至当であろう。ではなぜ彼は知性を神の様態として定義づけたのかということが当然問題となる。ここに『エチカ』が形式においても内容においても綜合的な方法によって貫かれていることを想起しなければならない。たとえ『エチカ』第一部の神の定義が「規約」としての定義であったとしても、『エチカ』において示された思想は、(もちろんそれは、外面的にはユークリッド的な形式によって叙述されてはいるが)神についての実質的な定義からの綜合的方法によって表現されているのである。これらのことから『エチカ』において知性が神の様態として定義されたことは、神の実質的定義からの綜合的方法によるものと言える。それ故この知性の定義は彼が発見の分析的方法の出発点と見なした知性の定義から区別される。たとえ内容の点で同一のものであっても、それは論理的、方法論的な意味において区別されなければならない。このことを裏付けるものとして、『エチカ』の知性の定義が形而上学的なものであったに反し、方法論におけるそれは、彼がそこで挙げた知性の諸特質から察せられるように、知性の認識能力からのものであることが挙げられよう。スピノザはこの知性の認識によって神を認識し、定義し、それから綜合的な方法を用いて演繹的な体系を形成する。つまり知性は彼の体系では神の様態と見なされながら、その認識能力に関するかぎり、それ自身の様態としての有限性に拘束されない。知性は無限者を認識しうるのである。[47] ここに彼の哲学における知性独自の意義が存するのである。なるほどスピノザの形而上学における心身平行論を表面的に理解すれば、知性は自己に対応する有限的な対象に限局され、それを超えることができない。しかしもしそうであるなら、彼の哲学の目標である神の認識、またそれを基礎とした人間の救済も不可能である。かくてスピノザにおいて精神の認識能力を語る場合、一応その様態としての形而上学的制約を度外視しなければならない。特に体系の基礎である神の定義を発見する場合には、そうでなければならない。では彼は神をいかに体系の幾何学的形式に先立ち認識しなければならなかったのであろうか。

　スピノザはデカルトのように自我の存在から出発したのではなく、「神を認識する、それ故にわれあり」(Cogito Deum, ergo sum) ということから出発する。[48] 神の認識は体系の基礎であり、出発点であった。ところでスピノザにおいて神の認識をなしうるのは、第二種の認識としての「理性」と第三種の認識としての「直観知」である。この二つのうち彼が認識論において最高の認識と見なしているのは後者の直観知である。その認識論的特性について論ずるのは後にゆずるとして、この認識の特徴のみを挙げれば、それは普遍的、概念的認識ではなく、個物の本質についての具体的、直観的な認識である。彼はこの認識によって人間の精神的な救済を考える。しかしこの直観知の発生的起源ならびに内的な構造を考えるとき、直観知は神秘的な起源を有するものではなく、第二種の合理的な認識から生じ、またその基盤の上に立ったものである。[49] ところでスピノザが、直観知は「神のいくつかの属性の形相的本質についての十全なる観念から、事物の本質の十全なる認識へと進むものである」[50] と言うとき、この認識は神の認識を基礎とした認識であると言うことができる。つまり直観知は合理的な、神の本質認識を基礎とした個物の認識であると言える。個物の認識としての直観知の発生的な基盤は神の認識である。この神の認識はすでに述べたように理性によってなされる。理性は彼の場合共通概念として規定されながら、否、それ故にこそその究極において神を認識するのである。理性によって神の認識が始源的になされることは、彼の方法を考えるにあたって重要な手がかりを与える。つまりデカルトの合理的な「枚挙あるいは帰納」に相当する手続きが、この理性の認識に求められるのである。認識論において理性は直観知の発生的な基盤となっていると同時に、それは彼の演繹的体系の出発点となる神の定義を果たすことができる。しかも彼の理性は他の理性主義者の理性に見られない特殊性がある。彼の理性は単に超感性的な認識ではない。それは経験あるいは現実と密接な関係をもった認識能力である。つまりそれは前述のように「身体の変様の観念」に基づくものであるため、ある意味において感性を媒介にした認識である。このような認識が究極的な存在としての神の認識、或いは第一原因の探索にあたって、デカルトの説くような「枚挙」の手続きと同じような過程をたどることは必然であろう。スピノザはこの手続きを方法論において特に論ずることはなかった。むしろこれは理性的な認識の一つの機能と見なされるために、あえて問題として取り上げなかったのかも知れない。この意味で彼がその方法論において手続きを問題にしなかったと言って、彼に分析的な方法がなかったと主張するのは行き過ぎであろう。もしそうであるなら、彼は「人間は神について共通概念についてほど明瞭な認識をもち得ない[51]」と主張し得なかったであろう。

以上によりスピノザが神あるいは第一原因の認識ないしそれの発見をなしたのは、何ら神秘的な方法においてでなく、あくまで合理的な方法においてであることを示した。このことはスピノザの生きた時代の生活感情が、ゲプハルトやボルコヴスキーの主張するように、バロック様式に示され、しかもそれが無限性の表出にその大きな特徴を有するとすれば[52]、スピノザはレンブラントのように芸術的な直観においてでなく、あくまで理性においてバロック様式の無限性の表出を果たしたと言える。では彼が方法に従って到達することのできた神とは論理的にいかに表現され、また綜合的な方法といかに結びついているかを問題としよう。

四　体系の演繹

以上のようにスピノザは共通概念としての理性によって第一原因を探索して行った。この場合第一原因はあらゆるものの中で最も共通なものであろう。しかしこの「最も共通なもの」は、すでに述べたように抽象的な、普遍的なものではない。彼はいわゆる普遍的なものを求めて現実を離れることはできなかった。彼の方法は「超越」を志向しているのではなく、「内在」を志向した。内在の方向を徹底し、いっさいのものに最も具体的、現実的なものを求めたのである。彼の意図は全自然を表現する観念を「原因の連結」に従って探求することである[53]。しかも彼はこの「原因の連結」を「実在的な有の連結」とか「確固にして永遠なる諸物[54]」と解し、「可変的な個物の連結」とは解さない。それは単に感覚によって把握されるものではない。無限に多くの個物の存在の序列をいちいち枚挙したり、さかのぼって行っても、決して「無限」に到達することはできない。ただこの場合悪しき無限、無限定的無限が露呈されるにすぎない。スピノザは「可変的個物の連結を把握することは、人間の無力さの故に不可能である。それらの事物があらゆる数を超えて多くあるために、また同一事物の中に無限に多くの事情があって、そのおのおのがその事物の存在するための、あるいは非存在の原因であるために…[55]」と言う。この彼の見解は、デカルトの「我々は非常に長い鎖のすべての環を一瞬の直観で明白に見ることはできない[56]」という見解に対照して興味深い。デカルトはこの場合「もしそれにもかかわらず個々の環が隣接した環と結合しているのを見たならば、いかにして最後の環が最初の環と結合しているかを我々が認めたと主張するのに充分である[57]」と言っている。つまりデカルトによれば諸物連関の法則さえ知れば全体の連結を見たのと同然であったのである。これと同じことがスピノザの「確固にして永遠なる諸物」においても言われるのである。「事物の内的な本質は実に確固にして永遠なる諸物から、同時に真の法典としてのこれらの諸物の中に印刻されている法則からのみ求められる[58]」と言っているように、「確固にして永遠なる諸物」とはここでは法則として理解される。そしてこの法則にすべての可変的な個物が、その存在に関しても本質に関しても依拠しているとすれば、それは彼の体系において神のほかにはない。それはいわゆるスピノザ研究者たちの主張するように、単に無限様態とかあるいは事物の永遠本質のようなものではない[59]。むしろ彼が「可変的個物の定義の類(傍点—筆者)のようなもの[60]」と言っているように、有限的な事物の定義あるいは本質がよってもってそれに依存しているところのもの、すなわち定義の「類」であるならば、当然それは彼の体系において神でなければならない。このことは彼においてものの定義が二種のもの、すなわち創造されないもの(自己原因)と創造されるもの、すなわち様態とに分かたれ、後者が前者から導き出されてくると考えられるならば、この定義の「類」こそ創造されないものとしての神の定義にほかならないことから明らかである。かくて「確固にして永遠なる諸物」とは神あるいはその属性を意味し、それが無限様態とか永遠本質と理解されるのは、むしろ彼の方法論からすれば二次的な問題に属するとさえ言われるのである。スピノザがその方法によって探索した「確固にして永遠なる諸物」は、一方において法則と見なされながら、他方において根源的には第一原因であったと言うことができる。つまりそれは何ら人格的な要素をもたない存在の法則、あるいは必然性として、それからいっさいのものを合法則的に導き出すことができる。かくて論理的な概念分析の面から見るならば、単純なものとしか考えられなかった神が、法則として存在する以上、その綜合的、演繹的な方法もデカルトの意味するものとは大分変わって来なければならなかった。

単純なものからの演繹という場合、それはデカルトにおいて単純なものの複合、あるいは拡張というように理解されている。つまり単純なものを原因とすれば、結果としての綜合的な事物はその原因の外にあることを意味する。スピノザも論理的には全く同様に考えていた。彼は『短論文』、『エチカ』においてもそうであったが、特に『知性改善論』においてものの定義あるいは本質の構造について論ずる場合、幾何学的図形との類比、なかんずくその作図の仕方から考える。(61) つまり複雑な幾何学的図形は単純なもの、すなわち、点、線、面という簡単なものの合成において成り立っている。この考え方を基礎として有限存在の本質あるいは定義について考えると、それは単純なものとしての神から成り立つと考えられる。換言すれば、有限本質は無限なる神、無限本質から構成されることになる。なるほど彼は神がものの存在と本質の 作用原因（causa efficiens）であると主張する。だがそうだからと言って無限の本質がそのままで有限者の本質を構成するとは考えられない。もしそうであるならば有限本質は有限本質でなく、神の本質と同じ必然性をもった存在と見なされよう。このためスピノザは事物あるいは有限本質を構成するものを最近原因と見なし、いわゆる第一原因とは区別する。(62) すなわち、第一原因が無限の神であるとすれば、「最近原因」は有限なものに変様した「かぎりの神」（Deus quatenus）である。このように神を単純なものと考え、それから複雑なものを演繹することは論理的に可能なことであっても、実際の問題としては不可能なことである。なるほど神は知識の究極的な要素であり根源である。だがそれを端的に単純なものと見なし、あたかも結果が原因の外にあるかのように事物を演繹することは、スピノザの汎神論とは相容れない。この点、数学的、論理的な秩序と実在的な存在の秩序とは彼の場合一致しない。

なるほど神はいっさいのものの原因であるかぎりにおいて始源であり根源である。しかし同時にそれはいっさいを自己のうちに含む。このような体系において単純なものの綜合（結合）、あるいは拡張という意味の演繹は、そのままでは通用しない。[63] むしろそれは外的な演繹ではなく、むしろ内的な意味において理解されなければならない。つまり神がいっさいのものを自己の中で様態化すると同時に、単純なものがそれ自体で変様、あるいは様態化することが演繹の意味となるのである。そしてこの演繹が彼において数学的必然性をもって説明されるのである。この演繹をスピノザの体系に即して考えるならば、いかなる意味をもつのであろうか。綜合的な方法によっていっさいのものを導き出すことは、その汎神論の意味からするならば、いっさいを神の外に産出することではない。同様に認識は神の認識から導き出されてくるとはいえ、決してそれは神の認識の枠を超えて自己の知識を拡張することを意味しない。つまりいっさいが神から生じ、神の中にあると同様に、認識あるいは知識は未知なるものを既知なるものから導き出し、拡張することではない。彼の認識とはいわばカントのいう分析的判断であり、ただ単に事柄を説明するだけのものにすぎないのである。彼自身も「我々が個物（この場合それは個物の存在ではなく、本質を指している―筆者注）をより多く説明するに従って、それだけ多く我々は神を認識する。〈あるいは我々は神についてそれだけ多く理解する〉[64]」と言うように、認識とは結局神の説明にほかならないのである。それ故綜合的な方法が知識の拡張という意味に用いられたとすれば、スピノザのような体系では真に綜合的な方法が適用される基盤は成立しなかったと言わなければならない。だがこれも神の側から見れば、世界は法則の説明あるいは法則の自己展開である。いわば世界はクザーヌスの神の展開（explicatio Dei）である。かくてスピノザの方法はこの展開をいかに合理的に基礎づけ、説明するかにその本質があったと言うことができる。そしてこの方法は外面的にも内面的にも「説明」に終わったと言える。いわばウイリーがその著『十七世紀のバックグランド』において十七世紀が真理の探求というより、その科学的説明を志向していたと主張するならば、[65] それはスピノザにおいて最もよく妥当することであったと考えられる。つまり彼は自己の哲学的根源直観の合理的説明をその哲学と方法に求めたということができるのである。

注

(1) Wolfson: The philosophy of Spinoza, I. p. 32～44.

(2) Borkowski: Spinoza II. S. 345 ff.

(3) Borkowski: Spinoza II. S. 346 ff.
Borkowski: Spiinoza III. S. 24 ff, 487 ff.

(4) 特にデカルトはスコラ学の煩瑣な蓋然的な論証、あるいは方法では、もはや新時代に即応した学問が形成されないことを看取し、諸科学を「普遍数学」(mathesis universalis) の理念のもとで再編成しなおした (Descartes: Regulae ad Directionem Ingenii, Regula VII.)。デカルトは Cogito の主観性を強調したが、スピノザは Cogito よりも Deus をまず問題とする。(このことは人間の主観主義の強調のみが近代哲学の特徴ではないことを意味する)。このことからデカルトとスピノザの間に共通な近代哲学の特徴を求めるとすれば、それはまず上に述べたことから明らかなようにスコラ的な蓋然的な論証に陥ることなく、哲学を確実な方法に従って「学問」として形成すること、すなわち自然科学や数学の学問性に匹敵する確実性を哲学自身にもたせることにあったと言える。かくて彼の方法は数学的な確実性を無視し得ず、それから多くのものを取り入れた。スピノザはこの面においてデカルトから多くの影響を受けた。しかしそれが決定的なものとなり得なかったことは、彼の汎神論の形成を考察すれば明らかであろう。

(5) Ludejk Meyer (1630～1681) はスピノザの弟子であるとともに友人でもあった。彼は一六五四年ライデン大学に入り、そこで哲学と医学とを研究した。スピノザとの関係は彼がアムステルダムのファン・デン・エンデンのもとでラテン語の個人教授を受けて以来のことである。そのときスピノザはそのラテン語学校でファン・デン・エンデンの助手をしていた。一六六三年マイエルはスピノザの『デカルトの哲学原理』の序文を書いた。この序文の中にある幾何学的方法についての見解は、スピノザの『書簡集』十五からも明らかなように、スピノザの意見が充分に反映しているように見える。ただしそれは後述するように、証明の綜合的方法に関してのみ妥当し、他の面では、つまり方法の内面的な適用に関してはかえってスピノザの方法を誤解していた。

(6) Principia Philosophiae & C. Praefatio, p. 127.
(7) Descartes: Secondes réponses, p. 161～170 (A. T. VII). *cf.* Principia Philosophiae & C. Praefatio, p. 129.
(8) Principia Philosophiae & C. Praefatio, p. 129.
(9) Joachim: Spinoza's Tract. Intellect. Emendatione, p. 198. Wolfson: The philosophy of Spinoza, I. p. 51 ff.
(10) Principia Philosophiae & C. Praefatio, p. 129.
(11) 日本哲学会編『哲学』のうち拙稿『スピノザの定義論』
(12) Ep. 9 et Tractatus de Intellectus Emendatione, § 95.
(13) Wolfson: The philosophy of Spinoza, I. p. 54.
(14) Principia Philosophiae & C. Praefatio, p. 129.
(15) Wolfson: The philosophy of Spinoza, I. p. 55.
(16) K. Jaspers: Die großen Philosophen, I. p. 786 ff.
ヤスパースはスピノザの幾何学的方法をユークリッド幾何学の形式に従った方法として理解している。つまり彼はスピノザの幾何学的方法が外面的方法であるが故に、真理探求の方法でないと言っているのである。また積極的にスピノザの方法が真理探求の方法でないと主張した人に、ジョアヒムがいる。Joachim: Spinoza's Tract. Intellect. Emendatione, p. 204～5.
(17) Principia Philosophiae & C. Praefatio, p. 129.
(18) Roth: Spinoza, Descartes and Maimonides, p. 10 (1924).
(19) Joachim: Spinoza's Tract. Intellect. Emendatione, p. 95.
(20) Borkowski: Spinoza, I. S. 292 ff.
(21) Descartes: Regule V. p. 379 (A. T. X).
(22) Descartes: Discours de la Méthode, (Pléiade) p. 138.
(23) Descartes: Regula VI. P. 382 (A. T. X).

（24）Ibid. p. 381.
（25）Ibid.
（26）Heimsoeth : Die Methode der Erkenntnis, S. 32, 80 ff. 83 ff.
（27）Eth. I. Prop. 17, Schol.
（28）Ibid.
（29）Korte Verhandeling, I. Cap. 7.
（30）Tractatus de Intellectus Emendatione, § 96～97.
（31）Ibid. § 63.
（32）Ibid. § 64.
（33）Ibid. § 41 & Eth. II. Def. III.
（34）Tractatus, de Intellectus Emendatione § 67, 69 & Eth. II. Def. III.
（35）Ibid. § 42. p. 17.
（36）Ibid. § 91. p. 34.
（37）Ibid. § 85.
（38）Eth. II. Prop. 7.
（39）Borkowski : Spinoza I. S. 403 ff.
（40）Tractatus de Intellectus Emendatione, § 95, 96 et 97.
（41）Descartes : Regula VII p. 387～392 (A. T. X).
（42）Tractatus de Intellectus Emendatione, § 63. p. 24.
（43）Ibid. § 64. p. 24.
（44）Ibid. § 107.
（45）Ibid. § 107.
（46）Ibid. § 108.
（47）Ibid. § 108. …Quas absolute format, infinitatem exprimunt… p. 39.

(48) Bidney : The psychology and ethics of Spinoza, p. 348.
(49) Eth. V. Prop. 28.
(50) Eth. II. Prop. 40, Schol. II.
(51) Ibid. Prop. 47, Schol.
(52) Gebharadt : Rembrandt und Spinoza, (Kantstudien, Bd. 32, Heft 1.)
Gebhardt : Spinoza, Von dem festen und ewigen Dingen, (Heidelberg, 1925).
Borkowski : Spinoza II. S. 322～344.
(53) Tractatus de Intellectus Emendatione, § 99.
(54) Ibid. § 100.
(55) Ibid. p. 36.
(56) Descartes : Begula VII p. 389 (A. T. X).
(57) Ibid.
(58) Tractatus de Intellectus Emendatione, § 101. p. 36～37.
(59) Robinson : Kommentar zur Ethik Spinozas, S. 197～207.
Schmitt : Die unendlichen Modi Spinozas, S. 47 ff.
Joachim : Spinoza's Tract. Intellect. Emendatione, p. 214 ff.
(60) Tractatus de Intellectus Emendatione, § 101. p. 37.
(61) Tractatus de Intellectus Emendatione § 72 et 95.
(62) Ibid. § 96.
(63) Descartes : Regula 13.
(64) Eth. V. Prop. 24.
(65) Basil Willy : The 17th century Background, (1934) p. 2 ff.

12　幾何学的方法の限界

一　演繹の限界

前述のようにスピノザにおいて演繹とは、三角形の本質からその内角の和の二直角であることが導き出されてくるように、本質あるいは定義のうちに含まれている事物の特質を導き出すことを意味する。換言すれば、スピノザの体系が神の定義からの演繹的体系であるとすれば、それは神の定義のうちに含まれる神のいっさいの特質を導き出すことである。この点、ヴィンデルバント、キルヒマン、ポロック、シヴック、ジョアヒムなどがスピノザの哲学を幾何学的空間実在論として把握し、実体と様態との関係を空間と図形との関係になぞらえて考察することは、少なからず無理がある。[1]すなわち、彼らは実体の **in se, per se esse** 的な性格、あるいは様態の **in alio esse** 的性格を空間的に把握しているため、結局実体と様態とは量的な見地あるいは全体と部分の見地のもとで考察され、定義からの特質の演繹という形は全く無視されてしまうのである。この点、マルチノーはスピノザにおける演繹を神の定義に基づく性質あるいは変様の展開として考え、実体と様態との関係を質的なものとしてとらえる。[2]つまり両者の関係は与えられた対象とそれについて述語されたものとの間の関係としてとらえられ、前者が主語であるに反し、後者は述語であると考えられる。だがマルチノーはこの主語と述語との関係が、定義という一種の判断の形式においていかに考察されるかを吟味しなかった(3)。

スピノザの定義論によれば、事物、特に有限物の定義あるいは本質の観念は最近原因を含んだものでなければならない(4)。この最近原因は以下において明らかなように本質を構成する原因のことであり、これを含まない定義は彼によれば定義ではないのである。例えば、「円とは一端が固定し、他端が動く任意の線によって画かれる図形(5)」と定義されるならば、それは円の最近原因を含んでいる。つまりこの定義は真の定義である。これに反して「円とはその中点から円周へひかれた諸線が相等しい図形(6)」であると定義されるならば、それは最近原因を含んでいないため、本質を表わす定義とは言えない。それは単に円の特質だけしか含んでいない。数学的に見れば右の二つの定義のうちいずれが他に優っているということはできない(7)。だが彼にとって問題なのは、その特質を論ずる前に、その事物を前もって定立させることであった。すなわち、本質さえ知ることができるならば、その特質は自ら知性の法則によって導き出されてくるのである。かくて彼は、「事物の概念あるいは定義は、他のものと結びつけずに、ただそれだけで考えられるとき、それからあらゆる特質が導き出されうるようでなければならない(8)」と主張するのである。このことを特に彼が好んで用いた「三角形の内角の和は二直角である」という命題を例にとって考えれば、この命題は三角形がいかにして画かれるかを示さないで、むしろその特質を示している。従ってこの命題は三角形の本質を示す定義ではないと言える。

さらに定義における本質と特質との関係を右の三角形の命題を例にとり考察しよう。この命題は右のように三角形の特質を示しているため、それはスピノザによれば三角形の本質のうちに含まれているものと解せられる。だが数学の命題を綜合判断と解するカントの立場に立つならば、これは三角形そのものの概念のうちに含まれず、むしろ三角形の概念に新たにつけ加えられたものと考えられよう(9)。すなわち、それは主語のうちに述語が含まれているのではなく、むしろ述語が主語の概念を拡張していると考えられる。しかしスピノザにとってはむしろその逆に、特質が本質から導き出される以上、その命題は定義されたものの本質から矛盾律によって証明される分析判断にほかならない。[10]つまり特質はいわば主語のうちに含まれた述語にほかならない。それ故彼の演繹とは、すでに述べたように本質のうちに内在するものを顕現するという本質の説明にすぎないのである。かくて彼が「何かを発見するための正しい道は、ある与えられた定義から諸思想を形成して行くことである」[11]とか、また「もしその思想が真であるならば、首尾よくそれから何の中断もなく、諸々の真理を導き出し続ける」[12]と言っていても、決してそれは言葉の真の意味における知識の拡張を意味しない、それは右に示したようにデュナミスからエネルゲイアへ、あるいは本質に含まれた未知なるものを知るという意味しか示さないのである。

このようにスピノザにおける演繹が分析の意味しかもたないとすれば、彼には知識の拡張を意味する綜合はないのであろうか。これに関しては彼は、「我々がものをよりよく定義すれば、それだけ首尾よくそして容易に進行する」[13]と言う。このことから察するならば、知識の拡張は定義からではなく、むしろものをよりよく定義すること、定義そのものの仕方に求められる。例えば、彼は球を定義して、「半円が中点のまわりを回転し、この回転から球が生ずる」[14]と言う。この場合球の最近原因としての半円の回転は、「球の概念あるいはこのような運動を決定する原因に結びつかねば誤りであること、すなわち、絶対的に言って、この肯定（半円の回転の肯定を指す――筆者）が単独に存するならば誤りである」と考えられている。なぜなら、半円の回転は「半円の概念の中にも含まれないし、また運動を決定する概念からも生じない」[15]からである。これらのスピノザの言葉は、カントが『純粋理性批判』において7＋5＝12の演算を説明する際に述べた言葉にあまりにも似かよっていることに気がつくであろう。[16]つまりカントにおいて数学の命題が先天的綜合判断であったと同じように、スピノザの場合にもものの本質的定義は綜合的、構成的な性格をもっていたと言える。そしてカントと区別されるのは、カントにおいて数学の命題がすべて綜合的であったのに反し、スピノザの場合には最近原因を含むかぎりという制約が付与されている点であると言えるであろう。かくて彼が方法論において定義論を重んじた一つの理由に、ものの定義そのものがそれ自体でいわゆる知識の拡張を意味していたことが挙げられるであろう。

以上のように定義からの演繹が綜合でなく分析であり、綜合は定義そのもののうちに見られるとすれば、この綜合はいかなる仕方でなされているのであろうか。前述の球を例にとれば、スピノザは「球の概念を形成するため、私は任意の原因を虚構し、半円が中点のまわりを回転し、この回転から球が生ずるとする」（傍点―筆者）という。この「……を虚構する」は単なる imaginatio の認識に属するものでなく、むしろそれはカントが二つの観念を綜合する際に用いた一種の直観であると言えよう[17]。これはスピノザにおける幾何学的思惟が単に純粋概念によるものでなく、同時に直観による構成的思惟であったが充分認められていたことを意味しよう[18]。このことは彼の場合「実在の有」から区別された、単に幾何学の対象としての「理性の有」には充分妥当するものと考えられる。だが右のような直観による綜合の仕方は哲学的な実在としての実在の有にそのまま適用されるかと言うと、決してそうではなかった。彼はそこでは「虚構」を許さなかった。むしろ彼自身の言葉によれば、純粋な思惟、しかも一定の法則に従った思惟によって二つの観念の綜合がなされるのである[19]。それは外から規定されるのではなく、思惟それ自身の固有の法則に従ってなされる。このかぎり精神の思惟は自由であり、また自己の法則に従って活動する自動機械であるとさえ言われるのである[20]。このことからスピノザの精神の自由をその形式的な面から見れば、ものを定義する仕方、あるいは本質を構成する仕方に見られると言えるのである。

二　自然的世界の構造と方法

以上のように理性の有としての図形の作図の方法をモデルとした幾何学的方法がそのまま実在に応用されないとす

れば、それは当然変改された形において適用されたと見なさなければならない。この点『知性改善論』の定義論は、概念の論理的構造にのみ言及し、それの実在に対する適用の仕方には触れなかった。また彼の『短論文』や『エチカ』においても直接にはそれに触れていない。なぜなら、これらは方法をテーマとしたものではなかったからである。だがそれにもかかわらず、我々は幾何学的方法の応用を彼の自然的世界の構造において見ることができる。なぜなら、結論を先取すれば彼の自然学の基本的構造は幾何学的方法なしに形成されなかったのであり、彼がデカルトの粒子論を整合化し、またそれを超越したことは、彼の現実化された幾何学的方法によって果たされたと言えるからである。従ってこの面に関する彼自身の思索はデカルトの自然学と密接に結びつき、かなり以前からデカルトの影響にあったと主張できる。スピノザはその著『デカルトの哲学原理』において次のように言っている。「植物や人間の本性を理解するための最善の道は、いかにしてそれらが種子から徐々に産出され、発生するかを考察することにあるのであるから、きわめて単純な、そして認識するのにきわめて容易であるような原理が考え出されねばならないであろう[21]」と。そして「我々が事物に種子を想定するのは、事物の本性が我々により容易に知られ、そして数学的な方法に従って最も容易なものから曖昧なもの、また最も単純なものからより複雑なものに進んで行こうとする理由からにほかならない[22]」のである。右の二つの引用文において事物の本性を例えば種子からの成長、発展としてとらえているがこれはもちろんアリストテレス的な質料から形相への発展としてでなく、単純なものから複雑なものへというように、彼の「発生的」定義の仕方において見られる、ものの論理的な、構成的な意味において把握されるのである。つまり質料から形相への運動が問題となるのではなく、あくまで事物を構成する内在的な論理関係が問題とされているのである。ここにデカルトの自然学を取り扱った『デカルトの哲学原理』と定義の発生的、構成的な性格を取り扱った『知性改善論』とが一致した見解を示していると言えよう。これは彼にとって不思議なことではなかった。スピノザのこの両者はほとんど同時期の作品であるため[23]、一方に他方の考え方が滲透して行くことはきわめて自然なことだと考えられるからである。また『デカルトの哲学原理』がデカルトの思想に対するスピノザの批判というより、その解説にとどまっていたとすれば[24]、彼がデカルトの自然学において見たものは自然学と幾何学的方法との間に密接な関係のあることであったと言えるのである。

もちろんこの方法の出発点である「単純な、認識し易い原理」といっても、現実の自然の世界においてこのようなものを見つけだすことは困難である。このため、『デカルトの哲学原理』において次の条件を満たすものを仮説としてたてねばならなかった。すなわち、「第一に、（それ自身で考察されるかぎり）何の矛盾も含んではならない。第二に、できるだけ最も単純なものでなければならない。第三に、第二のことから帰結されるものとして、認識するのに最も単純なものでなければならない。第四に、全自然において観察されるものをそれ自身から導き出しうるものでなければならない[25]」と。これらの条件は、たとえ異なった表現であれ、『レグラエ』、『方法叙説』、また彼自身の『知性改善論』において見出されるものである[26]。これらの条件を満たすものが、幾何学的方法を自然の認識に適用するために、見出されねばならない。スピノザはこのような方法によって貫かれたものをデカルトの粒子論において見た。

デカルトの自然学は幾何学的延長の概念を基礎として成立している。しかもこの延長は本性上分割可能のものでなければならなかった。物質の粒子（particula）はこの可分的な延長の部分と見なされている。「……この可視的な世界がそれによって構成されているところのすべての物質は、神によって最初できるだけ相互に等しいが、球状をなしていない粒子に分割された[27]」。すなわち、物質を構成する粒子は異なった形をしていたが、平均的な大きさ、互いに等しい運動をなしているものと見なされている。いわば等速、等量の運動をなしていると考えられる。この粒子はスピノザによれば上に挙げた四つの条件を満たすものと考えられている。すなわち、可分性と運動以外のものが何ら帰せられていない物質から成り立つ粒子は、それ自体何の矛盾も含まないし、またそれ故に認識し易いものと考えられる。また粒子には何の不等性も差別性も考えられていないため、それは単純であり、またそれ故にそれから他の複雑なものを説明して行くことができる。確かにこれらによって以上の四つの条件は満たされよう。だがデカルトの場合物質の無限分割が考えられている以上、その部分としての粒子は究極的には無限小的な大きさをもたねばならない。しかし彼において物質の無限分割は観念の上では可能であっても、現実の問題としては不可能とされている。[28] このため、無限小的な大きさの粒子によって自然現象を果たして「事実に即して」(re ipsa) 説明しうるかどうかが問題となる。もちろん「否」であろう。とすれば粒子はただ観念において想定された「理性の有」にすぎず、「実在的な有」ではないと主張しうるのである。

このようなデカルトの哲学的な分析による粒子論に対して当時においても批判がなかったわけではない。すでに述べたイギリスの化学者ボイルにその例を見出すことができよう。ボイルについてはすでに述べたが、ここで再びその説を簡単に述べると、ボイルの主張する機械論的粒子論はデカルトのような哲学的分析を基礎とした仮説ではなく、経験によって確証された真理であった。これに対してスピノザはボイルとの論争当時デカルトの影響下にあった。このボイルとスピノザとの意見の対立が顕著に示されたのは、前述の「硝石の再生」においてであった。ボイルが粒子を可視的な形状をなしているものと主張すれば、スピノザはそれを不可視的であると主張する。また前者が物質の不均一的な組成を粒子論的に、機械論的に実験によって確証しようとすれば、後者は物質に不均一性はないと頭から否定している。この論争においてスピノザが論拠としたものは、物質には運動と可分性しか帰せられないとするデカルトの延長概念であった。そして機械論的に自然現象を説明することは、すでにデカルトの果たしたことであり、真理として承認されたものであるから、今さら、これを「実験」によって確証することは、不可解であるとスピノザは主張したのである。

このボイルとの論争の時期は、スピノザの思想形式の初期のことでもあったので、彼はデカルトから多くのものを借用し、未消化の状態にとどまっていた。しかし彼が次第に自己の哲学的な立場を確立するに従い、デカルトの仮説としての粒子論から離れて行ったのは当然の成行であったと言える。現実の複雑きわまりない自然現象を単に「理性の有」としての粒子によって説明することは、実在の有としての自然全体を単に観念的存在、理性の有にさせずにはおかない。このため事実に即した自然研究はデカルトの粒子論の行きづまったところから新しい道を切り開いて行かねばならない。これはデカルトとは全く異なった、新しい道というより、デカルトの単に数学的、幾何学的な粒子をまず実在化、現実化することから始まった。スピノザはデカルトと同じように延長概念に基づいて粒子の存在を考えている以上、デカルト的な発想法に従っていたと言える。だが彼の粒子は彼にとっては単に数学的、幾何学的なものでなく、実在的、現実的なものであった。つまり彼の粒子はデカルト的「仮説」ではない。それは「実在の有」であった。この基礎となったのがスピノザ独自の延長概念であった。彼の延長概念がデカルトのそれと著しい相違を示すのは、それが一面空間的な拡がりをもつものとされながら、不可分割的であることである。なぜなら、延長は彼の場合何よりも神の本質を構成する実体であったからである。つまりそれは神的なるが故に本性上不可分なのである。この延長の形而上学的な不可分割性のほかに、彼は自然認識の上からその不可割性を現実にかなったものと考える。というのは、一たん分割を容認するならば、それは当然の帰結として無限分割を容認しなければならない。すなわち、現実には不可能であっても、理性の上ではあくまで分割を続けねばならない。この経験の裏付けなき、理性の単なる分割、これはとりもなおさず彼にとっては抽象的なことであり、ものに対する皮相的な見方の現われにほかならない。(29)かくて彼はデカルトとは同じく粒子の存在を考えるにしても、後者と違って物質の無限分割性を否認し、逆にその不可分割性を前提とした、単に運動と静止、速度の緩急のみによって相互に区別される「最単純物体」を想定するに至った。

スピノザの最単純物体は、デカルトの粒子に比し、運動によって「相互に区別される」ところにその特徴を有する。つまりそれはそれぞれのもつ運動によって不等性、差別性を表現しているのである。ところが運動はスピノザの場合物質から区別されない。むしろ物質あるいは物体が彼において「運動と静止の関係」と規定されているように、運動は外から物質に帰せられるものでなく、物質に内在し、物質を構成する積極的なものとして見なされている。それ故それはデカルト的な、幾何学的な「位置の移動」につきない。かくて最単純物体が運動によって相互に区別されるとは、それが位置の移動のみでなく、むしろデカルトの粒子がもつことのできなかった運動そのものに含まれた大きさによって区別されることを意味する。(30) そして大きさをもつことは、それによって、他の最単純物体と結合し、複合物体がそれから構成されることを意味する。(31) 単にデカルト的な無限小的な大きさしかもち得ない粒子では、それによって物体を構成することはできない。このような点を考慮すると、スピノザの粒子論はたとえ仮説と見なされたとしても、それにおいて働いた彼の思惟は自然の世界をデカルト以上に現実的に考えていたものであると言える。かくて彼の粒子論によれば異なる大きさ、異なる運動をもった最単純物体によって、あらゆる物質ならびに自然現象が機械論的に証明されてくるのである。このことはかつて彼がデカルトとともに真向から否定したところのボイルの物質の不均一性を新たに承認することでもあった。つまりボイルが実験によって確証したことは、デカルトの粒子論を突破し、自己の粒子論を確立するにおよんで、始めて承認されたのである。

以上のようにスピノザが粒子論を単に数学的な理性においてでなく、自分の現実的な学問的態度と密着して考えたことは、数学的方法がややともすれば陥りがちな抽象性を脱却することとなった。この点彼は単なる合理主義者ではなかった。彼もやはり経験の確証ないしその裏付けを得て、始めて理性の認識するものを真と見なした経験主義者であった。この一つの現われが数学的真理を「理性の有」と見なし、それを自然学上の真理である「実在的な有」から区別したことに見られるのである。(32) 彼の自然学は単なる幾何学的自然学ではなかった。なるほど共通概念としての理性が、自然的世界の出来事を延長、運動、静止に還元することは、デカルトの影響によるものであろう。(33) しかしこれらの概念によって、ボイルが硝石再生の実験において示したような、物質の不均一性を説明するためには、それらの概念自体がデカルトには見られなかった新たな意義を与えられねばならなかった。例えば、延長、運動の概念を例にとっても、その説明には強引さがあるかも知れないが、デカルト以上に現実的であった。彼は大胆にも粒子論を物理学の領域のみでなく、生理現象、心理現象にも適用しようとしたことも、これらの概念が今までのものとは違ったものであって始めて可能となるのである。そしてまた注目すべきことは、以上のような粒子論的な説明が彼の場合直ちに幾何学的説明となったことである。なぜなら、彼の方法における「幾何学」とは、文字通り空間内の諸図形を取り扱う幾何学であるよりは、ものを実在的、最単純要素から再構成するものであったからである。かくて粒子論によってスピノザの自然的世界は最単純物体から漸次段階的に構成され、あたかもそれは巨大な幾何学的体系となる。(34) あるいは彼の粒子論的世界像はこの幾何学的自然像に結実したと言えるのである。この意味で彼の粒子論はその方法の一つの帰結と見なされよう。そしてそれはデカルトの粒子論の単なる継承より、後者の質的な変改、もしくは仮説としての粒子論からの脱却の結果であると言える。

以上のように方法の一つの帰結として粒子論が新たな装いをもって登場してきたが、これが形而上学において問題となった実体からの諸物体の演繹あるいは産出を必ずしも説明するものでないことに注目しなければならない。なぜなら、この粒子論では延長はそれ自身から直接に、あるいは間接的にも諸物体を産出する力とは考えられず、ただ物体の実在的根拠を考える場合の思惟必然的な最高の類としか考えられないからである。すなわち、最単純物体は、延長的実体の直接的徴表あるいはその様態としての運動と静止を通じて延長そのものに関係しているにすぎないのである。一たん最単純物体が成立すれば、自然界の出来事はこの最単純物体を基礎として論理的に解明され、延長そのものとは無関係となる。いわば実体なき有限者の相互関係を説明するには粒子論は有用であるが、実体とその様態という形而上学的な関係において問題にされるものでないことは明らかである。では形而上学において幾何学的方法が適用されるとすれば、それはどんな形においてであろうか。

三　形而上学と幾何学的方法

すでに述べたように実体としての延長概念と様態としての有限諸物体との関係を単に空間的に考察するならば、両者の関係は空間と図形との関係と見なされた。しかしそのかぎり彼の形而上学において重要な意義をもつ神、実体のいわゆる創造活動、すなわち産出活動(producere)は全く理解されない。ここでは神は全く不動の、静的なものとして把握されるにすぎないのである。また物体論において「最単純物体」から第一次の複合物体、またそれから第二次の複合物体を漸次構成してゆき、延長の世界における無限様態の構造が明らかにされても、無限なる延長的実体としての神そのものに達し得ない。それはただ有限諸物体の相互の関係を明らかにしうるだけであり、神の産出活動という力動性には何の考慮も払われない。もし幾何学的思考の徹底がなされるとすれば、それは当然神と様態との力動的な関係をも幾何学的に説明しうるものでなければならない。物体論において最単純物体から複合物体の構成が考えられたと同じく、形而上学にもこのようなことが考えられる可能性がスピノザにはあったのであろうか。残念ながら物体界の最単純物体に相応する存在は彼の形而上学にはない。それにもかかわらずなお単純なものから複雑なものへの構成が形而上学において考えられねばならないとすれば、単純なものとは神をおいてほかにない。すでに述べたように、彼は自然的世界において延長、運動、静止の三つを諸物体に共通な、普遍的な原理と見なした。特にこの三つの共通概念のうち、延長は実体なるが故に、様態としての物体にとって最も共通であり、普遍的である。しかもこの共通なものを単純なものと見なすならば、延長は最も単純なものと見なされよう。しかしこの単純な、実体としての延長から果たして複雑なものとしての有限諸物体が、幾何学的図形を作図するような仕方で構成されるのであろうか。もしそれが可能であるとすれば、スピノザは何も最単純物体からの諸物体の構成を考えなくても、延長そのものからの演繹だけで充分幾何学的方法にかなったものを見出すことができたはずである。しかし演繹が「拡張」の意味に解されるならば、右の延長そのものからの演繹は彼において不可能である。[35] 彼の場合には単純なものと見なされた延長の様態化が演繹を意味するとすれば、むしろ神の力動性と結びついた神それ自体の自己顕示が同時に単純なものそれ自体の様態として現われてこなければならない。[36] つまり演繹とは神の様態化の意味にほかならないのである。

スピノザは『知性改善論』において「最初の観念から他の一切の観念が導き出される[37]」とか、また『エチカ』において「神的本性の必然性から無限に多くのものが無限に多くの仕方で（すなわち、無限の知性によって把握することのできるすべてのものが）帰結されなければならない[38]」と言っている。この「最初の観念」と言い、また「神的本性の必然性」と言い、これらがスピノザの場合神の本質を表わす「定義」であることは、『エチカ』第一部定理十六から明らかである。だが彼の考えた神の定義は果たしてこのことを可能にしているのであろうか。ここに彼の幾何学的方法における根本問題は神をいかに定義するかという問題に一転してくるのである。すでに述べたように、彼の場合単純なものの定義はそれ自身のみを肯定し、その概念の外に出ることがなかった。[39] それ故単純なものから成り立つ複雑なものを定義するためには、その定義が単にその単純なものを肯定するだけでは充分でない。例えば、前述のように半円の回転によって球が生ずるという場合、半円の回転だけを肯定するだけでは不充分である。この肯定が球の概念や半円の運動を規定する原因と結びつかなければ、それは偽となる。このため、ものの定義には最近原因が含まれなければならなかったのである。もちろん、「創造されないもの」としての神の定義には最近原因はない。それは最も単純なものと見なされているため、自己以外のものを何ら必要としないのである。しかし神は、単純なものとして自己自身のみを肯定し、有限とは無関係であるとするなら、神は自己と本性上異なるいっさいの有限者をそれ自身から演繹したり産出したりすることができるであろうか。換言すれば、単なる神、単なる有限者が、ジョアヒムの主張するように[40]、スピノザの汎神論の体系では理性の有にすぎないとすれば、彼の演繹的体系の冒頭に立つ神の定義は単にそれ自身の絶対的な無限性を肯定するだけでは不充分ではなかろうか。むしろ自分自身からいっさいの有限者を帰結し、またそれらを自己のうちに含むためには、神の定義は単に自己自身のいわば無限性の肯定のみでなく、むしろ自分を他のもの、すなわち有限者に関係づけるような定義とならなければならない。つまりそれは自己の無限性と他のいっさいの有限性とをそれ自身において綜合した定義とならなければならないのである。この点、スピノザは曖昧であり、以上のことを充分自覚していない。彼は単に有限者から区別された単に神それ自身の無限性のみを肯定しているように見える。実際、彼は神の本質からそのいっさいの特質、いっさいの有限の存在者が導き出されてくると主張しているとはいえ、それから現実に直接的に出てくるものは、神についての形容詞的な性質（例えば、永遠、無限、完全など）をのぞいて、直接無限様態（運動、静止、無限知性）にすぎず(41)、有限の諸事物は神から生じてくるとはいえ、直接には導き出されない。このため、チルンハウスならずとも、この神の定義に疑問をいだくのは当然のことと思われる(42)。チルンハウスはこのことに関して次のように言っている。「あの定理において（『エチカ』第一部定理十六を指す―筆者注）ある与えられた事物の定義から多様の特質が導き出されることが、いわば既知のように考えられています。でもこのことは定義されたものを他のものに関係づけなければ不可能だと思います。そしてこの結果としてさらに、それ自身において考察されたある属性から、例えば無限の延長から諸物体の多様性がいかに生じてくるかが私には理解できないのです(43)」と。

このチルンハウスの疑問に対してスピノザは次の様に答えている。「あなたのつけ加えられたこと、我々がそれ自身において考察されたある事物から、ただ一つの特質しか導き出し得ないということは、おそらく単純な事物の場合、あるいは理性の有（これに私は図形を数え入れます）の場合にはあてはまるでしょうが、現実的なものの場合にはあてはまりません。なぜなら、私は神をその本質に存在が属すると定義するだけで、その多くの特質、すなわち神が必然的に存在するとか、不変的、無限等々を結論するからです(44)」と言っている。ここに神が単純であること、つまり理論的に見て、あらゆるものにとって最も共通なものが最も単純であるという考えが捨てられて、むしろそれは「最も多くの実在性」をもったものと見なされているのである。[45] そして彼は「事物の定義がより多くの実在性を含むにつれて、それだけ多くの特質を結論する。ところが神的本性は絶対無限数の属性をもっているから（定義六により）……、それ故その必然性から無限に多くのものが、無限に多くの仕方で必然的に帰結されなければならない[46]」と言うのである。すなわち、神の本質は無限に多くの実在性（実在性はここでは神の本質を構成する属性と見なされている）を含んでいるから、無限に多くの特質を導き出すことができると主張されているのである。神はいっさいのものの原因として理性の有のように単純であることはできない。確かにここに単純なものから複雑なものへと進む幾何学的方法の破綻が見られよう。しかしその統一によって自己内に存在するすべてのものの差別性、不等性を解消する神は単純であることを止めないであろう。とすれば最も多くの実在性をもちながら、しかも単純であることは矛盾であろう。だがスピノザの神にはこの単純性とその複雑さを示す実在性とは同じ次元で語られているのではなく、むしろそれは神の異なる二面を語っているにすぎないのである。つまり統一の面、すなわち神それ自身の存在の面から見れば、神はなるほど単純である。しかしこの単純とは複雑に対するそれでなく、むしろ神の唯一性、普遍性を語る徴表にすぎない。また複雑であるということは、神があらゆるものの原因としていっさいのものを産出し、帰結するための徴表にすぎない。いわば様態との関係から見て神は最も多くの内容に富んだ実在性であることを示唆しているにすぎない。換言すれば、単純と複雑とは神において表裏一体であり、一方が神それ自身の唯一性、普遍性を語るとすれば、他は常にその結果に対する原因、根拠としての神を意味しているにすぎない。ところでなぜ神が無限に多くの実在性をもつかについて、彼は神が無限であるからであると言っている。だが果たしてこれは充分なる説得性をもっていると言えるであろうか。彼において神が無限であることは神の実在性そのものを示すものでなく、むしろそれは神に帰せられるいっさいの形容詞的な述語と同じように、神の性質だけを示しているとすれば、この無限であることから無限に多くの実在性（神の本質を示す）が生じてくるとは考えられない。あるいは本質からいっさいの特質が導き出されてくると主張するスピノザには、このことはむしろ本末顚倒のことと解される。以上のことから神と無限に多くの実在性（無限に多くの属性）との等式化はア・プリオリに規定されたというよりは、むしろ宇宙の無限に多くの存在に対応して、絶対者なる神がそれだけ多くの実在性を有するというア・ポステリオリな思考過程を経て確立されたと見るべきではなかろうか。

四　神の定義の問題点

スピノザの定義論によれば、ものの定義とは必然的に構成原因あるいは作用原因をもったものでなければならない。彼によれば神の定義も「定義」である以上、構成原因、作用原因をもったものでなければならない[47]。ところが神は様態のように最近原因をもたない。従って神が様態と同じ意味での構成原因あるいは作用原因をもつことはできない。もし神が作用原因をもたねばならないとしたら、それは様態と異なった意味においてでなければならない。スピノザは作用原因に関して次のように言っている。「私は作用原因を外的なものとして考えるばかりでなく、内的なものとして考えている（傍点―筆者）[48]」と。つまり作用には外的なものと内的なものとがある。もちろん様態の定義もそれ自身の本質を表現しているると見なされるかぎり、その作用原因は明らかに内的なものと考えられよう。しかし本性上 **in alio**（他のものの中に）存在しなければならない有限者は、神としての実体の助けを借りて、内的な原因をもつのである。これに反して神はいかなる意味においても、**in alio**、自己の外部に原因を求めるものではない。ただそれ自身において(**in se**)自己を構成するものでなければならない。つまり神が作用原因をもたねばならぬとしたら、それは純粋に内的な意味の作用原因である。そしてこれが神の純粋な内的自立性を意味するとしたら、神の定義はあくまでア・プリオリな意味においてなされなければならないであろう。だがスピノザは神の定義において「絶対無限の存在者」を言い換えて、「絶対無限数の属性から成り立つ存在者」と言う。このかぎり絶対無限数の属性が神を構成する原因と考えられよう。しかし属性の絶対無限数が前節の末に示したようにア・プリオリに規定されないとしたら、この神の定義は不充分なものと考えられる。仮りにスピノザの説に一歩ゆずって、属性の無限数がア・プリオリに規定されたとしても、なお彼の神の定義には大きな難問が含まれているのである。すなわち、神が属性から成り立つと主張される以上、我々はまず論理的に見て属性を知らなければ、神を定義し得ないのである。しかもその属性は「知性が実体についてその本質を構成するものとして知覚するもの」(49)と言っている。すなわち、神を定義するためには、まず属性を知り、また属性を知るためには実体を前もって知らなければならないのである。ところが彼の体系においては神と実体とは同一のものである。とすれば神の本質を定義するために実体の本質を知るということは一体いかなることを意味するのか。ここに彼が神の定義をめぐり、属性と実体と神との間において一種の循環論に陥っていたと考えられるのである。しかし彼自身は自分が循環論に陥っていたとは考えていなかった。いかにしてであろうか。

スピノザの神の定義において循環論が問題となるとすれば、それはまず神と実体とが同一であることに求められよう。このため、知性が実体の本質を構成するものとして見なした属性が同時に神の属性となってしまうのである。従ってこのような循環論に陥らないためには、実体、属性、神は論理的に見てそれぞれ別箇に規定され、たとえ体系そのものにおいて神と実体とが同一視されようとも、異なった含蓄をもっていることが指摘されなければならない。すなわち、彼の体系において自己原因、実体、そして神はすべて同一のものを意味しているにもかかわらず、それらを概念形成の見地から見ると同一でなく、むしろ自己原因から実体、実体から神というような段階を経て、神が初めて定義されてきたということである。(50)その何よりの証拠が、彼の体系が神から始まる体系であるにもかかわらず、『エチカ』では神の定義が第六番目にかかげられているということである。これは決してでたらめでも、また偶然そうなっのでもなく、充分それだけの理由があってのことであった。属性の定義において明らかなように、その定義の前提となるものは実体の概念である。また実体は「それ自身においてあり、それ自身によって考えられるもの」[51]とあるように、あくまでそれは根本において自己原因であることを意味する。しかもその自己原因は「その本質が存在を含むもの、あるいはその本性が存在するとしか考えられないもの」であるとすれば、結局スピノザがその神の概念を形成するために最初に考えたものは、「始めに存在ありき」ということであったと主張される。このことは旧約聖書が神を「ありとしてあるもの」として規定していると同じように、スピノザは「自己原因」[52]を『エチカ』の発端におくことによって、神をまず「存在」として把握したことを意味しよう。しかもこの自己原因が示唆する存在とは、すでに汎神論的な、自己のうちに有限者の存在を含む存在であることに注目しなければならない。なぜならこの自己原因の定義の直後に、つまり『エチカ』第一部の第二定義において、彼は「他のものにおいて」存在する有限者の定義をかかげ、この「他のもの」が有限者にとって究極的には自己原因を意味しているからである。従って「自己原因」が存在することは、すでにそれ自体に有限者の存在を含むもの、すなわち、それが汎神論的に存在することを意味する。このように考えれば、アヴェナリウスの主張したスピノザ思想の三段階的発展説の第一の段階、すなわち自然即神のテーゼ[53]は、むしろ存在即自然と書き改められなければならない。そしてこの自然という存在こそ彼を他の哲学者から区別する第一の徴表でなければならなかった。なぜなら、彼にとって唯一の普遍的な存在とはいわゆるイデア的な超越の存在でも、また単に経験的な自然でもなく、いわば彼岸、此岸以前の端的な存在にほかならなかったからである。いっさいの有限者を自己のうちから導き出し、またそれらを包括していくためにも、神は単に無限の存在として単に自己を肯定するだけでは充分ではない。神がそのものとしてあるためには有限の存在と積極的な関係に入らなければならない。つまり、有限を自己のうちに含みながら、なおそれ自体無限の存在として存在しなければならないのである。このことが前述の自己原因の定義のうちに含蓄されているのである。

絶対的存在を端的に肯定するスピノザの立場は、以上のことから「神を思惟す、故にわれあり」という立場より、むしろ「存在あり、故にわれ思惟す」という立場でなければならない。そして自己原因の定義があって始めてそれ自身において存在し、他を必要としない実体の定義が形成されてくるとすれば、実体の定義とは自己原因の定義を哲学的に bearbeiten したとき成立してくると考えることができる。この自己原因から実体に移る過程は、また知性が絶対的存在(自己原因)についての根源直観から実体の本質としての属性を認識することに対応している。なぜなら、知性の反省的認識は、絶対無限の存在をそのものとして認識するというより、知性自身において現われたかぎりの実体、すなわち属性としか認識することができないからである。このことはまた絶対無限の存在についての根源直観が、存在を端的肯定することができても、それは未だ知性の認識ではないことを意味する。それはあくまで哲学者が哲学的思索をなす際の前提であって、体系と方法の発端に立つべきものと考えられるのである。換言するならば、スピノザの幾何学的体系の前提には存在についての根源直観があり、これがあるべきものとして顕示され、学問的な基礎づけの始源となるのは、存在としての実体の認識、つまり知性の側から言うならば属性の認識であったと言えるのである。[55]

かくてスピノザの神の定義が確立されるためには、自己原因という絶対的な存在に基づいて実体（あるいは属性）がその構成原因となるとき、始めて形成されたと考えることができる。[56] 単に無限数の属性が神を構成するのではなく、むしろ属性が実体あるいは実在性として自覚されたとき、その経験的思考[57]と相まって始めて無限数の属性から神が成り立つと主張できるのである。このように考えるならば彼の神の定義は、有限者の定義と同じく、論理的、構成的あるいは発生的な性格をもち、同時にまたそれ自身において有限の諸様態を統一することができたと言える。かくて神の定義は、たとえ『エチカ』がユークリッドの形式に従っていたとはいえ、決してユークリッド的な名目的な定義ではなく、むしろ彼が『知性改善論』の定義論において示した実質的な定義の内容を満たしていると言えるのである。

注

（1）Windelband: Die Geschichte der neueren Philosophie, Bd. 1. S. 215.
H. von Kirchmann: Erläuterungen zu B. von Spinoza's Ethik, 1. S. 27 f.
F. Pollock: Spinoza, his life and philosophy, p. 160.
Joachim: A study of the ethics of Spinoza, p. 53. n. 1., p. 58～64.

スピノザの哲学における実体と様態との関係を空間と図形との関係において考察する解釈は、古くはシェリングに（Friedrich W. J. Schelling: Zur Geschichte der neueren Philosophie, Wissenschaftliche Buchgemeinschaft, 1953, S. 34 ff.)、また近くはヴィンデルバント以来主張されてきたものであり、動的な解釈とならんでスピノザ解釈の双璧をなしている（スピノザの神を動的なものとして解釈するものに、　フィシャー、カメラー、ゲプハルト、ハレットなどがあり、今日ではこの解釈の方が有力である。これについては後の機会にゆずりたいと思う。）静的な解釈によると、神はそのうちにあらゆる様態の諸関係を成立させる究極的な根源であり、またその統一によってあらゆる有限者の諸関係が消滅し、根源に帰一してしまうところの全体でもある。このかぎり神とその様態との関係は空間と図形との関係と同じ必然性をもったものとして考察される。だが図形のもつ諸性質、あるいは図形相互の諸関係は、一つの要素が他の要素の帰結であるかのように、それ自体全体としての空間そのものから生じてくるのではない。空間の中にある図形は、空間そのものからの帰結でなく、他の空間諸関係からの帰結である。このような空間と図形との関係は確かにスピノザにも見られる。『エチカ』第一部定理二十に示されているように、有限の様態は神から直接に産出されるのではなく、有限者相互の関係から生じてくるのである。無限なる神は有限者を産出する力でありながら、それ自身から直接に帰結するものは、無限様態にすぎない（Eth. I. Prop. 21, 22 et 23)。このような実体と様態との関係に注目するかぎり、彼の体系を静的に解釈したヴィンデルバンド、キルヒマン、ポロック、ジョアヒムなどの見解は首肯されるものを確かにもっていると言える。だがまたこのような考え方に固執するかぎり、神は有限者を自己のうちに入れる容器にすぎなくなり、それ以外には有限者と何の関係ももたない抽象物に化してしまう。この結果、以上のような静的解釈のみをもってスピノザの体系を理解することが、果たして妥当であるかどうかが当然問題となってくる。

スピノザは『エチカ』第一部定理十六において諸様態が神から必然的に帰結されてくると主張する。つまり神は力としていっさいのもの、単に無限様態のみでなく、有限様態をも産出するのである。たとえ無限から生ずるものが無限であり、有限とは何の関係がないにしても（無限が有限と何の関係もないというのは、無限が有限を含むとしても、有限の延長ではないということである。これについては Ep. 12 参照）、有限はあくまで神、彼によれば「かぎりの神」から規定されるのである（この「かぎりの神」については後に詳論する）。つまり有限者は全体から遊離して、単に単独に神から規定されるのではなく、「かぎりの神」を通じて存在の根源に結びつき、同時に有限者相互の関係から規定されるのである。このように考えるならば、実体と様態との関係を空間と図形との関係において考察することは、空間が図形を産出する力をもたないと同様、神もまたいわゆる創造の力を欠いたものと考えられる。なるほど彼には伝統的な「創造」の観念は認められていない。だがそれにもかかわらず、神に何らかの力を認めないかぎり、神を第一原因、作用原因と見なすことはできない。かくてスピノザの『エチカ』はユークリッド幾何学の形式で書かれたとしても、その第一部『神について』は神についての単なる静的解釈を受け入れず、むしろその力動性を最も顕著に示しているのではなかろうか。このことから実在を単に幾何学的空間実在論の枠の中で考察することは、彼の哲学の外面のみしか明らかにしないのである。この点ケアードの解釈も同様であったと言えよう（Caird: Spinoza, p. 167.）。

以上のことは幾何学的方法を単に論証の方法、つまり定義、公理に始まる演繹的方法と見なしても同様である。方法が単にある種の前提から論理的な演繹によって進む方法であるとすれば、その方法あるいは体系の始源となるべき定義は必ずしも神である必要はない。むしろ神の定義から始まるとすれば、かえってこのことから種々の難問が生じてくるのである。すなわち、方法の展開によって明らかにされる神は始源としての神の定義といかなる関係に立っているかが問題となる。演繹がデカルトのように単に単純なものからの複合、拡張を意味するならば、スピノザにはこのような演繹は成立し得ない。なぜなら、彼の汎神論的な神は根源であると同時に全体でもあるからである。それ故、方法の発端にたつ神の定義ともう一つの神、つまり方法の展開につれて明らかにされる神、という二つの神を彼において想定することは誤りである。彼の定義論からするならば、あるものの定義乃至本質（彼の場合定義と本質とはしばしば同一視されている）は、その定義されたもののいっさいの性質を内包していなければならない。このため神のいっさいの特質を合理的に導き出すことが方法であるとすれば、方法の展開によって明らかにされる神は、神の本質ではなく、その特質を示したものにほかならないのである。

（2）Martinau: The philosophy of Spinoza の geometrical method の項参照。

（3）スピノザの方法が事物に正しい定義を与えること、あるいは知性において正しい判断を形成することにあるならば、当然この問題は考慮されねばならなかった。即ち、ここに彼の定義論が判断の形式において本質と特質、あるいは主語と述語との関係をいかに取り扱い、彼において真の判断は実際いかなる構造を有しているかが新たに吟味されなければならないのである。

(4) Tractatus de Intellectus Emendations, § 96.

(5) Ibid. p. 35.

(6) Ibid. § 95. p. 35.

(7) Ibid.

H. F. Hallet : Creation, Emanation and Salvation, p. 30～31.

(8) Tractatus de Intellectus Emendatione, § 96. p. 35.

(9) I. Kant : Kritik der reinen Vernunft, II, Aufl. S. 15～16.

(10) この点、スピノザは数学の命題がすべて綜合判断であると主張したカントに対立していたと言える。むしろこのことに関するかぎり、スピノザはライプニッツと同じ立場にたつものであり、作図の構成的原因を含まない幾何学的命題は、定義されたものの本質から矛盾律によって証明される分析的命題であることを示しているのである (Gottfried Martin : Kant's metaphysics and theory of science, p. 18～19)。それ故カントがライプニッツに向けた非難は当然スピノザにも向けられていると考えねばならない。

(11) Tractatus de Intellectus Emendatione, § 94. p. 34.

(12) Ibid. § 104. p. 37～38.

(13) Ibid. § 94. p. 34.

(14) Ibid. § 72. p. 27.

(15) Ibid.

(16) Kant : Kritik der reinen Vernunft, II Aufl. S. 15～16.

(17) Tractatus de Intellectus Emendatione, § 72.

Harr : Vom unendlichen Verstand, S. 215.

(18) これについてはマルチンの前掲書を参照されたい。

(19) Tractatus de Intellectus Emendatione, § 85 et 95.

(20) Ibid. § 85.

(21) Principia Philosophiae & C. III. Praefatio, P. 226.
(22) Ibid. p. 227. 傍点—筆者。
(23) Freudenthal: Spinoza, Leben und Lehre, S. 111～112.
(24) Ibid. p. 112 ff.
(25) Principio Philosophiae & C. III. Praefatio, p. 227.
(26) 本書二二七頁参照。
(27) Principia Philosophiae & C. III. Postlatum, p. 228.
(28) Descartes: Principia philosophiae, II. § 34 et 35. p. 59～60 (A. T. VIII-I).
Principia Philosophiae & C. III. Praefatio, p. 227～228.).
(29) Ep. 12 et Eth. I. Prop. 15. Schol.
(30) Rivaud: La physique de Spinoza, Cronic. Sp. IV, p. 29 ff.
(31) Eth. II. Prop. 13. Schol. の複合物体の定義。
(32) Tractatus de Intellectus Emendatione, § 95.
(33) Eth. II. Lemma II.
(34) Eth. II. Lemma 7. Schol.
(35) つまり演繹が単純なもの相互の結合、あるいは有限者相互の結合という意味をもち、演繹されたもの、つまり複雑なものは単純なものの外にあると考えられる。ところがいかに実体が単純であるといっても、それは要素ではない。彼の汎神論の体系において、複雑なものとしての様態は単純なものとしての実体の外に出ることができない。それ故右の意味における演繹あるいは綜合は彼の体系では考えられないのである。つまり演繹は「拡張」の意味において理解されるよりは、むしろ単純なものそれ自体の様態化の意味において理解されねばならないのである。
(36) ここで「幾何学」は外面的な構成あるいは拡張から神それ自身の自己表出という内面的なものに変わってこなければならないのである。
(37) Tractatus de Intellectus Emendatione, § 63. p. 24.
(38) Eth. I. Prop. 16, Dem.

(39) Tractatus de Intellectus Emendatione, § 72.
(40) Joachim : A study of the ethics of Spinoza, p. 15~17.
(41) Eth. I. Prop. 21~23, & Ep. 56.
(42) Ep. 82.
(43) Ibid. p. 334.　このチルンハウスの疑問は「他のものと関係づけなければ……」と言っているように、確かにスピノザの神の定義の盲点をついているように見える。
(44) Ep. 83. p. 335.
(45) このスピノザの見解の前半では神は単純なものでないことが示唆されている。つまり、あらゆるものにとって最も共通なものであるといっても、それは決して単純なものでなく、むしろ「最も多くの実在性」をもったものと見なされているのである。ここに論理学と形而上学的な考え方が彼において必ずしも一致しないことが示される。
(46) Eth. I. Prop. 16, Dem.
(47) Ep. 60. *cf.* Ep. 9et 35.
(48) Ibid. p. 271.
(49) Eth. I. Definitio IV.
(50) K. Fischer : Spinozas Leben, Werke u. Lehre, S. 275 ff.
(51) Eth. I. Definitio III.
(52) Eth. I. Definitio 1. 自己原因とは「その本質が存在を含むもの、あるいはその本性が存在するとしか考えられないもの」である。端的に存在を肯定するものが自己原因である。
(53) 注(4)参照。
(54) Bidney : The psychology and ethics of Spinoza, p. 348.
(55) Robinson : Kommentar zu Spinozas Ethik, S. 65 ff. K. Fischer : Spinozas Leben, Werke u. Lehre, S. 380 ff
(56) 以上の見解はかつてのエルトマンやフィシャーの論争とは別に、新たに「属性」が神の「定義」において問題となることを意味する。
(57) 本書の一三節を参照されたい。

13　属性の無限数[1]

一　その問題点

スピノザは言う。「私は神を絶対に無限の存在者と理解する。すなわち、そのおのおのが永遠にして無限なる本質を表現する無限に多くの属性から成り立つ実体と理解する」[2]（傍点―筆者）と。彼はさらにこの絶対無限を説明して次のように言っている。「私は自己の類において無限とは言わないで、絶対に無限と言う。なぜなら、自己の類において単に無限なものについて、我々は無限に多くの属性を否定することができるからである。〈（すなわちそれ自体の本性に属さない無限に多くの属性を考えることができる）〉[3]」と。彼によればおのおのの属性は「自己の類において無限」でしかない。もし神が自己の類において無限であるならば、確かにそれは自己の類において完全であり、自立的存在であることを意味する。しかしこのため他の無限に多くの属性が否定されてしまう。このことは実体が一定数の属性をもった場合も同様であろう。なぜなら、無限者に有限の一定数の属性が帰せられるならば、もはやそれは無限ではあり得なくなるからである。神は絶対に無限であるから、infinita attributa をもつのである。しかしこの infinita を「無限に多く」というように何らかの意味で数としてとらえるか、それとも全然数を容れないものとしてとらえるかの二つの立場がある。このうち後者の立場に立つものにペーテルスドルフがいる[4]。彼によればスピノザは infinita を zahllos とか、または innumerable の意味で用いず、端的に unendlich の意味で用いたと言うのである。この infinita を単に数的にとらえたならば、それは決して神の本性上の無限を意味せず、ケアードの主張するように無限定的無限を意味することは明らかであろう。(5) つまりそれは有限数を延長したものと解せられ、彼の「無限」についての書簡、あるいは『エチカ』第一部定理十五の「注解」から明らかなように、到底このような無限を神そのものに帰することはできない。しかしペーテルスドルフのように全然数を容れないものとして考えるならば、我々は infinita attributa のうちから延長と思惟の二属性を認識すること自体一つの矛盾となろう。また仮りに無限数の属性の存在を認めたとしても、二属性しか認識し得ないならば、他の諸属性、他の無限に多くの属性は、スピノザの体系にとっては全く余計なものであったと主張できよう。(6) このように色々と議論があるにもかかわらず、スピノザ自身の意見を見るならば、たとえそれが zahllos の意味ではないにしても、何らかの意味で数的にとらえていることは、次のことから明らかであろう。すなわち、「自然について前に述べた考察によれば、我々は今までにこの最も完全な存在に属する二つの属性しか発見できない。しかしこの二つはそれから完全な存在が構成される全部であるかのように、我を満足させるに充分なものを我々に与えない。否、むしろ逆に二つ以上の属性ばかりでなく、無限に多くの完全な属性を我々に明らかに示すものが、我々のうちにあることを見出す」(7) と。スピノザにとって「無限に多くの完全な属性」(oneyndige volmaakte eigenschappen) とは決して余計なものではなく、むしろ神の完全性を示すために不可欠なものであったと言える。

この無限数の属性の問題はスピノザの時代にも識者に奇異の感じを与えたと見え、すでにシュラーやチルンハウスから二、三の質問がスピノザに対してなされていた。(8) これらの質問に対するスピノザの解答は、解答というよりただ今までの自分の意見を繰り返して主張したにすぎなかった。すなわち、人間は延長と思惟の二属性しか認識し得ないにもかかわらず、無限に多くの属性は存在すると。スピノザの哲学の体系において人間の占める位置は他の有限物と同じく単に神の様態であるにすぎない。無限に多くの属性を把握しうるのは神の無限知性のみである。人間の知性にとり、無限数の属性はヤスパースのいうように知識の限界を示す。(9) だが彼にとって問題であったのは、人間によって把握される二属性のほかにどんな属性が存在するのかという幻想的なことではなかった。彼はこれによって神の絶対性、超越性を示そうとしたのである。換言すれば、人格神を真なる神の Bild にしかすぎないとする彼の立場では、この無限数の属性こそ、真なる神、神としての神であり、単に人間によって理解される神ではなく、それ自体としての神を表現する適切な表現であったと言える。だがそれにもかかわらず問題が残る。彼は何によってこの属性の無限数を導き出したのかということである。

今日この属性の infinita を「無限に多く」と訳し、無限数の意味にとらえる人が多い。彼らは神が完全であり、何一つ欠けたものがないということから、属性の数もまた無限でなければならぬと簡単に考えているのである。フロイデンタール、カメラー、K・フィシャー、カッシラー、ハンプシャイアーなどみなそう考えているのである。(10) スピノザ自身もまた前述のように神の完全性、無限性から属性の無限数を導き出している。このような仕方で属性の無限数が導き出されるとすれば、スピノザはウォルフソンの主張するように、ユダヤ中世の哲学者クレスカスやその弟子のアルボの考え方と全く同じであったと言うことができよう。(11) すなわち、彼らによれば神に帰せられた無限という言葉によって、神が質的に無限の属性を数において無限に多くもっていることが示されるのである。スピノザもこのようなことを主張するかぎり、神をスコラ的な ens realissimum と考えていたことは疑いない。(12) だが果たしてこれによって属性の無限数が根拠づけられるであろうか。エアハルトは無造作に属性の無限数を導出す神学的、哲学的な伝統に批判の眼を向ける。すなわち、神に帰せられた無限という概念は不可測的な量を示すばかりでなく、また本来的な意味において臆見されねばならぬものであるから、それを神の属性と見なすこと自体、一つの誤りであると主張している。(13) スピノザは『短論文』において「……それ故最も完全で、無限、全的なものである神が存在するとすれば、それは無限で、完全な、すべての属性をもたなければならない」[14]と言っている。これに対してもエアハルトは次のように批判する。すなわち、スピノザが何らかの仕方で神と全（das All）とを同一視したとしても、それから神が無限に多くの属性をもつことが帰結されない。なぜなら全ということは彼の場合いっさいの存在者の総体を意味しているが、決してその量については何も言っていないからである。だから神が無限であるからと言って、無限に多くの属性をもつことにはならない。[15]なるほど無限はスピノザにおいて数を含まない。ただ存在の充実性、あるいは完全な独立性を意味しているのである。また完全性という言葉も同様である。完全性は彼においてものの実在性を意味する言葉である。このため無限性や完全性から無限数の属性を導き出すことは不可能であろう。[16]

このように神の完全性、無限性からその属性の無限数が帰結されないならば、残るはただ彼の方法論に従って本質からの演繹においてそれが帰結されてくるかということであろう。彼は『エチカ』第一部の定理八の「注解」において実体の唯一性を証明するために四つの注意を挙げているが、彼はその第二と第三の注意において次のように言っている。[17]すなわち「いかなる定義も（スピノザの場合本質は一面事物の定義と同一視されている―筆者注）一定数の個体を含むことはできないし、また表現し得ない。なぜなら定義は定義されたものの本性しか表現し得ないからである。……存在するおのおののものには存在するための一定の原因が必然的に存在する」と。このように事物の定義、あるいは本質には数は含まれない。その事物に数が言及されるためには、他の原因を必要とする。また彼は特に実体に関してその注解の最後において、「実体の本性には（すでにこの注解において示したことにより）存在することが属するのであるから、その定義は必然的な存在を含まなければならないし、従ってその定義のみから（すでに注意二、三において示したように）多数の実体が導き出されない。……」と主張する。すなわち、『書簡集』三十五、あるいは八十三において示されているように、神の自己原因的性格から神の必然的存在、単純性、無限性、不可分性、完全性、不可変性という諸性質が導き出されたとしても、決して実体の本質を構成する属性の無限数は導き出されてこないのである。神の自己原因的性格からこのことを論理的に導き出すことが全く不可能であるなら、先に挙げた『エチカ』第一部の定義六、すなわち神の定義からはどうであろうか。スピノザはそこで神が絶対無限の存在者であると定義した。しかもその絶対無限がその定義六の「説明」にあるように、自己類において無限の個々の属性と対比し、その絶対性を強調しているとすれば、すでにこの絶対無限という言葉の中に属性の無限数が含蓄されていると考えられる。彼が「絶対無限の存在者」を言い換えて、「無限に多くの属性から成り立つ実体」と言っているのが、その何よりの証拠であろう。しかもこの実体が神であるとすれば、むしろ神とは単に infinita attributa と定義されてよいのではなかろうか。すなわち、Deus sive infinita dei attributa という公式がなり立つゆえんである。無限数の属性は導き出されるものではなくて、神の本質、定義を構成するものである。この点、神の絶対無限の存在から必然的に無限数の属性が導き出されると主張したジョアヒムは、スピノザの神の定義についての充分なる洞察を欠いていたと言える。(18)そしてまたスピノザが『エチカ』第一部の諸定義の中で自己原因や実体の定義が同じく神を表わしているのに、あえてまたそこに神の定義を設けた理由は、この Deus sive infinita attributa を特に強調したかったからに相違ないのである。すなわち、この神の定義によってスピノザは神をスコラ的な ens realissimum に化することなく、むしろ彼なりの仕方で神としての神、絶対的な神の存在の在り方を示そうとしたのである。

二　属性の無限数は虚構か否か

以上のように無限に多くの属性がそのまま神の「定義」になるとすれば、それは証明において与えられたものでなく、直観されたものであると言うことができよう。しかもこの直観は、あの神の定義の中で（『エチカ』第一部の定義六を指す）スピノザが絶対無限の存在者を infinita attributa と並置しているところから、絶対無限の直観と同時に直観されたものと見なされなければなるまい。彼の哲学の体系はこの神の直観から始まるとすれば、その合理化はこの神の定義を頂点とするいわゆる幾何学的演繹において示されなければならない。しかも彼の体系において神は始源であると同時に「全」であるとすれば、その演繹的方法は既知なるものから未知なるものを導き出すと言うより、すべて始源に立つ神の根源直観の分析的な究明にほかならない。神が単に infinita attributa と規定されるだけでは、漠然としてとらえどころがない。それが質的に見ていかなる内容をもつかは、あの直観の合理化の過程において明らかにされなければならない問題であろう。しかし人間知性には無限数の属性のうちで二属性しか把握し得ないという根本的な制約がある。二属性のほかにいかなる属性があるかを知ることは全く我々にとって閉ざされているのである。それはただ神の無限知性のみがよくなしうる。このように無限に多くの属性を内容の面から知ることは断念されているにもかかわらず、スピノザはこれを形式の面から、つまり論理的にそれがいかに根拠づけられるかを明らかにしようとする。

スピノザは『エチカ』第一部定理九では「おのおののものはより多くの実在性あるいは存在をもつにつれて、それだけ多くの属性がそれに帰せられる」と主張する。これは彼が属性の無限数を根拠づけるための『エチカ』における唯一の定理である。しかしこの定理はその論法の形式的な面だけ見ても、ただそれだけではウォルフソンの指摘するように不充分な定義であり、無限数の属性の存在を根拠づけることはできない。[19] むしろこの定理が大前提となって、その次に「神は無限に多くの実在性をもっている。それ故に無限に多くの属性がそれに帰せられねばならない」という小前提と結論が続かねばならない。つまりこのような論理的な形式をふんで、始めてその定理は完成し、属性の無限数が帰結されてくるのである。これが定理十の注解に示されているのである。すなわち、「おのおのの存在がある属性のもとで考えられねばならないこと、しかもそれはより多くの実在性あるいは存在をもつにつれて、必然性と永遠性あるいは無限性を表現するそれだけ多くの属性をもつこと、このようなことほど自然において明瞭なことはない。

従って絶対に無限なる存在者(ens absolute infinitum)は、そのおのおのが永遠にして無限なる一定の本質を表現するところの無限に多くの属性から成り立っている存在者(定義六において述べたように)と必然的に定義されねばならないほど明瞭なことはないのである」と言っている。このような証明の仕方は、単に『エチカ』のみならず、『短論文』、『書簡集』においてスピノザが好んで用いたことであり、殆ど常套の文句とさえなっている。[20]

ただ神を単に最も実在的な存在者あるいは無限の存在者と規定するだけでは、神に無限に多くの属性が帰せられないことはすでに述べた。無限そのものは数を含まない。それ故神が無限数の属性をもつと主張するならば、その前提と結論との間には何の必然的な連関もない。このため彼は「ものはより多くの実在性をもつにつれて、それだけ多くの属性をもつ」という命題を大前提としてかかげねばならなかったのである。しかし我々の知性が無限知性であり、それによっていっさいの実在を把握しうるならば、このような証明は確かに意義あるものとなろう。しかし我々の知性には上述のように越えることのできない制約がある以上、この証明は有限な諸事物から出発して無限者に向かう単なる推論にほかならない。いわば一種の「宇宙論的証明」の変形がこのスピノザの証明の仕方には見られる。もしそうであるならば、この証明は確かに世界内のある事物から他の事物を推論するに役立ち、決して単なる事物とは異なる神そのものに到達することはできないであろう。それにもかかわらず彼がこの証明に固執し、神の属性の無限数を証明するために、これを用いるならば、当然経験の地平内に拘束されている我々の思惟をあえてその限界外へ超出させ、無限に拡大しなければならない。つまり一から他へ移行する推論の形式を借りて、思考の飛躍をなさねばならない。これをエアハルトのように思惟の恣意的な活動と称することもできよう。[21]否、恣意というより、もっと即物的に言って単に観念上の虚構と言うこともできよう。だがスピノザ自身の立場は決して無限数の属性を虚構とするものではなかった。このことを彼は『短論文』において明白に主張した。[22]

スピノザは『短論文』において「虚構」(Verziering, fictio)の観念とそうでない観念とを区別した。これによると虚構の観念とは、その観念の対象が実在しないものである[23]。しかし対象が実在しないと言っても、それには種々の種類がある。まず第一に考えられるのは虚構された事物の存在が本性上不可能としか考えられないものである。つまりそのものの存在が本性に矛盾するものについての観念である。例えば、「二つの本性からなり立っていると考えられるすべての怪物、例えば鳥であると同時に馬であるもの、その他これに似たような動物」の観念である[24]。このような虚構は『知性改善論』によれば「精神が理解することが少なく、知覚することがより多いならば、それだけ大きな虚構の能力を精神がもつ[25]」とあるように、彼の認識論からするならば、imaginatio の認識に基づくものである。それは何ら一定の秩序に従った思惟をなさず、ものの本性に対する理解を少しも示さない、でたらめな想像にほかならないのである。虚構にはこのような不可能な事物の虚構のほかに可能的な事物について虚構がある。この虚構についてスピノザは「その存在は可能的であるが必然的でない。だがそれが存在しようと存在しまいとその本質は常に必然的である[26]」とか、「ものの本性上その存在が存在するとしても、存在しないものとしても、矛盾を含まないもの[27]」と言っている。この例として三角形の観念や「身体を伴わぬ精神的な愛の観念[28]」を挙げている。単なる思惟の産物である理性の有がこれにあたるであろう。この種の虚構には数学的な諸命題が含まれるであろう。これは思惟必然的に考えられたものであるから、虚構と言っても、不可能な事物に関する虚構とは全く性質を異にしている。この本質上矛盾なき観念をも彼は imaginatio の認識に貶しているが、これは彼の立場が常に実在を対象とする現実的な認識に基礎をおいているからである。つまり彼の体系には理性の有の入り込む余地はない。しかしそれにもかかわらずスピノザはこの種の認識をモデルにして哲学的実在を考える。彼のものの必然性への理解は後述のように全く数学的な理性の有、あるいは比喩に依存している。それは彼の哲学的思惟のモデルであった。ではどうして彼の言う真の認識のモデルとなり得たのであろうか。この虚構は他の虚構のように決して主観的なものではないからである。スピノザ自身の言葉を借りるならば、「たとえ私は最初にそれを虚構したのだと考えても、やがて私は、私や他の誰かがそれについて未だかつて考えていなくても、同様であり、また同様であろうことを認めるよう余儀なくされるからである。このようなわけでそれは単に私によって虚構されたものではなく、むしろ私の外に、私ではないところのある主体をもっていなければならない。……[29]」と。すなわち、虚構の原因は私にあるのではなく、私の外にある外的原因であって、これが私にそのような虚構へと駆り立てるのである。確かに思惟必然的なものである以上、単に主観的であることができず、客観的、普遍的なものであるのは、以上のような理由によるのである。しかし私の外に、私でない主体があるとしても、その認識が虚構の認識であるため、その主体は実在するものではない。むしろそれは「我々はまずある何らかの事物からかつて得られ、そして我々によって抽象的に普遍化された観念について我々は我々の知性の中で虚構する……[30]」と言っているように、虚構された当のものは、抽象的普遍化がなされるうちにもはや実在的なものではなくなってしまうのである。これが彼の現実的な認識の立場から見ると虚偽の認識となってしまうのである。彼によれば我々の精神は身体の変様の観念であって、身体を通じてその対象が知覚される。この認識の形態はすでに述べたように ratio においても変わらない。だがこの虚構の場合対象はもはや現実に我々の身体を通じて入ってこない。このため、我々はその対象についてその必然性、あるいは不可能性を論ずることができない。しかし彼がここで「私の外に……主体」の存在を認めたことは、その虚構の作用原因である外的原因さえ知ることができるならば、自然に虚構が止むことを意味する[31]。この虚構についての彼の考えを手掛りとして、属性の無限数について考えて行こう。なぜなら彼は神の観念を虚構の観念ではないと言ったにもかかわらず、この属性の無限数を証明する際には抽象的普遍化の推論形式を用いているからである。

三　属性の無限数の意義

もし属性の無限性が虚構であるとしても、それは不可能な事物についての虚構ではない。なぜなら彼が属性の無限数を証明する際に用いた根拠、すなわち、「あるものがより多くの実在性あるいは存在をもつにつれて、それだけ多くの属性がそれに帰せられる」という命題は、我々が経験において遭遇する出来事や事柄をある一定の秩序、手続きによって抽象的に普遍化したものにほかならないからである。このような命題を前提として証明を行なう以上、属性の無限数はまず彼の区分によれば可能的な事物についての虚構と見なされよう。だがこの証明の形式が問題である。すでに述べたように単に経験の地平内における推論形式をそのまま無限者に適用することはできない。有限者と無限者との間には越えることのできない断層がある。この断層を彼が有限者の推論形式を借りた証明によって超えたということ自体、彼はこの証明の過程において虚構を用いたと言うことができる。しかし虚構はそのものとしてあるかぎり、事物の存在を可能的なものとするが、必然的なものとすることができない。すなわち、この属性の無限数は単にそのものとして見れば、虚構なるが故に、虚偽のものとなろう。これが虚構や虚偽をまぬがれ、必然的なものとなるためには、前述のことから明らかなように、この虚構の「外的原因」と結びつかねばなるまい。彼が「より多くの実在性をもてば、それだけ多くの属性が帰せられる」という命題から属性の無限数を証明しようとしたことは、すでにこの命題が無限の実在性をもった存在の実在を前提することなしには不可能なことであろう。すなわち、虚構によって得られた属性の無限数は外的原因としての神と結びついて、始めて必然的なものと見なされるのである。しかもこの外的原因となる神は、虚構の産物ではない。彼の体系でもしこれが虚構と見なされるならば、他のいっさいのものも虚構の産物となってしまう。この外的原因としての神そのものと虚構によって得られた属性の無限数との結びつきについて少なからず我々に示唆を与えているものに、彼の次のような言葉がある。すなわち、無限に多くの属性は、「二つの属性（延長と思惟を指す――筆者注）から生ずることができない。二つの属性は単に二つのものしか生ぜず、無限に多くのものを生じない。では一体どこから生ずるのか。確かに私からではない。もしそうだとすれば、私は私のもっていなかったものを与えることができねばならないからである。それなら無限に多くの属性自身のほかにない。無限に多くの属性がそれ自らの存在を我々に告げている」と主張している。この「無限に多くの属性が我々に告げる」(oneyndige eigenschappen, die ons zeggen) と言っても、それは我々が属性の無限数を認識しうると言うことではない。それは人間知性にとって絶対に不可能なことである。ここでは認識が問題となっているのではなく、むしろ直観が問題となっている。とすればこれは、すでに述べたことから明らかなように絶対無限の存在についての根源的な直観を意味しよう。この根源直観に虚構された属性の無限数が結びつくのである。そしてこれによって後者が虚構であることを止め、真の実在として、すなわち神そのものと見なされてくるのである。その点が単に理性の有でしかない数学的命題における虚構との違いであろう。なるほど数学的な真理も直観と結びついたものであろう。しかしそれはあくまで可能的な事物についての直観であって、真に実在するものについての直観ではない。それ故同じように直観と言いながら、両者の質的な差はまさに雲泥の差である。

以上のようにスピノザは属性の無限数を証明するにあたって、絶対無限の根源直観を基礎にして一方では有限事物における推論形式を借り、他方では思惟の虚構を行なった。しかもこの思惟の虚構は絶対無限の根源直観と結びつくことによって、単に有限思惟の枠内にとどまることができず、むしろその枠を超出し、自己を無限に拡大することができた。いわば無限を思惟しうる思惟がこの根源直観を土台にして始めて確立され得たのである。それ故スピノザが属性の無限数を証明するにあたり、三段論法的な推論形式を借りたにもかかわらず、単にそれだけにとどまり得なかったのである。それらは手続きとしてはなるほど必要だったかも知れないが、しかしそれらを超えていくことなしに、あの証明は不可能であった。神は無限なるが故に、無限に多くの属性をもつと言ったのは、このような手続き一切を省いて、ただ結論だけを言ったにすぎない。ところが神に帰せられた絶対無限は本性上数を含み得ない。だが含まないからと言っても、全然数と無関係であったと言うのではない。もしそうであるならば、延長と思惟の二属性の認識すら不可能となろう。このことから神の絶対無限は数ではないが、数を含みつつ、しかもそれを超えたものと言うことができよう。

以上のように属性の無限数を証明して行くためには、絶対無限の存在についての直観がなければならなかった[33]。この直観に基づいて我々は神に絶対無限数の属性が属し、それらが神の本質となっていることを知ることができたが、これらの属性が具体的に何という属性であるかを列挙することができない。この点、無限数の属性の存在を認めることとそれを認識することとは別のことと見なされよう。すなわち、認識するとは属性の質的無限性を把握することであり、延長と思惟の二属性の認識はまさにこの認識に属することであろう。これに反し属性の無限数は知性の認識によって把握されない。だがスピノザは次のように言う。「もし我々が自己の類においてのみ無限定且つ完全なある何かが自分の充足性によってのみ存在することを認めるならば、絶対に無限定且つ完全な存在者の存在もまた認められなければならないであろう[34]」と言っている。つまり自己の類において無限な一属性を把握するとき、同時に無限数の属性の存在も認められなければならないのである。このことはいかなることを意味するのか。彼は属性の数だけ多くの世界が認められるのかというチルンハウスの問に対して『エチカ』第二部定理七の注解を参照せよと言っている[35]。そこには「無限なる知性によって実体の本質を構成するものとして知覚されうるすべてのものは、唯一の実体に属していること、従って思惟する実体と延長する実体は一つの実体であって、この実体があるときはこの属性のもとで、またあるときは他の属性のもとで理解される[36]」と主張されている。属性の数だけ異なった世界が存在するのではない。あるいは多くの属性が神なる実体の部分を形成しているというのではない。もしそうだとすれば無限数の属性をすべて認識しなければ、我々は神を認識し得ないであろう。これはウォルフソンの主張するように、同一の実体が無限に多くの相をもっていること、あるいは無限に多くの相から考察されることを意味しているのである[37]。しかしこれは同一の実体が質的には異なったものとして考察されても、その実体性には何の変わりもないことを意味している。それは依然として存在において無限であることを意味している。従って一つの属性を認識しただけでも、神そのもの、すなわち無限数の属性からなり立つ実体の本質を認識しうるのである。ここでは属性の数が問題となっているのではなく、属性そのものに現われた神の無限性が問題となっているのである。そして諸々の無限が存在しても、それは結局一つの無限に結集され、具現される。属性は質的な意味においてなるほど自己の類において無限であるが、しかし単にそれにとどまることができず絶対無限を表現する。逆に言えば、絶対無限は自己類における無限、あるいは相対的な無限の総体あるいは和ではないのである。[38] しかしまたこれは一つの属性から無限数の属性が導き出されるということではなくて、属性の示す実体性がとりもなおさず無限存在としての神を意味していることにほかならない。かくて人間はたった二つの属性しか認識することができなくても、神の認識には何の支障もきたさない。むしろ人間の場合、神の本質を認識する理性や直観知は、かえって体系の発端に立つ神の、すなわち属性の無限数を把握する根源直観と結びついていると言える。

以上のように無限数の属性を列挙することは人間知性を超えたものであったが、それによってスピノザは、ペーテルスドルフの主張するように不可知論者になったのではない。[39] 属性の無限数は、その中に我々の知られる二つの属性が含まれるという意味で、数量的なものであろう。だが彼はそれを数え上げようとしたのではない。もしこのようなことをしたならば、彼は不可知論者となったであろう。彼の目指したものは他にあった。すなわち、属性の数量的無限をただ一つの無限の存在者において統一し、これを人間知性によって把握される属性を通じて認識することであった。つまり彼にとって属性の質的な無限を知ることは、同時に量的な無限を知ることであった。この意味で彼は不可知論者ではなかったし、また超越を認める哲学者でもなかった。彼はただ無限を求め、思惟しようとあくまで努力したのであり、決してそれを信仰しようとしたのではなかった。この態度が彼をして神をそのものとして認識させる機縁となったのである。

注

（1）スピノザにとって唯一絶対の神の存在はその哲学思索の根本直観にあった。この点は神を唯一の実体とする他の哲学者とて同様であろう。だが他の哲学者が神を思惟したのではなく、想像したのだとすれば、スピノザはそれを思惟する（Ep. 56）。彼によれば神を想像の認識によって把握するなら、神はいかに絶対無限であり、また超越的な存在であっても、有限なもの、人間的なものとして現在してくる。そして人間的な神は真なる神の有限化であり、卑小化にほかならないのである。これに反して彼のいう思惟は神を絶対無限そのものとして定立し、有限なる人間とは無限の隔りをもったものと見なす。神の非人格性は彼が最初から意図したものでなく、むしろその思惟の帰結にほかならない。また原理的に見て無限と有限との間には関係がないと主張するところから、当然神の「超越性」、あるいはヤスパースのいう「遠き神」が問題となろう。この神の超越性を示すものに神が「無限に多くの属性」（infinita attributa）をもつという規定がある。おのおのの属性がそれ自身神の一本質を構成し、しかも人間の把握しうる属性は延長と思惟の二つしかないとすれば、この属性の infinita は確かに人間にとって探求不可能なものとなろう。これを「……探求しうるものはこれを究めつくし、探求し得ざるものはこれを静かに崇むることである」というならば（Goethe: Maximen und Reflexionen, § 1207）、この infinita attributa は神の絶対無限性を表わす一種の信仰にほかならないであろう。だがそれを単なる信仰と見なすならば、あれほど思惟を強調し、また『エチカ』において何度も infinita attributa について問題にしているスピノザの真意は何にも理解されないであろう。以下この infinita attributa がスピノザの哲学においていかに解釈さるべきかを、彼の思惟との関連から見て行きたい。（神の infinita attributa の研究といえば、ジョアヒム、アレキサンダー、ハレットたちのように思惟の属性が他の諸属性に優越するかどうかを中心に研究したものがあるが、ここではその問題を取り扱わない。* ただ属性の infinita とはいかなるものか、それがいかにして根拠づけられたかを問題にして行こう）。

* Joachim: A study of the ethics of Spinoza, p. 17 ff., 135.
Alexander: Philosophical and literary pieces, p. 368 ff.
Hallet: Aeternitas, p. 282 ff.

（2）Eth. I. Definitio VI.

（3）Ibid. Explicatio.

(4) E. v. Petersdorff : Spinozas unendliche Attribute Gottes, (Chronic. Sp. II. S. 76.).
(5) Caird : Spinoza, p. 53.
(6) Petersdorff : Spinozas unendliche Attribute Gottes, (Chronic. Sp. II. S. 77.).
(7) Korte Verhandeling, I. Cap. 1. §8, Aanmerk. ☆, p. 17.
(8) 関係書簡、Ep. 63, 64, 82, 83.
(9) Jaspers : Spinoza, (Die großen Philosophen, S. 769)
(10) Freudenthal : Spinoza, Leben, Werke und Lehre, S. 383 ff.
Camerer : Die Lehre Spinozas, 2. Aufl. S. 5.
E. Cassirer : Erkenntnisproblem, II. S. 120 ff.
S. Hampshire : Spinoza, p. 56 ff.
(11) Wolfson : The philosophy of Spinoza, I. p. 225.
(12) E. Cassirer : Erkenntnisproblem, II. S. 121.
Petersdorff : Spinozas unendliche Attribute Gottes, (Chronic. Sp. II. S. 85.)
(13) Erhardt : Philosophie des Spinoza im Lichte Kritik, S. 197 ff.
(14) Korte Verhandeling, I. Cap. 2. §1, Aanmerk. p. 19.
(15) Erhardt : Ibid. S. 201.
(16) このことからさらに彼の方法論から一層明らかに説明されてくる。スピノザの方法、幾何学的方法は、すでに述べたように、事物の本質あるいは定義からその事物に含まれるいっさいの特質を分析的に導き出すことである。ところが無限性とか完全性という言葉は、彼によれば神の本質を構成する実在ではなく、ただその性質だけを説明するだけにすぎない。たとえ彼において完全性が実在性と同一視されたとしても、それは神の性質を述べる形容詞であることに変わりない。(Korte Vorhandeling, I. Cap. 7.)。すなわち、彼において神の実在性がその必然的存在を意味しているとすれば、それは神の本質から導き出されたものであり、本質そのものを意味するものではないからである (Ep. 35)。それ故もし完全性あるいは無限性から神の無限数の属性が帰結されるとすれば、当然神の本質を構成すると考えられる属性は、特質としての完全性あるいは無限性から導き出されてくることになろう。つまり本質から特質が導き出されるのではなくて、逆に特質から本質が導き出されてくるという、彼の方法論から見れば、全く逆の結果になってしまう。かくて神は無限なるが故に、無限に多くの属性をもつという帰結は本末顚倒したものと言わなければならない。

(17) Eth. I. Prop. 8, Schol.
(18) Joachim: A study of the ethics of Spinoza, p. 69.
(19) Wolfson: The philosophy of Spinoza, p. 139 ff.
(20) Korte Verhandeling, I. Cap. 2. p. 19., Ep. 34.
(21) Erhardt: Philosophie des Spinozas im Lichte Kritik, S. 201.
(22) Korte Verhandeling, I. Cap. 1. §8, Aanmark. 3. p. 17.
(23) Ibid.
(24) Ibid.
(25) Tractatus de Intellectus Emendatione, §58, p. 22.
(26) Korte Verhandeling, I. Cap. 1. §8, Aanmerk. ☆ p. 17.
(27) Tractatus de Intellectus Emendatione §53, p. 19～20.
(28) Korte Verhandeling, I. Cap. 1. §8, Aanmerk. ☆ p. 17.
(29) Ibid.
(30) Ibid., p. 16～17.
(31) Tractatus de Intellectus Emendatione §54, p. 20.
(32) Korte Verhandeling, I. Cap. 1. §8, Aanmerk. ☆ p. 17.
(33) 神の定義（『エチカ』第一部定義六）において明らかなように、絶対無限とは無限数の属性を意味する。あるいは神は無限数の属性から成り立っている。このため、神を定義するためにはまず属性を知らねばならないし、属性を知るためには実体について知らねばならない。それ故絶対無限の存在を知るためには、結局定義一の自己原因の定義までさかのぼらねばならない。そしてこの自己原因の定義において本質即存在が問題となっているとすれば、この存在についての根源直観は実体や神の定義の基礎である。否、自己原因、実体、神がみな同一のものを示しているとすれば、この存在の直観のうちに、彼の独自の形而上学的存在、あるいは絶対無限の存在が含まれていると見なければならない。

(34) Ep. 36. p. 185.

(35) Ep. 64. p. 278.

(36) Eth. II. Prop. 7, Schol.

(37) Wolfson: The philosophy of Spinoza, p. 226.

(38) Borkowski: Spinoza IV, S. 43.

この点ボルコヴスキーは次のように言っている。「無限に多くの属性はなるほど哲学者(スピノザを指す-筆者)の教説によれば、相対的に無限、すなわち、一定の存在仕方における無限であった。だがそれらはそれら自身において何らかの仕方で絶対無限性と存在の充実性とを含んでいた。スピノザはここで根源から数学的に考えていたのである。無限の直線はそれ自身には無限の平面の完全性を含んでいない。だがそれにもかかわらず、そのうちに無限の空間の概念を含んでいる。それは後者なしには考えられない。……相対的なものは絶対的なものをそれ自身のうちに含んでいる。絶対に無限なものは相対的無限の総体ではない。後者はおのおのそれ自体で見れば絶対者と一つになっているのである。……」と。以上のようにボルゴヴスキーは、無限に多くの属性としての神とその一つの属性との関係を数学的な思考を援用して解決している。これは注目すべき見解であるが、スピノザ自身は数学を援用してこの問題を解決したのではない。ボルコヴスキーの説は一つの解釈としては興味があるが、スピノザを離れてしまった感が深い。

(39) Petersdorff: Spinozas unendliche Attribute Gottes, (Chronic. Sp. II. S. 91).

14　神の因果性

すでに述べたようにスピノザはその著『神学・政治論』や『エチカ』において一般の人々あるいは従来の哲学者たちが最高の存在としての神を人間化したことを非難している。(1) それによれば彼らは神を単に人間的な立場から理解しようとしたのであって、神をそのものから理解しようとしたのではなかった。これに対してスピノザは神をそのものから理解し、神からいっさいの人間的な色彩をぬぐい去ってしまった。彼の神の「非人格化」はその当然の結果であった。彼のこのような根本的態度は、自然を自然以外のものからでなく自然そのものから理解しようとする近代の自然科学の理念と一脈相通ずるものを見出すことができよう。確かに彼のとった立場は、『神学・政治論』から明らかなように、近代の自然研究の態度を神の研究に適用したものと言える。(2) だがこのことは必ずしも近代の自然研究の理念が彼の神概念の形成に対する原動力であったことを意味するものではない。神学者の宗教に対する彼の批判は、この理念なしにも彼なりに神の概念を形成すべき十分なる下地を培っていた。この点、ブルンナーはスピノザの神の非人格性に対してマイモニデスの影響が大であったと主張する。(3) だがスピノザ自身はこのマイモニデスに対して『神学・政治論』において積極的に批判しているのではなかろうか。(4) 単に主知主義的な面において両者は一致していたが、その他の面に関しては全く異なる立場に立っていた。これが聖書解釈において歴然として現われている。またスピノザが哲学体系樹立のための方法として採用した幾何学的方法は神を非人格化するには恰好のものであった。しかし仔細にその方法を吟味して行くとき、この方法による非人格化が神をそのものとして表わすことに適切であったかどうかが問題となる。なるほどそれによって非人格化を基礎づけることが一層容易となったであろう。だが実在の有を扱う哲学と単に静的な理性の有を扱う数学との相違に着目するとき、数学的方法をそのまま哲学に適用することは果して得策であったろうか。単に数学的方法を駆使し、貫徹するだけで神の本質があるがままに露わにされるかという疑問が当然起こってくる。以下このことを神の因果性をめぐって論じて行こう。

一　静的な解釈

スピノザの体系において神はいっさいのものの原因（causa）である。ところがこの原因の概念は彼の場合他面において論理的な理由（ratio）と同一視されているため、causa seu ratio という表現がしばしば『エチカ』において使用されている。(5) このため、原因はその本来的な意義よりも、むしろ単に論理的な意味において理解される。例えば、『エチカ』の古い注釈者、キルヒマンは、スピノザの体系には「時間」が排除されているため、たとえ神からの生起（sequi）がwerden の意味をもったとしても、それは原因としてでなく、論理的な理由、帰結の関係において把握されなければならないと主張した。(6) これと同じような見解を述べている人に、ジョアヒム、ハンプシャイアーなどがいるが、(7) 彼らに共通なことはこの論理的な理由、帰結の関係を数学的、幾何学的な意味において把握し、神についての静的な解釈を打ち出すに至ったことである。もちろん筆者も彼の哲学に論理・数学的な性格のあることを認め、今までこの見地から彼の方法としての幾何学的方法を問題としてきた。だがこの一つの性格を全体的なものと見なし、何かしらそこに硬直したものを見ることほど危険なことはない。彼の体系は一面的に割り切れるほど単純ではない。

スピノザの哲学を静的に解釈する代表者としてまずその名を挙げられるのは、ヴィンデルバントであろう。彼はスピノザの哲学を数学的、幾何学的汎神論と見なし、この種の解釈の先達となった。彼は幾何学的汎神論を幾何学的空間とその中に画かれる図形との関係の類比において考察し、空間から一切の感覚的規定を取りのぞいたならば、空虚な形式のみが残ると同じように、スピノザの神も内容なき空虚な「形而上学的な無」にほかならないと主張した。(8) これによれば神はもはや諸物を産出する実体ではあり得ないであろう。それはただ諸事物を入れる容器にすぎなくなる。神が「作用原因」であることは全く否定され、神は何ものも生まず、また何ものも神から生じ得なくなってしまう。このように神が無内容のものにすぎないならば、スピノザの方法論において問題となった神の定義からいっさいの特質を導き出すこともまた不可能なものとなってこよう。つまり静的な解釈が一つの拠り所としている原因即理由も、このヴィンデルバントの立場ではかえって主張されなくなってしまう。彼にとってスピノザの神は「画板の上の画」(picutura in tabula) のような理性の有にすぎなかったのである。また幾何学的空間を表象するような仕方で神を認識しなければならないとすれば、神は全く主観の形式となってしまうであろう。だがスピノザはいかなる主観主義的な色彩をもその哲学に持ち込むことを許さなかった。なるほどかつてエルトマンによって神の本質を構成する属性が単に主観的な人間知性によって認識されると解釈されたが、(9) クーノー・フィシャーのエルトマン批判以来この種の考え方は全く支持されなくなっている。(10)

しかしスピノザの幾何学的方法は、ヴィンデルバントの主張したように単に空間と図形との類比においてのみ考えられるものではない。なるほど彼は「三角形の内角の和は二直角である」という命題や幾何学的図形を援用して、しばしば自分の教説を説明したが、それは決して実体と様態との関係を外面的に、また空間的に考察するためではなかった。彼はこれをすでに述べたように、内面的に、すなわち、事物の本質、あるいは概念形成のために適用していったのである。(11) 彼の方法は事物をそれ自身の内部から規定して行く方法であるため、それは知性のうちに、主観の側にその根拠があるのではなく、むしろ「知性の外に」、客観の側にその根拠がなければならなかった。(12) 彼の方法論の重要な部分を形成する定義論は、事物を発生的に、知性の外にあるがままに定義して行くことをその核心としている。

彼はこのような方法によって事物を実在的に、客観的なものと定義するばかりでなく、またそれによってすでに述べたように事物に内在する一切の特質を導き出して行こうとする。[13] だが彼は定義あるいは本質からいかにして特質が導き出されてくるかを特に問題としない。ただ彼は本質が決まれば、それから知性の十全な思惟によって必然的に特質が導き出されてくると主張するだけである。定義からの特質の演繹は『エチカ』第一部定理十六並びにその証明において示されているように、彼の神的な因果性の核心をなしている。この演繹にのみ注目するかぎり、原因と結果とは論理的な理由、帰結の関係として考察される。しかも神から生ずるものは、神の外にではなく、あくまで神の中に生ずるとすれば、この演繹が示す理由と帰結の関係は、本質の中に implicit にあるものを explicit に表現することにほかならないであろう。なぜなら、一切が神の中にあると主張される以上、本質からの演繹は、予め本質の中に潜在しているものを露わにする以外にない。すでに述べたように特質は本質についての分析的な説明にほかならない。従ってまたエアハルトの主張するように、定義から生ずるものに何等新しいものはなく、ただ本質に含まれるものの展開にほかならない。[14] しかしこの展開は、彼が「ある与えられた事物の定義から多数の特質を、実際その定義から（すなわち事物の本質そのもの）から必然的に生ずる多くの特質を知性は結論する」（傍点―筆者）（Eth. I. Prop. 16, Dem.）と言っているように、知性による演繹という形をとっている。このことは上に述べたスピノザの客観的な、実在論的な立場と相容れないのではなかろうか。[15]

この点に関して、スピノザは次のように言っている。「神の最高の能力あるいは無限の本性から無限に多くのものが無限に多くの仕方で、すなわちあらゆるものが必然的に流出したこと（fluxisse）、あるいは常に同一の必然性をもって生ずること、あたかも三角形の本質からその内角の和が二直角であることが永遠から永遠にわたって生ずるのと同様である」[16]と。ここに彼は「流出」という言葉を用いた。しかしこの言葉は『エチカ』において始めて用いられたのではない。彼は『短論文』において「神は自分の結果の流出的あるいは表出的原因（een uytvloejende ofte daarstellende oorzaak) である。また作用が働くということに関して、神は作用的、活動的原因である。そして我々はそれらが（以上の流出的、表出的原因と作用的、活動的原因とを指す—筆者）あたかも相互に関連しているかのように、一つのものとして表わす」[17]と言っている。これによれば流出的原因はロビンソンの主張するように必ずしも作用原因に対する論理的理由として解せられなくなる。[18]特にウォルフソンの指摘するように、「流出」がヘブライの哲学者が用いたと同じ意味、つまり「神の本性から必然的に生ずる」[19]という意味をもっていたとすれば、なおのことこの流出的な原因は、知性を離れて、神それ自身の必然的作用に結びついていると言わなければならない。だがウォルフソンはこの流出を神の本質から諸事物が段階的に（つまりまず第一に直接無限様態、次いで間接無限様態、最後にこの両無限様態を媒介にして有限様態というように）生じてくると解釈している。[20]しかしスピノザ自身は流出を決してこのような意味においてのみ考えたのではない。段階的な流出は神の必然的作用の論理的な説明であっても、必然的作用そのものではない。あるいは知性が定義から諸事物を演繹することと神の本性そのものから諸事物が必然的に流出してくることとは全く別のことである。つまりスピノザはその哲学の随所において本質と定義とを同一視している。確かにこれは実在の側の本質が観念の側の定義と一致していることを意味する。つまり彼はこの意味で両者が一つであることを主張し、決して実在と観念、あるいは対象と観念の相違を無視し、また両者の領域を混同して、本質と定義の同一性を主張したのではない。両者は対象とその観念というようにあくまで区別されなければならない。この両者を混同して論理的な演繹を直ちに神からの流出の意味にとらえるならば、上記ウォルフソンのような誤解に陥るのである。

ところがすでに述べたように幾何学的方法は従来の類、種差の概念によって事物を定義する代わりに、事物をその発生的な根拠から解明するものであった。確かにこれによって事物の内的な構造あるいは客観的な本質は明らかにされるかも知れない。だがこのために本質と定義とが混同され、また原因と理由とが混同されるならば、この方法は長所と同時に短所をもっていると主張される。なるほど神の非人格化は果たされた。だが原因を理由と解したため、神それ自身の力は何ら理解されなくなってしまった。否、もともと神には力がないと考えられ、従って神は何ものも生むことができない。原因としての神とその結果たる有限物との間には、ただ制約するものと制約されるものとの論理的な関係が理由と帰結の間に見られるにすぎない。ここでは神からの流出はいわば論理・数学的であって、あたかも神は人間の知的な産物である数学に屈したかのようである。このような神がスピノザの神であったのであろうか。神は数学に従属するものではない。むしろその逆であるとすれば、原因と結果とは理由と帰結の関係に還元し得ないものをもっていると言わなければならない。換言すれば、論理的な理由と帰結との関係はスピノザの神の因果性をくまなく表現することも、またおおいつくすこともできないのである。このため幾何学的方法が目指した事物の客観的な表現も、神の因果性に関するかぎり、妥当なものとは考えられなくなってしまうのである。

二　動的な解釈

幾何学的方法の以上のような破綻は、スピノザの神の因果性が理由―帰結の関係につきないことを端なくも暴露するに至った。スピノザの場合、理由と帰結の関係とは別に、原因―結果の関係が神それ自体になければ、事物の産出活動は不可能となる。だがこの「原因」という言葉によって表わされるものは彼の場合何であろうか。もちろんそれはハンプシャイアーの言うように、近代科学における原因でないことは明らかである。(21) いわゆる普通の意味の原因と結果の関係が有限諸物にのみ適用されるものであるならば、ポロック、ジョアヒムの主張するように、このような因果関係はもはや神に適用されない。(22) 神が「自己原因」であると言っても、それによって表わされるものは原因と言うべきものではない。だがポロック、ジョアヒムは原因を原因と見なし得ないならば、それは理由と解せられなければならないと結論する。しかしこの考えが誤っていることは、すでに述べたことから、ハレットの批判をまつまでもなく、[23]明らかなことである。スピノザの場合自己原因とは単にそれ自身以外に原因をもたないという消極的な意味につきない。それは『エチカ』第一部定義一に示されているように、その本質が存在としか考えられないという存在の絶対的な肯定を意味しているのである。つまり必然的な存在の端的な肯定を意味しているとすれば、原因とはむしろ存在の別称にほかならないであろう。しかし存在と言っても、それは単に他の諸事物のように空間的に在るということを意味するのではない。むしろそれは「存在しうることは能力（potentia）である」[24]というように、存在とは能力のことでもある。この結果、彼は次のように言う。「神の能力は神の本質そのものである。――神の本性の必然性のみから神が自己原因（定理十一により）ならびに（定理十六及びその系により）すべてのものの原因であることが帰結されてくるからである。従ってそれによって神それ自身並びにあらゆるものが存在し、活動するところの神の能力は神の本質そのものである」[25]と。つまり神が原因であることは同時に存在でもあり、能力でもある。いわば原因＝存在＝能力という等式がここに成立してくるのである。以上のことはスピノザの「原因」を単に論理的な理由として解するより、動的な力と解釈することに有力な証拠を与えていることは否定できない。

もとよりこの神の原因の動的な解釈のためには、エアハルトのようにスピノザの因果性に、論理的な理由、帰結の関係と実在的な原因、結果の関係という二面があることを認めながら、どちらかと言えば後者に何の意義も払わなかった人のいることに注意しなければならないであろう。エアハルトは神からの演繹をその体系において貫徹するならば、神が理由であると同時に原因であると主張するのは論理的に矛盾していると主張する。[26]仮りに原因を実在的なものとして potentia の意味に解しても、それを基礎づける根拠は『エチカ』第一部定理十七以前には見出されないと彼は主張する。しかし今まで見てきたように神の存在という根源的な事実が何よりもいっさいを産み出す力であることをエアハルトは見逃している。彼は『エチカ』の証明の秩序、手続き、あるいは論理的な解釈にのみとらわれて、『エチカ』の諸命題を総合的に解釈して行くことをしなかったように見える。『エチカ』はたとえ幾何学的な秩序のもとで書かれていたとしても、その思想の内容は必ずしも証明の秩序に従っているとは言えない。むしろ前の諸定理を理解するために、後の諸定理をしばしば参考にしなければならないのである。従って定理十七以前に神のpotentiaを基礎づけるものがなかったと言って、神が本来的にもっているその動的な性格に何らかの疑惑をはさむことは、いわば批判のための批判であって、[27]スピノザを真に理解するものではないと言えるのである。以上のエアハルトの見解にもかかわらず、今日ではスピノザの神を動的に解釈することが大方の傾向となってきた。しかしその「原因」や「能力」を実際いかに解釈して行くかという点になると、それぞれまちまちであり、定見のないのが現状である。まずその二、三の例を挙げて見よう。

カメラーは自然主義的な立場に立って「神があらゆるものの究極の根拠であるところに、その本質が現われ、神性は世界の内的な生命力である（傍点―筆者）[28]」と主張する。つまりすべてのものを包括し、支配し、産出する自然には一種の生命が宿り、これが力となって発現することは、カッシラーもスピノザの自然概念とルネッサンスの自然概念との連関から問題にしてきたことである。[29]しかしこれは着想としては興味深いものがあるが、果たして歴史的な問題として取り上げられるかどうかが問題である。なぜなら、スピノザの思想発展の歴史は、すでに述べたように彼がルネッサンス的な自然概念から影響されることが極めて少なかったことを示しているからである。たとえ関係があったとしても、それは第一次的な意味においてではなく、二次的な意味においてであったとすれば、[30]カッシラーのような解釈が、スピノザの神の動的な解釈にそれほど力を与えたとは考えられない。またクーノー・フィシャーはスピノザの神の因果性を問題にするにあたり、エルトマンとの論争（神の属性の解釈をめぐる）において示した実在論的な立場にたって、神の因果性は論理的な理由、帰結の関係において考察するより、力として考察されなければならないと主張している。[31]神がスピノザにおいて作用原因となっていることがその何よりの証拠であるというのである。このようにフィシャーのスピノザの神についての動的な解釈は、いわば属性の実在論的解釈（この点カメラーも同じように実在論的な解釈に従っていた[32]から生じてきたものと言える。だがフィッシャーは力によって表わされるスピノザの神が一体いかなるものであるかを具体的に明らかにしてくれない。

神の本質を力と解しても、それが有限諸事物の間に見られるような力でないことは、「原因」が普通の意味の原因でなかったことと同様であろう。スピノザの場合力という言葉は二様の意味に用いられている。まず第一にそれは能力という意味の potentia であり、第二のものはvisとして考えられるものである。もちろん彼はこの両者をしばしば混同しているが、神に関するかぎり、神の力を potentia で示し、vis とは言わない。また有限諸事物に potentia という言葉を用いるとき、それは事物の本性を表わす conatus と同義に用いられている[33]。つまりものの本質を表わす力が potentia であって、これは神も有限諸事物の場合も変わらない。つまり神の力は potentia とだけ表現されるが、有限者の場合には potentia と vis がある。そして両者の間の厳密な区別は充分なされていないように見える。だが有限者において potentia は conatus であるとすれば、当然それは内的なものであって、外面的な、他の諸事物との関係において示される vis とは区別されなければならない。もっとも vis が結局は諸事物の potentia 相互の関係において始めて現われるとすれば[34]、つまり potentia なくして現われることがないとすれば、それは内的な力の顕在化されたものと解することができよう。スピノザはこの二つの力の概念の相違を明らかにするため、有限者の vis に「現実的」actualis という形容詞を冠し、また神の potentia には「活動的」actuosa を付した[35]。ところがいま我々の問題としているものは potentia actuosa である。

この神の能力をロビンソン、ブルンナー、あるいはカッシラーは作用原因として解釈するだけであり[36]、それがいかに原因と結果との関係において発揮されるかということになると何の説明もしていない。この点、ゲプハルトはスピノザの哲学をバロックの芸術、特にレンブラントの芸術に対比させ、その面から神の Dynamistik を問題とする[37]。無限を表出するバロックの芸術において「無限は現象において常にポテンシャルにしか現われない。なぜなら、もしアクチュアルであれば、それは無限であることを止めるであろう」。バロックの様式はクラシックの Sein の様式に対して生成と生起の様式であるため、当然後者の静に対して動をその本質的特徴とする。直線の芸術に対して、動揺と緊張を秘めた曲線の芸術、これがレンブラントにおいて光と闇の Dynamistik として現われたとすれば、スピノザにもこのような Potentialität が根本特徴となっていると主張されている。なるほど彼の哲学に幾何学主義しか見ないものは、彼の哲学がもっている Dynamistik は理解されないであろう。神の本質は「活動的本質」(essentia actuosa) であり、これが神の様態にもコナツスとして、また延長にはそれがデカルト的な静止せる量としてでなく、むしろ運動と静止(運動もまたデカルトのように単なる位置の移動につきるものでなく、力としての運動であった)の空間的な拡がり、あるいは運動体として現われている。このかぎりなるほどゲプハルトの主張するようなスピノザ哲学の Potentialität は確証されよう。だがゲプハルトは神の活動がいかに現われているかについては何ら明らかにしていない。思うにゲプハルトはスピノザの完成された体系とレンブラントの芸術が二、三の点において共通しているが故に、彼の哲学をバロックの哲学と断じているかのように見える。真にスピノザの哲学において神の Potentialität あるいは Dynamistik が主張されるためには、神の Potentiality がその因果性においていかに現われたかを吟味しなければならない。

この点、ハレットは神の力を Potentiality として把握し[38]、ゲプハルトがバロックの芸術との連関において述べたことを神の因果性に結びつけた。神は力をもつのではなく、力そのものであり、この力の実現が神の自己実現となり、因果関係において現われるとき、このハレットの見解は妥当なものとなろう。特にスピノザが神の能力の中にあるものは、「神の本質から必然的に生起するように、神の本質の中に含まれていなければならない[39]」、というように、すべてが存在するように予定されているとすれば、因果関係は当然この神の能力の中に潜在し予定されているものの現勢化において考察されなければならない。だがいかに神の能力がポテンシャルなものと考えられても、それはアリストテレスのデュナミス、エネルゲイアの関係において理解されるものではない。神が彼の場合ポテンシャルなものとして見なされるのは、神から生じたいっさいがアクチュアルなものとして考えられているためである。神が完全であって無限である反面、それから生じたいっさいのものは存在することを本質としない。つまりそれは前述の『エチカ』の言葉を借りれば無能力（impotentia）なものである。様態はいかにアクチュアルなものと見なされても、エネルゲイアと解せられるものではない。この点、彼の場合自然は能産的自然と所産的自然との二つに分けられているが、後者は前者の表現であるにもかかわらず、完成ではなく、むしろ前者への依存を明らかにしているにすぎないのである。

このような力の概念をスピノザは一体どこから得てきたのであろうか。その内容の上から考察するならば、それは当時の物理学から得られたものではない。彼は『エチカ』第二部定理三の注解において「民衆は神の能力を神の自由意志そして存在するいっさいのものに対する権利と解している。従ってそれは一般的に偶然的なものと見なされる。……さらに彼らは神の能力をしばしば王の能力と比較する」と言っている。この引用における「民衆」とは、単に無知な大衆を意味しているのではなく、彼の『神学・政治論』からも明らかなように[40]、神学者をもその中に数え入れていることは明らかである。このように今まで学者、一般人を問わず、人々が神に帰せしめていた能力は全く人間的な属性であり、人間的なるが故に、かえって「無能力を含む」ものと考えられ、神の全能性に反するものであった。このためスピノザは神をそのものとして表現するために、神の能力を非人格化しなければならなかった。彼は「神の能力は神の活動的な本質にほかならない。従って神が活動しないと考えることは、神が存在しないことと同じように不可能である[41]」と言う。ただこの「活動的本質」、つまり神が活動することを念頭におくかぎり、彼の意見も従来の哲学者の意見と変わりない。だが神の非人格化、客観化を標榜する以上、この活動は従来のものとは自ら異ならなければならない。

スピノザはその著『形而上学的思想』（この書はスピノザ自身の形而上学の思想を述べたものではなく、主として当時の新スコラ学の思想に対する彼の注釈として考えられている）において、神の活動的本質を表示するものとして、知性、意志、生命、全能（omnipotentia）を挙げた。[42]ところでウォルフソンによればこれら四つの属性は何もキリスト教スコラ学者にのみ特有のものでなく、中世ユダヤのスコラ学者によっても同様に考えられているのである。例えば、サーディア（Saadia）は神に生命、能力、知識を、ユダ・ハレビ（Judah ha-Levi）は知性、生命、意志を、またマイモニデスは意志、生命、能力、知性を神に帰せしめている。[43]スピノザによればスコラ学者たちはこれらの諸属性を全く人間的なものと考えるから、神がその知性の中にあるすべてを創造したならば、もうそれ以上は何ものも創造し得ないという神の全能性に矛盾したことを主張するのである。しかし神に帰せられた知性、意志は、その性質上決して人間のように有限なものではあり得ない。神の知性、意志と人間的な知性、意志との相違は、「星座の犬と吠える動物の犬」のような相違であり、両者は名称において一致しているけれども、内容においては全く比較を絶している。[44]従って神がたとえこれらの属性をもって活動したとしても、その活動は決して人間的な活動でなく、むしろ神それ自身の本来的な活動でなければならない。彼は『エチカ』においてスコラ学者が神に帰せしめた活動的本質に充分なる理解を示しながら、結局彼らが神に帰せしめた属性を否定した。彼もまた神が活動することを認めた。しかしその活動そのものがスコラ学者の考えたものとは異なっているのである。つまり神と人間との無限のへだたりが、神を人間的なものと見なすことを拒否している。それ故神の活動的本質を表わす諸属性がただ単に人間的なものと名称において一致するだけなら、それをいつまでもその名称のままに放置し、神に帰せしめることは誤解を招き易い。この点、前記のユダヤ中世の哲学者、サーディアやマイモニデスは神における意志、知性、能力を同一のものと見なした。スピノザは彼らの説を『形而上学的思想』に反映させている。しかし彼はそれだけにとどまらない。それらの属性が同一のものであり、神の本質に属するものと考えられるならば、いまさらそれらを知性、意志、能力と区別することは無意味である。しかもスピノザ自身の体系からすれば、知性や意志は思惟の様態にすぎないのであるから、当然知性と意志は神の活動的本質を示す属性の位置から脱落し、ただ能力だけが残される。これが『エチカ』において能力を特に神の活動的本質とした理由であるとすれば、神の思惟する能力もその活動の現われと考えることができる。換言すれば、神の活動的本質を示すものとして能力のみが帰せられ、この能力が具体的には思惟や延長の二属性において示されているのである。つまり延長という何か静的なものがあるのではなく、神は延長する能力をもち、その能力において自己の本質を自然のうちに示しているのである。

さらにスピノザにおいて顕著なことは、スコラ学者が神の属性を活動的なものと存在の様式に関する二つのものに分けたに反し、彼にはこのような区別を神に関して立てることはなかった。否、区別を立てたとしても、それは理性的なものにすぎない。彼の場合神がその力の中にあるすべてを創造し得ないということもなかったし、また創造したとしても、それによって、すなわちすべてのものを出し尽したために、不完全なものになるということもなかった。従って活動を存在から区別する必要はなかった。存在することは能力であって、しかもその能力はあらゆるものを産出する活動であるとすれば、存在も活動も実は神にあっては同一のものであったと言える。なるほど神の本質が存在であることはスコラ学者の認めていたことである。しかしその存在という本質が能力から区別されて考えられているため、神はその必然的な存在にもかかわらず、その能力を必然的というより、意志的、目的論的、偶然的なものとしてしか行使し得なかったのである。この点、存在即能力、必然的存在即必然的な能力であることを強調したスピノザは、哲学史の上でユニークな位置を占めたと言うことができる。また彼がスコラ哲学に関心をもちながら、それに同調し得ず、離反するに至った理由の一端もここに示されるのである。

三　神の必然性の意義

以上のようにスピノザの場合神の創造の必然性はその存在の必然性と結びついたものと考えられた。すなわち彼においてて「必然性」が問題になるとすれば、それはまず上述の意味において理解されなければならない。しかし彼は「神の最高の能力あるいは無限の本性から無限に多くのものが、無限に多くの仕方で、すなわちすべてのものが必然的に流出したこと、あるいは常に同一の必然性をもって生起すること、三角形の本性から三つの角の和が二直角であることが、永遠から永遠にわたって生じてくるのと同じである[45]」と言っている。ここで彼は必然的活動をいわば論理・数学的な理由、帰結の関係において把握する。これは神的な必然性が論理・数学的に解せられなければならないという印象を与えがちである。この一つの例としてカッシラーの解釈を挙げることができよう。彼はスピノザの神的な必然的活動には「原因」と「理由」との一種独得の相互滲透がなされていると主張する[46]。この解釈が誤りであることは以上述べたことから明らかであるが、さらに彼は次のように言って、その誤りになお大きな輪をかけているのである。「いっさいの論理・数学的な法則は実在的な関係に対する単なる概念的表現として現われているのではなく、むしろそれは固有の活動を所有している[47]」と。論理・数学的な法則が固有の活動を所有するとはいかなることを意味しているのか。神の活動が本質的に論理・数学的であるとでも言っているのであろうか。もしそうであるなら、それは神の活動を「無時間—永遠の『論理的』活動」と解するブルンナーの見解と同じであろう[48]。ブルンナーはカッシラーのように原因と理由の相互滲透というより、むしろ綜合という表現を用いた。そして作用（operari）としての力と生起（sequi）によって表わされる論理・数学的なものを綜合し、「綜合的な力」を神の能力に認める。このようにカッシラー、ブルンナーのように神の活動を論理・数学的に把握することは、永遠の無時間的な活動としての神の活動性の解釈にかなっているように見える。しかし神が永遠であり、必然的であるのは、それが論理・数学的であるからではない。仮りに彼らの説を認め、「論理的活動によって実体は現存在に実在性と存在を与える[49]」ということを認めても、神は何らかのロゴスに基づいて活動するのではない。彼らの解釈によれば神の活動をそれ自体から説明することはできないのである。神の活動が論理的なるが故に、必然的であるのは、神が必然的存在ではなく、単なる理性の有にすぎないときにのみ可能なことであろう。神は理性の有でも可能的な存在でもなく、必然的な、最も現実的な存在である。以上のようなカッシラー、ブルンナーの意見は、神の力の必然性を神の存在という根源的な事実から理解せず、神を離れて原因、理由について喋々と論じ、その結果、原因と理由の相互滲透、あるいは綜合という苦しまぎれの表現を案出するに至ったと考えられる。換言するならば、彼らは神の力の意義を全く理解せず、ただ一方的にそれを論理・数学的なものに還元し、一種の静的な解釈を打ち出したと言える。つまり彼らは折角神に力のあることを認めながら、それを実在的なものと見なし得なかったのである。

この点、ロビンソンは上述のカッシラーやブルンナーと異なり、原因と結果を論理・数学的な理由、帰結の関係に還元することを拒み、両因果は同一の因果の二つの側面であると主張する[50]。換言すれば、論理的、認識論的 ratio であるものは、同時に形而上学的に見れば causa efficiens であるとされる。確かにこの平行説によって一方を他方に還元することなく、両者の混同を防ぎ、それぞれ両者を独立させることができたと言えよう。これはいかにもスピノザの心身平行論にかなっているように見える。しかしスピノザが心身平行論をとなえるとき、それは神から諸事物が産出されることが、思惟と延長の二面において同一の秩序、連結によってなされることを主張するのみであって、ロビンソンのように人間認識の立場からの事物の理由、帰結が必ずしも神の産出活動と同一の秩序、連結に従うことを意味しているのではない。スピノザは『知性改善論』において「真の観念はその対象と異なったものである。なぜなら、円と円の観念とは別のものであるから。というのは、円の観念は、円のように円周と中心点をもっていないからである」[51]と言う。観念は対象と異なるために、対象を自己の外に、客観的に表現し、その事物の本質としての定義を概念しうる。しかしまた観念は対象とは異なった独自の根拠をもって、対象を概念しうることを忘れてはならない。例えば、前述の球の概念を挙げよう。それによれば球は半円の回転によって生ずる図形と定義されるならば、この定義は最近原因を含んでいるため、真の定義と見なされた。しかし現実に存在する球は決してこのような仕方で生じてきたのではない。[52]また延長の様態である物体を例にとろう。現実の物体はスピノザによれば延長的実体から生ずる。しかしその物体の構造を考えるならば、当時の粒子論的な見解に従って、それが最単純物体から構成されたものと考えねばならなかった。[53]このような例を通じて考えるならば、スピノザにおいても必ずしも原因と理由とは平行的なものであるとは考えられないのである。むしろ観念の本質を対象との関係を離れて思惟する能力、それを観念の内的な特徴に求めたスピノザの幾何学的方法の欠陥がいかんなく露呈されているのである。従って原因と理由との平行関係を無造作にとなえるロビンソンの意見は、到底そのままの形では支持し得ない。それにもかかわらず、両因果の平行論をとなえるためには、ハレットのように論理的な理由と帰結との関係を原因と結果との関係に高めなければならないであろう。すなわち、対象となる事物の発生的根拠、つまり彼の体系で言うならば、神からいかにその事物が生じてくるかを問題とし、知性が勝手にその原因について虚構することのないように配慮しなければならないのである。このことによって確かにハレットの主張するように、[54]論理的な理由、帰結の関係は「作用的な知的な因果性」(efficient intellectual Causality)にまで高められよう。しかしこのハレットの因果性についての見解は、神から産出される事物にそのまま適用できない。なぜなら、理由、帰結の関係が事物の発生的な原因だけを現わすにすぎないならば、それは本質の秩序のみを明らかにし、存在については何ものも明らかにし得ないからである。神はものの本質の原因のみでなく、存在の原因でもある。従ってその因果性について語ろうとするならば、本質の因果性のみでなく、存在の因果性についても語らなければならないからである。かくてスピノザの神の必然性は、ロビンソン、ハレットのように作用原因と論理的理由の平行説から論及されても、それは決してその全貌を明らかにするものでないことが明らかとなる。

前述のようにスピノザは神に人間的な意志や知性を帰せしめなかった。しかし神が全然精神的な存在でないことを主張したのではない。彼は意志や知性の代わりに端的に思惟を神の属性と見なす。[55] つまり思惟は神の精神的な能力である。彼は神がこの能力によって知性の中にあるものをすべて創造したこと、また創造されたものは、知性の中にあると同じように創造されてきたのであると主張した。[56] 神のこの自己認識は彼によればすべての人々の容認したものであった。[57] だが彼が他の人々から区別されるのは、神の自己認識をその活動的本質（能力）と考え、それを存在と結びつけたことである。思惟は彼の形而上学において「自己の類における」(in suo genere) 自己原因であり、精神的な領域における実体である。それ故神がその思惟によって認識することは創造することである。そして認識しながら、それを創造しないということは、彼の神にはあり得ないことである。しかも思惟という属性は、単にそれ自身から無限に多くの観念を産出するというだけでなく、むしろ「神の無限なる本性から形相的に (formaliter) 生ずるすべてのものは、神の観念から同一の秩序、連結をもって生じてくる」[58] と主張されているように、思惟以外のいっさいの属性から生ずるものを認識しなければならない。つまり思惟は有限なる諸観念の実体であるばかりでなく、神から生ずるいっさいのものの秩序と連結を認識しなければならない。そして観念の対象となるもの、つまり実在的な事物の因果関係が、同一の秩序、連結をもって神の観念から個々の観念において形成されるとすれば、観念は単にものの Sein を問題とするのではなく、ものの Werden を問題とするものになる。しかも観念はこのいわゆる創造を、時間的な見地においてでなく、「永遠の相のもと」において認識しなければならない。彼において真の認識は原因の認識であると言われるが、それは究極的には原因として神を永遠の相のもとにおいて認識することである。しかも認識はものの因果性を理由と帰結の関係に還元するものであると言われても、単に原因としての神を無時間的に、論理的な理由に還元するのではない。むしろ彼において「永遠」という言葉が神の存在そのものを意味しているように、神をその存在に即して認識することが永遠の相下における認識である。このことは有限者の思惟が単にそのものとしてとどまるならば不可能である。むしろそれが自己の有限性を超出して、無限者の思惟の一環として形成されるとき始めて可能となる。すなわち、人間の認識が単なる論理的な理由と帰結の関係を超えて、大いなる主体の一環として形成され、いわば神との合一がそこに実現されるとき、始めて原因と理由とが一致するのである。すなわち、実在的な事物に見られる原因と結果の関係とそれに対応する理由と帰結の関係が一致するのは、人間知性が単に人間的な、主観的なものであることを止め、神の無限知性の一部となるときである。つまりそのとき我々は原因と結果とを理由と帰結に還元し、両者を同一視することができるのである。かくて彼の形而上学における属性の平行説に基づき、神の創造活動と認識活動の平行性が問題となり、またこれによってものの現実的な因果関係と理由と帰結の関係の巧まざる一致がもたらされた。このことは彼において目的論が否定されているにもかかわらず、神的必然性が自然必然性の目的なき合目的性として現われている一つの証左ではあるまいか。目的論を排撃し、一種の機械論すら見られる神の因果活動に巧まざる自然の技巧にも比せらるべき目的論が見られるのである。このように考えるならば、スピノザの平行論は単にフロイデンタールの主張するように(59)、彼が観念論者でも実在論者でもなかったということを意味するのでもなく、また存在と観念の秩序が並列、平行であるという平板的なことを意味するのでもない。むしろ人間知性がものの生起あるいは原因と結果とを神の根源的活動において見、その必然的な活動のうちに一種の目的論的な活動を見るとき、その平行論の真の意義が露わにされてくるのである。

以上神の因果性とその必然性とがいかなるものであるかを見てきたが、次に有限物、すなわち様態における必然性を考察して行こう。

注

(1) T.T.P. Cap. 1, 2, 15, Eth. II. Prop. 3. Schol.
(2) T.T.P. Cap. 7. Gebhardt: Spinozas sämtliche Werke, Bd. II. Einleitung, S. XXVI ゲプハルトはスピノザの聖書解釈がベーコンの帰納的方法と一致すると主張している。
(3) Brunner: Probleme der Teleologie bei Maimonides, Thomas von Aquin u. Spinoza, S. 116.
(4) T.T.P. Cap. 7. p. 113 ff. et Cap. 15. p. 170.
(5) Eth. I. Prop. 11, Dem. Aliter 1.
Eth. VI. Praefatio, Spinoza Opera II. p. 206.
(6) J.H. v. Kirchmann: Erläuterungen zu B. v. Spinozas Ethik, I. S. 26～27.
(7) Joachim: A study of the ethics of Spinoza, p. 53. note 1.
S. Hampshire: Spinoza, p. 35.
(8) Windelband: Zum Gedächtnis Spinozas, (Präludien, I. S. 98 ff.)
(9) Erdmann: Geschichte der Philosophie, II. S. 59 ff.
(10) K. Fischer: Spinoza, Leben, Werke u. Lehre, S. 389 ff.
(11) 拙稿『スピノザの定義について』（日本哲学会『哲学』所収三四、三、三一）
(12) Ep. 9. p. 43.
(13) Tractatus de Intellectus Emendatione, §66 et 67.
(14) Erhardt: Philosophie des Spinozas im Lichte Kritik, S. 123.
(15) つまり神から知性も、また諸事物も生じてくるというスピノザの立場では、神の存在という根源的事実がその因果性をとく鍵を提供するのではあるまいか。
(16) Eth. I. Prop. 16, Dem.
(17) Korte Verhandeling, I. Cap. 3. §2. p. 35.
(18) Robinson: Kommentar zu Spinozas Ethik, s. 176.
(19) H.A. Wolfson: The philosophy of Spinoza, I. p. 391.

(20) Ibid. p. 372～376.

(21) S. Hampshire : Spinoza, p. 35.

(22) Pollock : Spinoza, his life and philosophy, p. 160.
Joachim : A study of the ethics of Spionza, p. 53, note 1, p. 56～64.

(23) Hallet : Benedict de Spinoza, p. 10.

(24) Eth. I. Prop. 11. Dem, Aliter 2.
神が自己原因として一たん定義されるならば、それから神それ自身の諸特質のみでなく、いっさいの様態が必然的に生じてくる。これは存在としての原因がむしろ力としての意味をもつ証左となろう。かくて自己原因は存在＝能力（ものを産出する）という積極的な意義をもってくるのである。

(25) Eth. I. Prop. 34 et Dem.

(26) Erhardt : Philosophie des Spinozas im Lichte Kritik, S. 123.

(27) 因みにエアハルトの著書には im Lichte Kritik という標題がついている。

(28) Camerer : Die Lehre Spinozas, p. 15～16.

(29) Cassirer : Erkenntnisproblem, II. S. 114.

(30) 本書第一部参照

(31) K. Fischer : Spinoza, Leben, Werke u. Lehre, S. 389 f.

(32) Camerer : Die Lehre Spinozas, S. 6 ff.

(33) Eth. III. Prop. 7.

(34) Eth. IV. Prop. 3.

(35) Ete. II. Prop. 3. Schol.
一般的に言えば、有限者において用いられる vis は potentia に基づいた、現実的な力であり、現実的であるが故に、それは有限であり時間的であると考えられる。これに反して神の potentia は永遠の必然性である。

(36) Robinson : Kommentar zu Spinozas Ethik, S. 229 f.
Brunner : Probleme der Teleologie, S. 113.

Cassirer : Erkenntnisproblem, II. S. 113～114.
(37) C. Gebhardt : Rembrandt u. Spinoza, (Kantstudien, Bd. 32. p. 173 ff.)
(38) Hallet : Creation, Emanation and Salvation, p. 27 ff.
Hallet : Benedict de Spinoza, p. 9～10.
(39) Eth. I. Prop. 35, Dem.
(40) T. T. P. Cap. 6, 15.
(41) Eth. III. Prop. 3, Schol.
(42) Cogitata Metaphysica, I. Cap. 6, 7, 8 et 9.
(43) Wolfson : The philosophy of Spinoza, p. 400 ff.
(44) Eth. I. Prop. 17, Schol.
(45) Eth. I. Prop. 16, Dem.
(46) Cassirer : Erkenntnisproblem, II. S. 114.
(47) Ibid.
(48) Brunner : Probleme der Teleologie, S. 114.
(49) Ibid.
(50) Robinson : Kommentar zu Spinozas Ethik, S. 174 ff u. 263.
(51) Tractatus de Intellectus Emendatione § 33. p. 14.
(52) Ibid. § 72.
(53) Eth. II. の物体論参照
(54) Hallet : Creation, Emanation and Salvation, p. 30.
(55) すでに述べたようにスピノザの場合存在即能力ということから、創造の必然性は存在の必然性と全く同一のものと解された。この結果、事物が創造されるか否かは、神の「絶対的意志」であるというスコラ哲学の説が否定された。彼によれば意志とは肯定し否定する能力である。この意志のためには選択の可能性がなければならないとすれば、神の自由意志の発現は、世界を現在とは異なった仕方、秩序で創造しうる可能性を含んでいる。このためもし神の活動が偶然的、恣意的でなく、必然的であると主張されるとき、神には自由意志が存在しないこと、あるいは神には意志が属さないことが問題とされなければならない。この神の自由意志の否定は、先の存在即能力のテーゼから充分認められてくるのである。

(56) Wolfson: The philosophy of Spinoza, I. p. 416.
(57) Eth. II. Prop. 3, Schol.
(58) Eth. II. Prop. 7, Corol.
(59) Freudenthal: Spinoza, Leben u. Lehre, II. S. 150~151.

15　個物の本質と存在

一　『形而上学的思想』における個物の本質と存在

スピノザによれば有限事物の本質は永遠であると見なされ、その存在、つまり時間的存在から区別されている。換言すれば、有限者における本質と存在は別の規定をうけているのである。[1] 本質は永遠であるかぎり、超越的であると見なされるかも知れない。だが彼はいわゆる超越者の存在を認めない。神と様態の関係にしても、それはあくまで能産的自然と所産的自然との関係であって、力とその実現の関係が同一自然上に見られるにすぎないのである。このことは有限者の本質と存在との関係においても同様であった。つまりその存在の有限性にもかかわらず、有限者の本質がその不変の姿を永遠の相の下に維持しているといっても、それはプラトンのイデアのようにあるのではない。[2] むしろ彼の汎神論の体系からすれば本質も存在と同じく自然の中にある。換言すれば、両者は自然の中にあって異なる規定を受けているだけにすぎない。このことはいかなることを意味しているのであろうか。これをまずスピノザの『形而上学的思想』[3] から見て行こう。なぜなら有限者における本質と存在の問題は彼の当時のスコラ哲学の研究によって提起されたものであり、またこの研究は『形而上学的思想』において結実しているからである。

スピノザは『形而上学的思想』において「存在するもの」（ens）を、「その本性上必然的に存在するもの」と

「その本質が存在を含まず、可能的存在しか含まないもの」の二つに分けた(4)。さらに彼は後者を実体と様態とに分けているが、しかし後者をこのように分けるのは彼自身もそこで言っているように、デカルトの『哲学原理』に従ったものである(5)。このためデカルトを一応考慮の外において、スピノザの哲学との関連から前者の必然的存在と後者の可能的存在を見るならば、前者は神の存在を意味し、他は被造物の存在を意味しよう。スピノザはこの被造物としての可能的存在において本質と存在とが区別され、本質は存在なしに理解されると主張する(6)。この点、『エチカ』と同じことを彼は『形而上学的思想』においても言っていると主張できよう。そしてその根拠は、「存在の有」(esse existentiae)が神の外に(extra Deum)にあって、「神によって創造されたのち事物に帰せられる」ものであるに反して、「本質の有」(esse essentiae)が「神の属性の中に(in attributis Dei)含まれている様態」であるということであった(7)。この『形而上学的思想』に現われた有限者の本質と存在の区別は、アヴィケンナ、トマス以来のものであり、その区別の仕方もアヴィケンナの場合と全く同じであったと言われる(8)。

スピノザは『形而上学的思想』に先立って『短論文』を書いたが、その中で彼は可能的存在について次のように言っている。「その存在は可能的であるが必然的ではない。だがそれは存在しようと存在しまいとその本質は常に必然的である(9)」と。これを前述の『形而上学的思想』における被造物としての可能的存在の説明と比較すれば、ほとんど同じである。だが『短論文』はこの可能的存在として、知性の外に実在しない、単なる理性の有にすぎぬ三角形の観念とか、「身体なき精神の愛の観念」などを挙げるならば(10)、それは『形而上学的思想』の可能的存在ではない。では『短論文』には『形而上学的思想』の可能的存在にあたるものはないのであろうか。スピノザは『短論文』において存在を「不可能的」、「可能的」、「必然的」の三つに分けた。この第一の不可能的存在が存在し得ぬもの、第二の可能的存在が理性の有であるとすれば、第三の必然的存在のみが実在的な有であることは確かであろう。ところがこの必然的存在は『短論文』の場合神、実体のほかには認められていない。つまり『形而上学的思想』において問題とされた被造物としての可能的存在は認められていない。これはどういう意味か。なるほど『短論文』、『知性改善論』、『形而上学的思想』の三著作は、彼のレインスブルフ滞在中（一六六〇―一六六三年）の著作である。そしてこの三著作のうち『短論文』のみは右の問題に関して著しく異なる説をたてている。すなわち、『短論文』は彼のユダヤ教会からの破門後の最初の著作であり、しかも伝統を墨守する従来の神学者、形而上学者の説に抗して、彼がまがりなりにもその哲学的な根本思想を吐露した著作であるため、彼の若々しさ、情熱が表面に現われ、諸存在についての冷静な分析に欠ける面があったことは否めない。これが可能的存在についての説明にも現われたと考えられる。この点、『知性改善論』はどうであろうか。(11)

『知性改善論』においてスピノザは、「ものの本性上その存在が矛盾を含まないものを可能的と呼び、むしろその存在の必然性あるいは不可能性は……我々の知らない原因に依存している」(12)と言っている。これによれば可能性とはものの存在に関して言われ、本質については可能的という言葉を用いない。このため、本質は彼が『短論文』において言っているように、その存在を考慮しなくても、思惟される。しかし『短論文』と違うところは、実在的な存在を必然的な存在と可能的存在とに分け、神、実体を意味する前者に対して、有限者の存在を可能的存在と呼んだ点である。すなわち、それは『短論文』のように理性の有ではなかった。この『知性改善論』における彼の見解は引き続き主著『エチカ』においても示される。(13)必然的な存在としての自己原因に対して、被造物としての様態は自分自身からその存在を決定し得ず、他のものによって始めてその存在が決定される。しかもこの様態の存在は『エチカ』において「一定の時間および場所に関係し」(14)、そして「抽象的に考えられるかぎりの存在、いわばある量の相の下で考えられるかぎりの存在」(15)と言われ、それは永遠の存在をなす神の外における、時間的存在である。これに反してものの形相的な本質は「神の属性の中に含まれている」(16)と解されている。このため本質はものが現実に(時間的に)存在していなくても、その存在なしに理解されてくる。(17)この点、前述の『形而上学的思想』における本質と存在の区別は、『エチカ』における両者の区別と全く同じであったと言える。そして『形而上学的思想』における彼の見解が前述のように中世のスコラ学者の見解と同じであったとすれば、『エチカ』においても彼はこの問題に関してスコラ学者と同意見であったと言える。つまり、彼がいかに汎神論をとなえたとしても、本質と存在の関係という古い哲学的な問題に関しては、伝統的な考え方を早くから自分のものとし、またそれに深く根差していたと言えるのである。

以上のことから明らかなように、ものの本質と存在とを区別する標識は、スコラ学においてもスピノザ哲学においても事物が「神の属性の中に」（あるいは簡単に「神の中に」）あるか否かによって決められる。だがこのことはスピノザの場合特に大きな問題を含んでいる。超越的な存在を認めない汎神論の体系には神の「外に」ということは考えられない。このためすべてのものは神の中にあると考えられる。しかし神の中にあるためには、諸物はその有限的な、特殊的本質を止揚しなければならない。なぜなら神の無限性は有限の総体を意味するものでなく、それを超えたものと考えられているからである。だがそれにもかかわらず諸物が神の中にあると主張されるならば、神はあたかも有限者の総体のような観を呈し、本質的に有限者と変わらないものとなってしまう。この点、ボルコヴスキーはスピノザにおける神と様態との在り方を示す esse in se や esse in alio（=esse in Deo）が当時のスコラ哲学の慣用語であったと主張する。[18] しかしこれらの言葉を字義通りに解釈するならば、スコラ哲学においても矛盾をまぬがれなかったであろう。このため当時の論理学者、形而上学者は esse in se を esse a se（自分自身によって在る）の意味にとらえ、esse in alio をその反対に他者への依存の意味にとらえていた。この意味の esse in se や esse in alio をスピノザが『形而上学的思想』においても、また『エチカ』においても用い、本質の esse in Deo を明らかに神への依存の意味においてとらえていることは事実である。だが彼がいかに当時の慣用語を使用したと言っても、その意味は決してスコラ的なものではなかった。彼の汎神論の体系ではこの「依存」の意味は、自らスコラ哲学におけるそれとは異ならなければならない。

二　個物の必然性と神

スピノザの場合あらゆるものはその本質においても存在においても、すべて神によって決定される。何ものも神なしには在ることも理解されることもできない。このため実体に対する様態の依存関係はまず神の因果性において問題とされねばならない。既述のように神の創造活動はその力によって示される、しかしこの力を単に物理的な意味において解するならば、力とその結果という実在の二元論が成立し、汎神論はその根底からゆさぶられてくる。[19] このため、原因と結果との関係を単に物理的な、あるいは力学的な意味において解釈することは、神の因果性を単に数学的な、あるいは論理的な理由と帰結の意味にとらえる静的解釈に劣らず不条理であると言える。すでに述べたように彼は神の力を vis としてでなく能力（potentia）としてとらえる。前者が有限物相互の因果関係において現われる物理的な力を意味するとすれば、potentia はむしろ存在そのものを意味する。このため神が存在することはそれが単に静的にいわば物、res としてあることを意味するのではない。むしろそれはその能力の発現としての自己実現となって現われていなければならない。従って彼の体系において諸物が神の中にあることは、それが神の能力の中にあることを意味し、同時にまた神の能力の発現として解せられ、神の存在と相即であることを意味する。換言すれば、有限者が神の中にあることは神の中にあってその固有の本質の喪失を意味するのではない。むしろ神の自己実現がその様態あるいは有限者に顕現されていると解さねばならないのである。すでに述べたように、ゲプハルトがスピノザの神をポテンシャルなものと見なし、そこに神の Dynamistik を見出そうとするならば、[20] これは神の存在としての potentia のうちに看取されるのである。またハレットが神の因果性における Potency-in-act を主張し、[21] ボルコウスキーが「無限者の内在的な活動は In-sich-sein の現実化にほかならない」と主張するならば、[22] それは上述の意味においてのみ始めて承認さるべきことであろう。かくて様態の神への依存がいわゆる創造ならぬ神の自己実現活動において示され、しかもこれが神の存在の必然性と同義に解されるとすれば、それはもはや神の自由意志に基づいた、ものの偶然的な依存関係を全く打破していると言える。[23]

神の本質が存在であることは、スコラの哲学においてもスピノザの哲学においても変わりなかった。しかしスピノザはこの存在をあらゆる諸物を産出する能力と結びつけたため、上述のように存在の必然性はその活動の必然性となって現われた。この結果、「ものは現在産出されているとは異なった仕方、秩序で神から産出され得なかった」と主張されてきたのである。この神の活動の必然性についてはすでに述べたので、神から産出される様態の必然性について考察して行こう。スピノザによれば様態は、その本質も存在も外的な原因によって規定される。特に存在の場合、その原因が認識されないかぎり、前述の『知性改善論』において明らかなように、存在の可能性が問題となる。だがスピノザはさらにそこで次のように言う。「もし外的原因に依存するその必然性あるいは不可能性が我々に知られたとすれば、我々はまたそれについて何ごとも虚構する（fingere）ことができなくなるであろう[24]」と。つまり外的原因が我々に知られたならば、もはや可能的であることができず、必然的なものとなるのである。換言すれば、この場合被造物としての様態は原因によって必然的な存在と見なされるのである。様態の本質が必然的であることは『短論文』以来主張されているが、この本質の必然性と存在の必然性とは一体どう違うのか。必然性には二種あるのか。それともどちらも結局は神に依存するが故に、神を原因とする必然性に何の差別もないのであろうか。すなわち、存在の可能性は止揚されると、本質の必然性と同じものになってしまうのであろうか。これらの問題に対して『知性改善論』は何の解決も与えていない。では『エチカ』ではどうであろうか。

スピノザは『エチカ』において「あるものが必然的と言われるのは、その本質に関してか、また原因に関してかである。なぜなら、あるものの存在はそれ自体の本質、すなわち定義からか、それとも与えられた作用原因から必然的に生ずるからである」と言っている。有限事物は自分自身によって存在することができない。自己の本質によって存在しうるものは神のほかにないとすれば、作用原因による必然性が有限事物の必然性である。しかしこの原因による必然性がスピノザの場合多義的である。もしこの原因あるいは作用原因を、『知性改善論』、『定義論』に見られるように、本質の最近原因としてのみを考えれば、ここでいう原因による必然性とは当然本質の必然性を意味しよう。[26] この点、『エチカ』は先に挙げた『知性改善論』と同じような曖昧さをもっている。また『形而上学的思想』も必然性に関しては『知性改善論』、『エチカ』の所説とほとんど変わらない。すなわち、ここでも本質に関する必然性は神に関してのみ言われ、原因に関しての必然性は被造物についてのみ言われているのである。だが『形而上学的思想』はこの原因による必然性を単に存在について、あるいは本質についてのみ考えているのではない。本質においても存在においても、様態が神を原因としていることが、とりもなおさず原因による必然性を意味しているのである。すなわち、様態の必然性は、「本質に関してか、存在に関して言われる。なぜならこの二つは被造物において区別されるからである」[27] とスピノザは『形而上学的思想』の中で言っている。有限物における本質と存在の分離が原因による必然性を二つに分けているのである。かくて存在の可能性は存在の原因が明白に認識されることによって止揚され、存在は必然的なものとなるが、しかしこれは存在が時間的であることを止めて、本質のように必然的―永遠的なものになることを意味するのではない。「本質は自然の永遠なる法則に依存し、存在は諸原因の連結と秩序に依存している」[28]（傍点―筆者）と主張されているように、むしろ存在は「諸原因の連結と秩序」の中で必然的―時間的な存在しかなし得ないのではなかろうか。あるいは存在の必然性は、カメラーの主張するように一種の偶然的とも言うべき必然性であると見なされるのである。[29] この『形而上学的思想』の見解を援用して、先の『エチカ』におけるスピノザの見解を考察するならば、その疑問は忽ち氷解する。つまり本質が依存する「自然の永遠なる法則」、また存在が依存する「諸原因の連結と秩序」を『知性改善論』や『エチカ』において求めれば、前者に相当するものが「確固にして永遠なる諸物」[30]であり、また「無限様態」であり、そして後者に相当するものが「自然の共通的秩序」[31]であることは明らかであろう。このようなことから、『形而上学的思想』は単にスコラ哲学の注釈にとどまるというより、スピノザ自身の思想がハレットの主張するように『形而上学的思想』ににじみ出ているのを見出すのである。[32]

かくてすべてのものがスピノザにおいて必然的であると主張されるならば、もはやそこには偶然とか可能と言われるものは成立し得ない。だがそれにもかかわらず事物が偶然的であり、可能的であると言われるのは、先の『知性改善論』において明らかなように、原因に対する無知、つまり『形而上学的思想』や『エチカ』において言われているように、「我々の知性の欠陥」(deffectus nostri intellectus)、「我々の認識の欠陥」(deffectus nostri cogitationis)に由来しているのである。[33]彼は可能性、偶然性を単に人間認識の欠陥に帰せしめ、二つの概念の相違について厳密に区別しようとはしなかった。「もし誰かが私が可能的と呼ぶものを偶然的と呼び、また逆に私が偶然的と呼ぶものを可能的と呼ぼうとするならば、私はそれに反対しないであろう。なぜなら私は名称について争うことに慣れていないからである」[34]とスピノザは言っている。これと同じことが『エチカ』の第一部においても言われている。[35]だが名称についてはどうでもいいとはいえ、本質と存在のそれぞれの原因を知ろうとするとき、当然そこに偶然性、可能性が問題となろう。「我々は確かにその作用原因を認識するけれども、その原因が決定的であるかどうかを知らないとき、事物は可能的と呼ばれる。……もしまた事物の本質にのみ注目し、実際その原因について考えないならば偶然的と呼ぶ」[36]と主張する。この区別によればものが偶然的と呼ばれる場合、本質の秩序だけを考察して、存在の秩序、つまり「諸原因の連結と秩序」あるいは「自然の共通的秩序」を無視したときか、それとも本質の作用原因を知らないときに、偶然的と呼ばれるのかはっきりしない。もし前者の場合ならばそれは存在に関して偶然であることを意味するであろう。この点をはっきりさせるものが、『エチカ』第四部の偶然性、可能性についての定義である。彼は「単にその本質にのみ注目するとき、その存在を必然的に定立し、それともそれを必然的に排除する何ものも発見しないかぎりの個物を私は偶然的と呼ぶ」[37]と。この「存在を必然的に定立し、排除する」ものとは何か。『エチカ』第二部の「それが与えられれば事物が定立され、それが排除されれば事物が破壊されるもの、……」[38]という事物の本質の定義を参照すれば、明らかにそれは本質の原因たる最近原因を意味していると言える。かくて事物の本質の最近原因について何も知らないとき、事物の偶然性が問題となるのである。

これに反してスピノザは事物の可能性について次のように言っている。「個物が産出される原因に注目するとき、その原因がそれを産出するように決定されているか否かが不明であるかぎり、その個物を可能的と呼ぶ」[39]と。換言すれば、存在の原因が本来「諸原因の連結と連結」、あるいは「自然の共通的秩序」に依存している有限者において、それがこれらの存在の秩序からいかに生じてくるかが不明のとき、事物は可能的と呼ばれるのである。彼によれば存在の秩序としての諸原因の連結は人間の知性によって把握されるのであろうか。この点、彼は『知性改善論』において「可変的個物の連結を把握することは人間の無力の故に不可能であろう」[40]と言っている。このかぎりスピノザの場合すべての有限的存在者は可能的な存在しかなし得ないと主張されるのである。たとえ二つの事物の間の因果関係が認識できたとしても、それは必然的なものでなく、むしろ蓋然的なものであるとしか言えないのである。かくて存在の必然性は絶対的な確実性をもつものでなく、むしろ『神学・政治論』の moralis certitudo[41] と同じように蓋然的な確実性しかもち得ないのである。存在の諸原因の秩序、連結を知らない以上、我々は「諸事物を可能的なものとして考えることが適当であり、否、むしろ必然的である」[42]とさえ主張されるのである。以上のことから明らかなように、可能的、偶然的ということは、神に関してでなく人間の知性に関してのみ言われるのである。事物は我々によって可能的、偶然的と見なされても、神の立場からすればあくまで必然的なのである。ただ人間がそれを認識し得ないだけである。かくてスピノザの場合存在の必然性の認識は不可能なことであった[43]。最高の認識と言われる直観知は存在の認識ではなく、本質の認識である。彼は本質の必然性を永遠と見なすことによって、本質認識としての直観知が「永遠の相のもと」の認識と見なされたのである。

三　ものの現実的、客観的定義

スピノザはものの本質と存在との区別に関しておおむねスコラ哲学の見解に従っているが、ウォルフソンによれば彼はそれだけにとどまらず本質を「定義」と見なす点でも、スコラ哲学の影響を受けているのである。[44] だが定義といっても、スコラ哲学の場合それは類、種差によるものであり、スピノザのそれは事物の本質を知性の外にあるものとして客観に記述する定義であり、これはすでに述べたように幾何学的方法に基づく定義として示された。[45] つまり彼は幾何学的な図形の作図からヒントを得て、いっさいの有限者の存在を図形を画くような要領で定義しようとした。しかし理性の有としての幾何学的図形と実在の有とは全くその性格を異にする。前者の場合複雑な図形は単純な線、点、面、あるいは半円から画かれるとしても、実在の有には幾何学的図形におけるような単純なものはない。なるほどいっさいの存在を単純なものと複雑なものとに分け、前者を後者の原因と考えるならば、当然前者にあたるものはスピノザの体系の場合神と見なされ、また後者はその様態と見なされよう。しかし様態は単純なものとしての神から合成されたものでない。なるほど彼は神を単純なものと見なした。しかしそれは幾何学的図形の作図において問題となるような「単純」ではない。むしろ『書簡集』三十五において彼が示しているように、部分からの合成でないという意味で神は単純なのである。[46] 従って幾何学的図形を作図するのと全く同じ仕方で、実在の有を単純なものから合成することはできないし、また定義することもできない。ここにスピノザがトマスと同じように理性の有を取り扱う数学的定義と実在の有の定義とを区別するゆえんである。[47]

右のように、神を第一原因とする実在の有の場合、その定義は単に単純なものから複雑なものを合成するようなわけにはいかないとすれば、スピノザが幾何学的図形との類比からものの定義の仕方を問題としたのはいかなる理由によるのか、彼が幾何学的図形の考察において問題にしたのは、複雑な図形がいかにして画かれるかという作図の仕方であった。これを彼は実在の有に適用し、それが第一原因としての神からいかに生じてくるかをその定義において見ようとしたのである。この意味で彼の定義はものの発生的な定義である。この発生的な定義が個々の様態の定義にいかにして具体化されるのか。この点、彼は『短論文』において様態の定義は「その類としての属性（傍点—筆者）によって理解されなければならない」[48]と主張した。ウォルフソンはこの点にのみ注目し、スピノザの被造物としての様態の定義には類・種差の定義を主張したスコラ哲学の影響が残っていると主張する。[49]確かにスピノザの場合にも、神ならびにその属性は様態にとって類と見なされるものであろう。そして後者は前者によって理解されなければならないと主張されているが、このことは神あるいはその属性が類となって有限者の本質を構成するという意味ではない。なぜなら彼は「人間の本質には実体の有が属さない。あるいは実体は人間の形相を構成しない」[50]と言っているからである。このことは彼の体系からすれば単に人間のみに限らず、人間以外の他の様態すべてに妥当する。そして彼は様態の本質が神の属性の変様から構成されると主張する。つまり様態の本質を構成するものはその様態が属する類としての属性の他の様態であり、これが彼の場合最近原因と見なされるものであった。

四　本質の有限性

スピノザは有限者、つまり有限様態の本質と存在とを区別し、存在が自然の共通的秩序によって、つまり有限者相互の因果関係によって決定され、それ故に有限であるに反して、その本質は永遠であると主張した。カメラーは、その永遠性の故に本質が単に永遠様態であるばかりでなく、無限様態であると主張した。[51]だがスピノザ自身は、レベックの主張するように[52]本質が無限様態であるとはどこにも主張していない。なるほど彼は本質の有限性については何も語っていない。このために彼が本質の無限性を暗に示唆していたとは思えない。彼が本質の有限性について語らなかったことは、彼の哲学が神への認識、あるいは合一のみを最高の目標とし、それを説くに急であり、本質の有限性について語る余裕がなかったのかも知れない。あるいは神の中にあると見なされる本質がそれぞれ有限性を主張するならば、全体としての神はいわば有限の総体と見なされ、決して無限とは見なされなくなってしまうからかも知れない。ともかく「永遠の相のもと」の認識を哲学と倫理学の最高のテーマとしたスピノザにとって、最高の認識としての直観知は本質の認識としてその本質の永遠性、すなわちそれが神に依存していることを知るだけで充分であり、その本質の有限性については問題にしなかったと言えるのである。だが「永遠の相のもと」での認識は、彼によれば「神の本質をとおして実在的な存在と考えられるかぎりの事物、あるいは神の本質をとおして存在を含むかぎりの事物を考えることである[53]」。そして「この仕方で事物をより多くの認識するに従って、それだけ多く神を認識する[54]」のである。このかぎり我々は絶対無限の神を直接に認識するのでなく、むしろ本質は神を一定の仕方で表現する永遠の真理であるが故に、その本質を認識することによって神を認識するのであると考えられる。もしそうであるならば、「神の本質をとおして」と彼が言う場合、その神の本質とは何であろうか。直観知において神の本質の認識が究極の目標であるとすれば、直観知が単に個物の本質の認識として規定されるのはいかなる理由によるのか。つまり個物の本質の認識から神の認識をなすのであるなら、直観知はむしろ神の認識として規定されねばならなかったであろう。だが神の認識は彼の場合理性の認識によって果たされる。すなわち、「永遠の相のもとで神を考えることは理性の本性である[55]」。そして「ものを第三種の認識によって認識する努力あるいは欲望は、第一種の認識から生ずることはないが、第二種の認識から生ずることができる[56]」と言うならば、理性の共通概念こそ直観知の発生的な基盤であると言える。従って直観知において神の本質の認識が問題となる場合、それは個物の本質の認識に先行する、理性による神の認識であるとともに、個物本質の認識がそれ自体において原因としての神の認識を含んでいることを意味するのである。このため、個物の認識をそれだけ多くなしうるということが主張されるのである。

右のように「永遠の相のもと」での認識は、スピノザの場合まず理性の認識において果たされたが、この「永遠」を彼は時間を排除したもの、無時間的なものと解している。しかし彼において永遠とは単に時間との関係においてのみ言われるのではない。彼は永遠性を必然性あるいは必然的存在と同義に解しているが(57)、むしろこの方が彼の著作全体との関係から見るとき、妥当であったと考えられる。永遠性を必然性と見なすとき、それは単に神の存在あるいは創造の必然性のみを示すのみでなく、神の必然的な創造によって生じたものにも永遠なる言葉が帰せられることが明らかとなろう。かくて事物を「永遠の相のもと」で認識することは、「必然の相のもと」で認識することであるため、当然本質の認識としての直観知は、単に本質の無時間的な永遠性のみでなく、必然性の認識として神に依存する本質自体の有限性をも認識しなければならない。しかし前述のようにスピノザは直観知において本質の無時間的な永遠性のみを強調したきらいがある。もしここで必然性の認識が問題になるとすれば、その事物がいかにして神を原因として成立してきたかという、原因の探求、すなわち最近原因の認識がなされなければならない。そして最近原因をもつことが有限者の本質的な特徴であるとすれば、なおのこと本質の認識としての直観知は最近原因の認識によってその本質の有限性を認識しなければならない。

だが原因といっても、スピノザの場合必然性が本質の必然性と存在の必然性に分かれていると同じように(58)、原因も二種に分かれている。つまり一つは本質の必然性に対応し、他は存在の必然性に対応する。もちろん直観知が原因の認識と言われる場合、その原因とは存在の時間的因果のもとで考えられる力学的な原因ではない。むしろ存在の因果に先立つ本質の因果性の認識である（彼において存在の因果は本質を前提して始めて成立する。後述するように、もののの本質は自己維持の努力としてのコナツスにおいて示される。このコナツス相互の力学的関係がものの存在を決定するのである)。本質は無時間的、永遠の秩序のもとで決定されるため、存在の因果のような力学的な関係において把握されない。その因果関係はふつうの意味の原因、結果の関係ではない。それは事物がいかにして神から成立してくるかを示すものであり、事物の成立根拠を明らかにするものである。この意味で本質の因果関係は観念の側において理由と帰結の関係においてとらえられるが[59]、これは実在の側におけるものの本質の因果関係を理由と帰結の関係と見なすことではない。もしそうであるなら、ものの本質の因果関係と観念の側における理由と帰結の関係を混同しているのである。つまりスピノザが『知性改善論』において言っているように、観念とその対象とは区別されなければならないのである[60]。すなわち彼の立場からすれば、実在の側における本質の因果関係と観念の側における理由と帰結の関係は、あくまでその心身平行論によって平行的であり、独立的なものと見なされなければならない。しかもこのことは、本質の因果関係に対応し一致するものが観念の側において理由と帰結の形式においてとらえられ、スピノザの言葉を借りるならば知性の外にあるかのように表現されることを意味する。かくて観念の側において形成された理由と帰結の連結が本質認識となり、神の無限知性の一部を構成するとすれば[61]、それに対応して本質の側における原因と結果との関係は当然無限様態としての「全宇宙の形貌」の一部を構成することになる[62]。このように本質もまたその本質の観念もそれぞれ無限様態の一部を構成するということは、とりもなおさず本質が永遠でありながら様態として有限であることを意味するのではなかろうか。

五　永遠本質とコナッス

スピノザの場合個物(様態)の本質も存在も外部の原因に依存し、またそれによって限定される[63]。とすれば個物はその存在においても本質においても有限であると言える(ところがスピノザは個物の本質を有限とは言わなかった。

これは彼が有限という言葉を『エチカ』第一部の定義二、定理十五の注解、そして『書簡集』第十二において示しているように、主として空間的な限定の意味に用いているからである)。しかし個物は単に外から限定されるだけで、自己自身のうちに自己を規定する力をもたないのであろうか。[64] この点、スピノザは個物が自己の有を維持し、自己自身を規定するものをコナツスと名付け、これをものの現実的本質と見なした。[65] このコナツスを物理的な見地から見れば、それは慣性の法則によって示される。[66] そして運動と静止のみによって、簡単に言えば運動のみから物体が組織されると主張するスピノザにとって、物体の本質としてのコナツスは当然物体のもつ空間的な拡がりによって示される。しかしスピノザの場合それは単なる拡がりではなく、むしろそれ自体が力と見なされるものであった。このことは、彼がデカルトのように運動を単に位置の移動としてでなく、力と見なした彼の自然学の成果であろう。この物体の本質としての力が他のものと力学的な関係に入るとき、その物体の時間的存在が決定される。つまり物体、あるいは一般的に言って様態の存在は本質のもつ力が他の様態と力の関係に入るとき決定されるのである。本質そのものが存在を決定するのでなく、本質相互の力学的な関係が存在を決定する。ここに本質はコナツスと見なされることによって、単に無時間的にあるのではなく、むしろ無限定的な持続をそれ自身のうちに含むことになる。[67] あるいは本質が存在の本性となるためには、それ自身のうちに無限定的な持続を含まねばならなかったのである。

　右のように個物の本質相互の関係によってその存在が決定されるとすれば、カメラーの主張した個物における本質と存在の二重因果説[68]は支持され難くなる。確かに本質が存在なしに理解されるならば、本質と存在の二重因果が成立しよう。本質が存在に先立っていると考えられるかぎり、本質は存在がなくても理解されよう。しかし本質をコナツスと見なす以上、存在なき本質も、また本質なき存在も抽象的である。スピノザ自身、本質の定義において「それが与えられれば事物が定立され、それが排除されれば事物が破壊される……」[69]と言っているように、本質と存在とは全く無関係にあるのではない。本質は存在を定立させる積極的なものである。それは単に永遠の真理と見なされるものではなく、むしろ事物の存在を可能にさせる力である。だがすでに述べたように、スピノザは個物の本質には存在が含まれないと主張した。しかしこれは本質が存在と無関係であることを意味するよりは、有限者が無限者のように自らの存在を本質そのものによって決定し得ないこと、あるいは本質即存在ではないことを意味しているにすぎないのである。単に概念的に考えられた本質が無時間的、永遠的であり、存在の因果が時間的、有限的であると解されるならば、本質と存在との関係は互いに相交わることのないものとなろう。つまりカメラーの主張するような二重因果説は本質と存在とを分裂させ、無関係なものと見なすとき成立する。なるほど本質自体には独自の因果関係があり、また本質相互の力の関係が存在の因果を形成するとすれば、これもカメラーとは異なった意味で二重因果が成立していると考えられよう。だが本質と存在とは無関係ではない。たとえ本質それ自体が存在を決定できないにせよ、本質相互の関係が存在を決定する。つまり間接的な形にせよ、本質は存在に関与している。だがカメラーの解釈の場合この可能性はない。しかしそれにもかかわらず、個物を本質と存在の分離においてでなく、その両者から成り立つ現実的なものとして把握しなければならないとき、カメラーは本質の因果と存在の因果の相互滲透を個物において考えねばならなかった。(70) 本性上相交わることなき二つの因果がいかにして相互滲透をなしうるのか。つまりカメラーのように本質の因果を単に概念的、無時間的なものと見るかぎり、いわばものの観念的本質のみが問題となり、ものの現実的な本質は問題とならない。観念的本質は存在の時間的な因果が成立するところとは全く異なった、思惟の属性の領域に属する。換言すれば、現実的な事物についてその存在の因果が思惟の対象たる延長の領域において問題となるとすれば、観念的本質の因果はむしろ思惟の領域の因果である。とすればこの二つの因果の相互滲透を考えることは、いわば思惟と延長の二領域を混同することであり、スピノザの心身平行論の原則を否定することである。このような誤解は田辺元のスピノザ研究論文『個体的本質の弁証法』においても示される。すなわち、彼はこの論文において本質の永遠性と存在の時間性との弁証法的な統一を考えているが、これは結局観念的な本質の因果と存在の時間的因果との統一を意味し、カメラーの主張と大同小異であると言える。[71] スピノザの場合個物の本質はなるほど観念的に把握すれば永遠であっても、それ自体はコナッスとして現実的である。つまりコナッスが彼において特に現実的本質と言われるのは、単なる観念的本質から区別されるためである。そして本質相互の力の関係によって存在が決定される。すなわち存在の因果は本質相互の力の関係によって示される。つまり実在的な事物(延長の様態)の本質は観念的なものでなく、その存在と同じく延長の領域に属す。しかもそれは無限定な持続を含むとすれば、観念的には無時間的な永遠と見なされても、実在の側から見れば時間的であると言える。それは限定された時間をもたないだけにすぎない。とすれば個物において本質の無時間的な永遠性と存在の時間性の弁証法的な統一を考える余地はスピノザには全然なかったと言える。

スピノザはコナッスを個物の現実的本質 (actualis essentia) と言ったが、この「現実的」という言葉は彼の場合一般にいかなる意味において用いられているのであろうか。この言葉は『エチカ』第二部の定理九と十一、第三部定理十一の注解から明らかなように、有限的、時間的な現象を示唆する意味で用いられている。このかぎりそれは事物が一定の場所、一定の時間に関係していることを示す際に用いられたと言えよう。とすれば事物の現実的本質はその永遠本質(本質の永遠性)から区別され、また永遠本質以下のものと考えられよう。この点に着目し、レベックは永遠本質が現実的本質としてのコナッスと混同されてはならないと主張した。[72] すなわち、コナッスは事物そのものがその存在を維持する努力であると規定される以上、当然その存在を維持するために種々な障害に逢着し、永遠であることはできない。それ故コナッスは永遠本質の限られた一面であって、後者よりは一段と低いものと見なされたのである。だが低いといっても感覚的な様態としての現象そのものとは異なるため、それは永遠本質と存在との中間に位するものと考えられた。シュミットもこのレベックと同じ見地に立ち、無限様態の一部を構成するものが永遠本質であり、単なる時間的存在から区別された持続存在がコナッスであると主張する。[73] このように永遠本質と現実的本質とを区別し、後者が前者より一段劣ったものと解するのは、結局前者がものの固有の本質よりも、神の永遠性と完全性とを表現し、後者がものの固有の特殊的本質を構成するという考え方に基づくものであろう。またビドニーは『形而上学的思想』において「事物が自己の有に固執する力」、つまりコナッスが事物それ自身と異なるというスピノザの見解に基づいて、事物の永遠本質と現実的本質とを区別し、両者の間に平行関係はないと主張する。(75) この根拠となったものは神において本質と存在とが一致しているのに、被造物ではこの両者が分離され、コナッスは存在を維持するために時間的であるということであった。なるほどスピノザはこの『形而上学的思想』において事物の概念的な本質とコナッスとを区別するスコラ的な考え方に従っている。しかし彼がこのような態度に終始するものでなかったことが、同じ『形而上学的思想』において示されているのである。(74)

彼は『形而上学的思想』においてスコラ学者の考え方を次のように批判している。すなわち、スコラ学者は「事物そのものと自己の存在を維持するためにおのおののものの中にある努力とを区別している。しかし彼らはその努力が何であるかを知らない。なぜならこの二つは理性においてあるいは言葉において区別されているけれども、――この点で彼らは誤っているのだが――、しかし決して事物そのものにおいては区別されない」(76)と主張する。すなわち、スピノザは永遠本質とコナッスの区別が単に名目的なものあるいは理性的な区別にすぎず、実際には何ら区別されないと主張しているのである。彼にとってこの二つを区別することは、真理と真の観念とを区別することと同じ意味をもつものであった。本質を単に抽象的、概念的なものと見なすかぎり、それがコナッスから区別されるのは当然である。だがスピノザは本質をすでに述べたように単に観念的、概念的なものとは把握しなかった。このことを具体的に示すために、彼は『形而上学的思想』において運動の概念を例に出す。それによれば運動とは単に位置の移動のみにつきず、「自己の状態に固執する力」をもっている。つまり運動の本性は力にあり、これがまた物体を構成するのである。それ故物体とは一定量の運動のことであり、その本質とは物体を構成する運動がもつ力にほかならない。従って、もし物体が運動する力を失っても、なおその物体が存在するならば、その物体には運動としての力以外のものが帰せられているのである。このことは物体に二つの本質が帰せられていることを意味する。しかしこれはスピノザにとって矛盾以外の何ものでもなかった。[77] つまり彼によれば同一事物に二つの異なる本質、換言すれば永遠本質と現実的本質は帰せられないのである。このように永遠本質と現実的本質とは観念的に区別されるだけであると主張する彼の立場において、両者は本来同一不二のものであり、同一物が二つの側面から見られているにすぎない。つまり永遠本質とは観念の側において概念的に表現された本質、つまり定義であり、この対象としての実在の側に現実的本質が定立されているのである。換言すれば、両者の関係は本質（現実的本質）と本質の観念（定義、本質の認識）との間の関係と全く同一であり、ビドニーの主張とは異なり、両者は心身平行論に基づいてあくまで平行的であると言えるのである。かくてレベックやシュミットが（神の永遠性と完全性を表現する）永遠本質の普遍性に対して、コナッスの特殊性を引き合いに出して、両本質の優劣を論じたとしても、彼らのこの見解は全く根拠のないものと言わなければならない。また彼らの見解から個物の本質における普遍と特殊の綜合が考えられるとしても、このような綜合統一はスピノザの考えに即して見れば考えることはできないのである。

次にスピノザがものの本質を永遠という場合、その永遠とは何を意味するかを問題としよう。彼の場合永遠性とは本来神の存在を表わす言葉である。だが彼はこの言葉を被造物の本質に帰せしめる。しかしこの場合被造物の本質の永遠性が神の永遠性と同じ意味をもつとは考えられない。彼は『形而上学的思想』において、「我々は言葉の不足の故にその本質が存在から区別される事物にも永遠性を帰せしめることに慣れ、……またその事物を存在しないものとして考えるかぎりにおいても、事物の本質に永遠性を帰せしめることに慣れている。我々はそのようなとき事物を永遠と呼ぶ」と言っている。[78] つまり被造物の本質の永遠性は神の永遠性とは異なる。それはそれ自身が存在を含まないものとして、神の中に含まれ、また神の必然性に依拠しているが故に、永遠と見なされるものであった。換言すれば、スピノザは神の本質に依存する必然性を永遠性と見なしているのである。神の永遠性がその必然的存在あるいは存在の必然性を表わしているとすれば、ここでは神に依存する必然性が永遠性を意味し、永遠性が意味する無時間性はむしろ二次的なものと考えられる。つまり個物の本質は無時間的なるが故に永遠であるのではなく、必然的であるが故に無時間的なのである。しかしこれは必然的なものがすべて無時間的であることを意味するのではない。必然性を思惟によって観念的にとらえたとき、無時間的になるのである。換言すれば、本質の無時間性はものの観念的本質、あるいはスピノザ的に言えば、ものの objectiva essentia を把握したとき現われるものであり、それは本質の永遠性に内在した本質的な特徴ではないと言える。

スピノザは被造物の存在の仕方を二種に分けた。一つは限定された時間的存在であり、他は本質存在、すなわち彼が存在の本性 (natura existentiae) と呼ぶものであった。(79) 彼は後者を特に神的本性の必然性から生じてきたものと解した。そして彼はさらにそれを敷衍して「おのおのの個物は他の個物によって一定の仕方で存在すべく決定されているとはいえ、おのおのがその存在に固執する力は神の本性の永遠なる必然性から生ずるのである(80)」と言った。このことから本質存在、つまり存在の本性とは、言うまでもなくものの現実的本質としてのコナツスであることは自明であろう。そして現実的本質もまた神の必然性に依拠したものであり、このかぎりそれはものの永遠本質と全く同一である。否、すでに述べたようにスピノザにおいて永遠本質と現実的本質とは全く同一物の二側面であり、現実的本質も必然的であるかぎり、当然永遠と見なされるのである。ところが現実的本質は理性の有の本質でなく、あくまで実在の有の本質である。このかぎりそれは観念的本質と同じように必然的・永遠的であっても、単に無時間なものであり得ない。むしろ実在的、現実的であるが故に、無限定の持続を含まなければならない。かくて現実的本質を「現実的」なるが故に、永遠本質より劣ったものとして評価することは、スピノザの体系から見れば極めて不当なものであることが明らかとなる。

注

（1）Eth. I. Prop. 24 et Prop. 17, Schol.

（2）この点、スピノザはプラトンのイデア論の反対者であるアリストテレスと何らかの類似性をもっているかも知れない（Bidney: The psychology and ethics of Spinoza, p. 431)。

（3）『形而上学的思想』（一六六〇年）はスピノザ自身の形而上学を述べたものでなく、当時のオランダにおいて大きな勢力を占めていた新スコラ学についての注釈書と見なされるものであるが、この著書とスピノザ自身の思想を示す『短論文』、『知性改善論』、『エチカ』を見るならば、後三著作のうちには彼がスコラ学研究から得たとしか考えられぬ説を少なからず見ることができる。このことはものの本質と存在に関しても例外ではなかった。従来スピノザの汎神論の体系では有限者はすべて神の中に含まれ、個体概念の確立がなされず、またその帰結として無宇宙論が主張されてきた。しかしこれらを主張する人たちの見解を仔細に吟味するならば、彼らがスピノザとスコラ学との積極的な関係に一顧だに与えず、単に彼がスコラ学に対する反動としてデカルトに接近し、その発展ないしは帰結をもたらしたと主張していることに気づくであろう（田辺元『個体的本質の弁証法』、『スピノザとヘーゲル』所収。九十四―九十七頁参照）。換言すれば、スピノザとスコラ学との関係を消極的なものと見なすものは、個物の存在についての正しい理解に到達していないのである（Borkowski: Spinoza I, S. 350 ff)。

（4）Cogitata Metaphysica, I. Cap. 1, p. 236.

（5）Ibid.

（6）Ibid. Cap. 2, p. 238～239.

（7）Ibid. p. 238.

（8）É. Gilson: L'Être et L'Essence, p. 161.

（9）Korte Verhandeling, I. Cap. 1. §8, Aanmerk. ☆ p. 17.

（10）Ibid.

（11）『知性改善論』はスピノザの「方法論」であるため、その著作全体にロゴス的な性格がみなぎり、これがスコラ的な『形而上学的思想』と一面相通ずるものをもっていたことは疑い得ぬ事実である。

（12）Tractatus de Intellectus Emendatione § 53. p. 20.

(13) Eth. I. Prop. 24.
(14) Eth. V. Prop. 29, Schol.
(15) Eth. II. Prop. 45, Schol.
(16) Eth. II. Prop. 8.
(17) Eth. I. Prop. 17, Schol.
(18) Borkowski: Spinoza IV. S. 392.
Borkowski: Spinoza I. S. 351 ff.
(19) たとえそうでなくても、本質の esse in Deo の場合に見られた困難が生じてくる。
(20) Gebhardt: Rembrandt und Spinoza, (Kantstudien, 32) S. 173 ff.
(21) Hallet: Creation, Emanation and Salvation, p. 27 ff.
(22) Borkowski: Spinoza, IV. S. 395.
(23) つまり神の能力の中にあるものは、その意志によって左右され、そのために偶然的にしか神から創造されてこないというのではなく、必然的に「無限に多くの仕方で」生じてくるのである。この意味で神から生ずるいっさいは必然的であると言えるのである。
(24) Tractatus de Intellectus Emendatione § 53. p. 20.
(25) Eth. I. Prop. 33, Schol. I.
(26) Tractatus de Intellectus Emendatione § 95 et 96.
(27) Cogitata metaphysica, I. Cap. 3, p. 241.
(28) Ibid.
(29) Camerer: Die Lehre Spinozas, S. 39.
(30) Tractatus de Intellectus Emendatione § 100 et 101.
(31) Eth. II. Prop. 29, Corol. & Eth. IV. Prop. 4. Corol., Prop. 57, Schol.
(32) Hallet: Aeternitas, p. 64 ff.
(33) Cogitata Metaphysica, I. Cap. 3. P. 242～243. et Eth. I. Prop. 33, Schol. 1.

(34) Cogitata Metaphysica, I. Cap. 3. p. 242.
(35) Eth. I. Prop. 33, Schol. 1.
(36) Cogitata Metaphysica, I. Cap. 3. p. 242.
(37) Eth. IV. Definitio III. IV.
(38) Eth. II. Definitio II.
(39) Eth. IV. Definitio IV.
(40) Tractatus de Intellectus Emendatione § 100. p. 36.
(41) T. T.P. Cap. 7. Adonotatio 8, p. 253.
(42) T. T.P. Cap. 4. p. 58.
(43) 以上のように必然性の認識も特にそれが存在の秩序に関したものであるかぎり、人間にとって不可能なことである。これは人間認識の限界でもある。合理主義の立場にたつスピノザは、この限界を突破してまで、それを可能にしたのではない。彼にはこのような意味の神秘主義的認識はなかった。彼において神秘主義的な認識とも主張される直観知は、この存在の必然性の認識ではなく、それとは区別された本質の必然性の認識であった。そして彼はこの本質の必然性を永遠性と見なすことによって、本質認識としての必然性の認識が「永遠の相のもと」での認識と見なされたのである。
(44) Wolfson : The philosophy of Spinoza, I. p. 384.
(45) スコラにおけるものの定義の仕方とスピノザのそれとの相違は、両者の本質についての考え方の相違に由来している。このことをトマスを例にとって考察して見よう。トマスは、神の本質が存在であるというスピノザの立場から見れば、神の自己原因的性格について言及しているにもかかわらず、これをもってスピノザのように神を定義づけることをしなかった。スピノザの場合本質即存在の自己原因は神の定義の第一条件であり、神の概念を構成する実質的、客観的な要因である。トマスは神を実質的に定義するかわりに、単に観念的な言葉にすぎない完全性をもってする。つまり彼はスピノザの立場からすれば神を単に観念的に定義したのである。
(46) Ep. 35.
(47) Thomas Aquin : De ente et essentia, Cap. 2. p. 21, (Lib. Phil.), Tractatus de Intellectus Emendatione, § 95.
(48) Korte Verhandeling, I. Cap. 7. § 10. p. 47.

(49) Wolfson : The philosophy of Spinoza, I. p. 383 f.
(50) Eth. II. Prop. 10.
(51) Camerer : Die Lehre Spinozas, S. 20 ff.
(52) R. Lévéque : Le problème de la vérite dans la philosophie de Spinoza, p. 110 ff.
(53) Eth. V. Prop. 30, Dem.
(54) Eth. V. Prop. 25, Dem.
(55) Eth. V. Prop. 29, Dem.
(56) Eth. V. Prop. 28.
(57) Eth. I. Def. VIII.
(58) Cogitata Metaphysica, I. Cap. 3. P. 241.
(59) Eth. V. Prop. 40, Schol. & II. Prop. 7, Schol.
(60) Tractatus de Intellectus Emendatione, § 33.
(61) 注(59)参照。
(62) Ep. 56 の無限様態についてのスピノザの説明参照。
(63) 個物の本質はスピノザの場合神に依存すると同時に、他の本質に限定される。この他の本質が個物の場合最近原因と見なされる。
(64) 個物は単に他から限定されるだけなら、それは単なる有限物にすぎなくなり、「個体」として成立し得なくなる。
(65) Eth. III. Prop. 7.
(66) Eth. II. Prop. 13 以下の物体論参照。
(67) Eth. III. Prop. 8.
(68) Camerer : Die Lehre Spinozas, S. 35.
(69) Eth. II. Def. II.
(70) Camerer : Die Lehre Spinozas, S. 35 ff.
(71) 田辺元『個体的本質の弁証法』(『スピノザとヘーゲル』所収)

Cf. Brushlinski : Spinoza's substance and finite things, (Spinoza in Soviet Philosophy) p. 126.

（72） R. Lévêque : Le probleme de la vérité dans la philosophie de Spinoza, p. 110 ff.

（73） Elisabeth Schmitt : Zur Problematik der unendlichen Modi, (Chronic. Spinozanum, II. S. 168 ff).

（74） Cogitata Metaphysica, II. Cap 6.

（75） Bidney : The psychology and ethics of Spinoza, p. 97, 98.

（76） Cogitata Metaphysica, I. Cap. 6, p. 248.

（77） Ibid. これによってスピノザの運動概念はデカルトのそれとはかなり以前から異なっていたことが明らかにされる。

（78） Cogitata Metaphysica, II. Cap. 1, p. 251.

（79） Eth. V. Prop. 29, Schol. & II. Prop. 45, Schol.

（80） Eth. II. Prop. 45, Schol.

16　存在の限定

一　認識による存在の限定

スピノザの神即自然の汎神論的思想の中で新たに生じてきた問題は神と世界との関係であろう。彼はデカルトにならってものの区別を三つに分けて考えた。(1) すなわち、一、実在的な区別、二、様態的な区別、三、理性的な区別である。第一の実在的な区別とは思惟と延長のように、区別されたものが相互に独立し、無関係であるような区別である。彼の場合神と世界とは実在的に区別されない。もし実在的に区別されるとすれば、世界は神なしにありうるし、また神は神であり得なくなる。つまり無限は有限と区別されることによって、かえって限界づけられ、無限は真に無限であり得なくなるのである。スピノザの汎神論において、単なる神もまた単なる世界も理性の有であり、実在的なものではない。両者はむしろ不可分の関係にある。この不可分の関係が彼の哲学において独得な意味をもつ「様態的な区別」によって示される。様態的区別には一、様態相互の関係、二、実体と様態との関係の二種がある。第一の様態相互の関係の場合、様態としての個物は相互に実在的に区別されない。つまり個物はここでは独立した実体としての個体として存在するのではない。従って個物は様態と見なされるかぎり、相互の間に対立、否定の関係は見られない。もし対立、否定の関係が成立するならば、個物はもはや実体の様態ではなく実体そのものと見なされる。また第二の実体と様態との関係においてスピノザは次のように言う。例えば、様態としての物体は「以前現実に存在していなかったときには、延長や運動と静止の中に含まれていたが、現実に存在するときにも延長から実在的に区別されず、単に様態的にのみ区別される(2)」と。つまり様態は現実に存在し、しかも有限なものと見なされても、神から実在的に区別されない。世界やその中の諸事物は神の様態にほかならない。スピノザは『形而上学的思想』において、実体は「様態なしにも考えられるが、様態は実体なしには考えられない……(3)」と言っている。しかしこれは実体と様態との関係を因果的、論理的に考えた場合であって、存在における実体と様態との関係ではない。なぜなら存在における実体と様態との関係においてもし実体が様態なしに考えられるとすれば、両者は無関係のものとなる。あるいは無関係でなくても、両者は実在的に区別され、汎神論は成立しなくなるからである。彼において実体は様態を含む。しかも両者は実在的に区別されないというとき、両者の間には何かしら融通無碍の関係があることを認めなければならない。つまり実体が様態と見なされ、また様態が実体と見なされるようなものの見方があったと言わなければならない。このことは彼の認識論において一層明らかなものとなる。

スピノザはものの認識の仕方を大別して二種に分かつ(4)。一つは imaginatio の認識であり、他は知性 (intellectus) の認識である。この二つの認識は前述したものの実在的な区別と様態的な区別に対応している。すなわち、imaginatio はものを有限的、可分的なものとして認識し、その分割された諸部分は相互に実在的に区別されたものとして認識する。それは同一実体内の諸様態の関係をあたかも延長と思惟のように相互に独立したものとして分かつ。スピノザはこのような認識を「抽象的」、あるいは「皮相的」な認識と見なし、虚偽の認識であると主張した。ところが彼が真の認識と見なす知性の認識は、例えば物質がいたるところ同一であり、従って物質の諸部分は実在的に区別されず、様態的にのみ区別されるものとして把握する。すなわち、「物体的実体であるかぎり、……水は分離も分割もされない。さらに水であるかぎり、生成消滅する。だが実体であるかぎり、生成も消滅もしない(5)」というように、水を水としてでなく、実体として把握するかぎり、ものは不可分、無限のものと見なされる。このかぎり諸物質はすべて均一、同質的なものと見なされる。そして諸物質相互の個別性はこの唯一の実体の様態として把握される。つまり個物は実体の様態として個別化されているのである。以上のように知性の認識はものを全体あるいは原因としての実体から、あるいは実体との連関において認識する。それは imaginatio のように木を見て森を見ない認識ではなく、ものを全体的に把握する。つまり全体から分離してものを認識するのが抽象的な認識としての imaginatio の認識であるとすれば、知性の認識は全体に基づき、全体から認識するものとして抽象的でなく、むしろ具体的認識と言える。この点、スピノザの考え方はのちのヘーゲルに近かったと言えよう。

ここに異論があるかも知れない。すなわち、ものを実在的に区別する imaginatio の認識こそものを実体として把握するのではないかと。なるほど imaginatio のようにものを相互に独立させ、相互の間に何の連関もないように把握するかぎり、確かにそれはものを実体としてとらえていると言えよう。しかしそれは個別的な様態を有限の実体と見なすことであって、スピノザが知性の認識によってものを無限の実体として把握するのとは異なる。つまり前者においては実体は単に有限であるのに、後者は無限にして不可分である。このとき単なる個物はそのものとしてでなく、実体の様態として把握されるのである。様態は実体の中に含まれるため、ものを様態として把握することは、全体としての実体を把握することなしには不可能である。このためものを単なる様態、有限なる実体としてでなく、実体の様態として把握するためには、まずものを全体的実体として把握しなければならない。もちろんここで実体が有限なものとしてでなく、全体としての実体であるとしても、その全体は単に部分の集合あるいは和としての全体ではない。部分の和としての全体はスピノザにとって理性の有にすぎず、現実的なものではない。ここでいう全体は、物質としての水が知性によって実体として認識されるように、それ自身において無限の実体であると同時に様態でもありうるような全体である。つまり実体は様態を超越したものでなく、様態を含みながら、様態を通して自己を顕現する全体であると言える。

右に述べたスピノザの二つの認識仕方、特に知性の認識は、二、三の研究者の指摘するように芸術における「様式」と密接な関係をもっていることは興味深い。(7) 例えば、彼の imaginatio の認識は上述のようにものを全体から抽象し、単にそれを独立したものとして取り扱う。そしてこの全体からの抽象はものを有限化することであるなら、それはまさに限定の認識であると言えよう。この限定する認識は、「様式史」的に見ればものを線によって限定し、それを不動のものとして固定化するルネッサンスの線的芸術の様式と比較されよう。つまりルネッサンスの様式が「形と形との間を截然として区別」することであれば、それは imaginatio の認識におけるものの実在的な区別と同じものである。換言すれば、ルネッサンスの芸術はスピノザ的に言えば imaginatio の芸術にほかならない。これに対してバロックの芸術(特にレンブラントの場合)はものを線においてでなく、Masse としてとらえ、静的な Sein においてでなく、動的な Geschehen において見、「ものの上を過ぎ去る運動」を通して縦深的に、不可触的なもの、無限界、無形体の美を探ろうとする。(8) とすればこれこそスピノザが知性の認識において具現しようとしたものと言えよう。スピノザの哲学を幾何学的な、単に合理的な体系として把握するかぎり、また彼がいっさいを神からの因果連関のもとで理解していると考えるかぎり、彼と芸術の様式あるいは生活感情との関係は考察の対象とならないであろう。確かに彼の哲学の表面に現われた思考の数学的な形式にのみ注目するかぎり、バロック的な絵画もまた感覚的な認識としての imaginatio の所産にすぎないであろう。だが彼と絵画との関係は一般の想像を超えるほど密接である。なるほど彼の書いた哲学書だけに注目するかぎり、彼が絵画に興味をもったとは信じられない。だがコレルスの報告によれば、彼は日常の生活においてレンズ磨きのほかにインキや木炭による素描を生活の手段として学んだという。(9) 友人からの援助で割合に豊かな生活をしていたスピノザが果たして絵画を生活の手段として学んだかどうかについては大いに疑問があるが、彼が二度までも画家の家に下宿したところから見て、絵画を学ぶ可能性があったこと、あるいは実際に絵画を学んだことは事実であろう。報告によれば彼は友人や自分をモデルとして人物画を画いたという。ありうべきことであろう。また彼はレンブラントと同じ町内に住んでいたこともあったことから、レンブラントの名声についてはたとえ面識がなくても充分知っていたことであろう。彼が絵画に興味をもったことから、ただちに彼とレンブラントの代表するバロック芸術が結びつくとは言えないにしても、彼がレンブラントと同じ生活感情のもとで暮したことは確かであろう。このため彼とバロック的な生活感情についての関係は、たとえ確実ではないにせよ、蓋然的な形でなら主張し得られるのではないかと思う。

二　限定＝否定の意義

スピノザの場合、自己原因の定義からしてすでに存在と思惟との統一がなされているため、自己原因に始まる彼の哲学は、ヨエルの主張するように言葉の真の意味において Onto-Logie であろう。[10] この存在論における中心問題の一つは determinatio est negatio という言葉であろう。[11] このことは限定の認識としての imaginatio を排するスピノザの認識論から当然結論されてくることでもある。この限定（determinatio）は彼の哲学においていかなる意義をもっているのであろうか。ロビンソンはスピノザ哲学における「限定」という言葉を三つに分けて考えた。[12] 一は質的限定、二は原因による限定、三は量的な限定である。彼はスピノザの神が原因と量において無限定であるが、質において限定されている（すなわち属性をもっている）が故に、絶対に無限定な存在ではないと言う。[13] もし神が原因と量のみならず質においても無限定であるなら、ヘーゲルやヴィンデルバントの静的解釈が示すように、[14] 神は全くの無規定、無内容のものとなろう。

すでに述べたようなヴィンデルバントの静的な解釈によれば、スピノザの実体としての神は内容なき空虚な形而上学的無であり、様態はその限定である。[15] しかし全くの無内容の実体からいかにして様態が生まれてくるかが問題となろう。たとえヴィンデルバントの主張を認めたとしても、いわば無内容の空間に図形を画くことは否定としての限定を意味することであろうか。むしろこの場合図形を一箇の存在として積極的に定立しているのではなかろうか。[16] そしてスピノザの実体は無内容でなく、無限に豊富な内容をもつが故に、その全体から一箇の存在を抽象し、限定することが否定の意義をもつのである。彼の幾何学主義は、すでに述べたように神と世界との関係を単に空間的な諸関係において表示するものではない。彼において原因と結果の関係が理由と帰結の関係に還元されたとしても、この関係のみに注目するかぎり、神の存在即能力の動的な性格は何にも理解されない。むしろ原因と結果、実体と様態とが同一の体系内において実在的に区別されず、両者がそれぞれ他のものになりうるところに、単に神のみの力動性のみでなく、神―様態を貫く力動性が問題となりうる。この点、静的解釈は実体と様態との間の在り方を固定化し、体系そのものを硬直させてしまったと言わなければならない。次に原因による限定はどうであろうか。

神を単に因果的な見地から見れば、神は自分以外に何の原因をもたない意味で無限定である。神は原因をもたないが、それ自身は原因そのものである(自己原因)。そして神からいっさいが産出されてくる。いっさいが自己原因たる神によって限定される所以である。しかしスピノザ自身はすでに述べたように有限を単に「原因」による限定とは解さない。もしこのような限定を否定と理解するならば、神から産出されたいっさいのものは無に帰する。神がいっさいのものを産出することはものを否定として産出することではない。もしそうであれば、神がものを創造し、産出することと自体神の自己否定にほかならない。神は自己と対立するものを自らのうちに含むことはできない。むしろ神の力の実現はいっさいのものを **Deus quatenus** としての様態として産出することであり、様態を通じ自己を実現し、積極的に自己を肯定しているのである。このため原因による「限定」に否定を求めることは彼の場合不可能である。様態は確かに質的、因果的、量的に限定されている。しかし質的に限定されることも、因果的に限定されることも、限定するものが神であるかぎり、それは事物を否定としての有限としてでなく、様態として措定することである。とすれば残るのは当然量の限定であろう。量の限定はすでに述べたようなものの認識の仕方に直接に関係する。つまり、ものは認識の仕方いかんによっては、不可分割的なもの、無限のものとも可分的なものとも把握された。そして後者の場合我々はものを分割し、数や尺度あるいは時間などを用いてものを数量的に表現することができる。[17] ところがスピノザは数や尺度、時間を imaginatio の産物、あるいは理性の有と言う。このため量的な限定はものを認識する主体の側にあって事物そのものにはないと言える。このことは彼の有名な「限定は否定である」という言葉が書かれている『書簡集』第五十にも見られる。

スピノザは『書簡集』第五十において次のように言う。すなわち、「形態（figura）が否定であり、積極的なものでないということに関して、全物質は無限定的なものとして考えられるならば、何の形態ももち得ないこと、そして形態は有限で限定された物体においてのみ起こりうることは明らかです。なぜなら自分は形態を知覚すると言う人は、それによって自分が限定されたものを考えているということ、そしていかなる仕方でそれが限定されているかを考えているかを表現していることにほかならないからです。それ故、この限定はその存在に基づく事物（res juxta suum esse）には属しません。むしろその反対にそのものの非存在（non esse）を意味します。かくて形態は限定にほかならず、また限定は否定でありますから、形態はすでに述べましたように否定にほかなりません[18]」と。

右の引用文の前半において明らかなことは、限定としての形態を空間的に考えていることであろう。つまり無限定と見なされる全物質には形態は考えられないが、全物質の限定としての有限の物体にはそれが見出される。ここに全物質をヴィンデルバントのように空間として、また有限な物体を空間の中に画かれる図形としてとらえることができるであろう。しかしこの無限定の物質はヴィデルバントの主張するように無内容のものでないことはすでに述べた。その無限定性は他から限定を受けないという意味であるとすれば、無限定の全物質＝延長（空間）に形態を画くこと自体いかなる意味を有するであろうか。まず第一に考えられることは、それが全体としての全物質から一定の形態を抽象することを意味するであろう。このかぎり全体との連関からものを見るのではなく、むしろ全体から分離して、ものを実在的な区別の仕方で見ることを意味する。これはものを有限と見なすばかりでなく、全体としての全物質を有限の総体あるいはその延長と見なすことである。これはまさに imaginatio の認識である。かくて imaginatio の認識はものを形態として、有限なものとして認識するのである。次に問題となるのは、有限の物体が無限定あるいは無限の全物質の否定として現われるのではないかということであろう。このことは無限を単に有限の対立として考えるかぎり妥当しよう。しかしスピノザの神あるいはその延長の属性は、すでに述べたように自己に対立したものを産出するというより、有限を通して自己を実現するのである。有限は無限の否定としてあるより、むしろ無限者の様態としてある。つまり、全物質としての延長と様態との関係を無限と有限との対立関係としてとらえることはできない。かくて有限の物質あるいは物体を空間の中に画かれた形態として把握することは、認識論における問題であり、しかもそれは imaginatio の認識に属し、スピノザ本来のものではなかったと言える。

次に、右の引用文の後半においてスピノザは「存在に基づく事物」には限定が属さないと言っているが、この「存在に基づく事物」とはいかなるものであろうか。まずこれには存在をその本質とする神が考えられる。スピノザにおいてこの神が無限定であり、無限の存在であることは自明である。しかし存在（esse）を彼が『形而上学的思想』[19]においてとらえたように必然的存在としての神ばかりでなく、可能的存在あるいは実在的存在としてとらえるならば、後者はスピノザの『エチカ』の体系における様態を意味しよう。ところが彼は様態を単なる事物としてでなく、あくまで神の様態としてとらえる。このかぎりそれは様態を全体から分離して見るのでなく、全体から、そして様態を全体としての実体の実現として見ることである。つまり様態はここでは神の否定として見なされるのではない。この結果、この実在の有も神の様態であるかぎり、限定としての否定が属していなかったと見なければならない。だがスピノザが存在に関して限定を問題とするとき、それは「非有」を意味した。[20] つまりそれは esse に対する non esse のようにものの存在の欠如を表わしているであろう。すなわち、そこにはエルトマンの主張するように、否定における積極的なもの、bestimmte Negation は見られない。[21] ただ単にもののある、なしの意味における欠如、非有があるにすぎない。[22] かくて限定を非有の意味においてとらえるならば、様態の本質には存在が含まれないから、当然存在の欠如という意味で確かに非有＝限定としての否定を受けていると言えよう。

すでに述べたように様態は本来的に存在を本質としていないため、永遠存在たり得ず、時間的な存在しかなし得ない。なるほど時間的な存在をなすことは様態の特徴であるかも知れない。しかしそれは様態の本質的な特徴ではない。なぜなら限定された時間を様態が含むとすれば、当然その時間が過ぎされば様態は消滅して行かねばならない。しかしこれは彼のコナッス理論によって否定される。[23] 彼の場合ものの現実的な本質としてのコナッスは、それ自体存在を含まないとはいえ、存在に固執する力を意味し、決して自己否定的なものではない。それどころか様態の本質は完全性をそれ自体において含んでいると主張されている。しかも「この完全性はいかなるものにおいてもそのものの本質が及ぶ範囲にまで達する。なぜなら完全性とは本質にほかならないからである」[24]。このような本質概念に限定としての否定を求めることはできない。それ故様態に存在が含まれないと言っても、(なるほどそれは本質即存在の神から見れば欠如であるが) 様態自身にとっては欠如ではない。むしろ様態は存在を含まないところにその本質があると言える。つまり様態は欠如を欠如たらしめる積極的なものをもっていない。換言すれば、様態はそれ自身で自己の有限性を決定し得ないのである。

このためスピノザは「同じ本性の他のものによって限定される」[25] ことを有限と言う。有限性は様態それ自身からでなく、様態相互の関係 (すでに述べたようにこれは様態相互の力学的な関係を意味する) から決定されるのである。強大なものが弱小者にうち克つように、諸物相互の間に力の関係が現われる。ものの現実的な本質としてのコナッスはそれ自体としては無限定的な時間をもっているにもかかわらず[26]、他と力の関係に入るに従って、その無限定な時間は有限な時間となる。すなわち、他者との関連において外化された力がその事物の有限性となり、そしてその様式は時間的存在である。それは神における永遠存在を欠如した存在者である。このため時間的存在をなす様態は神の様態であるより、全体としての神から実在的に区別された存在者である。それは神なしにも存在しうるかのようにいわば実体化された存在者である。それは神と実在的に区別されるばかりでなく、様態相互も実在的に区別される。このため自他は必然的に対立しあい、力の関係に入ることを必然的とする。しかしこの必然性はスピノザの本来意味する神的必然性ではなく、様態間の外的な、それ故に一種の偶然とも言うべき必然性である。

以上のように欠如としての否定を厳密に考察すれば、それは事物そのものに見出される欠如でなく(なぜなら事物は存在を欠くことを本性としているからである)、むしろ認識がその事物の本性以上のものを求めるところから生ずる。この意味でスピノザは欠如を「我々がものを相互に比較するとき形成する理性の有あるいは思惟の様態である」[27]と言う。例えば、盲目者は目明きに比べ視力を欠如している。このため盲目者は目明きの否定であるといえよう。この場合、否定あるいは欠如とは、彼によれば「その本性に属すると思われるものをそのものについて否定することにほかならない」[28]のである。つまりその本性に属すると思われるものが、例えばここでは（盲目者の本性を「他の人々の本性と比較するか、あるいは彼の過去の本性と比較して考察するとき、視力が彼の本性に属すると考えて…」）視力が欠如していることを意味するのである。だがスピノザは次のように言う。「神の決定とその決定の本性について考察するとき、我々は石が視力を欠いていると主張し得ないと同様に、その人（盲目者—筆者注）が視力を欠いていると主張し得ないのである」[29]と。つまり他のものとの比較においてでなく、そのもの自体について考察するならば、盲目者はもともと視力の欠如を本性としているのであり、視力は盲目者の本性には属さない。このため盲目者が盲目であるからといって、それを欠如と見なすことはできない。ただ盲目者を目明きと比較したとき、盲目が視力の欠如となり、それが否定と見なされるにすぎない。換言すれば、欠如とは「｢欠如をもたらす行動ではなく、ただ単にあることに欠けている状態」を表わしているにすぎない。つまりこの欠如は、ハレットが問題としたようなものを見る視力がありながら、ものを見ようとしないことではない[30]。スピノザには「欠如をもたらす行動」は問題とならない。見る、見ないの対立において「見ない」とはその時点におかれた人の本性に基づく行動であり、これは欠如ではないからである。

以上のように彼はものの比較における事物の欠如を否定と見なしたが、さらに彼はこれとは異なる意味の否定を問題とする。この否定は彼によれば「その本性に属さないものをそのものについて否定することである[31]」。例えば前述の盲目者を例にとれば、盲目者の本性に属さない視力を盲目者について否定することである。それはその本性に属さないと見なされるものをそのものの本性から否定することである。スピノザの形而上学において様態の本性には存在が属していないが、その存在を様態の本性において否定することである。しかし注意深く考察するならば、もともとそのものの本性に属さないものを否定することは、そのものの本性から見れば無意味なことではないか。つまり盲目者について視力を否定することも、また様態について存在を否定することも、結局本性上欠如しているものを否定することであって、それ以上の何ものでもない。しかし盲目者が視力を、あるいは様態が存在を含むことが様態にとって矛盾であるとすれば、否定とは単にものの非存在というより、むしろものの本性と相容れないもの、矛盾を積極的に否定することを意味しよう。とすればスピノザの『書簡集』第五十における「限定は否定である」という言葉はいかに解されねばならないか。

すでに述べたように無限なる実体にはいかなる意味においても否定を含まない。換言すれば Privatio も Negatio も存しない。しかし様態は存在を欠如している。しかしそれは他のものとの比較において見出された存在の欠如ではない。様態の本質自身は否定を含まないし、またそれ自身による限定も考えられない[32]。もし我々がここに限定を考えるとすれば、それが非存在を本性としているにもかかわらず、存在しているかのように考えることであろう。そして

「その本性に属さないものをそのものについて否定する」ことが privatio から区別された否定（negatio）の意味であるとすれば、当然それはすでに述べたようにその本性に属さないものとしての存在を様態の本性から否定することである。かくて様態は非存在だから否定であるというより、存在がその本性に反するから、それが否定されるのである。つまりスピノザの否定（negatio）は、エルトマンの解釈と異なり、それ自身に何か積極的なものをもっているのである。そしてこの否定を通じて、ものはその本性を一層明らかにしなければならない。つまり様態について言えば、その本性に属さない存在を否定することによって、様態の本性をより厳密なものとする。このことは彼の場合determinatio est negatio が negatio est affirmatio になったことを意味しよう。

かくてスピノザの否定概念には、他のものとの比較において明らかにされる事物の欠如とまたその本性に属さないものをそのものについて否定するという二つの意味があった。前者を単に欠如と言い、後者を否定と言おう（スピノザが言葉の真の意味において否定と言うのは、その『書簡集』第二一から後者の意味における否定であった）。この欠如も否定も彼の認識論と密接な関係を有する。つまり前者においてものはそのものから見られるのではなく、他のものとの比較において見られることから、理性の認識と密接な関係をもっている。だが否定はものの本性を知らなければ問題とならない。従ってそれはものの本質の認識としての直観知と密接に関係し、直観知による否定と言えよう。そして直観知が理性の認識をそれの発生的基盤とするなら、直観知は理性において明らかにされた事物の欠如をそのものの本性から肯定していると言える。このことが negatio est affirmatio を意味するであろう。例えば、盲目者は他のものとの比較によって視力が欠如しているならば、直観知はその視力の欠如を盲目者の本質から規定するのである。これは視力の欠如をむしろ盲目者の本性に帰属せしめることであろう。かくて否定はものの欠如をその当該事物の根底から基礎づける。そして直観知が発生的には理性から生じてくると同じように、否定は欠如ののちにある。だがものの本質から見れば、否定は欠如より根源的であり、欠如を基礎づけていると言える。

注

(1) Cogitata Metaphysica, II. Cap. 5. p. 257.

(2) Korte Verhandeling, Appendix, Prop. 4, Dem. p. 116.

(3) Cogitata Metaphysica, II. Cap. 5, p. 237.

(4) Eth. I. Prop. 15, Schol. & Ep. 12.

(5) Eth. I. Prop. 15, Schol.

(6) スピノザの「知性」がものを実体として把握するとはいえ、それは有限の実体としてそのものを他から孤立したものとして認識するのではなく、以下述べるように全体としての神―実体との連関において把握するのである。

(7) Gebhardt : Rembrand u. Spinoza (Kantstudien, Bd. 32).
Borkowski : Spinoza als Barockphilosoph, (Spinoza, Bd. II).
K. Joël : Wandlungen der Weltanschauung, I.

(8) H. Wölfflin : Kunstgeschichtliche Grundbegriffe, S. 31 f.

(9) Colerus : Die Lebensbeschreibung von B. d. Spinoza, Kap. 5, (Spinozas sämt. Werke III).

(10) K. Joël : Wandlungen der weltanschauung, I. S. 500.

(11) Ep. 50. p. 240.

(12) Robinson : Kommentar zu Spinozas Ethik, S. 239 f.

(13) これに反し様態としての個物は、質的、因果的、量的に限定されているとロビンソンは言う。

(14) M. Grunwald : Spinoza in Deutschland, S. 225.
Windelband : Zum Gedächtnis Spinozas, (Präludien I. S. 103 f).

(15) Windelband : Ibid. S. 103.

(16) Caird : Spinoza, p. 122.
Wolf : The correspondence of Spinoza, p. 431.

(17) Eth. I. Prop. 15, Schol. & Ep. 12.

(18) Ep. 50. p. 240.
(19) Cogitata Metaphysica, I. Cap 1 et 2.
(20) スピノザは Ep. 36 において否定が「積極的なあるもの」を示さず、「限定的なものとして考えられるものの本性の存在の欠如 (privatio) を意味する」と言っている。
(21) J. E. Erdmann: Geschichte der neuern Philosophie, Bd. II. S. 88.
(22) このためスピノザの「否定」概念はカッシラーの主張するように単に論理的に解釈される概念ではない。E. Cassirer: Erkenntnisproblem, II. S. 80.
(23) Eth. III. Prop. 6~8.
(24) Ep. 19. p. 89.
(25) Eth. I. Def. II.
(26) Eth. Ⅲ. Prop. 8.
(27) Ep. 21. p. 128.
(28) Ep. 21. p. 129. 目明きと盲目者の例はスピノザが「欠如」を説明するために挙げたものである (Ibid. p. 128)。
(29) Ibid. p. 128.
(30) Hallet: Creation, emanation and salvation, p. 147.
(31) Ep. 21. p. 129.
(32) 様態における存在の欠如が否定と見なされるのは、それが完全な存在である神の存在に比較されたときであり様態自身の欠点ではない。

17　コナッス

スピノザの哲学の核心となる概念を挙げよと言われるならば、人は躊躇なくその一つにコナッス（自己維持の努力、自己保存の力）の概念を挙げることができるであろう。これを字義通りにとらえるならば、コナッスは単に倫理学上の概念、しかもそれは利己主義的な自己保存の意味に解せられ、他者への献身、自己犠牲を強いる従来の倫理思想から見れば、まさに唾棄すべきものであろう。だがスピノザはそのような意味でコナッスを自己の哲学の中心概念としたのではない。それはもちろん彼にとって倫理学上の重要な概念であったが、それに劣らず自然学においても、また形而上学においても重要な概念であった。つまり自己維持の努力としてのコナッスは、単に人間、動物、あるいは一般に生物にのみ適用される自然的な傾動、衝動、本能、利己主義的な欲望ではなく、いっさいの存在者（生物、無生物を問わず）が存在するためにもつ力、あるいは存在の力、本質である。およそ在るものならすべて、必然的存在、あるいは可能的存在、実在的存在を問わず、この力をもたねばならないのである。以下、このコナッスが本質と見なされる場合、その力とは一体いかなるものであるか、また彼の体系においてそれが神の存在といかなる関係にあるかを問題として行きたい。

〔自己保存の思想はストア哲学以来中世全体にわたってみられる。しかしそれらに共通していることは存在者を生物、無生物に分け、あるものは生物、特に動物にだけそれを認め、またあるものはそれを無生物あるいは植物にまで延長して考え、また他のものは生物、無生物を問わず、それぞれの領域に自己保存の意味を求めている。[1] しかしスピノザには存在者を生物、無生物に分ける考え方はない。彼はいっさいを延長と思惟の二つの属性のもとで考える。つまり事物は彼によれば物体（身体）か精神のいずれかで考えられるのである。このためコナツスについて考える場合も、物体（身体）と精神の両面から考えられるのである。ここではまず第一に物体のコナツスから始めることにする（コナツスについてはすでに何度も述べたが、以下今までとは異なった見地でこれを問題にして行くことにする）。

一　物理的コナツス

スピノザによればコナツスとは、「あらゆる事物はそれ自身においてあるかぎりそれ自身の存在（esse）に固執しようと努力する」(2)ものである。このコナツスの定義は『エチカ』では第三部の感情論において始めてでてくる。そしてこれを証明するにあたって、彼はまず個物が神並びにその属性を「一定の仕方で表現する」様態であると主張する。(3)つまり神の本質を一定の仕方で表現するから、個物は「固執する（perseverare）あるいは維持する（conservare）」する力をもつと言うのである。この彼の見解の背後には神が静的でなく、動的な実体であること、そしてこの神の力動性を個物がそれなりの形で表現しなければならぬことが前提されている。つまり神はいっさいのものをその本性から必然的に産出する力である。そして神の様態としての個物はこの神の力を自己維持の形で表現する。しかもこの自己維持は、彼によれば個物が他との連関において見られるのではなく、「それ自身において」見られるかぎり、個物にとって本来的なものであった。これに反し個物を他のものとの関連において見ることは、個物を存在と作用の機械論的な因果のさ中において見ることである。つまりここでは個物はそれ自身によって存在するのではなく、常に他のものによって存在する。個物の本質には存在が含まれない。従って個物にとって本来的な自己維持の努力とは、単なる存在（＝時間的存在 existentia）の維持ではなく、むしろ存在から区別された本質（essentia）の維持である。

このことから彼がコナッスの定義において用いた存在（esse）という言葉は existentia と異なり essentia のことである。コナッスが本質の維持であることは彼の次の言葉からも明らかである。「あらゆる事物の定義はその事物の本質を肯定するが否定しない。あるいはその事物の本質を定立するが除去しない。このように事物そのものに注目して、外的な原因に注目しないかぎり、その事物を破壊しうるような何ものもその事物の中には見出され得ないであろう(4)」と。従って自己維持は、単なる与えられた自己の時間的存在の維持ではなかったと同様に、自己の現在の状態の維持、現状維持を意味するものではない。なぜなら現在の状態も時間的存在と同じように、外的な原因に依存しているからである。換言すれば、ものの状態は外的な原因あるいは力に対するそのもの自身の反応の結果として現われてくるのである。かくてスピノザがコナッスをものの本質と見なしても、それは現状維持の力を意味するものではない。それは他の諸事物との連関において自己の本質を実現する力であり、またこれこそ本質の維持を意味する。かくてコナッスが本質を維持する力と見なされるかぎり、他からいかなる力が加えられたとしても、たとえその現状に変化があっても、その本質に変化がなければ、それ自身の自己同一性を保つことができる。また個物の存在は他の個物との連関において決定されるが、その本質は他の個物によって決定されない。むしろそれは神の永遠の因果によって、神から決定される。

以上のようにコナッスは本質の維持と見なされたが個物の場合単なる本質は抽象であって非現実的である。個物の本質は存在を含まない以上、その存在のためには個物は必然的に他の個物との連関に入らなければならない。このことから、個物のコナッスを語る場合、本質が現実の時間的な世界においていかに維持され、また実現されるかが問題とされなければならない。スピノザがものの本質を問題とする場合、ものは理性の有としての観念的な存在ではなく、実在的な存在である。従って本質は観念的な本質として単に永遠的であることができず、現実的な本質としての力をもたなければならない。この力についての具体的な考察は、スピノザの場合形而上学におけるよりも自然学、あるいは自然的な世界においてなされる。

スピノザは自然界における物体を二種に大別した。[5]一つは最単純物体であり、他はこの最単純物体によって構成された複合物体（個体）である。まず最単純物体の考察から始めよう。最単純物体とは運動と静止、運動の速度の緩急によって区別される物体であり、しかも運動と静止がデカルトの場合と同じように相対的なものと考えられているため、この物体はいわば運動のみから成り立つ物体と言える。すなわち、それは運動以外に質量とか形相をもたない物体である。そして単に運動のみから成り立っているために、運動の諸法則がこの物体にはそのまま帰せられる。そしてこの物体からいわゆる個体という一定の形状をもった物体が構成されるとともに、この個体間の運動はこの最単純物体に帰せられた運動の法則によって説明される。換言すれば、スピノザの自然学において最単純物体の存在は、この世界におけるすべての物体が従わねばならぬ運動の法則の存在を示し、自らはその法則の体現者となっていることを示す。この最単純物体の法則の中でスピノザは、「運動あるいは静止している物体は運動や静止に他の物体によって決定されねばならなかった。この後者の物体も他の物体によって運動や静止によって決定された。そしてこれもまた他の物体によって決定され、このように無限に進む[6]」と言う。この運動の機械論的な因果を示す法則は、すでに『エチカ』第一部定理二十八において示されている。そこではこの法則は有限者の存在の機械論的な因果の法則となっている。だがスピノザは物体論においてこの運動の法則から慣性の法則を導き出す。すなわち、「運動している物体は、他の物体によって静止に決定されるまで運動し、また静止している物体は、他の物体によって運動に決定されるまで静止していることが帰結される[7]」と。物体の慣性の法則は、単に運動より成り立つ最単純物体にとってはまさしく自己維持の法則であり、コナツスの法則であろう。ところがスピノザはその形而上学において存在の機械論的な因果法則からコナツスの法則を導き出さなかった。なぜなら、既述のように個物のコナツスは本質維持の努力であって、存在や状態の維持ではないからである。もし機械論的因果の法則からコナツスを導き出したならば、個物の本質はその状態の変化する度毎にその本質を変えなければならない。つまり本質は時間によって左右され、恒常的であることができない。これに反して最単純物体は個物としての物体（複合物体）、すなわち様態以前の存在である。このためその単なる運動状態の維持をもって、直ちにこの物体の本質とすることができるのである。(8)

単に運動と静止によってのみ規定される最単純物体がそれ自身において自己の状態の継続をなしうるのは、運動自体が彼において単に「位置の移動」としてあるのではなく、力であることを意味する。スピノザは『形而上学的思想』において「運動は自己の状態に固執しようとする力をもっている。この力は全く運動そのものにほかならない。……なぜならもし私が物体Aの中に一定量の運動しかないと言うならば、これから明瞭に帰結されることは、その物体Aに注目するかぎり、私は常にその物体が運動していると言わねばならないからである」(9)と言う。このようにスピノザは運動を力と解することによって、自然学においてデカルトから多大の影響を受けながら、デカルトを超えることができたのである。この最単純物体の相互の力の関係は直接的であり、それはまず運動状態の変化によって表現される。この状態の変化は物体を構成する運動の大いさの変化を意味するものであるから、最単純物体はその運動状態の変化によってその都度自己の本質を変化していると言わなければならない。そして運動論に関するスピノザのデカルトへの依存を考慮すれば、その物体は究極的には「無限に多くの小さな部分への分割」、すなわち「無限に多くの速度段階」をとらねばならない。(10)この点に関するかぎり、それは無限小的な空間運動、瞬間的運動としてのホッブスのコナッスと同じものとなろう。(11)ホッブスの場合にはこのコナッスの運動に速度の別を考える。つまりコナッスの大いさ、速度を考え、これを衝動（インペッス、impetus）と言った。それは無限小的な空間を通過する物体の速さである。しかしスピノザの最単純物体にはこのようなコナッス、インペッスの別はない。なぜなら彼の場合運動の速度によって運動する空間の大、小が決まるからである。すなわち、必ずしも最単純物体のすべてが無限小的な空間運動をなすとはかぎらない。もし無限小的空間運動をなすときは、その物体が極めて高速度で運動しているときにかぎられる。従ってホッブスのように「点と瞬間を通る運動」の中に速度の緩急の度合を求めることはない。またそこには運動の速さのみが考えられるため、ラスヴィッツの主張するように、運動の力動的な把握がなされない(12)。たとえボルコヴスキーがホッブスにおいても運動が力動的なものであると考えたとしても(13)、それはスピノザのように運動即力として考えられるものではない。ホッブスとスピノザとの相違を一層明らかにするものはコナツスという言葉の意義であろう。前者においてそれは「点と瞬間を通る運動」であったに反し、後者では「運動を維持する力」である。そして後者においてそれが無限小的な空間運動として現われるのは、最単純物体においてであり、しかもたまたま現われる特有な現象にすぎないのである。このことからホッブスとスピノザはコナツスという言葉によって全く別の事柄を表わしていることが判明する。

以上のようにスピノザの最単純物体の場合運動状態の変化はその物体の本性の変化を意味した。しかしこのことがそのまま個体、様態としての複合物体に適用されるならば、物体はその形相が依然として同一であるにもかかわらず、常にその運動状態の変化によって、その本質を変化させねばならないであろう。果たしてそうであろうか。複合物体としての個体は最単純物体から組織されているとはいえ、決してそれらの機械的な和ではない。それは「自分の運動を一定の割合で伝達する」ように結合された物体である(14)。すなわち、複合物体を組織する部分の運動と静止の割合が全体として一定に保たれるならば、その物体の本質は維持されているのである。従ってここでは運動の量の維持が問題とされているのではなく、運動量の割合の維持が問題とされている。スピノザが複合物体を有機体として考えていたことは次のことから一層よく理解される。物体から若干の部分が分離され、「同時に同一本性をもつ同量の他の物体がそれに代わるならば、その個体はその本性を何ら変えることなく、以前と同じように自己の本性を保つであろう(15)」、また個体の各部分が「すべて相互間の運動と静止の同じ割合を以前のままに保つような関係において、より大きく、あるいは小さくなるならば、個体も何らその形相を変えることなく、以前と同じように自己の本性を保つであろう(16)」

と。個体を組織する各部分に変化があったとしても、あるいはその状態に変化が生じたとしても、全体としての個体の運動と静止の一定の割合が保持されているならば、その個体の形相並びに本質は変化することがない。運動している物体はたとえ他の物体から作用を受けて静止したとしても、物体内の運動と静止の割合が保たれ、あるいはその形相が依然として維持されているかぎり、その物体はそれ自身の自己同一性を保っているのである。この点、スピノザは『形而上学的思想』において「事物と事物の自己の状態（status）に固執しようとする努力」[17]（傍点―筆者）とは区別されないと言ったが、これは彼が単なる運動だけを問題とし、未だ『エチカ』におけるように個体としての物体を考えていなかったからである。あるいは『形而上学的思想』においてはふつうの物体を有機的なものとして扱っていなかったからである。

この複合物体のコナツスは諸物体相互の力の関係においてどのように現われるのであろうか。この諸物体の力の関係は運動の法則によって示される。「ある物体が他の物体によって刺激されるいっさいの様式は、刺激される物体の本性と同時に刺激する物体の本性から生ずる。かくて同じ物体が自分を動かす物体の異なるにつれて、様々の仕方で動かされ、また反対に種々な物体が同じ物体から様々の仕方で動かされるということになる[18]」。相互に作用しあう物体の間では、同一の物体が他を動かす場合もあるし、また動かされる場合もあって、常に一定の状態に保つことは全く不可能である。このような力の必然的な関係に基づく状態の変化は決してその物体の本性から説明されるものではなく、相互に作用しあう諸物体の本性から説明される[19]。ところで運動の法則、特に慣性の法則によれば、運動している物体は他に障害や抵抗がなければ、自分の運動をあくまで継続しようとする。すなわち自分の現在の状態の同一性を保とうとする。しかしそれは他の物体の抵抗によって果たされない。常に自分の「能力と比較された外部の原因の力」によって、現在の状態の同一性を維持しようとしながら、それを果たすことはできない。自分の現在の状態を維持する力は、その本質の力に基づいている以上、常に同一のものである。だがこの力は他の物体との力の関係の中にあって、外部の力に対して相対的に増減する。その結果、物体は不動の状態あるいは同一の状態を保つことは不可能である。ここに、スピノザが個体としての物体のコナッスを、いかなる変化があったとしてもそれ自身の形相としての運動と静止の割合を維持することに求めた理由がある。

スピノザは単に物理的な実体について考察したのち、人間の身体の考察に移る。人間の身体は彼によれば延長の様態である以上、本質的に物体と異なるところがないからである。「人間身体が外部の物体から刺激されるおのおのの様式の観念は、人間身体の本性と同時に外部の物体の本性を含まなければならない」[20]。また『エチカ』の第四部では人間身体が存在に固執する力は「外部の原因の力によって無限に凌駕される」[21]ため、必然的に受動的であると主張される。このようにスピノザはそれ自身だけでは自分の存在を維持し得ないほど弱い存在であることを自然学の見地から解明した。他面、彼は人間身体が単に機械論的な運動法則によって説明され得ないことを認め、特に「要請」を設け、人間身体の特殊性を強調する[22]。すなわち、人間身体は他の物体と異なって極めて複雑な構造を有するため、多様な仕方で他の物体から刺激を受け、また逆に刺激を与えることができるということである。しかしこれだけでは人間と他の物体との差は構造上の複雑さの程度の差にすぎないであろう。だがこの反面、スピノザは「人間身体が維持されるためには、他のより多くの物体を必要とし、それらの物体によっていわば絶えず再生される」[23]と主張する。単なる物理的な物体は自己維持のために他の物体を必要としない。他を必要とするのではなく、他からの刺激のみがある。自分の運動の状態を継続するためには、むしろ他のものが存在しない方がよい。しかし人間身体が存在するために他の物体を必要とすることは、もちろん人間身体の有限性を意味するが、同時にまた彼が人間身体を生物的な存在として取り扱っていることを意味する。単に物理的な物体の場合、他の物体から「再生される」、あるいは新陳代謝という事象は起こらない。また静止している物体が自分から運動し、他に働きかけるということもない。また自分の自己同一性を保つためには、自分の形相を維持し、運動と静止の割合を保つだけで充分であって、その外面的な運動はすべて他の物体との関係によって決まるのである。これに対して人間は他の諸動物と同じように自己の本性の必然性に基づいて活動し、「外部の物体を非常に多くの仕方で動かし、また非常に多くの仕方でそれに影響を与えることができる」のである。自己の状態の維持よりも、その活動力を増大させ、それ自体で見られた自己の本性を外部のものとの力の関係のさ中にあって実現させようとする。つまり自分の本性を維持し、実現することとは、他の物体との力の関係の中にあって自己の完全性を高めることとであって、単なる状態の維持とは本質的に異なる。これは自己の本性の実現のために、活動能力を高めることを意味しよう。しかし時間的な因果関係の中で人間の身体は決してその本性そのものを実現することができない。ただ現在の状態にくらべて完全性の度合がより高くなるだけである。このような制約を脱して人間身体がそれ自身の本性に到達し、自己を実現することが彼の体系において不可能なのであろうか。スピノザは「神の中にはこのそしてあの人間身体の本質を永遠の相のもとで表現する観念がある」[24]とか、「精神は永遠の相のもとで認識するすべてのものを、精神が身体の現実的な存在を考えることからでなく、むしろ身体の本質を永遠の相のもとで考えることから認識するのである」[25]と言う。つまり身体の本質が真に実現され、自己の完全性を実現しうるのは、機械論的、時間的な因果のさ中ではなく、「永遠」においてである。とすればこれはもはや人間身体のみの問題ではなく、むしろかえって精神の問題であると言えよう。

以上のように物体（身体）のコナツスを考察してきたが、一口にコナツスと言っても、物体の種類が異なるにつれて、多義的な内容をもつことが示された。最単純物体では本質の維持とは単なる運動の維持、状態の維持となり、複合物体では状態の維持ではなく、その物体を構成する運動と静止の割合の維持である。特に人間身体は複雑な構造を有するとともに、すでに一つの活動体、生命体であるため、いかなる変化があろうとも（しかもその変化が外面的なものであるかぎり）、自己の運動と静止の割合が一定しているならば、その本性が維持されるのとは異なる。単なる物体の場合、他の物体と力の関係に入ることは必然的であっても、物体自身の自発性に基づくものでなく、むしろ消極的、受動的なものであった。しかし人間身体の場合、その関係はむしろ必然的に積極的であり、それを通じて自己の本性の実現を果たそうとする。つまり他の諸物体なしに生きることはできない。この関係にあって他からの力の強制も、当然、生あるかぎりまぬかれることはできない。同時に人間身体はこの関係を通じて自己の実現を果たさなければならない。ここでは人間身体は完全性を獲得すべく努力するのであって、保持するのではない。だがこれを現実の時間的な世界においては成就されず、「永遠」において始めて達成されることを知るとき、人間身体は他の物体と同じく延長の様態でありながら、異なる特殊性をもっていると言うことができる。また同時に人間にとって本質そのものは、この現実世界の人間活動の一つの規範であり、理想であると言える。ここに超越的な世界を否定しながら、なお「本質」といういわば超越を考え、それに向かっての「努力」を説いてやまなかったスピノザのプラトン主義が見出されるのである。

二　精神のコナツス

スピノザはものの本質としてのコナツスを身体（物体）と精神の両面から考察した。しかしこの二つのほかに彼は身体と精神の二つに同時に関係するコナツスを考える。すなわち、「コナツスが精神にのみ関係させられるとき、意志（voluntas）と呼ばれるが、精神と身体に同時に関係させられるとき、衝動（appetitus）と呼ばれる」[26]と。そして人間は身体と精神の統一体であるため、彼はこの精神と身体にまたがる衝動を人間の本質と見なす。しかし単なる衝動なら動物ですらもっている。人間は意識をもっている。このため、彼は特に人間的な衝動を欲望（cupiditas）すなわち「意識をともなった衝動」と言う。このように意志、衝動、欲望はもともとコナツスを意味するため、本質的にはすべて同じものと見なされる。だがスピノザは『エチカ』第三部定理二十八の「注解」において、「私は意志を肯定し、否定する能力と解し、欲望とは解さない。すなわち、私が精神が真なるものを肯定し、偽なるものを否定する能力と解し、精神がものを欲求し、忌避する欲望とは解さない」と言う。また彼は『短論文』において欲望を善なるものへの傾向と見なし、意志を欲望の発動以前に、何が善であるかを決定する能力、つまり肯定し、否定する能力と解している。[27] すなわち、意志ののちに生ずるものである。このことは『形而上学的思想』においても同様に主張されている。[28] 欲望は時間的に見て意志ののちに生ずるものである。すなわち、「精神があるものを肯定し、否定したのちに、精神の中に生ずる」ものが欲望なのである。換言すれば、意志は欲望に先行し、何が真、善であり、また偽、悪であるかを決定し、その決定に従って欲望は「ものを欲求し、忌避する」と考えられるのである。これは善なる対象が欲望の前提であることを意味しよう。しかしこのような考え方は『エチカ』の他の箇所から簡単に否定される。すなわち、「我々はあるものが善であると判断するから、それに努力し、意志し、衝動を感じ、欲望するのではなく、むしろ反対に我々が努力し、意志し、衝動を感じ、欲望するから、それが善であると判断する[29]」と。そしてゲプハルトの主張するように『エチカ』には超越的な善に対する欲求、あるいは愛がないとすれば、[30] 意志と欲望とを区別するものは性質上の区別であって、時間的に意志の方が欲望に先行するが故に、前者は後者に優越する考え方は認められない。

また意志は純粋に精神的なものに関係し、欲望は身体的なものに関係するから、前者の方が後者よりすぐれているように見える。だがスピノザは意志を単に理性的なものにかぎっていない。ホッブスはすでにスコラ学者が意志を理性的欲求(rational appetite)と定義したことを批判した。[31] 観念と意志とを同一視したスピノザの場合にも、[32] 観念が十全であるか否かによって、観念のコナッスたる意志は二つに分かたれると主張される。けだしコナッスは十全な観念のみがもつものではなく、そうでない観念もそれをもっていると考えられているからである。[33] しかもこの非十全な観念とは身体と直接的に関係する感覚的認識であるとすれば、なおさら意志と欲望の区別はなくなる。さらにコナッスの本来的な意義は本質の維持にあるとすれば、当然身体の本質を認識の対象とする第三種の認識からも欲望は生じてこなければならない。つまり「……真の認識から生ずる欲望[34]」がこれであろう。かくてスピノザの場合意志と欲望とを名目的に区別する以外に、両者の間に位階的な区別、つまり意志が理性的であり、欲望が感覚的であるという区別を設けることができないのである。この点、先に挙げた『エチカ』第二部定理四十八の「注解」のスピノザの説明は極めて曖昧であり、彼の体系全体から見て一貫性がなかったと言える。むしろ彼の立場は、「欲望を我々が衝動、意志、欲望あるいは本能という言葉によって意味するいっさいの人間本性の努力を包括するように定義[35]」しようとするものであった。あるいは「欲望という言葉によって私は人間のあらゆる努力、本能、衝動、意志と理解する[36]」ことが、むしろ『エチカ』第三部以後をつらぬくコナツスについてのスピノザの見解であったと言える。

コナツスと欲望とを同一視した人はスピノザだけにとどまらない。すでに彼の同時代人ホッブスにそれを見出すことができる。彼によればコナツスは、「人間の体内にあって、歩くこと、話すこと、打つこと、そして他の可視的な行動に現われる前の運動のこれらの小さな始まり[37]」である。つまり体内にあって可視的な運動の端緒をつくるものがコナツスである。そしてこの「努力(endeavour)がそれを惹き起こしたものに向かうときは、衝動あるいは欲望と呼ばれる」とホッブスは主張した。このように努力を欲望と解した点ではホッブスはスピノザと一致する。しかしそれは単に言葉の上だけであって、その意味することは上の引用からも明らかなように、努力にしても、欲望にしても、スピノザの場合とは全く異なっている。第一に、ホッブスはスコラ学者たちを批判しているにもかかわらず、彼らと同じように努力をものの本質とは見なさなかった。だから努力を運動の作用原因と見なしても、「努力は……を惹き起こしたものに向かう」という何か外的な目的を目指した努力と解されるのである。だがスピノザは努力をものの本質と解したため、努力、衝動、欲望は人間の本来的な必然性から生じてきたものであって、外的な目的に向かうことを第一次的なものとしない。彼によれば善とは人間の本来的な活動によって必然的に求められるものである。従ってスピノザには超越的な善は認められない。この点、スピノザはホッブスから明らかに区別される。

以上のようにスピノザによれば欲望は人間の本質である。しかしそのものとして見られた努力も、それが他の本質と力の関係に入ると、当然それ自身の活動力を同一に保つことができず、それを増大させるか、減少させるかである。あるいはたとえ活動力それ自身は同一であっても、他の本質の力と比較するならば、その力は相対的に増減にする。このためスピノザは力学的な関係に入った場合の欲望を次のように定義する。すなわち、「欲望とは与えられた人間本質のあらゆる変様からあることをなすように決定されると考えられるかぎりの人間の本質である」[38]と。ここでは「与えられた人間本質のあらゆる変様によって」と言い、「人間の本質によって」とは言わない。彼によれば人間は単独には生きられず、他のものとともに生きる。他のものと力の関係に入ることは不可避的である。このことが本質に何らかの変様を与えるのである。そしてこの本質の変様は活動力の増減によって示される。しかしスピノザは、人間が自分の欲望あるいは衝動を理解するために、「本質の変様」という言葉をこの定義に附加したのだと主張する。有限者である以上、本質に何の変様も与えないような仕方で、本質のみから行為することはできない。かくて「意識をともなった衝動」としての欲望は、まず本質の変様の観念によって、すなわち身体の変様の観念によって、自分の衝動を理解しなければならない。ところで身体の変様の観念とは感覚的認識を意味するものとすれば、欲望は確かに感覚的、肉体的なものと密接な関係をもってくる。もちろん変様といっても、単に感覚的なものとはかぎらない。彼は理性的な認識の段階においても、身体の変様の観念を考えているのである。つまり理性の認識といえども、彼にとっては身体の変様の観念にほかならない。それ故、欲望にはすでに述べたように単に感覚的なものに根差したものと、そうでない理性的、知性的な二つのものがある。この両者のうちどちらが始源的であるかと言えば、それは前者であろう。だが根源的なものはむしろ後者であろう。ここではまず第一に感覚的欲望とはいかなるものであるかを考えて行くことにする。

スピノザは他と力学的な関係に入った場合の欲望（＝本質）の活動力の増減を倫理学において価値的に表現する。

この際価値の基準となるものは、それ自身の本質であり、実在性である。この本質を彼は完全性と言い、これを基準にして、否、スピノザの言葉を借りれば、それを「型」(exemplar)として、それに「より大きく、より小さく近づくかぎり、より完全(perfectior)あるいはより不完全(imperfectior)と呼ぶ[39]」と言った。つまり、より完全、不完全というのは、自己を他と比較することでもないし、また自己の現在の状態を基準にして完全、不完全というのでもない。彼は本質を「型」として、基準として考えた。だが現実の本質相互の力の関係の場において、事物はいかに活動力を増大させたとしても、それはただ「より完全に」なるだけであって、完全性そのものに到達することは不可能なことであろう。ここにものの完全性を示す「型」としての本質と自己維持の努力としての「現実的本質」との間に大きなギャップのあることを認めなければならないであろう。なぜなら後者は「努力」(conatus)である以上、それは現実において自己をより完全なものへと高める努力となり、完全性そのものを維持することにならないからである。つまりより完全なものに高めることと完全性を維持することとは別のことである。前者は完全性があって始めて可能である。換言すれば、「型」としての本質が現実的な本質に比し根源的である。このことから、スピノザは本来的には超越的なものを否定しながら、この活動力の増減が問題となる世界では、「型」という一種の超越的なものを設け、それを目指すコナツスを考える。この点、スピノザの感情論はまさにこの超越的な価値の存在を許すことによって始めて展開されたと主張できよう。すなわち、彼の感情論は、「各人は、善であり悪であるものを自分の本性の法則によって必然的に欲求し、忌避する[40]」という命題を基礎とする。この命題は、彼自身の――我々はそれが善であるが故に、それを欲求するのではなく、むしろそれを欲求するが故に、それは善であるという――見解に矛盾する。この点、スピノザは受動の感情あるいは欲望を考える際、彼が本来断乎として拒けた善への欲望、傾動という伝統的な考え方を復活させていると言える。たとえ善が普遍概念としての超越者でなく、自己の活動能力を促進させるものと理解しても、それは変わりないであろう。なぜなら、受動の感情あるいは欲望の支配下にあっては、善は行為自身のうちにあるのではなく、外にあるからである。

スピノザは欲望のほかに喜びと悲しみの感情を加え、この三つを基本感情（affectus primarius）と言った。この基本感情から彼は他のすべての感情を導き出す。ところで喜びとは彼によれば「精神がより大なる完全性に移行する受動」（傍点―筆者）[41]である。いかに完全性を目指しても、自己の活動力の増減が問題となるような感情は受動的であり、能動的なものではない。（悲しみの感情も「精神がより小なる完全性に移行する受動」と解されている）。この場合、自己維持の努力としてのコナッスは完全性への努力であり、完全性そのものの維持とは異なる。換言すれば、自他の力学的な関係のさ中にある個物はこのようなコナッスしかもてないのである。つまりここではより大なる完全性、より小なる完全性への移行が問題となるだけである。そして「型」としての完全性そのものはつねに彼岸的なものとして考えられている。いわば彼岸と此岸、超越と現実の二元論的な対立は、彼の場合この自他の力学的な関係が成立する世界において認められているのである。そしてこの世界の中にあるかぎり人間は能動というより受動の存在である。そして受動はそれ自身の能力によって規定されず、つねに他のものによって惹起されるものであるから、換言すれば、「喜びから生ずる欲望の力は人間の力と同時に外部の原因の力によって規定されねばならないから」（傍点―筆者）[42]、それは真に自己を実現することによって生ずる喜びではない。むしろそれは他者との力学的な関係の中にあって、他者に力において打ち克ち、他から善なるものを奪ったときの喜びである。いわばそれは弱者の犠牲による喜びである。これに反し「悲しみから生ずる欲望の力は人間の力のみによって規定されなければならない」というように、他者によって自分の善が喪失することを意味する。すなわち、ここでいう完全性、不完全性、あるいは喜び、悲しみは、自分の現在の状態に外的な原因の力を加えるか、それともそれを差し引くかのいずれかであるという感情の力学の公式が成り立つからである。そして善といっても、ただ自分の活動力の促進、増大に役立つものと考えるならば、この善とは自己中心的な善であると言える。たとえそれが本質と見なされる完全性を基準とし、型にしているとはいえ、この段階における善はまさに上述のように利己主義的な善である。このような受動感情のもとでは、努力はいかに本性上の善を志向したとしても、その善は求めれば求めるほど遠のいて行く。かくて受動感情の欲望は本性上の善とは似ても似つかぬものを追うこととなる。自己維持の努力が利己主義的であると言われるのはこの段階においてである。この結果、精神はスピノザが『政治論』においてえがいたような自然状態における盲目的な欲望の虜となる。このような状態に陥った人間を救うのが彼の使命であった。

スピノザは受動の感情の虜となり、自己喪失に陥った人間を認識によって救済しようとする。すなわち、認識によって受動を能動に転じ、自然にあって互いに反対的なものを調和し、一致させることである。彼によれば能動的な行為とは、自分が自分の行為の十全な原因となったときの行為のことである。だが有限であり、生きるために他を必要とする人間が、ただ自分の本性のみから理解しうるような行為をなすとは考えられない。なぜなら人間の行為はつねに「人間身体の本性と同時に他の物体の本性を含まねばならない」[43]からである。つまり他者もまた自分の行為の原因でもある。この人間に負わされた制約——自分の行為が自分自身によるものでない——をいかにして認識によって克服するのか。なるほど彼は明瞭・判明な認識によって受動は受動であることを止めると主張する。[44]だが明瞭・判明な認識とは何か。もちろんそれは自分自身の身体の状態しか示さない感覚的な認識ではない。ここで問題となる認識は自他の本性を含む認識、すなわち共通概念としての理性であろう。スピノザの理性は、すでに述べたようにいわゆる理性主義者の主張するような単に観念的なものでなく、それ自体身体の変様の観念として極めて経験的であるとともに、また実践的な性格をもっている。それは変様の観念といっても、感覚的認識のそれでなく、相互に作用し合うもの同士の共通性を基礎とした認識である。共通性をもたなければ何ものも行為に駆り立てられない。すなわち、人間の行為はある共通なもの(commune aliquid)同士の相互作用である。全く共通なものがなければ、行為に駆り立てられないから、善も悪もそこには生じない。スピノザによればいっさいのものは「必然の相のもと」で見られるかぎり、そこには目的概念が成立しないと同様に、善悪の価値観念もない。だがそれにもかかわらず彼は自己の活動力の増減を基準にして善悪の価値観念を考える。彼の場合、より完全な状態の欠如があっても、またより少ない完全性があっても、絶対的な悪がないということから明らかなように[45]、悪とはより少ない善のことであり、善と悪とを絶対的に区別するものはなく、両者の区別は相対的であり、程度の差だけにすぎない。もし人間が自分本位の行為、すなわち自分の欲望のままに行為する場合、その行為は自分の活動力の増減を基準にして善、悪の評価が与えられ、決して客観的に評価されるものではない。つまりスピノザ自身が『政治論』の中で言っているように、「もし誰かが罪をおかすとすれば、それは自分自身に対しておかすのであって、他人に対しておかすのではない[46]」のである。とすればこのような善悪の観念は主観的な意味しかもたず、彼自身が最も排撃して止まなかった価値観念であると言える。

スピノザにおいて自他に共通なものは本来的に善と見なされる。そしてこの共通なものに基づいて、自他の本性の一致が果たされるとき善が現われ、またその不一致が悪となる。つまり自他の一致は自分の活動力を高め、また不一致は活動力を低下させる。この点、前述したような、他を考慮しないで、ただ単に自分の自己維持の努力から見て、活動力の増減を問題とするのとは異なる。そこでは他者の犠牲と他者からの圧迫による活動力の増減が問題となったが、ここでは自他の一致による活動力の増大が問題となる。前者の場合いわば自他の偶然的な出合いによる活動力の増減が見られ、後者では必然的に活動力が増大する。そして共通なものに基づく自他の一致の行為が彼において理性的な行為と言われるならば、右の後者における活動力の増大はまさに理性的な行為の結果であると言える。それは自他の一致に基づくが故に、自他両者によってなされた行為である。しかしそれにもかかわらず、その行為はスピノザによればそれ自身の本性に基づいた行為である。すなわち、理性的な行為によって人は始めて自分自身の十全な原因となり、受動から能動に転ずることができる。ここにスピノザが理性を倫理学の基礎におく所以がある。

すでに述べたように各人が受動の状態にあるとき、それは文字通り物理的な力の関係ですらあった。しかし理性の立場はものの本性上の一致に基づき、相互に善なるものを求めようとする。このため右のような力の関係は起こらない。従って理性から生ずる欲望には受動感情の欲望におけるような、力関係に基づく身体の活動力の増減はない。すなわち、理性には受動感情に見られる喜びや悲しみの感情はない。スピノザは理性的な生活を営む人を自由人と言い、そして「もし人が自由人として生まれていたとしたら、彼らが自由であるあいだ、善、悪の概念を形成しなかったであろう」[47]と主張する。つまり理性の段階においてはいわゆる相対的な善と悪の概念は止揚される。だがそれにもかかわらず、彼は「ものは我々の本性と一致するかぎり、必然的に善である」(傍点―筆者)[48]と主張するとすれば、この善の概念は彼においていかなる意味をもつのか。

彼によれば人間は受動感情に左右されるかぎり、善・悪はその活動力の増減を基準にしてはかられた。だが理性の段階では既述のように本性上の一致をもってはかられる。しかもこの本性上の一致が「能力において一致する」ことを意味するとすれば、その一致は『エチカ』第四部の定理三十二の証明から明らかなように、自己維持の努力における一致である。すなわち、それは存在の肯定において一致することである。そしてこの能力においてすべてのものを一致させることが理性の立場であるとすれば、そこには不一致、つまり悪の存在する余地はない。換言すれば、理性の立場に立てば、いっさいは善と見なされる。しかもこの善は、悪に対立する、いわば相対的な善ではなく、むしろそのような対立を超えた善と見なされる。受動感情のもとでは善は身体の活動力の増大を意味した。そのかぎり善は自己の存在の維持に役立っていると見なされよう。しかし他との力の関係の中にあってたとえ活動力を増大させ、存在の維持に役立ったとしても、それは偶然的であり、内的必然性に基づくものではない。これに反し理性の立場は力の争いにおいて身体の活動力を増大させることを意図していない。むしろそれは他のものとの一致、和合において全体としての身体の形相を維持すること、換言すれば、身体における運動と静止の割合を身体の各部分の変化にもかかわらず維持することである。[49]そしてこの場合身体は「その能力を増大も減少もしない他の仕方で刺激される[50]」のである。

しかし受動のように積極的に他と力の関係に入り、活動力を増減させないからといって、それは無為ではないし、また単に静的でもない。各部分の変化にもかかわらず、個体が全体としての形相を常に同一に保つことは、受動によって他と力の関係に入る以上の力を要する。身体各部分の変化、あるいは動揺を超えた、いわば不動の動が個体自身のうちに見られる。否、この理性的な活動こそ、その本性の必然性に基づく活動として、最も根源的な活動であると言える。ところがスピノザは、真の認識から生ずる欲望は受動感情によって圧倒されると主張する。[51]というのは理性に基づく活動は我々の本質によってのみ理解されるに反して、受動の本質は我々の能力を無限に凌駕する他のものによって決定されるからである。なるほど理性的な活動を単にそのものとして、あるいは個人的なものとして見るかぎり、それは非合理的な欲望によって圧倒されるであろう。だが理性は単に個人的なものではない。理性はすべてのものの一致に基づく認識である。それ故、真に理性的な活動がなされるとすれば、それは全体の一致に基づく活動であるため、かえって受動の感情を圧倒するのでなかろうか。

右に述べたように理性においてものの本性上の一致が果たされ、いっさいのものは調和の関係を保つ。換言すれば、宇宙全体はその中で諸部分がいかに変化しようとも、運動と静止の割合が一定に保たれている。このような自然のあるいは事物の一種静的とも言うべき状態が「永遠」と結びつく。スピノザは理性の認識を「永遠の相のもとに」おける認識であると主張した。[52]永遠は彼によれば有限者の時間的存在とは異なる、神の存在の仕方を意味する。しかもこの神は理性的な認識によっていっさいのものにとり最も共通なものとして現われる。つまりいっさいは神の中にあるとともに、またいっさいの中に神が宿っているのである。その結果、理性による神の認識とは自分が神の中にあることを意識することである。そして存在をそれ自身によって決定し得ず、ただ他の限定による時間的な存在しかなし得ない有限者が永遠であると見なされるのは、それが神の中にあり、神に依存しているからである。ところが、スピノザはコナツスが「有限の時間でなく無限定の時間を含む」[53]と主張する。ものが自分の現在の状態を維持するとき、その存在は他との力の関係の中で時間的に規定された。このかぎりもののコナツスが本来的に含む無限定的な時間は無限定なものであり得ない。だが全体の一致をもたらす理性の段階にはもはや他からの限定はない。このため理性から生ずる欲望やコナツスこそ言葉の真の意味において無限定な時間を含むと見なければならない。ところが時間は有限者の存在の様式を示すため、いかにそれが無限定的なものであっても、それはやはり本質的には時間にすぎず、ただそれが他から限定されているか否かが、無限定的な時間と有限の時間との相違を表わす。なるほど彼の場合有限者の本質には存在が属さない。だがそれは無限定的な時間を含むことによって、実体の自己原因的性格とは異なる意味で、存在を含んでいると言える。すなわち有限者のコナツスあるいは本質が含む無限定的な時間は有限者それ自身の存在の様式である。換言すれば、神の存在が時間と無関係な永遠であるとすれば、それ自体において見られた有限者の存在は無限定的な時間である。以上のことから明らかなように、有限者の本質は一面において神に内在するものとして永遠であるが、他面それ自体から見れば無限定的な時間を含む。そして他の諸物と関係することによって有限者は時間的存在をなす。有限者の本質は永遠であるとともに時間の観点から見れば無限定的であるという二重の構造をもっているのである。

理性によって人間は始めてそれ自身の本性に基づく活動をなし得た。だが理性は共通概念である。そして自他にとって共通なものが、決して個物の本質を構成するものでないとするなら、理性に基づく活動は真に自己実現、自己の本質の実現をなすものではない。その活動がそれ自身の本性の必然性に基づきながら、自己の本質を実現し得ないとはいかなることか。理性において問題となるのは、相互に反対的であった自然状態の人間を一致、調和させ、自他に共通なものを実現することである。ここでは自分を愛することが直ちに他を愛することであり、逆もまた真である。しかしそれは共通概念に基づく以上、真に自己と他者を愛することではない。むしろ自己でも他者でもない、一般的なものへの愛を志向しているのである。ここに理性に基づく活動の権利と限界があるとすれば、自己の本質を実現すると同時に他との真の一致を果たすものが彼の体系にありうるであろうか。スピノザはこれを直観知の認識とそれに基づく活動において示した。

直観知は「神のいくつかの属性の十全なる観念から事物の本質の十全なる認識に進む」[54]とあるように、それは神の属性の認識、つまり神の認識を基礎とした個物の本質の認識である。神の認識が理性において果たされるとすれば、直観知は理性を基礎とした認識であると言える。身体の観念としての人間精神はここでは身体の変様を認識するのではなく、むしろ身体の本質そのものの認識である。そして本質は神に内在するものとして永遠であるとすれば、直観知は本質認識として当然永遠の認識と言える。このように考えると理性の認識と直観知との間には、ものの永遠性の把握に関するかぎり何の相違もなくなる。しかしこの永遠がそれぞれに実現される仕方によって相違が現われる。すなわち、理性における永遠とは、ものが単に共通なものとしての神の中にあるという永遠である。それはものそれ自体に具現された永遠性であるより、共通者たる神の永遠性、必然性を示すものである。これに反し直観知における永遠とは Deus quatenus の永遠である。もちろんそれは無限であるかぎりの神それ自体の永遠性ではない。だが「神が……永遠の相のもとで観られた人間精神の本質によって説明されるかぎり[55]」の永遠である。換言すれば理性のように単に神の中にある永遠でなく、むしろものの本質に具現した神の永遠性である。すなわち、その永遠性はものそれ自体において現われているため、ものの共通性を基礎とした理性の永遠性よりすぐれていると言えるのである。

では直観知をコナッスの力の面から考察すればどうであろうか。先に理性の能動とは不動の動であると言った。それは全体の一致に基づく能動であって、ものそれ自体の自己実現の能動ではない。それは一定の速さをもって流れる水のように全体としては動であるが、その中の事物は相互の一致によって何ら反対的な作用をしないから、ものそれ自体は不動であった。これに反し直観知は全体の一致の上に根差しながら、それ自身の本質を実現しようとする。それは何ら受動にわずらわされない点、確かに不動であろう。しかし不動のうちにもそれは力としての神の能動性がその本質に実現されている。これは何よりもものの本質が、否、精神が Deus quatenus であることを意味しよう。すなわち、有限者あるいは個物が Deus quatenus として無限なる神と同じように不動の動者なのである。スピノザは「おのおののものは完全性をより多くもつにつれて、それだけ多く能動的であり、受動になることがそれだけ少ない」と言う(56)。ここでいう「完全性」がものの本質を意味するとすれば、本質はものの能動そのものである。この能動性が意味するものは受動における活動力の増大とは異なる。なぜなら、後者は他者の犠牲による活動力の増大を意味するからである。これに反して本質の能動は誰でも理性をもちさえするならば、そこに到達しうるのである。

スピノザはコナツスを考察するにあたって状態を維持する努力から始めた。しかし状態の維持は諸物の力関係の中での維持であり、自己の存在に固執するかぎり、ものは互いに他との争いの中にまき込まれ、その維持を果たすことはできない。この受動から能動になるためには、単に受動に陥った個人の力では不可能である。ここに相互の協力、一致を求めるため、彼は理性を必要とした。ここで注意すべきことは、能動と受動とが異なった衝動、欲望に基づくものではないということである。「それによって人が活動すると言われ、また影響を受けると言われるものは同一の衝動である」(57)。同じ衝動や欲望が異なる見地に立つとき、全く相矛盾するものとなって現われる。「人が自分自身や自分の活動を十全に認識するようになるまでに、自分の活動能力が増大しなければ」、それは受動と言われる。つまり受動から能動に転ずるには、十全な認識が必要である。しかし十全な認識としての理性は、ものの本質の認識をなし得ないため、未だ完全性そのものではない。ただ完全性への緒口を開くだけにすぎない。受動から能動への道はこのように理性を媒介することによって達成される。理性の段階に達するのは誰にでも可能であるかも知れない。しかしものの完全性と一つになって、自己実現をはかることは、『エチカ』末尾の言葉、「すぐれたものはすべて稀有であるとともに困難である」というように極めて困難なことである。

三　永遠と持続

いっさいのものを「永遠の相のもとで」(sub specie aeternitatis) 認識しようとするスピノザの哲学において「永遠」という言葉は重要な意味をもっている。だがこの言葉は従来ややともすれば、彼の論理・数学的、あるいは幾何学的体系の故に、単に無時間的、静的なものと解されてきた。このため「永遠の相のもとで」という言葉も、この言葉のもつ美しさとは逆に、かえってスピノザ哲学の弱点を象徴するかのような印象を与えてきた。このようなことから筆者は、永遠が単に無時間的、静的なものにつきないことを永遠と持続との関係から吟味し、もって永遠概念のうちに含まれるスピノザ哲学の核心を明らかにしたい。

㈠　永遠の意義

スピノザの場合、永遠という本来宗教的な意味をもつ言葉は、ベンシュも言うように、彼の初期の宗教的、神秘主義的な論文『短論文』の中ではかえってあまり用いられていない[58]。そこでは単にいつ、以前、以後という時間を表わす言葉が永遠の中にはないという意味で、永遠という言葉が用いられているにすぎない[59]。つまり永遠の無時間性という永遠のもつ消極的な意味が問題になっているだけで、積極的に永遠を定義づけることはなされていない。この永遠についての積極的な定義は、スピノザの『デカルトの哲学原理』の付録としての『形而上学的思想』において初めてなされた。そこで彼は永遠を「われわれがそれによって神の無限の存在を知覚する属性」として規定している[60]。その根拠は、神の本質に存在が属する、換言すれば神の本質は存在であるという神の自己原因的性格である。このことは主著『エチカ』においても同様である。すなわち、「永遠とは永遠なものの定義のみから生じてくると考えられるかぎりの存在のことである」[61]。ここでいう「永遠なもの」とは本質に存在が属する自己原因のことである。かくて永遠は自己原因としての神にのみ帰せられ、神の無限の存在、あるいはその存在そのものを表わす神の性質的規定と見なされる。それ故、時間と対比して永遠を無時間的というのは、むしろ二次的な意味においてであると主張しうる。以上のようにスピノザは、永遠を神における本質と存在の同一性から導き出したが、これはウォルフソンによればユダヤ哲学者アルボ、スワレ、ヘレラの方法と同じである[62]。だがスピノザにおいて特徴的なことは、これを「定義」に基づく幾何学的方法、つまり「永遠なものの定義そのものから」（傍点―筆者）から導き出したことにある。すなわち、永遠は定義から導き出された神の特質であり、『形而上学的思想』におけるように属性ではない。

次にスピノザは永遠性を必然性と等置する。すなわち、彼は『エチカ』第一部定理十の「注解」において「必然性、すなわち永遠性」（necessitas sive aeternitas）、同じく定理二十三の証明において「存在の必然性、すなわち（定義八により同じことを意味するが）永遠性」、そして第四部定理六十二の証明において「永遠性、あるいは必然性」（aeternitas seu necessitas）と言っている。この必然性は、スピノザの哲学においてしばしば問題となる機械論的因果の必然性ではない。むしろ彼が『書簡集』第三十五において言っているように、本質に存在が属するものは、必然的にしか存在し得ないということを意味しているのである。その本性からして存在することが、必然的であるものにおいて始めて永遠即必然性が問題となる。この点、クラマーはものの定義からの論理的な必然性をここで考えているが[63]、だがそれは神の永遠性にはあてはまらない。神の永遠性とは以上のように存在の必然性を意味しているのである。

右に述べたようにスピノザの場合、永遠は本質的に神の必然的存在に帰せられる。だが当時の人は必ずしも彼の意見に賛成していたわけではない。彼によれば彼らは神以外のものにも永遠を帰せしめ、あるいはまた神に一種の持続を帰せしめているのである。スピノザはどうしてこのような考え方が生じてきたかを考察する[64]。それはまず第一に彼らが神を離れて永遠性を説明しようとしたこと、第二に本質と存在が分離していることから、被造物に持続を帰せしめたのではなく、ただ被造物が常に変化することから持続を帰せしめたこと、第三に神における本質と存在の同一性を考えず、被造物と同じように神においても両者が分離していると考えたこと、の三つである。彼は神とその被造物あるいは様態を、本質が存在を含むか否かによって区別する。これは『形而上学的思想』においても『エチカ』においても変わらない。神と被造物を区別するその他のメルクマールは本質的なものではない。もし他のメルクマールによって区別するならば、神と被造物の区別、あるいは神の永遠と被造物の持続との区別がなくなり、結局被造物との関係から、つまり神を離れた被造物の時間的存在の観点から永遠性を規定することになる。そして遂に永遠性をただ無際限に長い時間と考えてしまうのである。しかしこのように無際限に長い時間としての永遠は、「たとえ始まりや終わりがないものと考えられても」(65)、スピノザには時間あるいは持続にほかならないのである。以上のようにスピノザは神と被造物（この被造物という言葉はなるほど『形而上学的思想』において用いられているが、彼自身の哲学用語ではない。彼は被造物にあたる言葉を「様態」という」との区別を本質と存在の関係から区別し、それを基礎にして両者の存在、あるいは永遠や持続を考える。このような考え方は創造主と被造物の観念のない古代ギリシアの思想にはないであろう。この点、彼はユダヤ教を離脱し、汎神論を形成するに至ったとはいえ、やはりユダヤ教以来の伝統的な考え方に基づいていたと言える。彼は被造物の持続についても、彼は現実世界の諸変化、いわば現象の変化から問題にしたのではない。彼はむしろ被造物の原因、現象の原因、すなわち神からその持続を問題にする。

なるほどスピノザの永遠には、時間や持続によって説明されないという永遠の無時間性が問題となっている。このような永遠の無時間的な性格は、プラトン、プロティヌス、ボエティウスなどの哲学者たちの見解の中に見られる(66)。しかしスピノザにとって特徴的なことは、無時間性が永遠の本質的な特徴ではなくて、むしろ本質的な特徴から導きだされた特質にすぎないことである(67)。しかもその無時間性は永遠が時間と何の関係もないことを意味している。無限と有限とが無関係であるというとき、それはスピノザの場合有限に対する無限の絶対的超越を意味していると同じように、これは時間に対する永遠の絶対的超越を意味する。この超越を支えているものが「その概念を形成するために他の概念を必要としない(68)」実体の自己原因的な絶対性であった。

原則としてスピノザは神にのみ永遠を帰せしめたが、世界や事物の本質についても、また「三角形の内角の和は二直角である」という真理にも「永遠」を帰せしめる(69)。このような場合、永遠はどのような意味をもっているのであろうか。『短論文』において、スピノザが神の予定はすでに「永遠この方」(van eeuwigheid) 決定されていたと言う場合(70)、(これと同じことが『形而上学的思想』の第八章においても言われている)、この「永遠この方」は永遠の昔から今日に至るまでという意味ではない。神の永遠の中にはいかなる時間的関係も成立しないから、この「永遠この方」は神に関するかぎり、ベンシュの主張するように神の永遠そのものの象徴的な表現である(71)。だが世界や事物の本質あるいは真理の永遠性の場合これと異なる。まず世界の永遠性について問題にしよう。スピノザは、「我々は語彙の不足のために、本質が存在から区別されるものにも永遠性を帰せしめることに慣れている。例えば、世界が永遠この方 (ab aeterno) 存在したということが何の矛盾も含まないという場合である(72)」と言っている。世界はその本質に存在が属さない被造物である。従ってその永遠性は神そのものの永遠性とは本質的に異なる。スピノザはこの「永遠この方」について次のように言っている。「ここで我々は、この言葉によって、我々が以前神の永遠性について語ったときに説明したとは全く異なることを意味させようとしているのである。なぜなら我々は、ここでこの言葉を始まりのない持続、あるいはこれに多くの年月、否、何万年を乗じ、またその積を何万倍しようとも、我々はそれをいかに大きな数によっても決して表現し得ないような持続としか理解していないのである(73)」(傍点—筆者)と。このように「始まりのない持続」とか、「いかに大きな数によっても表現し得ないような持続」というのは、始まりをもつ被造物の持続を意味するものではない。この『形而上学的思想』においてはスピノザの汎神論的思想が表面に出ず、むしろスコラ的な傾向が顕著に出ているため、持続や時間は神の創造とともに始まると考えられている(74)。世界は被造物であるから「始まりのない持続」をもつとは考えられない。否、彼は次のように言うのである。「そのような持続が存在しないことは明瞭に証明される。なぜならもし世界が再び現在のこの瞬間から逆行するとしても、決して世界はこのような持続をもつことができないであろう[75]」と。このように見れば世界の永遠であるということも、厳密な意味においては主張できないのである。これに対して『エチカ』ではどうであろうか。『エチカ』にはいわゆるキリスト教的な創造の観念はない。世界は被造物としてあるより、神の本性の必然性によって産出された無限様態と見なされている。彼はこの無限様態を永遠であり無限であると言っている[76]。しかしそれは神そのものの永遠とは異なり、原因としての神による永遠、つまり「その原因による永遠」である[77]。これはどのような永遠であろうか。

スピノザは『短論文』において世界の永遠性については言及していないが、『エチカ』の直接無限様態にあたるものを「神の子、神の作品」と呼び、「あらゆる永遠からこの方存在しており、あらゆる永遠にわたって不変であろう[78]」と言っている。また『形而上学的思想』においては「神の子は被造物ではない、むしろ父なる神と同じように永遠である。かくて父が子を永遠この方生み出したと言うとき、それは父が自分の永遠性を常に子とともに共有してきたことを言おうとしていることにほかならないのである[79]」と言っている。「神の子」はスピノザの場合無限様態である。そしてキリスト教の哲学において神と神の子の一体が主張されるならば、スピノザにおいても神と無限様態との一体が、以上のような意味において主張されているのである。『エチカ』は無限様態を直接無限様態と間接無限様態とに分けているが、ともに両者は原因としての神によって無限であると考えられる。厳密に言うならば、無限様態はたしかに「所産的自然」に属している。だが彼の哲学において能産的自然と所産的自然、あるいは神と世界は、究極的には一つのものであると考えるならば、世界の永遠性は被造物としての持続ではなく、神と一なる永遠と言うことができよう。

では事物の本質の永遠性についてはどうであろうか。スピノザは、『形而上学的思想』において、ものの「形相的本質」は存在を含まないから存在するものとは見なされない、むしろそれは「いっさいを含む神の本質にのみ依存する」[80]ため、この本質は永遠であると主張する。つまり事物の本質の永遠性は、世界の永遠性と同じように、神そのものの永遠性とは異なっているが、やはり神に依存するため、神と同じような永遠性をもっていると主張するのである。つまり『エチカ』における無限様態の「その原因による永遠」と同じ性質のものであろう。『形而上学的思想』においてスピノザは、事物の本質は被造物ではないと言う。彼によれば被造物とは現実に存在し、しかも本質と存在の分離しているもののことである。本質は存在は含まないから、現実に存在するとは見なされない。従ってそれは被造物ではない。この点、『エチカ』も同じように、有限物における本質と存在との分離を主張している。そしてこの場合本質はもちろん神に依存していると考えられるが、『形而上学的思想』とは違って積極的に神の中に含まれていると主張されている。この点『形而上学的思想』における事物の永遠性と『エチカ』のそれとの間には微妙な差異のあることは否めない。すなわちスピノザは『形而上学的思想』の場合事物の本質の永遠性を神そのものの永遠性と区別して「永遠この方」と言うが、『エチカ』では「永遠の真理」と言う。[81]しかし後者の場合、事物の本質は神から産出されるが、それ自身は存在を含まないため、神のうちに含まれ、神のうちでのみ考えられる。このためそれはベンシュの言う **Einbegriffenheit-Existenz** としての永遠となろう。[82]また「三角形の内角の和は二直角である」という真理は、三角形の本質を示しているから、当然今述べた事物の本質と同じように考えてよいであろう。

㈡　持続の意義

以上のように永遠が原則として神の存在を表わしているとすれば、存在と本質とが分離している被造物、あるいは様態の存在を表わすものは何か。スピノザはこれを『形而上学的思想』において「持続」（duratio）という言葉で表現した。すなわち「持続とは、我々がそれによって被造物の存在、つまりその現実性に固執するかぎりの被造物の存在を理解するところの属性である[83]」と言っている。ところが彼は『エチカ』において「持続とは存在の無限定的な継続である[84]」と言う。『形而上学的思想』では被造物の存在の面にウエイトがおかれているのに、『エチカ』ではむしろ時間的な継続の面にウエイトがおかれる。ここに筆者は持続の二面性、つまり存在の意味と他面では「その現実性に固執するかぎり」における時間的な継続の意味があることを指摘したい。たとえ『エチカ』において前者の意味が稀薄になっているとはいえ、それは後に示すように別のもので表現されていると思われるからである。スピノザの持続の二面性については、すでにハレットが「質の変化」と「外面性」という言葉で表現した[85]。なるほど持続は、一面において量としてその測定を可能にする外面性をもっているが、「質の変化」は、持続が「その現実性に固執するかぎり」とある以上考えられないのではないか。またウォルフソンは、「無限定な継続」という場合の「無限定」という言葉に持続の二面性が見られると主張する[86]。持続が無限定であることによって、神の永遠から区別され、また存在の一定の継続を意味する時間と区別される。たしかに持続は、被造物の存在（existentia）を意味するため、神の永遠から区別される。なるほど時間と持続との区別は有限と無限定との区別と見なされよう。だがそれ以上に両者を区別するものがある。つまり時間は思惟の様態であり、持続は後述のように被造物の現実的な有である。後者は量と見なされ、そのために時間的であると見なされるが、時間そのものではないのである。この意味においてウォルフソンの区別も一面的であったと言える。

スピノザは『形而上学的思想』において、持続が被造物の「存在のみの変様であって本質の変様ではない[87]」とか、また「被造物は存在を享受すると言うことができる。なぜなら存在は被造物の本質に属さないからである[88]」、そして「現在の持続あるいは存在」と言っている。また『書簡集』第十二において「我々は、持続によって様態の存在のみを説明しうる[89]」と言っている。このように『形而上学的思想』と『書簡集』においては、様態の存在はすなわち持続と見なされる、あるいは持続と存在とは一致が考えられている。このため、ベンシュは様態の存在と持続とは一つであり、特にスピノザの場合本質と存在とが分離しているため、存在はその本質によって必然的に存在するのではなく、むしろ本質を部分的に実現する、いわば本質に附加された偶然的存在、つまり持続であると解釈する。[90] またポロックは、ベンシュと同じく持続が有限者の存在についてのみ適用され、自然の秩序に注目しないでそのものにだけ注目するならば、抽象的な時間的な存在になると主張し、[91] 暗に持続を自然の秩序に注目し、全体的な見地から考察するならば、実在的な有と見なされると言っている。ベンシュの解釈はともかくとして、このポロックの解釈はスピノザの『書簡集』の見解からして容認されるであろう。[92] かくて持続は様態の存在と見なされる。この持続と存在とが一致するか否かは、ウォルフソンによればすでにスコラ学者によって問題とされていた。[93] 第一に両者が実在的に異なるという解釈。第二に両者の相違は、実体と様態、あるいは様態相互の間に見られるような modal な区別であること（これはボナベントゥラやトーミストたちが主張した）。第三に両者は相互に区別されるが、その区別は単に理性的なものであって実質的な区別でないこと（これはスコトゥス、オッカム、スワレ、デカルトなどが主張した）。この三つの解釈のうちスピノザはいずれの立場に立つのであろうか。彼は「持続はあるものの全存在から理性的にのみ区別される」[94]と言っている。この意味でスピノザが右の三つのうち第三の立場に立っていることは明白である。だがこの場合の存在とはいかなるものであろうか。単に時間的なものであろうか。それともそれとは異なるものであろうか。

持続が「その現実性に固執するかぎり」の被造物の存在と定義されるならば、この定義はデカルトの「おのおの事物の持続は、そのものが存在を続けるかぎりにおいて、われわれがその事物を考察するところの様態あるいは様式である」[95]という定義に酷似している。だがウォルフソンは、デカルトが「存在」（être）という言葉を用い、またスピノザが「現実性」（actualitas）という言葉を用いるのは、持続が運動から独立しているかぎり、持続を定義づけるために必要なのは、運動でなくて存在であるからだと主張する。[96] だがデカルトの場合にはたとえそうであっても、スピノザの場合果たして持続が運動から独立していると言えるであろうか。このことを吟味するために、まずスピノザの自然的世界像を瞥見してみよう。スピノザは物体の世界を単に運動の概念によって説明する。この世界にある物体は、すべて「運動」（それは単にデカルトのように位置の移動のみを示すものではない）によって組織されている。単に運動と静止によってのみ区別される最単純物体から個体と言われる複合物体、否、全宇宙に至るまで、一見単一なものと見なされる運動によって組織されている。運動はスピノザの場合物体を構成あるいは組織する実在的な有である。つまり物体とそれを組織する運動とは区別されない。それ故、物体が「その現実性に固執する」場合、それはあくまでまず自分を組織している運動に固執することである。従って持続とは単に位置の移動としての運動ではなく、物体を組織する運動のもつ力の継続、つまり努力である。このため、物体がデカルト的な意味において速くなったり、遅くなったりしても、その物体が自分を組織している運動、あるいは形相に固執し、それを維持しているかぎり、その物体は「現実性に固執している」と考えられるのである。つまり単に場所的な運動の維持とはわけが違うのである。それ故、スピノザはデカルトのように「存在を続ける」と言わずに「現実性に固執する」（傍点—筆者）と言うのである。そしてこの『形而上学的思想』の持続の定義の中で我々は、彼の後年の『エチカ』において重要な概念となった、事物の現実的な本質としての「自分の存在（esse）に固執するように努力するコナツス」[97]（傍点—筆者）の概念の萠芽を見出すことができる。だがこれは偶然ではない。すでにスピノザは『形而上学的思想』においてコナツスを問題とし、それを事物の本質と見なしているからである[98]。かくてその表現の仕方においてデカルトの持続の定義と酷似しているとはいえ、スピノザの『形而上学的思想』における持続の定義はそれとは全く異なった意味をもっていると言える。

　かくてスピノザの場合、ものの持続はその存在と同一視されるが、決して運動から独立しているのではなく、運動そのものであると考えられる。従ってウォルフソンが、スピノザの持続を称して運動から独立していると主張するのは、持続を単に時間的なものと解する悪しき誤解であるとさえ言える。そして持続の基礎をなすものが、この現実の世界に投げ出された事物の本質としてのコナツスである以上、その存在は単に空間的、あるいは時間的なものではなく、むしろコナツスとしての力の実現を意味する力動的なものとなる。このかぎり持続はまさにザクの主張するように「生」であると言える。[99] しかし持続をコナツスと同一視することはできない。なぜなら持続としての「存在の継続は、存在するものの本性によって決して限定され得ないし、また作用原因によっても限定され得ないからである」[100]。つまり事物は長い間持続―存在したからと言って、必ずしもその事物が完全だとは言えないからである。

持続において事物がその現実性に「固執」することは、その事物の力を示しているとともに、また他面においてそれが継続の観念、あるいは力動的な連続性を含んでいることを意味する。[101] ところが今述べたように、事物の持続はその本質によって決定されない以上、その時間的な継続は限定されたものでなく、むしろ無限定なものとなる。[102] 持続の示す継続（continuatio）は時間的であるが、それは無限定である。この場合の「無限定」（indefinitum）とはいかなる意味をもっているのであろうか。それはまず第一にそれ自身では限定あるいは限界のないことを意味する。それ故、事物相互の持続を比較することによって時間を規定するスピノザにとって、それ自体において見られた事物の持続とは、たとえ無限定な時間を含むとはいえ、未だ時間ではない。むしろ時間であって時間でないもの、いわば implicit な意味における時間であり、それは explicit な時間と区別して、内的な時間と呼ぶことができよう。この内的な時間から持続の第二の特徴であるその量的な性格がでてくる。

前述したように、スピノザは「持続を決定するために、我々はその持続を一定の運動をもつ他のものの持続と比較する。この比較が時間と呼ばれる」[103]（傍点―筆者）と言う。持続は そのもの自体から見れば無限定であるが、他との比較によって「より大きくも、またより小さくも考えられ、あたかもそれが部分から成り立つかのように考えられる」[104]。あるいは持続とは「抽象的に考えられるかぎりの存在、いわば一種の量として考えられるかぎりの存在」[105]である。このように持続が量的なものと見なされるのは、持続がそれ自身によって自己を決定し得ないというその無限定的な性格に基因する。さきに述べたように事物はその本質としてコナッス（努力）をもっている。しかしこのコナッスはものが単独にあるときではなく、相互に力の関係に入るとき現実的となる。彼の物体の世界において物体の存在は他との力の関係によって決定される。つまりそれは相対的な力の関係によって決定される。そこでは力において、あるいは物理的な力において強力なものがより長く存在しうる。このことを『形而上学的思想』は、事物相互の持続の比較という言葉で表現しているのである。かくて事物がそれ自体においてもつ持続は、それ自身では無限定なるが故に、かえって他からの限定を受け、有限なものとなる。ここに無限定の第二の意味がある。かくて持続は implicit には量とは見なされないにしても、相対的に見れば一種の量と考えられる。『エチカ』においてスピノザが「時間によって限定される持続」と言う場合の持続とは、まさにこの種の持続のことであった。このことは、ものの本質が無限定な持続において現われても、その有限性の故に不完全である、否、不完全であるからこそ他を必要とし、また他との力の関係に入ることを認めなければならなかったことを意味するであろう。これは『エチカ』の体系が有する一つの当然の帰結である。

次に、持続と時間との関係が問題となる。時間とは『形而上学的思想』の場合、すでに述べたように事物相互の持続の比較である。また彼は『書簡集』において我々が「持続と量とを任意に限定しうることから、すなわち量を実体から抽象して考え、また持続をそれが永遠なる諸物から出てくる様式から分離するということから時間と尺度の概念が生ずる」と言う。[106] そして「時間は持続を……できるだけ容易に想像（imaginere）できるように限定するのに役立つ」と言っている。このことは『形而上学的思想』においても同じである。このため、時間は思惟の様態、「想像力の様態」である。つまり時間は限定された持続の部分というより、持続から独立した思惟の様態、いわば「理性の有」（ens rationis）にすぎないのである。かくて彼の場合時間は主観的なものであるし、また「持続の尺度」でもある。[107] そして持続から独立していることは、それが運動からも独立していることを意味する。以上のようなスピノザの時間の定義と関連して興味深いのはデカルトの時間の定義である。デカルトは「時間を一般的な意味の持続から区別し、運動の数であるというとき、時間は単なる思惟の様態にすぎない[108]」と言う。このデカルトの時間の定義をスピノザのそれと比較するならば、ほとんど両者の間に不一致はないと言える。スピノザは時間を思惟の様態と解する点でデカルトの影響を受けていると言えるであろう。そしてまた時間が運動そのものと同一でないと主張する点で、アリストテレス以来西欧の多くの哲学者が考えてきた時間概念とほとんどその意味するところは同じであったと言える。だがウォルフソンはスピノザの「時間」が持続から本質的に区別されず、それは限定された持続の部分であると主張する。そして時間を運動から独立したものと見なす。この後者に関するかぎり、筆者はウォルフソンと同じ見解である。しかし時間が持続と本質的に同じものであり、ただそれが有限であるか無限定であるかにより、両者の間に相違があると主張するならば、筆者は彼の見解に真向から対立する。すでに述べたように、ウォルフソンは持続を運動から独立させせている。しかしこのことがスピノザの体系にとって許容し難いことはすでに述べた。また本来的に無限定的なものの部分とはいかなるものであろうか。持続は無限定なものであるから、かえって部分を決定する絶対的な単位をそれ自身のうちにもたない。だからスピノザはこの部分を決定するために、他との比較をもちだしたのではない。彼にとって部分とはあくまで全体の部分であって、「始まりも終わりもない」無限定なものの部分ではない。もしウォルフソンのように考え、持続を抽象的に考えてこれを時間と混同し、そして部分に分割し始めるとしたら、ある時間がどのように過ぎ去るかを決して理解することはできないであろうとスピノザは主張するのである。すなわち、「ある時間が過ぎ去るためには、まずその半分が過ぎ去らなければならないし、また次にその残りの半分、さらにまた新しい残りの半分が過ぎ去らなければならない。そしてもしこのように続けて、残りの部分から無限に半分を差引いて行くならば、あなたは決して時間の終わりに達することができないであろう[109]」ということと同じである。つまりそれは「持続が瞬間の集合から成りたつ」と主張するのと全く同じことなのである。すなわち、持続は本来連続的なものであり、もしこれを時間と混同するならば、連続的なものを非連続的なものと見なすことである。かくてウォルフソンは、そのスピノザの時間解釈において時間と持続とを混同する意図はなかったにしても、事実において両者を全く混同していたと言えるのである。

本来的に見た持続は決して思惟の様態ではない。むしろ持続においてものの本質が実現される。本質をコナッスと認める以上当然のことであろう。この持続を真に理解するにはどうすればよいのか。それは前述のことから明らかなように他との比較によってはなされない。他と比較することは、それがいかに理性的な仕方でなされたにせよ、スピノザによれば持続を抽象化して単に思惟の様態に変ずることであり、これは imaginatio の認識にほかならない。スピノザは「様態の本質だけに注目して、全自然に注目しないかぎり」(110)、様態の持続は真に理解し得ないと言う。この「様態の本質だけに注目する」とはいかなることか。それはスピノザの体系から見れば、ある一つの様態だけを全自然から分離して考察することである。つまりその様態を抽象的に考察することである。これは個物としての様態を全自然に対立させると同時に、また個物相互を対立させることである。持続相互の比較はまさにこの段階においてのみ可能である。しかもこのことは他面個物を単なる物理的な力関係のさなかにおくことであり、これは決してスピノザが本来意図したものではない。スピノザは物理的な力の関係の渦中にあって自分の本質の実現を果たし得ぬ個物を救済しようとする。これは彼の場合「認識」によってのみ可能なことであった。つまり個物を全自然から抽象するのではなく、むしろ全自然の連関の中で、すなわち原因としての神、自然からそれを理解することである。ものの持続もこのような仕方で理解されねばならなかった。なるほど持続は量と見なされた。しかしこの「量を実体から抽象して考える」のではなく、むしろ実体の中で考えるのである。つまり量を実体として考えることであり(111)、これはいわば知性の認識、すなわち直観知によって考えることである。このとき量は「無限で不可分で唯一のものとして現われる」のである。つまり持続はベンシュの主張するように、永遠の現在の中にあり、そこではもはや、過去、現在、未来の区別がなくなっているのである。(112) これをスピノザ自身の言葉に求めれば、「もしわれわれがものの持続について十全な認識をもち、ものの存在する時間を理性によって決定しうるとしたら、我々は同じ感情によって未来のものを現在のものと同じように観想したであろう」(113) という言葉につきるであろう。

かくて真に持続を理解することは「永遠の相のもとで」それを理解することと同意義である。持続はここではもはや全体から抽象された量ではない。それ自体において無限定であった持続は、その無限定性の故に、かえって永遠への道をそれ自身のうちに内蔵している。つまりその無限定性は、持続相互の比較のように、単に抽象的に考察されるならば、有限のものとなり、また真に認識されるならば、永遠となり、「自然」の全体に連関する。このように考えれば、永遠を単に無時間的なものと考えることはできない。むしろザクの主張するように、永遠とは持続が有する極めて動的な「生」を自己のうちに含むもの、あるいは生そのものである。(114) またこれと同時に筆者は、ベンシュの主張するように持続が単なる仮象でないということに賛意を表する。(115) かくて永遠が自己のうちに持続を含みつつ、なお永遠であることは、実体が個物としての様態を含みながら、なお無限であることと同意義である。そしてこの場合「……を含む」ということは、文字通り自己のうちに自己と異なる有限を容れながら、それと同次元のものになるということではなく、むしろそれを超越していることを意味する。つまり実体が内在の徹底としての超越であるとすれば、永遠もまたまさにその通りである。かくて永遠は単に無時間的なものでなく、むしろそれ自身のうちに無限定な時間としての持続を含むことによって、超時間的な神の存在を示しているのであり、決して単に無時間的なものを意味していないのである。

注

(1) Wolfson: The philosophy of Spinoza, II. P. 195～196.
Bidney: The psychology and ethics of Spinoza, p. 88 ff.

(2) Eth. III. Prop. 6.

(3) Cf. Eth. III. Prop. 6, Dem.

(4) Eth. III. Prop. 4, Dem.

(5) Eth. II.「物体論」Prop. 13 の Axiom. I 以下を参照。

(6) Eth. II. Lemma 3.

(7) Ibid. Corol.

(8) Cogitata Metaphysica, I. Cap. 6, p. 248.

(9) Ibid.

(10) Principia philosophiae & C. II. Prop. 10 et 11. p. 109～110.

(11) Hobbes: De Corpore (Elementorm philosophiae), Pars III. Cap. 15, § 5～7. (opera phil. I. p. 182～183).

(12) Laßwitz: Geschichte der Atomistik, I. S. 217～218.

(13) Borkowski: Die Physik Spinozas (Septimana Spinozana, S. 96).

(14) Eth. II. Definitio de Individuo.

(15) Eth. II. Lemma 3.

(16) Ibid. Lemma 5.

(17) Cogitata Metaphysica, I. Cap. 6. p. 248.

(18) Eth. II. Axioma I. de Corpore

(19) Eth. IV. Prop. 4, Corol. et Prop. 5.

(20) Eth. II. Prop. 16.

(21) Eth. Ⅳ. Prop. 3.

(22) Eth. II. Postulata. 1～6.

17 コナツス

(23) Ibid. 4.
(24) Eth, V. Prop. 22.
(25) Ibid. Prop. 29.
(26) Eth. III. Prop. 11, Schol.
(27) Korte Verhandeling, II. Cap. 16. p. 80.
(28) Cogitata Metaphysica, II. Cap. 12. p. 278.
(29) Eth. III. Prop. 11, Schol.
(30) Gebhardt : Spinoza und der Platonismus (Chronic. Spinozanum, I. S. 193 ff).
(31) Hobbes : Leviathan, Part 1. Cap. 6. p. 47 (Oxford).
(32) Eth. II. prop. 49, Corol.
(33) Eth. III. Prop. 9.
(34) Eth. IV. Prop. 15.
(35) Eth. III. Affectuum Difinitiones 1. Explicatio.
(36) Ibid.
(37) Hobbes : Leviathan, Part 1. Cap. 6. p. 39 (Oxford).
(38) Eth. III. Affectiones 1.
(39) Eth. IV. Praefatio.
(40) Eth. IV. Prop. 19.
(41) Eth. III. Prop. 11, Schol.
(42) Eth. III. Prop. 18, Schol.
(43) Eth. II. Prop. 16.
(44) Eth. V. Prop. 3.
(45) Cogitata Metaphysica, I. Cap. 6. p. 247.
(46) Tract. Politicus, Cap. 2. §18. p. 282.

(47) Eth. IV. Prop. 68.
(48) Eth. IV. Prop. 31.
(49) Eth. IV. Prop. 39, Schol.
(50) Eth. III. Postulata, I.
(51) Eth. IV. Prop. 15.
(52) Eth. II. Prop. 44, Corol.
(53) Eth. III. Prop. 8.
(54) Eth. V. Prop. 25, Dem. et II. Prop. 40, Schol. 2.
(55) Eth. V. Prop. 36.
(56) Eth. V. Prop. 40.
(57) Eth. V. Prop. 4, Schol.
今までのところ左記の文献も参考にした。
Joachim : A study of the ethics of Spinoza.
Zac : L'idee de vie dans philosophie de Spinoza.
(58) Otto Baensch : Ewigkeit und Dauer bei Spinoza,(Kantstudien, Bd. 32, Heft 1. S. 44).
(59) Korte Verhandeling, I. Cap. 4. p. 37.
(60) Cogitata Metaphysica, I. Cap. 4. p. 244.
(61) Eth. I. Def. 8.
(62) H. A. Wolfson : The philosophy of Spinoza, I. p. 366.
(63) W. Cramer : Spinozas Philosophie des Absoluten, S. 54.
(64) Cogitata Metaphysica, II. Cap. 1. p. 251.
(65) Eth. I. Def. 8, Explicatio.
(66) Wolfson : The philosophy of Spinoza, I. p. 358 ff.
(67) Ep. 12.

(68) Eth. I. Def. 3.
(69) Cogitata Metaphysica, II. Cap. 1. P. 251.
(70) Korte Verhandeling, I. Cap. 4. p. 37.
(71) Baensch : Ewigkeit und Dauer bei Spinoza, S. 44.
(72) Cogitata Metaphysica, II. Cap. 1. p. 251.
(73) Ibid. II. Cap. 10. p. 270.
(74) このことによって『形而上学的思想』の持続概念は『エチカ』の持続概念から区別される。
(75) Cogitata Metaphysica, II. Cap. 10. p. 270.
(76) Eth. I. Prop. 21 et 22.
(77) cf. Ep. 12.
(78) Korte Verhandeling, I. Cap. 9. p. 48.
(79) Cogitata Metaphysica, II. Cap. 10. p. 271.
(80) Ibid. I. Cap. 2. p. 239.
(81) Eth. I. Def. 8, Explicatio.
(82) Baensch : Ewigkeit und Dauer bei Spinoza, S. 71～72.
(83) Cogitata Metaphysica, I. Cap. 4. p. 244.
(84) Eth. II, Def. 5.
(85) Hallett : Aeternitas, p. 164.
(86) Wolfson : The philosophy of Spinoza, I. p. 357.
(87) Cogitata Metaphysica, II. Cap. I. p. 250. これと同じことが同書第一部第四章の末尾にでている。そこでは affectio という言葉のかわりに、attributum という言葉が用いられている。
(88) Ibid. p. 252.
(89) Ep. 12. p. 32.
(90) Baensch : Ewigkeit und Dauer bei Spinoza, S. 55 ff.

(91) Pollock: Spinoza, his life and philosophy, p. 170.
(92) Ep. 12. p. 32.
(93) Wolfson: The philosophy of Spinoza, I. p. 351.
(94) Cogitata Metaphysica, I. Cap. 4. p. 244.
(95) Descartes: Principia philosophiae, I. § 55. (A. T. VIII-1, p. 26).
(96) Wolfson: The philosophy of Spinoza, I. p. 349.
(97) Eth. III. Prop. 7〜8.
(98) Cogitata Metaphysica, I. Çap. 6. p. 248.
(99) S. Zac: L'idee de vie dans la philosophie de Spinoza, p. 162.
(100) Eth. II. Def. 5, Explicatio.
(101) S. Zac: L'idee de vie dans la philosophie de Spinoza, p. 162. ハレットは持続を非連続的なものと見なしているが、このことはすでに述べたようにハレットの誤解である。Hallett: Aeternitas, p. 6.
(102) Eth. III. Prop. 8.
(103) Cogitata Metaphysica, I. Cap. 4. p. 244.
(104) Ibid.
(105) Eth. II. Prop. 45. Schol.
(106) Ep. 12. p. 56〜57.
(107) Cogitata Metaphysica, II. Cap. 10. p. 269.
(108) Descartes: Principia philosophiae, I. § 57. (A. T. VIII-I, p. 27).
(109) Ep. 12. p. 58.
(110) Ibid. p. 54.
(111) Ibid. p. 56.
(112) Baensch: Ewigkeit und Dauer bei Spinoza, S. 82.
(113) Eth. IV. Prop. 62, Schol.

(114) S. Zac: L'idee de vie dans la philosophie de Spinoza, p. 169.
(115) Baensch: Ewigkeit und Dauer bei Spinoza, S. 84.

第三部　神の認識と宗教

18 「かぎりの神」について

スピノザにおいて神は「自己原因」の定義が示すように、本質即存在、いわば存在するとしか考えられないものである。しかし存在といっても、単に空間的な存在、あるいは静的な存在ではなく、むしろあらゆるものをそれ自身から産出する力としての存在である。このことは神の本質を構成する延長の属性が、単に延長の拡がりや幾何学的空間を意味するものでなく、その中に運動と静止とを直接的な様態として産出し、次いでこの運動と静止とを媒介にして諸物体を産出する実体でもあることから明白であろう。つまり神の本質は存在即能力、すなわち神はその本性に基づいて必然的に活動する。彼の哲学の最高の目標である神の認識は、この神の必然性の認識である。しかも認識とは彼の場合原因の認識である。(1) たとえ人間が絶対無限の神をそのものとして認識し得なくても、直接その認識の対象となる個物を因果的に認識することによって、神の必然性を認識しうる。つまり個物が神からいかに産出されたかという創造の必然性を認識することが、彼にとって真の認識であった。だが産出と言い、創造と言い、それは彼の場合神の本性に基づく能力の必然的発現と考えられる。だがこれはそれを認識する側にとっては必然的というより、神秘的に近い。事実スピノザはいっさいが必然的に規定されると主張する反面、個物が実際いかに神から規定されるかを説明する段になると、謎のような「かぎりの神」(Deus quatenus)という言葉を用い、難問を神秘のとばりにつつんでしまう。いっさいが必然的に規定されると主張する反面、スピノザはその必然性の背後に合理的に説明不可能なものを設けている。それ故、認識は単なる原因、結果の認識というより、「かぎりの神」に含蓄された神秘性の認識となっているのである。換言すれば、神秘主義を背後においた原因と結果の認識が彼の求める「認識」であったと言える。以下彼の哲学の核心とも言うべき「かぎりの神」がいかなるものであるかを吟味して行こう。

一　その形而上学的意義

スピノザは『エチカ』において「かぎりの神」という表現を三十六回用いたと言われる。[2] その代表的なものは、『エチカ』第一部定理二十八の証明において示される。すなわち、「存在や作用に決定されるものはすべて、神によってそのように決定されるのである（定理二十六と定理二十四の系による）。だが有限でかぎられた存在をなすものは、神のある属性の絶対的本性から産出されえない。なぜなら、神のある属性の絶対的本性から生ずるものはすべて無限で永遠だからである（定理二十一による）。従ってそのものは、神のある属性がある様態に変様化したと見られるかぎりの、神あるいは神のある属性から生じてこなければならない。」（傍点―筆者）と言っている。まずここで問題となるのは、「神がある様態に変様化した」（Deum aliquo modo affectum esse）とか、「神が様態的変様に様態化した」（Deum modificatum esse modificatione）という表現であろう。ボルコヴスキーによれば、この affectum esse, modificatum esse という表現は、デカルトやスコラ学（特にスワレ）においても用いられた。[3] しかしこの場合その意味は実体が様態によって何らかの仕方で限定されるという意味であった。しかしスピノザの場合たとえ表現の形式は同じであっても、その意味するものは様態による限定ではない。もしそうであるならば絶対無限の神は有限者によって限定されることになろう。かくてそれは様態による限定ではなくて、むしろ神あるいは実体がその必然的活動によって自らを様態化、変様化したことを意味するのではないか。つまり様態化、変様化は神自らの必然的活動の結果である。否、必然的活動即様態化なのである。

先に挙げた『エチカ』第一部定理二十八においてスピノザが言おうとしたことは、有限者は無限者によって直接に限定されるということではなく、あくまで自分と同類の有限者によって限定されるということであった。つまり有限の存在をもつものは、他の有限の存在によって限定され、後者もまた他の有限の存在によって限定されるというように、因果の無限連鎖が展開されることを意味している。このかぎり有限者の機械論的な因果関係のみが認められ、それに神がなんら介入することができないように見える。しかしこのことはあらゆる事物が神から決定されると主張したスピノザにとっては認め難いことであった。このため、彼は有限がたとえ有限なものから生じてきたとしても、その原因は決して有限そのものではなく、上述のように Deus, quatenus aliquo modo affectum consideratur, あるいは Deus, quatenus modificatum est modificatione によるのだと主張するのである。すなわち、彼は有限者相互の機械論的因果関係を認める反面、その有限者とは Deus quatenus であって、単なる有限者ではないと主張しているのである。この結果、「かぎりの神」は、ボルコヴスキーの主張するように様態との関係において現われる神というより、前述したように「様態に変様化したと見なされるかぎりの神」、あるいは「様態的変様に様態化したかぎりの神」と解した方が、より適切なものとなってくる。(4) しかしこの際神を静的にのみ解するならば、この「かぎりの神」は単なる論理的な規定にすぎないであろう。すなわち、彼の体系ではいっさいが神から決定される。有限者相互の因果関係もこの例外でなく、何らかの形で神が介入しなければならないために、「かぎりの神」をとってつけたような感じを与える。だがスピノザの場合事物は神から一たん創造されたならば、神なしにも存在や作用に決定されるということは決してない。有限者相互の因果関係は単独には成立し得ず、神があって始めて成立する。「かぎりの神」はその端的な現われである。それは単に有限の変形ではなく、神の必然的活動の結果であり、別称である。この点スピノザの「かぎりの神」による事物の因果関係は、ゲーリンクスの説く機会原因論から明らかに区別される。(5) ゲーリンクスの場合個別的な事象は個物相互の因果関係から理解されない。むしろ第一原因としての神から直接に理解されねばならなかった。これに反しスピノザの場合個別的なものは絶対無限の神そのものから直接に説明されない。神によって直接に説明され、また産出されるものは無限様態である。このかぎり有限の個物は神の直接的な結果ではなく、間接的な結果であると言える。だが神はスピノザによれば遠隔原因ではない。むしろ「最近原因」であった。もちろん絶対無限の神がそのまま個物の最近原因であるのではない。むしろ「かぎりの神」が個物の最近原因なのである。換言すれば、「かぎりの神」は、個物にとって神が直接的原因ではなく、最近原因であることを端的に示したものであり、このことによって彼は当時のオランダに勢威をふるっていた機会原因論者に一矢を報いることができたと言えるのである。

以上の「かぎりの神」において有限者も無限者もそのものとしては単独に存在することができない。有限者は「かぎりの神」において無限なる神に結びつき、また無限の神は「かぎりの神」としての個物に顕現する。両者、つまり無限なる神も有限なる個物も「かぎりの神」において密接に結びつく。しかも両者のこの関係は単なる観念上の関係というより、実在的な関係である。この点、ボルコヴスキーの主張するように(6)、「有限並びに相対的無限の絶対無限の存在に対する依存は、スコラ学によれば『生起したもの』の側から見れば、単なる思考上の関係である。しかしスピノザによれば二つの関係は現実的なものである」と言えるのである。確かに神の能力が必然的に「かぎりの神」に顕現するという意味で、無限の有限に対する関係は観念的なものでなく、むしろ実在的、現実的である。有限な個物は神の能力の必然的な結果である。確かに結果であるかぎり、それは「原因から受けたものにおいて明らかに原因から区別される(7)」。しかしいかに両者の間に区別があったとしても、共通性がなければ因果関係は成立しないであろう。なるほど形式的、論理的に見るならば、スピノザ自身も言っているように、無限と有限との間には何の関係もない。つまり両者の間には共通性がない。確かに無限の神が有限の個物の直接的原因ではないという点で、両者の間には関係がないと言える。だがこれは直接的な関係がないという意味であって、全くの無関係を意味するものではない(8)。つまり個物は有限であるとはいえ、神の様態である。このかぎり個物は神のうちにあり、神の能力に依存している。そして神は最近原因として「かぎりの神」に発現するとき、原因と結果とは共通の基盤に立っていると言える。そして結果としての個物も前述のように単なる有限者ではなく、神の変様、様態としてそれ自体「かぎりの神」にほかならないのである。(9) 個物はこのかぎり常に原因である神と相即である。反面神が変様化すること、これが「かぎりの神」であるとすれば、それはあくまで現象の中に現われた神であって、絶対無限の神と「かぎりの神」とは原因としての神の側から見れば本来一つのものであることを意味する。逆にこれを様態の側から見れば、様態は「かぎりの神」であることによって絶対無限の神と一つになっているのである。(10) 決して二つの神が存在しているのではない。なるほど無限と有限、原因と結果の区別があっても、それは単に論理的な区別であって、スピノザの体系そのものから見れば二つのものは常に一つとして現われる。これは神における存在と能力の同一性の当然の帰結であり、これがいわば原因と結果の同一性という合理的には理解し得ないものとなって現われているのである。換言すれば、いかに彼の体系が合理化されたとしても、スピノザ主義の核心は合理的な範疇のもとでは理解し得ないのである。

二　歴史的意義

前述したようにスピノザは『エチカ』の随所において神秘的な「かぎりの神」という言葉を用い、無限と有限の関係をめぐる彼の体系の核心思想をこの言葉によってさりげなく表現している。我々がこの言葉に含蓄された神秘性に注目するとき、まず念頭にうかぶのはカバラの神秘主義思想であろう。カバラ思想は一口に言って神秘主義的汎神論である。このことは初期の思弁的カバラの代表者アズリール（Asriel, 1160〜1238）の思想にも、また十四世紀の『光耀書』（Sohar）にも一貫して流れている。(11) このことからスピノザの汎神論の先駆思想がユダヤの神秘主義思想としてのカバラ思想に求められても不思議ではない。実際に両者の間に密接な関係があったかどうかは別として。カバラの神、En-Sof は絶対無限、無限定、無規定的な存在と見なされる。[12] いっさいはこの神から創造される。しかし有限者は直接的に創造されるのではない。カバラはスピノザの無限様態と同じように無限者と有限者の間に中間者セフィロース（Sefiroth）をおく。[13] しかもこれはカバラにおいても「神の子」と呼ばれた。だがこの神の子はカバラの場合神の人間的な性質あるいは働きを表わしているとすれば、[14] 同じ「神の子」と見なされながら、スピノザの無限様態とは著しい相違を示している。スピノザの無限様態は神の人間的な性質、あるいは一般的に言って、神の性質を示すものではない。なるほど神の諸特質は神の本質の定義から論理的に導き出される。だがそれは思惟の様態と見なされるものであって、決して無限様態のように所産的自然を構成する実在ではないし、またそれによって有限者の内容が規定されるものではない。スピノザも一時カバラ研究に従事したことから見て、神と有限者の中間者としての無限様態についての構想をカバラのセフィロースから影響されたと言われるかも知れない。しかしたとえカバラから影響されたとしても、それは右に述べたことから明らかなように、単に形式的な面に関してであったと言える。そして内容に関しては、カバラのミュトスとスピノザのロゴスの差が歴然とし、スピノザの教説がカバラによって大きな影響を受けたとは考えられない。

またカバラもスピノザも、神から有限者が直接に産出されないため、「かぎりの神」の概念を用いて神からの産出を問題にする点、全く同じである。だがカバラの場合神は絶対に無規定的な存在として見なされている。つまりそれは「知性と意志、属性と活動性をもたない」無限者である。[15] すなわち、神は自分自身を規定する何の属性ももたないものと考えられよう。この点、スピノザの神は無限の存在者であるとはいえ、無規定的なものではなく、無限に多くの属性をもった存在者である。ただカバラの En-Sof と一致するのは、両者がともに人間的な属性をもたないという点だけである。カバラの神はすでに述べたように活動力をもたないとすれば、いっさいはいかにして神から産出されるのか。この問題に関して、アズリールは神の自己限定がその無限の力を呼び起こすが故に、いっさいの有限者を産出しうるのだと主張する。[16] この神の自己限定がカバラでは「かぎりの神」となって現われるのである。しかし全く無規定的であり、活動力をもたないものが、どうして自己を限定しうるか、また無限の力を呼び起こすことができるのか。神は無規定的であるから、本来的に言えば、自己のうちに力をもつことができない。とすれば結局神は無限の力を自己の外に求めることになる。以上のことからアズリールは神の自己限定を主張することによって、神の概念を全く混乱させてしまったと言える。

またカバラの『光耀書』において「神には形態があるし、また形態がない。神に形態があるのはそれが宇宙に関係するかぎりにおいてであり、また形態を欠くのは、それが世界に含まれないかぎりにおいてである」[17] と主張されているならば、そこにスピノザの **Deus quatenus** の原型をアズリールの場合よりも一層よく見ることができよう。「宇宙に関係するかぎりの神」とは、スピノザの場合「様態に変様化したかぎりの神」であり、また「世界に含まれないかぎりの神」とは絶対無限であるかぎりの神に対応しよう。しかしこの『光耀書』の神もアズリールの神と全く同じように無規定的なものと考えられている以上、「宇宙に関係するかぎり」といっても、それは神の活動の結果とは見なされない。そこには神と有限との実在的な関係は見られない。従って『光耀書』に見られる「かぎりの神」は、スピノザのそれとは似て非なるものと言えよう。[18] また後年のカバラ学者、**Luria**（一五一四―七二）の **Zinzum** が「かぎりの神」と見なされたとしても、やはりそれは神の意志的な自己限定の意味をもっている以上、アズリールの「かぎりの神」に劣らず、スピノザにとっては支持し難いものであったと言える。[19]

以上のことからスピノザの「かぎりの神」が、カバラのそれと同じ動機から考えられたとしても、その意味するものは全く異なっていた。両者の相違点は、神を単に無規定なものと考えるか否かにあった。すでに述べたようにスピノザの神は無規定、無内容なものではなかった。[20] またそれは本質即存在であり、本質即能力であった。つまり神は存在においても必然的であるように、能力においても必然的であった。このため有限者を産出するために、自己を限定し、無限の力を呼び起こす必要はない。むしろその無限の力は神の能力そのものに顕現している。なるほど神がその必然的な活動によって「ある様態に変様化する」ことは神の自己限定を意味するかも知れない。しかしそれは決して無限の力を呼び起こすために自己限定するカバラ的な意味における自己限定ではない。以上のことから、スピノザの Deus quatenus がカバラのそれとは似て非なることが明らかとなろう。[21] もっとも単に Deus quatenus という表現だけが問題となるならば、それはキリストを「受肉化されたかぎりの神」と考えるスコラ学にも見出されよう。だがそれにはスピノザの汎神論に通ずるものは何ものも見出せない。彼において「かぎりの神」という言葉は初期の、神秘主義的な論文『短論文』には見出されず、かえって晩年の『エチカ』において見出されたところから、それは彼の体系の深化とともに形成されたものであって、彼の神にたいする独自の考え方がそれを今日われわれが見るような形に形成したと言えるのである。

三 「かぎりの神」の認識と直観知

スピノザにおいて有限者とは他者によって限定されるもののことである。この意味においてすべての個物は有限者である。だが個物は単に有限なものとしてあるのではない。むしろそれを彼の体系から考察するとき、それは神の変様あるいは様態としての「かぎりの神」であった。[22] 従って個物の認識をなす際にも、個物を単なる有限者として把握するか、あるいは「かぎりの神」として把握するかによって、その認識内容に大きな差がでてくる。つまり個物を単に有限者として把握する場合、その認識は imaginatio の認識として現われ、「かぎりの神」として把握するとき、その認識は直観知の認識として現われる。スピノザは直観知について「神のいくつかの属性の形相的本質の十全な観念からものの本質の十全な認識へ進む」と言っているように、それは神の観念を基礎とした個物の本質の認識である。この個物の本質の認識が「かぎりの神」の認識となる。なぜなら、単に現実存在をなす個物ではなく、それと区別され、永遠存在をなすと見なされる個物の本質は、単なるものではなくて、「かぎりの神」にほかならないからである。そして直観知が単なる個物の認識ではなく、神の認識と見なされるのは、それが「かぎりの神」の認識にほかならないからである。つまりこの認識は個物の単なる有限性を認識するのではなく、むしろ個物の根底に、あるいはその内面にひそむ神を認識する。換言すれば、それは「かぎりの神」において示される神の必然性の認識である。換言すれば、この認識は、いわゆるものを「必然の相のもと」で、つまり必然的に認識する。そしてものを必然的なものとして見るかぎり、もののいわゆる価値的な見方は否定される。[23]スピノザにとってものを価値的に見ることは、ものを単に有限的なものとして把握し、それらを互いに比較して見ることであり、これはものを必然的なものとして、「かぎりの神」として把握する認識には起こり得ないことであった。もちろん理性もまたものを「必然の相のもと」で認識する。だが理性は普遍的な認識であり得ても、個物の本質の認識はなし得なかった。また理性もなるほど神の認識をなしうる。しかしその神は共通概念としての神にほかならなかった。この点、直観知は「かぎりの神」の認識として個物に宿る神性の認識をなす。[24]しかもそれは抽象的な認識ではない。彼において抽象的認識とは皮相的な認識のことであり、それは imaginatio の認識であるとするなら、ものを真に認識する直観知はむしろ具体的認識として、ものをありのままに把握する認識であろう。このような認識は、ものの単なる概念的認識とは異なる。以上において個物における「かぎりの神」の認識としての直観知を瞥見したが、次に人間精神が身体の観念あるいは身体の変様の観念と言われる場合に、直観知がいかなる構造をもっているかを吟味しよう。

　すでに述べたように、スピノザの場合人間精神とは単に身体の観念というより、身体の変様の観念として見なされねばならなかった。直観知もこの例外ではない。直観知は発生的には理性から生ずるとすれば、それは理性の自他の共通性の認識を基盤とした個物の本質の認識である。そしてこれもまた身体の変様の観念であるとすれば、直観知は当然 imaginatio の認識と同じように自他の本性を含まねばならない。[25] しかし単に自他の本性を含むのではなく、自他の本質を区別し、それを説明するところに十全な認識としての直観知の意義がある。つまり直観知はいわば自他の弁別的認識であると同時に自他の本質認識であると言える。この場合他者の本質認識とはいかなることか。imaginatio において他者の認識とは、自分の身体の状態を通しての認識であり、それはいわば自分の身体の状態を反映させた主観的な認識であった。ところが直観知は、十全な認識として他者を真に客観的に説明するものであるとすれば、当然その認識は身体の変様の観念であるとはいえ、自分の身体の状態という主観的なものが排除されていなければならない。事実、直観知は自他にとって共通なものを認識する理性から生ずる以上、身体の主観的な状態がその認識に反映することはない。だが身体の変様の観念と見なされる以上、当然その認識は自他の身体の認識をなす。この点、理性もまた同様であるが、理性と違って、直観知は自他に共通なものを認識するというより、むしろそれぞれの特殊的な本質の認識をなすのである。その根拠となるのは『エチカ』第五部定理十四の「精神は、身体のすべての変様あるいはものの像を神の観念に関係させることができる」という言葉であろう。つまり、直観知は imaginatio の認識のように自他を混同した認識ではなく、右の定理の「証明」からも明らかなように、精神はその対象となる身体の変様を、ひいては自他の身体の本質を明瞭・判明に認識しうる。ここに自分の身体あるいは自分自身を十全に認識するために、果して他者の身体の本質の認識が必要であるかという疑問が生じよう。この疑問にたいしては人間精神が身体の変様の観念であるということが解答となろう。すなわち、スピノザによれば、人間は身体の変様の観念によって始めて自分自身や自分の身体そして他者を認識するからであり、また身体の変様は自分の身体の本質のみでなく、自分の身体を刺激した他者の本質を含むからである。このため、精神は自分や自分の身体を十全に認識するには、他者の身体の本質も十全に認識しなければならない。換言すれば、他を真に認識して始めて自分を真に認識しうるのである

（この逆もまた真である）。このことは、人間の精神を身体の観念あるいは身体の変様の観念と規定する以上、スピノザにとっては当然のことであった。だが **imaginatio** の場合、身体の変様の観念によってものの状態を認識し得ても、その本質は認識されなかった。ところが直観知は身体の変様の観念によってものの本質を認識する。この相違は、**imaginatio** における身体の変様と直観知における身体の変様とが異なっているかのような印象を与える。だが身体の変様そのものは、**imaginatio** においても直観知においても同一である。とすれば両者の相違は身体の変様を認識する主観、つまり知性のうちに求められねばなるまい。実際、**imagintio** の場合その認識は、「身体の変様の秩序と連結に応じて生じてくる」とあるように、身体の変様にたいして受動的である。ところが直観知の場合、身体の変様は **imaginatio** と異なり、知性の秩序に応じて秩序づけられる。[26] すなわち、ここでは知性は身体の変様にたいして能動的である。換言すれば身体の変様を知性の秩序に従って秩序づけ、「永遠の相のもとで」認識するとき、ものの本質が認識され、身体の変様のままに精神がものを認識するとき、あるいは身体の変様を「自然の共通的秩序」に従って認識するとき、ものは非十全なものとして認識されてくるのである。

注

（1）真の認識が原因の認識であるといっても、それは神を直接の原因としてでなく、「最近原因」として認識することである。
（2）これは筆者が数えたのではない。ボルコヴスキーの言った言葉である。
Borkowski: Spinoza, II. S. 20.
（3）Borkowski: Spinoza, IV. S. 375 ff.
（4）畠中尚志訳『エチカ』（上）の注、二七七頁、二八四—六頁（岩波文庫）。
（5）Borkowski: Spinoza, IV. S. 375 ff.

(6) Borkowski: Spinoza, I. S. 375.
Spinoza, IV. S. 378 ff.

(7) Eth. I. Prop. 17, Schol.

(8) スピノザは一六六一年十月のオルデンブルグにあてた書簡において神と被造物との間には共通点があると主張している。
Ep. 4. p. 14.

(9) つまり、原因から区別されているとはいえ、結果としての有限者は神を全く離れ、神の外にあることを意味するのではない。

(10) R. Lévêque: Le problème de la vérité dans la philosophie de Spinoza, p. 151 ff.

(11) Epstein: Judaism, p. 234 ff. 243 ff.
Borkowski: Spinoza, I. S. 183 ff.

(12) Borkowski: Ibid. S. 184.

(13) Epstein: Ibid. p. 233 ff.
Borkowski: Ibid. S. 181 ff.

(14) Epstein: Ibid. p. 237.

(15) Borkowski: Ibid. S. 183.

(16) Ibid.

(17) Ibid. S. 187.

(18) Epstein: Ibid. p. 244 ff.

(19) Wolfson: The philosophy of Spinoza, I. P. 394～395.

(20) Robinson: Kommentar zur Spinozas Ethik, S. 239 ff.

(21) かくてスピノザが「かぎりの神」においてカバラに「依存」していたというより、むしろカバラと平行的に、それぞれがミュトスとロゴスの立場にたって、同じ問題を考えていたと言えるのである。

(22) Cf. Epstein: Judaism, p. 244.

(23) Eth. I. Append. ものそのものの内面的な必然性に注目し、そこに Deus quatenus を見るとき、始めていっさいの価値を超えた新しい地平が開けるのである。これが『短論文』でいう「回心」であろう (Korte Verhandeling, II. Cap. 22)。

(24) 直観知はいわゆる有限者を単に有限なものとは見なさない。このかぎりそれは何かしら不合理的な認識のように感じられる。しかしたとえ不合理的な認識と見なされても、それはスピノザによれば理性的な基盤の上で生ずるものである以上、反理性的なものでなく、むしろ理性を超えたという意味で超理性的なものである。かくて理性が存在を事実として認識するならば、直観知は個物における「かぎりの神」の認識として理性の事実の認識を超えて、存在そのものの深みに接するのである。

(25) 理性の認識はスピノザの場合諸物相互の内的連関性に基づいた事物相互の比較やまた推論的認識であるとすれば、理性は個物の認識をなし得ない。これに対して直観知は第一種の認識としての imaginatio と同じように、個物の認識をなす。ところが imaginatio の偶然的、外面的な認識に反して、直観知は客観的認識としての理性を基礎としたものである。だがこれは単に理性的な基盤から、つまり自他にとり共通なものから生じてきたものではない。もしそうであるなら、その認識は一種の理性認識にほかならない。なぜなら単に共通なものから個物の本質は構成されないからである (Eth. II. Prop. 37)。ところがスピノザは「明瞭・判明に我々が認識するすべてのものを、我々はそれ自体によって認識するか、それともそれ自体で明らかな他のものによって認識するかである」と言う。(Eth. V. Prop. 28, Dem.)。ここで「それ自体で認識する」というのは神の本質の認識を意味し、これはすでに述べたように理性の共通概念によって把握される。とすれば直観知は「それ自身で明らかな他のもの」によって事物を認識することである。つまり彼が直観知について「神のいくつかの属性の形相的本質の十全なる観念から事物の本質の十全な認識へ進む」と言う場合、「……いくつかの属性の形相的本質の十全なる観念」とは、右の「それ自身で明らかな他のもの」にほかならないのである。

(26) Eth. II. Prop. 18, Schol. et V. Prop. 2, 4.
ハルは感覚的直観と理性的な直観との区別がスピノザにおいて明確になされていないと主張する (E. Harr. Vom unendlichen Verstand, S. 195)。しかし前者が imaginatio として、また後者が直観知としてあるいは intellectus としての直観を意味するとすれば、二つの直観はスピノザの場合明確に区別されている。前者は時間的な、偶然的な、自己の身体の状態を多く表わす直観であり、後者は永遠の、必然的なものを神としての第一原因から認識する直観である。この区別は imaginatio がそれに従ってものを認識する自然の共通的秩序と知性の秩序が区別されていることから明らかである。両者は身体の変様をその対象とし、しかもそれは同一であるとすれば、同じものが見方の相違（つまり imaginatio の立場にたつか、知性の立場にたつか）により異なって現われることを意味する。いっさいが神の中にあると考えられる体系において、もし真偽の区別がたてられるとすれば、それは人間の認識の立場のみからたてられるのである。従って区別がなされたとしても、スピノザの汎神論の立場からすれば、本質的な区別ではなく、むしろ根底において同一のものであると言える（R. Lévêque : Le problème de la vérité dans la philosophie de Spinoza, p. 129〜130)。このことをわきまえて、ハルが二つの直観の区別がスピノザにおいてなされていないと言うならば、確かにわれわれもこのハルの説に同意するであろう。

19　直観知の諸相

信仰を単に神への服従にあるとするスピノザの立場では、真に自由な神の認識はもはや信仰の領域外のことであった。すなわち、神の真の認識は信仰から全く独立した理性の領域に属することであった。この彼の立場を従来の既成宗教の枠の内から見るならば、それは正しく異端者のそれであろう。だが彼はその書簡において、「神を最高の善と認め、それをそのものとして自由な心情によって愛すると主張する人、またその点にのみ我々の最高の幸福と自由があり、さらに徳の報酬は徳そのものであり、また愚かさと無能力の罰は愚かさそのものであり、最後に各人は自分の隣人を愛し、最高権力の命令に服従しなければならないと主張する人があらゆる宗教を捨てたと言えるでしょうか[1]」と言っている。スピノザは自分が異端者だと認めていないのである。彼はただ信仰においてはなし得なかった神の認識を理性の領域で果たそうとしたにすぎないのである。

すでに何度も述べたように、スピノザの場合神の認識は共通概念としてこの理性においても果たしうる。だが直観知は神を共通概念として把握するのではなく、個物に内在するものとして、理性よりも lebendig に神を認識する。スピノザはこの認識を説明するにあたり、比例数の計算を例にだしている。これは『短論文』、『知性改善論』、『エチカ』においても変わりない[2]。このかぎりにおいて彼の初期の思想と後期の思想との間には直観知思想の際立った相違は見られないと言える。それは比例数を「その直観によって直ちに」（『短論文』）、「直観的に〈すなわち〉なんらの操作も加えずに」（『知性改善論』）、あるいは「直観の一瞥をもって」（『エチカ』）認識するのである。いわば直観知はものを観るに際して、レベックの言う瞬間的な直視をなし、[3] ものを「純粋な精神」をもって直接的に把握することを意味する。[4] 認識の形式的な面に関するかぎり、直観知はこのように初期の著作以来ほとんど変わるところがない。だがその内容に立ち入って考察する時、必ずしもそれらは一致していない。むしろそれらの間には著しい相違すら見られる。この相違は彼がそれらの著述をなした時期の相違において、またそれぞれの時期に彼に与えた外部の諸影響の相違において、並びに彼自身の心的な要求などの相違となって現われている。[5] つまり直観知は彼のそれぞれの著作において異なる背景、異なる関心のもとで考えられている。だが個々の細かな点をのぞき、全体的に見れば、彼の直観知は初期の神秘主義的認識から合理化への道をたどって行ったと見ることができよう。ここに彼の認識思想の発展が見られる。しかしこのような発展、進歩の背後にも依然として彼特有の宗教的、神秘主義的な要素が脈々と流れていることも見逃すことはできない。以下このことを顧慮して彼の直観知思想の発展を考察して行きたい。

一　『短論文』における直観知

『短論文』の認識論がスピノザの他の著作にくらべて著しい特色をもっているのは、認識の対象が外部の実在であり、しかもその対象の価値によって認識そのものの価値が決定されるということであろう。スピノザはこの意味で「認識は純粋な受動である」[6] と主張する。だがこの認識の受動性について問題となることは、ゲプハルトの主張する様に、対象の超越性であり、[7] 認識の真偽はこの対象との一致、不一致によって決定されるということである。それ故「受動」といっても、精神が tabula rasa であり、外界の諸物をただ受け取るという感覚的なものにつきるという意味ではない。むしろ受動には二つの意味があるということが示唆されているのである。すなわち、感覚的認識のように全面的に受動であるもの、また認識そのものの行為としては能動的であるが、その内容を外部の対象に依存するという意味で受動であるという二つの意味をもっている。[8] スピノザが『短論文』において一般に認識は受動であると主張するとき、それは後者の意味においてであった。そして彼のように認識の価値が対象の価値によって決定されるとすれば、最高の認識とは神を対象とする「明瞭な認識」、直観知であることは自明である。そしてこの認識は彼によって対象それ自身の「享受」であるとされている。[9] しかもこの享受は彼によれば対象との合一である。彼はこの合一をその形而上学を背景にして論及し、認識論的にいかなる仕方でこの合一が果たされるかを論じない。彼の内在論的、汎神論的な立場からすれば、いっさいは神のうちにあり、神によって理解されなければならない。いっさいはこの意味で神と一つである。この神との合一を精神は直観知によって認識する。これを個物の側から見るならば、神によって創造され、神から遠ざかった有限存在としての個物が、その認識によって自己と神との合一性を認識し、自己の本来の姿を見ようとするのである。つまり一たん神から離れた個物が再び神のうちへ帰り、そこに自己の安住の地を見出す。ここでは認識によって始めて神を知るというより、むしろ神と合一することに重点がおかれる。換言すれば、認識とは対象を主観・客観の枠の中で認識することではなく、その枠を超え「合一」することである。

この神との合一の認識において、我々は新プラトン主義の神秘主義的直観の片鱗を見出すことができるであろう。そして神を直観し、それと合一するために、スピノザ自身も言っているように、自己を捨て、「神の奴隷」[10] とならなければならないであろう。あるいはカッシラーやビドニーの主張するような人格性の否定がこの認識においては主たるテーマとなり、[11] 彼自身がこの認識において意図した自己自身の救済や幸福などが問題にならなくなってしまうであろう。だがそれにもかかわらず、スピノザがこの『短論文』において人間の救済、幸福を問題にするとすれば、それは単に利己主義的な自我を捨て、神に帰一することによって真に自己の再生をはかるという宗教的な意図が見られる。[12] ここに彼の後の著作に見られるよりも、一層宗教的な、神秘主義的なものを見ることができる。確かにこの点『短論文』にはゲプハルトの主張するように、レオネ・エブレオの新プラトン主義が彼の初期の思想形式に少なからず貢献したことを認めなければならないであろう。[13]

直観知の神秘主義的な性格は、彼の後年の著作にも引き続いて見られるが、だがそこではできるだけ神秘主義を表面にださず、合理化して行く傾向が強く現われている。そして『知性改善論』や『エチカ』において大きく取り上げられているものが、この『短論文』ではほとんど取り上げられていない。例えば、それは反省的認識である。反省的認識は彼の後年の著作では精神の本質を意味し、[14]認識論や方法論において大きな役割を果たしている。だが『短論文』ではそれは取り上げられていない。しかし「合一」としての認識にも、その認識行為そのものに注目する時、そこには明確な形においてでないにせよ、『エチカ』に見られるような反省的認識の核心すら見られるのである。神との合一を目指す以上、確かに知性はその認識において単なる利己的自我を否定しなければならない。そして否定を通じて精神は自己の自身の根底に自己ならぬ神との合一、あるいは自己の存在を神のうちに見出す。知性はこのことによって一層本質的なものになるとすれば、観念の観念としての反省的認識はこの合一の認識を根拠として成立したと言える。だが『短論文』では形而上学的には本来内在的であるべき神が、認識論的には外的、超越的なものとして取り扱われているし、また心身の平行関係が『エチカ』におけるほど明白に定式化されていないため、あたかも合一が自己の外にあるものとの合一を意味して、自己のうちなるものとの合一を意味しないように見える。つまり自己に沈潜し、自己の根底を反省する反省的認識は『短論文』のように「受動」としての認識を説くところでは未だ確立され得なかったと見なければならない。換言すれば、神の内在説と「受動」としての認識論は結びついていない。この形而上学と認識論との結びつきは、後年の『エチカ』において始めて整合化され、完全な形で呈示される。

スピノザは『短論文』においてただひたすら「神への合一」を目指す。この点彼はまさしく「神に酔える人」であった。だが『短論文』ではその合一すべき神がいかなる神か明らかでない。すなわち、絶対無限の存在者としての神か、それとも人間の精神によって説明される「かぎりの神」か明らかでない。もちろんスピノザは『短論文』においても人間が絶対無限の存在者をそのものとして認識することが不可能であることを充分認めていた。[15] それにもかかわらず、彼はここではただばく然と神との合一の認識を説く。換言すれば、ここではただいっさいが神のうちにあることを前提として神との合一を説くだけで、実際に神を、いかなる神を認識するかということを問題としない。いわば認識を問題にしながら、厳密な意味で認識を取り扱っていない。[16] この点、『短論文』は彼の初期の著作として自分の確信するものを充分に吐露しているにもかかわらず、未だそれを整合化した形で表現し得なかったと言わねばならない。

二　『知性改善論』における直観知

『短論文』が以上のように厳密な意味において認識論を論じたというより、むしろ認識の名を借りて彼の形而上学的信念を説いたとすれば、『知性改善論』はむしろ形而上学を離れて、認識そのものの構造を論ずる。ここでは認識は、『短論文』のように「受動」ではなく、知性の「生得的な力」である。ゲプハルトやジョアヒムは、この生得的な力に関してスピノザがベーコンの影響を受けたと主張する。[17] しかしスピノザはそれを知性の「道具」として用いたのではなく、精神の内的な認識能力として考えていた。そしてこれはまたいわゆる観念論者の言うような、超越的、神的なものに源泉をもつ天賦のものとして考えられているのではない。それは感覚的なものを媒介にしない知性それ自身の働きである。だがそれは自然の産物として感覚と同じように此岸にその根拠もおいている。それ故これはデカルトの知性ともその性格を異にしている。スピノザはこのように知性の生得的な力を強調しているにもかかわらず、『知性改題論』ではこれによってものをいかに認識するかを問題とせず、認識の形式的な構造のみを問題とする。この点、認識をいわば神へと関係させ、神への沈潜が問題となった『短論文』とは異なる。

スピノザは『知性改善論』において直観知を「本質による認識」、すなわち本質認識としてとらえている。[18] 従って本質の種類に応じてこの認識の内容も変わってくる。彼の形而上学的な見地はものの本質を二つに分ける。すなわち、それ自身によって存在し、理解される本質と、最近原因によって理解される本質とに分ける。[19] 前者が自己原因としての実体であり、後者が様態としての有限者であることは自明である。彼はこの二つの本質について、デカルトの『レグラエ』の思想を援用して、[20] 前者を単純なものと見なし、後者を前者から導きだされたものと見なす。[21] そして単純なものは、デカルトの場合と同じくスピノザの場合にもそれ自体で真であり、直観の対象となる。だが複雑なものの認識は単純なものについての直観から演繹された認識である。これは彼の形而上学において様態が自己原因から生じてくるのと対応する。従ってこの演繹的な認識は外面的なものでなく、スピノザの内在論の哲学を背景にした内面的なものと考えねばならない。彼はこの演繹的な認識を最近原因による認識と言い、あえてデカルトのように演繹とは言わない。なぜなら、彼によればこの認識は認識そのものの行為から見れば、直観にほかならないからである。

以上のように『知性改善論』の場合本質の認識は二つに分けられた。第一の直観は明らかに自己原因としての神の直観であり、第二の直観は個物の本質の直観を意味していることは自明であろう。スピノザはこの二つの直観を幾何学的図形の直観との類比によって考えた。幾何学的図形の場合、単純なものは直観的に把握される。だが形而上学の場合単純なものと見なされた絶対無限の存在は、単純な幾何学的図形と同じような具合には直観されない。否、すでに述べたように、絶対無限としての神をそのものとして直観することは人間の知性にとって不可能なことである。[22] ここにその本質においてデカルトに依拠したスピノザの幾何学的方法の限界がある。たとえ『知性改善論』において「確固にして永遠なる諸物」の認識が問題になったとしても、それは神そのものの認識ではなく、形而上学的に言えば無限様態や諸事物の法則の認識を意味しているからである。かくて『知性改善論』において問題となった本質の直観のうち、認識論的考察の対象となるものは、神そのものの直観ではなく、最近原因による認識としての直観知である。もっともスピノザ自身もこの『知性改善論』において特に力を注いだものは、この直観知の構造を明らかにすることであった。すなわち、ものの本質の認識としての直観知は神そのものの認識から演繹された認識であることを明らかにしたのである。この点、『短論文』が端的に神との合一の認識という神秘主義的な傾向を顕著に表わしているのとは違い、この『知性改善論』では神秘主義が影をひそめ、認識の論理的な構造が問題となっている。つまりデカルトの『レグラエ』の影響とスピノザ自身の幾何学的方法への関心が『知性改善論』には強く滲みでている。しかしその構造を考えるにあたり、あまりに幾何学的図形との類比に依存しすぎているため、かえって直観知の基礎となる神そのものの認識に関して曖昧なものを残してしまったと言わなければならない。このことは、『短論文』の直観知が形而上学と認識論との緊密な結びつきを欠くことから曖昧なものを残したことと同じであろう。この点、主著『エチカ』ではどうであったろうか。

三 『エチカ』における直観知

『エチカ』において直観知とは、すでに前章において述べたように、「神のいくつかの属性の形相的な本質の十全な観念」、すなわち神の認識から事物、つまり個物の本質の認識をなすものである。この基本的な形態は前述のように『知性改善論』において示されている。直観知は『短論文』において神の認識、神との合一を目標にした。だがここでは神の認識だけでは直観知とならない。それは直観知の前提であり、基礎にすぎない。直観知の論理的な構造に関するかぎり、『知性改善論』と『エチカ』は一致し、『短論文』から区別される。これは彼の認識思想が『知性改善論』に至って大きく変わったことを物語るものであろう。しかし神の本質の十全なる認識は、「受動」の認識の立場でも、また単なる直観によっても不可能であるとすれば、一体スピノザにはいかなる道が残されているのか。ここにスピノザが『エチカ』において理性の認識を「ある永遠の相のもと」での認識として極めて高く評価したことを想起しなければならない。(23) 共通概念としての理性が果たす最高の認識は、あらゆるものにとって共通な「神の形相的本質」、つまり実体の属性の認識である。物体の世界にこれを求めれば、延長の属性である。理性は現象の世界の単なる法則的認識、すなわち諸物の運動に関する法則を認識するばかりではなく、右のように法則を生み出す究極の実在を認識する。(24) そして「神については共通概念ほど明瞭な認識はない」(25) と主張されるように、理性以外に神の本質を普遍的に知ることができないとすれば、直観知の前提となる神の本質の認識は理性の認識のほかにない。つまり理性は直観知の発生的基盤である。この点、神の認識が「ある他のものから導きだされたものでなく、客体自身が知性に直接的に現われることによって生ずる」(26) という『短論文』の神の直接的認識は『エチカ』には見られない。理性は推論的認識であり、神の本質の認識に達するまでには長い思索の過程がある。しかし直接的であるとはいえ、個人の秘儀めいた何か神秘的な『短論文』の神の認識に比し、『エチカ』のそれは間接的ではあるが、客観的であり、普遍的であることは疑い得ないであろう。ところがスピノザが『エチカ』において直観知は「第二種の認識から生ずることができる」(傍点―筆者)(27) と言うとき、暗に直観知が理性を経なくても成立するかのような印象を受けがちである。だが右に述べたように神の本質は理性によってしか認識し得ないのであるから、直観知が理性なしに成立することはあり得ない。(28) 以上のように『エチカ』の直観知は『短論文』や『知性改善論』においてなし得なかった神の合理的な認識に基づいて個物の本質の認識をなす点、後二者の直観知より一段とすぐれていると言える。(29) それは『短論文』におけるように単に神秘主義的でもなく、また『知性改善論』におけるように論理的、数学的なものでもない。それは自然的理性に根差している以上、広い意味で合理的な認識ですらある。しかしそれにもかかわらず直観知の超理性的性格が問題となるとすれば、(内容の面へ「かぎりの神」の認識としての直観知〉を別として、形式的な面を考察すれば)、まずそれは理性の限界内にあって理性のなし得ない個物の本質の認識をなしうるという点にあろう。

すでに『知性改善論』において個物の本質の直観の演繹的、綜合的な性格が問題となっていた。このことは『エチカ』においても同様である。なぜなら直観知は神の本質の認識を基礎としているからである。ここに大方の研究者の認めるように、[30] 直観知の内面的な、演繹的な構造が問題となる。しかし構造は演繹的であっても、その認識の行為そのものは直観である以上、それは対象にたいして直接的でなければならない。この直接性の起源を精神自体に求めれば、ウォルフソンの主張するように知性の「生得的な力」が問題となろう。[31] また対象との関係から論ずるならば、ボルコヴスキーの主張するように、数の比例の「関係」の直観のように考えられるかも知れない。[32] しかしボルコヴスキーはスピノザが例に出した数の比例の直観的認識を強調しすぎたきらいがある。「理性の有」(ens rationis) を認識する仕方が必ずしも「実在的な有」(ens realis) の認識に妥当し得ないことは、スピノザ自身の認めるところである。[33] ではスピノザ自身は直観知の「直接性」をどのように取り扱っているのであろうか。彼が『知性改善論』において直観知を最近原因による認識と見なしたことはすでに述べた。パーキンソンはこの最近原因が具体的に何を指しているか不明であると主張する。[34] 『知性改善論』においてスピノザは、線の観念に運動の概念を結びつけたときに円の定義が生まれると主張する。この線とか運動は単純な観念である。単純であるかぎり、これらの観念は真の観念と見なされる。しかし円を作図するとき、線の概念は単独にあることはできない。線は「その運動を規定する何らかの原因」[35] と結びつかなければ、円は作図されない。つまり円を作図するかぎりの原因がなければならない。この「かぎりの原因」が彼において最近原因となるのである。この考え方を直観知に適用してみよう。

　直観知は神の本質の観念から導き出されたものである。だが神の本質の観念が直観知としての個物の本質の観念を導き出すのではない。それは無限なものとしての実体の本性が個物の本質を構成しないのと同様である。とすればいかにして神の本質の観念から個物の本質の観念が導き出されるのか。(形而上学的に見れば、直観知もまた思惟の様態であるから、神の必然的な思惟活動によって生じてくると考えられる。だがここでは形而上学的に論ずるよりも、認識論的に論じて行くことにする)。これを前述の幾何学的な図形との類比から考えれば、神の本質の観念は単純なものと見なされ、また個物の本質の観念は複雑なものと見なされる。そして単純なものが単純にあるかぎりでは、それ以上の何ものも単純なものから導き出されなかった。単純なものから複雑なものを導き出すためには、その単純なものが複雑なものを形成するかぎりの原因に結びつかねばならない。つまり神の本質の観念は任意の個物の本質の観念を形成する「かぎりの原因」に結びつかねばならなかった。これは観念の対象としての実在の有、すなわち個物が「かぎりの神」であったことに対応して、神の本質の観念がある個物の本質の観念に変様することである。換言すれば、神の本質の観念の変様化、特殊化がなされて、始めて個物の本質の観念が形成される。とすればこの変様化、特殊化の主体は何か。それはすでに述べたように神の本質の観念でもないし、また対象としての個物の本質でもない。これはスピノザが『知性改善論』でいうような人間知性の「生得的な力」、あるいは「知性の能力と本性」である。(36)つまり「円と円の観念とは別のものである。なぜなら円の観念は円のように円周と中心をもっていないからである」(37)と主張されるように、知性は『短論文』におけるように対象にたいして受動的にあるのではなく、それ自身の能力によって神の本質の観念を基礎とし、それを特殊化した観念としての個物の本質の観念を形成するのである。

スピノザの体系において本質の秩序は時間的存在の秩序から区別される。そしてその秩序の中にあっては一つの本質が他の本質に先立ってその原因になることはない。いっさいの本質は彼のいう永遠存在の体系からするならば、本性上同時に存在しなければならない。ここにはいわゆる時間を媒介にした原因と結果の関係はなく、理由と帰結の論理的な関係のみがある。原因は前述のように結果の外にあるものではなく、むしろその内にあって結果を構成するかぎりの原因である。しかもこの原因は形而上学的に言えば「かぎりの神」であるとすれば、本質の観念、すなわち直観知は神そのものの認識ではなく、「かぎりの神」の認識である。スピノザの『エチカ』の認識論によれば、理性も直観知もものを十全に認識する。すなわち両者は認識の真理性に関するかぎり、パーキンソンの主張するように、(38)価値的な区別は存しないであろう。しかし両者の認識のあり方を吟味すれば、両者の区別は明白である。理性は事物相互の共通性の認識を推論によって果たすのであるから、それは対象にたいして外面的であり抽象的である。これにたいして直観知はものの特殊的な本質の認識として具体的であり、その具体性においてものの本質のうちに現われた「かぎりの神」を認識する。この点、確かに直観知は理性よりすぐれている。しかしそれは理性から生ずる。ここに理性をもちさえすれば、誰でも必然的に直観知の認識をなしうるかのような感じを与える。だが理性から生ずるものは理性的認識だけである。すなわち理性とは異質的な直観知が理性から生ずるためには一種の飛躍がなければならない。つまりそこには理性的な認識とは異なる知性の活動がなければならない。直観知としての知性は、すでに述べたように対象を自己の認識の原因とするのではなく、それ自体の認識作用が対象と関係なく構成的であるところにその意義がある。それは他を原因としてでなく、自己自身において原因からの認識、つまり結局は自己自身を「かぎりの神」として認識することである。換言すれば、思惟するかぎり、その思惟そのもののうちに形成される神、あるいはその思惟のうちに神の思惟が具現されていなければならないのである。そしてその神は精神の本質を構成するかぎりの神、人間精神によって理解されるかぎりの神にほかならないのである。(39)

以上スピノザの直観知が、彼の哲学ならびに方法論の三著作において異なるニュアンスをもっていることを見てきた。『短論文』における直観知は神との合一の認識として極めて神秘主義的な色彩が強かった。しかし仔細に見れば、その認識は神秘主義的であるため、また曖昧であり、合理的ではなかった。(40)ところが『知性改善論』は『短論文』の受動の認識にたいして精神の生得的な力を強調し、数学的認識をモデルとして直観知の構造を明らかにしようとした。このかぎりでは『知性改善論』の試みは、後の『エチカ』との関連から見て成功している。だが理性の有をもって実在的な有を説明することは、認識の発端にたつ神の認識に関しては不成功に終わった。ただ僅かに最近原因による認識が『エチカ』の直観知になることを示したにすぎない。このように『短論文』、『知性改善論』を通じて神の十全な認識について充分な説明がなされなかったとすれば、『エチカ』はこの両者の欠点を是正すべくまず第一に神の十全な認識がいかなるものであるかを示し、次いで個物の本質の認識に移った。そこでは精神を形而上学的には神の思惟の様態として規定するとともに、他方では認識そのものを最近原因による認識として徹底して行く。そしてこの二つのものは互いに独立するものではなく、「かぎりの神」としての本質の認識のうちに渾然と一体化されているのである。つまり『エチカ』の直観知には形而上学と認識論、また神秘主義と数学的合理主義が綜合され、一つのものになっている。また『短論文』において問題となった神との合一は、様態としての精神が「かぎりの神」としての思惟となることによって、もはや「合一」は問題でなくなり、かえって精神が十全に思惟するかぎり、その思惟自体に神そのものが現われる。ここに直観知の合理化とともに、また神秘主義が、『短論文』におけるよりは一層整備された形で現われていると言える。あるいは神秘主義は『エチカ』の直観知において真にあるべき姿に開花されたのである。

注

（1）Ep. 43. p. 220.

（2）K. Verhandeling, II. Cap. I. p. 55.
Tractatus de Intellectus Emendatione, § 23. p. 10.
Eth. II. Prop. 40, Schol. 2.
Cf. Descartes : Regula III et VI.

（3）Lévêque : Le problème de la vérité dans la philosophie de Spinoza, p. 104 ff.

（4）Tractatus de Intellectus Emendatione, § 91.

（5）すでにこの点を指摘した人に次の諸氏がいる。
C. Gebhardt : Spinoza und Platonismus（Chronic. Spinozanum, 1921, S. 193 ff.）
桂寿一『スピノザの哲学』（東京大学出版会）二三〇頁以降。

Bidney : The psychology and ethics of Spinoza, p. 285 ff.

(6) Korte Verhandeling, II. Cap. 15, § 5. p. 79. et 16, § 5. p. 83.

(7) C. Gebhardt : Ibid

(8) Borkowski : Spinoza I. S. 379 ff.

(9) Korte Verhandeling, II. Cap. 2. § 3. p. 55.

(10) C. Gebhardt : Spinoza und Platonismus, S. 193 ff.
Bidney : Ibid. p. 287.
Korte Verhandeling, II. Cap. 18. § 2. p. 87.

(11) Bidney : Ibid. p. 346 ff.
E. Cassirer : Erkenntnisproblem, II. S. 77.

(12) K. Verhandeling, II. Cap. 22. § 7. p. 102.
つまりスピノザの『短論文』における直観知の認識の宗教的性格は、その認識が人間の救済、幸福としての「回心」(Wedergeboorte) を意図していることから明らかである。

(13) Die Schriften des Uriel da Costa, Einleitung von C. Gebhardt.

(14) Eth. II. Prop. 20, 21 et Schol. なお Prop. 43 et Schol. も参照。

(15) Korte Verhandeling, II. Cap. 22. p. 100.

(16) 『短論文』において神との合一の認識が問題となっているが、しかしそれは認識論的見地から問題とされているのではなく、むしろそこでは形而上学から論ぜられた認識が問題となっている。認識論的に見て絶対無限の神をそのものとして認識することが不可能であることを考慮せず、あるいはそのことを無視して、ただ形而上学の上からそれを論じているにすぎない。神秘主義が神との合一という認識に現われているとしても、その認識はきわめて曖昧である。ただ「合一」という言葉に眩惑され、認識のこの曖昧さを神秘主義と称するならば別であるが、彼のいう神の認識に秘められた本来的な意味の神秘主義は、この『短論文』では未だしの感がある。

(17) C. Gebhardt : Spinozas Abhandlung über die Verbesserung des Verstandes, S. 69 ff.
Joachim : Spinoza's Tract. Intellect. Emendatione, p. 35.

(18) Tractatus de Intellectus, Emendatione, § 19. p. 10.
(19) Ibid. Cf. § 92.
(20) Descartes : Regulae, III. (A. T. X. p. 368 ff).
(21) Tractatus de Intellectus Emendatione, § 72. p. 27.
いわば原因が「自己原因」か、それとも「最近原因」であるかによって、認識の構造を考えているのである。
(22) スピノザはこの点に関して『短論文』においてすでに次のように言っている。「私は神をあるがままに認識しなければならないと言うのではない。神と合一するためには、神をある程度認識するだけで充分なのである」(Korte Verhandeling, II. Cap. 22.) と。このようにスピノザは『短論文』において神を知り、合一するためには、神をある程度知るだけで充分であると言っているにもかかわらず、前述のようにこのある程度の認識がどのようなものであるかについては言及していないのである。
(23) Eth. II. Prop. 44. Corol. 2.
(24) Eth. II. Prop. 45 et 46.
(25) Eth. II. Prop. 47, Schol.
(26) Korte Verhandeling, II. Cap. 22. § 1. p. 100.
(27) Eth. V. Prop. 29.
(28) この意味で『エチカ』における直観知はプラトン的であると言える。Bidney : The psychology and ethics of Spinoza, p. 286.
(29) 『短論文』は確かに直接的直観を強調したものであるとはいえ、実際にその認識の価値から言えば、神の認識だけしかなし得ない点で、『エチカ』の理性的認識と何ら異なるところがない。
(30) Joachim : A study of the ethics of Spinoza, p. 182.
Parkinson : Spinoza's Theory of knowledge, p. 182 ff.
Hallet : Benedict de Spinoza, p. 76 ff.
(31) Woflson : The philosophie of Spinoza II, p. 156 ff.
(32) Borkowski : Spinoza nach drei hundert Jahren, S. 44 ff.

(33) Tractatus de Intellectus Emendatione §95.
(34) Parkinson : Spinoza's theory of knowledge, p. 188 ff.
(35) Tractatus de Intellectus Emendatione, §72. p. 27.
(36) Ibid. §31 et 36.
(37) Ibid. §33. p. 14.
(38) Parkinson : Ibid.
(39) Eth. V. Prop. 36, Dem.
(40) 『短論文』における合一としての神の認識には個体としての人間精神がない。このため諸物が神の中にあるという意味で、つまり形而上学的な意味で合一が可能であったとしても、実際には神の認識は不可能であった。

20　愛と認識と宗教

スピノザは信仰と理性の徹底的な分離を主張し、信仰の人格神とは別に、汎神論的、非人格的な神を説きながら、その倫理を説くにあたって、啓示信仰の目指した神への愛を哲学の最高の目標においた。この点、彼はその信仰と理性の分離において全く反宗教的なことを意図したものではなかったと言える。むしろ倫理的な面に関するかぎり、両者は、立場、方法、手段を異にするとはいえ、共通の目標に向かっていたとさえ言える。(1) しかし彼の説く神への愛についての思想は、神の観念が異なる以上、信仰におけるそれと異なることは一見して明らかであろう。信仰は啓示に基づいてこの人格神への愛を説く。だがスピノザの立場は純粋に自然の理性の立場に立って神への愛を説く。このように彼が愛の実践という倫理・宗教的な課題を啓示によらないで理性によって成就しようとするとき、信仰における隣人愛が彼の体系においていかに位置づけられ、また神への愛はいかなる性格をもっているかが当然問題となってくる。以下彼の理性の体系において神への愛、あるいは一般に愛の理論がいかに形成されたかを問題にして行こう。

一　愛の定義を中心にして（一）

スピノザは愛が何であるかを説明する場合、他の感情を説明するときと同じように、自己維持の努力（コナッス）を基礎にして論ずる。(2) このコナッスはすでに述べたように、彼の形而上学ではものの本質と見なされる重要な概念であるばかりでなく、感情論、倫理学を通じての基礎的な概念であった。それは端的に言えば力である。力があればそれにたいする抵抗も必然的に存在するように、コナッスの力は常に自他の間に力学的関係があって現実的となる。スピノザはこのコナッスによって人間感情の力学的関係を説明する。この力学的な関係が顕著に現われるのは、喜びと悲しみの感情であろう。(3) すなわち、他者が自己の存在の維持の努力あるいは活動能力が増大するとき、喜びの感情が生じ、またその反対ならば悲しみの感情が生ずる。この喜びや悲しみの感情には常に外部のものの観念がともなう。スピノザはこの「外部の原因の観念をともなう喜び」を愛と定義し、この反対に「外部の原因の観念をともなう悲しみ」を憎しみと定義した。(4)

この愛の定義における「外部の原因の観念」とは何か。彼によれば観念とは「画板の上の絵」のようなものでなく、むしろ認識作用を意味している。もしそうでなければ、外部のものが自分の存在維持の力を促進するか否かを知ることができないし、また喜びや悲しみの感情も生じてこないであろう。もちろん認識といっても、単に外部のものを概念的に把握することを意味しない。むしろ観念が「身体の変様の観念」と言われる場合、それは単に自己の感覚器官を通しての対象認識につきるものではなく、その対象が同時に自己の身体あるいは存在の維持に役立つかどうかを、身体そのもの（単に感覚を通してではなく）によって認識することを意味する。従ってそれは対象認識であると同時に自己認識でもある。だがこの自己認識も単なる反省ではなく、自己の存在そのものに結びつき、そして喜びや悲しみの感情をともなう認識である。なるほど感情をともなわない認識もある。しかし人間関係において感情をともなわない、あるいは実践なき認識は単なる「理性の有」にすぎない。共通概念としての理性的認識ですらこの例外ではなかった。理性の指導による人間の倫理を説いたスピノザの場合、それは単に学問的な普遍的な認識ではなく、むしろ理性の実践的な性格を顕著に表明している。以上のように観念が認識と同意義をもつとすれば、右の愛の定義は「愛とはある事物について我々がもっている概念あるいは認識から生ずる」(5) と言うのと全く同じ意味をもつ。つまり認識こそ愛の発生的な原因にほかならない。この点において『短論文』と『エチカ』の間には何の相違もない。愛が人間存在の孤独性の克服、あるいは他者との合一であるとしても、彼の場合認識がなければ合一もないし、また孤独の克服もない。そしてこの認識は前述のように自己の存在の認識に密接に結びついていた。(6)しかもこの存在の自覚は喜びや悲しみの原因と見なされる以上、それは結局自己の存在の有限性の自覚を意味する。なぜなら有限の存在であるから、他者との関係においてその活動能力に増減をきたし、喜び・悲しみの感情が生じてくるのである。また自己の有限性を自覚するから、人は他のものと合一し、それによって自己を強化しなければならない。つまり存在するために愛は必然的であり、これなしに人間は生きることができないのである。

愛にたいする認識の優先はスピノザにかぎったことではない。主知主義的な傾向を有する哲学や宗教の一般的傾向と言える。それは仏教においても、また古代ギリシアやキリスト教中世の主知主義的哲学を代表するトマス・アクィナス、またユダヤ教中世のマイモニデスにおいて、あるいはデカルトにおいても見出されよう。(7)右のうち仏教における愛は、「内容的、対象的な側面から考えるならば、現実的なものが非現実的なものとなるための移行、傾向、運動」(8)であり、また認識作用の面から見れば、「ただ無知なものから知に移行することを体験する」(9)ことであるとされる。そして愛が我々の認識を促進させる根源ではなく、むしろ認識の結果と見なされる点はスピノザと同様であろう。だがスピノザの立場は、汎神論を主張しているといっても、東洋的な無の立場ではなく、むしろ旧約聖書以来の Sein の肯定の立場に立ち、コナツスを主張する。また彼には仏教の無明の克服に見られるような智慧はない。このことから仏教をスピノザの愛の思想の先駆思想とすることはできず、むしろそれは西洋の主知主義的な哲学に求められねばならないであろう。スピノザはギリシアの哲学者、プラトン、アリストテレスのうち後者のみをその著作において知っており、プラトンについては直接その著作に接することがなかった。だが彼が名目論的な立場からプラトンのイデアを普遍概念として批判しているところを見ると、(10)彼は全然プラトンを知らなかったわけではない。そしてこれだけを取り上げるならば、プラトンとスピノザとの間には消極的な関係しか見られない。人はしばしばスピノザにプラトニズムのあることを強調する。それも特に「愛」の観念において問題にする。[11] ゲプハルトは、スピノザがルネッサンスのプラトン主義者レオネ・エブレオ（Leone Ebreo）を介してプラトン的な愛の観念に接していたと主張する。[12] つまり、スピノザが『短論文』において主張した、愛とは対象との合一であり、また認識が愛に優先すること、従って愛の価値は認識の価値に依存する、そしてこのことから最高の愛とは最高の認識に基づいていることなどは、すべてスピノザがレオネ・エブレオを通じてプラトンから学んだものであると主張する。もっともこのほかに『短論文』では魂が肉体的な愛に安住できず、超肉体的な、純粋な精神の愛へと「梯子」をのぼって行くように高まって行くというプラトン的なエロスの上昇運動が問題となっている。[13] だがこれらのことはすべてレオネ・エグレオを介さなくても、マイモニデス、トマス・アクィナス、デカルトなどにたとえ部分的にしろ散見しうるのである。[14] それ故、ウォルフソンやビドニーの主張するように、ゲプハルトはスピノザとレオネ・エブレオとの関係を強調しすぎたきらいがある。[15] もちろんスピノザはキリスト教中世の哲学者についてはほとんど知ることがなかったので、これに関してキリスト教のスコラ学者が彼に影響を与えたとは言えないであろう。これに反してユダヤ教の神学者、マイモニデスやクレスカス、また近代のデカルトが彼に少なからぬ影響を与えたことは事実であろう。すなわちプラトン的な愛はゲプハルトの主張するように、単にレオネ・エブレオを介してスピノザに伝えられたというより、様々の方向から彼に伝えられたと見る方が至当であろう。

プラトンが『饗宴』において「欲求するものなら、誰でも手もとにないもの、現在ないものを欲求するのであり、自分がもたないもの、自分がそうでないもの、自分に欠けているもの、このようなものは欲求と愛の対象をなしている……」[16]と言い、しかも「人々が愛するものは善いもの以外にない」[17]と言うならば、愛とはいわば自分に欠けた善の所有の意味となろう。このプラトンと同じような見解が、スピノザの『短論文』に見られる。すなわち、「欲望に関して言えば、それは単にある人々の主張するように、人のもっていないものを得ようとする願望あるいは傾動に存するにしても、また他の人々が主張するように、我々が今すでに享受しているものを保持しようとする願望あるいは傾動に存するにしても、それは『善の相のもと』(onder de gedaante van goet) でなければ、誰にも起こり得ないことは確かである[18]」とスピノザは言う。つまりプラトン的な愛が意味した善の所有とそれを永久に保持することとが『短論文』においても主張されている。ただプラトンの場合には善を所有することとそれを永久に保持することとは同じ意味をもっていたが、スピノザは両者を区別し、むしろ所有することに愛の積極的な意義を認めようとする。「なぜなら、ものが享受されると欲望もまた終わるからである。そしてそのとき我々の心の中に起こる、そのものを保持しようとする状態は、もはや欲望ではなくて、その愛したものを失うまいという恐れである[19]」。

以上のように愛を広い意味で欲望と解するかぎり、プラトンの説とスピノザの『短論文』の説とはそれほど大きな相違がない。だがスピノザ自身は特に愛という言葉を用いる場合、クレスカス、トマス、レオネ・エブレオ、デカルトなどと同じように、「所有」というより、むしろ「合一」(vereenigung) という言葉を用いている。すなわち、愛とは「あるものを享受し、かつこれと合一することにほかならない[20]」のである。このことに関し、ウォルフソンは、スピノザがこの合一としての愛をデカルトから学んだと主張する。デカルトによれば愛は対象との合一の仕方によって区別される。つまり「愛する対象が種々あることに対応して、愛の種類を区別する必要はない[21]」と主張されるのである。なるほどスピノザも『短論文』においてはこの合一としての愛の中に感覚的な愛、理性的、そして知性的な愛を含めて考えている。しかしこれは対象の区別に対応する愛の区別である。つまりスピノザはデカルトのように結合の仕方によって愛を区別しているのではない。なるほどデカルトと同じように、彼が愛における合一を「愛するものと愛されるものとが同一のものとなるような、あるいはその二つが一緒になって一つの全体を構成する[22]」と解していたとしても、その合一の仕方そのものに種々な区別があるとは考えなかった。むしろ愛するものの側から見れば、合一は善の獲得によって自分の生命を強化することにほかならないとすれば、合一としての愛の根源的な形式はやはり所有であると帰結されるのである。従ってスピノザは所有と合一とを区別して、後者の方がよりすぐれていると言っているのではない。このことは、彼が愛を合一と見なしても、それは結局欲望にほかならないことを意味しているのである。

以上のことからスピノザの『短論文』における愛の区別は、合一する主体の面から考察されず、むしろ客体の面から考察される。すなわち、彼は愛を愛される対象の完全性の度合に従って分類する。この分類の仕方を畠中氏はスピノザ独自のものであると主張する。(23)だがウォルフソンやビドニーの主張によれば、この分類の仕方はクレスカス、トマス、エブレオなどに見られるのである。(24)スピノザは客体としての善をアヴィケンナ以来の伝統に従って、「それ自身において可滅的なもの」、「その原因によって非可滅的なもの」、「単に自分の力と能力のみによって永遠、不滅のもの」の三つに分けた。(25)愛はこれらの善との合一によって区別される。善なしには愛もまたあり得ないため、愛の原因は認識ではなくて、善であると主張されている。つまり「それは(愛することを指す―筆者注)我々に依存せず、我々が対象の中に認める善と利益にのみ依存する」(26)のである。だが先に述べたように愛が認識から生じ、また愛の対象としての善は認識によってのみ知られることを顧慮するならば、認識こそ愛の原因でなければならないであろう。因みにスピノザが上に挙げた三つの善は、それぞれ彼の三種の認識、すなわち感覚的認識、理性的認識そして直観知に対応している。このため、これらの認識が把握するそれぞれの善について愛が生じてくるのであるから、当然認識の主体の側に愛が依存すると考えられる。

しかしスピノザはこれを否定し、愛が認識の客体のうちにあると主張した。しかしその説明は曖昧で要領を得ていない。なぜなら、彼は「我々がそれを愛しまいとすれば、あらかじめ我々がそれを認識しないことが必要であろう。しかしそのことは我々のうちにない、すなわち我々に依存しないのである」(27)と言っているからである。スピノザは

「もし我々が何も認識しなかったならば、確かに我々もまた存在しなかったであろう[28]」と言い、また認識なき愛はないと主張しながら、「愛しまい」(niet wilden beminnen)ということはいかなることか。「愛しまい」は単に愛さないことと同義ではない。もっと意志的なものである。それは認識しないということより、むしろ積極的に認識しまいということに通ずるとすれば、それはもはや存在の肯定ではなくて、否定である。だが彼の『短論文』の思想からすれば、愛の反対の憎しみ(悪の認識に基づく)があっても、愛しまいということはあり得ない。あるいはスピノザの主張するように「愛しまい」が「認識しない」ことを前提とし、また後者が自己の非存在を意味するとすれば、認識を愛の基礎とする彼の立場には、善・悪いずれにも無関心な認識はあり得ない[29]。このため「愛しまい」ということから、愛が我々に依存しないという結論はひきだせない。むしろこのことは次のように改められねばならないであろう。すなわち、我々の認識するいっさいのものはすべて善であるとはかぎらない。もし合一としての愛が認識にのみ依存するとすれば、悪との合一も愛でなければならない。これは不条理である。このため愛は客体としての善にのみ依存すると。

さらに以上のことと関連することは、『短論文』の合一としての愛は、既述のような受動としての認識と密接な関係を有することである。この場合受動とは、認識が客体の刺激によって生ずることではなく、客体がそれぞれの認識の仕方に応じて知性に現われるということであった[30]。それは客体が外面的な意味で現われるという意味ではなく、内面的に現われるという意味である。一般に前者を受動と言うならば、後者は何と言うべきか。筆者はこれを合一の他の側面であると言う。彼は認識において対象との一致あるいは合一を真理の規準としたが、この一致、合一が愛をともなう認識の主体にあっては所有となり、客体の側ではそれが認識の主体に「顕現する」のである。かくて愛とは我々の外にある善(この「外にある」をゲプハルトはプラトン的な超越の意味に理解している[31])そのものが、我々の知性に顕現する際に生ずる獲得の感情となろう。そしてこの愛において我々主体は与えるのではなく、ただ受けとるにすぎないのである。

だが受けとるべき善についても『短論文』では、その認識の受動的な形式の故に、主体は自らの善を決定すべき真の基準をもたない。愛は認識の主体に依存しないと彼が主張するかぎりこのことは当然であろう。ただ自他を比較し、利己的な関心から自己の欠乏をみたすもののみが善を決定する。そしてこの善への愛によって人は自分を他に比肩すべく努力するが、他を高めようとはしない。またこのような相対的な「善の相のもと」にあっては、愛は一箇所に定住できず、より小なる善から大なる善への移行が必然的である。スピノザ自身確かにこれを認めた。この移行なしに、最高の、いわば絶対的な善、神への愛にたいする「梯子」はかけられまい。しかしもし我々がこの愛に到達したならばどうなるか。スピノザによれば神は永遠であるから、神との合一としての愛も永遠である。しかし対象が永遠であっても、愛の基本的な形態が善なるものの所有あるいはそれにたいする努力として見なされるかぎり、当然それは対象の享受とともにその欲望も止むものと考えられなければならない(32)。つまり神への愛は神の認識が得られると同時に消えて行かねばならない。それ故、対象が永遠であっても、それにたいする愛が永遠であるとはかぎらない。愛が永遠であるためには、むしろ別の原理に基づく愛が考えられねばならない。この点、スピノザの『短論文』では彼がいかに崇高な、宗教的な愛を説いたとしても、以上のように彼が欲望としての愛をとなえるならば、結局は単に利己的な自己中心的な愛しか出てこないのである。かくて『短論文』は神への愛の永遠性を規定するには不充分であったと言える。では『エチカ』ではどうであろうか。

二　愛の定義を中心として(一)

『エチカ』の愛の観念の特徴は、『短論文』の合一としての愛の観念が後退し、合一は愛の本質ではなく、その特質あるいは結果にすぎないと主張されていることである。[33] つまり愛は「外部の原因の観念をともなう喜び」というように、愛が愛するもの自身の喜びという主体的な意味を著しく帯びてきたことである。それは『短論文』に見られるように客体としての善への愛というプラトン的あるいは超越的なものでなく、内在的なものとなってきたことである。

右の愛の定義における「喜び」とは自分の活動能力あるいはコナッスが増大し、高まることの喜びである。[34] スピノザがこのようにコナッスから喜びとしての愛を論じたこと、それは彼が愛をまず自己保存という人間の最も原初的な欲望から語っていることを意味する。つまり彼の説く愛は自己愛を経過している。だが自他の力学的関係において単に自分だけの存在を主張することは、自分以外の他者をすべて敵対者にしてしまう。このかぎり自己維持とは他との力の争いにおけるそれである。有限の存在が果てしない力の争いの中にあって自己の存在を維持しうるのか。争いのため自己維持の力はその意志に反して逆に減少するのではないか。むしろそれは零に近いものとなろう。よりよく生きようとしながら、逆に死が与えられる。このように単に自分の存在だけの維持を基礎とする愛、他をさしおいて自分だけを愛する愛は、たとえそれが他から受けとるだけの愛であったとしても、実は何ものも他から受けとっていない。それは自分を愛するというより、愛さなすぎるのであり、その結果はかえって自分への憎しみを自らの手で招来していると さえ言える。[35] 彼はこのような自己愛を説くためにコナッスをもち出したのではない。彼が愛をコナッスによって説明したのは、(これは彼の哲学の根本問題に通ずることであるが)、人生の肯定、自己肯定をあらゆるものに先立って考えているからである。彼は欲望のままに自己主張をしてかえって自己否定を招いたり、またその反対に欲望の抑制、禁欲あるいは現実の生活を否定して、超越的なものに憧れをいだくことはなかった。彼は決して単なる理想主義者ではなかった。彼が『エチカ』において超越論者ではなく、内在論者であったことは、善の概念を語る上にも明瞭に現われている。

コナッスにおいて示される自他の力の関係を外面的に見るならば、善とは主体の外部にあって主体の活動能力を促進し増大させるものとしての外的な善であろう。『短論文』において見られた善はこのようなものであった。ところが『エチカ』でははっきりと「何人も他のもののために自分の存在を維持しようと努力しない(36)」し、また「もし人が他のもののために自分の存在を維持しようと努力するならば、そのものこそ徳の第一の基礎となろう(37)」と言うように、それが何であれ自分以外のもののために自分の存在を維持することはもはやコナツスとは言えない。このことはたとえその外部のものが善であったとしても同じであろう。スピノザによれば何か善なる外部の目標に向かい、またそれに駆り立てられて活動することは、受動であって、能動ではない。かくて彼は「あるものが善であると我々が判断するから、我々は努力し意志し、欲求するのではない。むしろ反対に、あるものへ努力し、衝動し、意欲するが故に、そのものが善であるとわれわれは判断する(38)」と主張する。前述したような『短論文』の外的な善に比し、『エチカ』では主体それ自身のうちに、すなわち主体の行為そのもののうちに善が内在している。だが主体の行為と言っても、それは盲目的、偶然的なものではない。あるいは主体の単に恣意的な行為が善となるのではない。それは「自己の固有の本性に従って活動する」ことを意味し、自己の本性からの必然的な活動、自己の本質の実現を意味するものにほかならない。盲目的、偶然的、あるいは恣意的な活動は、たとえそれ自身の本性から生じたものと見えても、実はそうでなく、むしろ何か自分以外のものに駆り立てられた活動である。それは活動の理由あるいは原因がその活動自身のうちにない。ところが本性に基づく必然的活動は、それ自身のうちにその活動の理由あるいは原因をもつ。彼はこのような活動を徳と見なす。従って善とはこの自己の必然的な活動そのものを意味し、自己の外に客体として存在するものではない。かくて我々は善のために生きるのではなく、生きるからこそ善なのである。彼が人間の最も原初的な本能と見られがちな自己維持の努力から人間の徳を説きおこしたのは、まさに以上のような理由からであって、決して低次の感覚的、肉体的な愛から超肉体的な愛への「梯子」を説こうとしたからではない。彼には現実を否定し、また逃避することによって善、至福を求めようとする考え方は全然ない。むしろあくまで現実の中にあって、自己の存在の充実、完全性を本性に基づく必然的な活動に求めて行ったのである。

『エチカ』の愛は、「外部の原因の観念をともなう喜び」とあるように、『短論文』と同じように認識から生ずる。だがすでに述べたように『エチカ』の認識は、『短論文』のように受動と解せられる認識ではない。なるほどスピノザによれば観念あるいは精神は「身体の変様の観念」と規定されるように、感覚的なものにその起源を有する。変様が問題となるかぎり、それは他からの刺激によって生ずるものと解され、受動的なものと見なされがちである。だが彼の心身平行論からすれば、身体の能動と受動に精神の能動が対応しなければならない。すなわち、身体に生ずる変様は単に他から刺激によって生ずるものとはかぎらない。従って精神が身体の変様の観念と規定されるのは、精神が身体を通じて対象を認識し、あわせてそれによって自分の活動力を自覚する認識だからである。もっともこの場合活動力の増減をもたらすものは、自他の間に何らかの共通性あるいは関係があるものにかぎられる。なぜなら、すでに述べたように何びとも自分と無関係のものから心を動かされることはないからである。つまり自分と何らかの関係があるものに向けられた認識には必然的に活動力の増減がともない、喜びと悲しみの感情が生ずる。この感情をともなわない認識は、実践から区別された単なる理論的認識であり、いわば「理性の有」の認識である。以上のことから明らかなように、愛における認識はコナツスの原理に基づき、自分の活動力の増大を喜ぶ認識である。しかもその活動が身体の本性に従う必然的な活動であれば、その認識は能動的な認識となる。愛における認識が単なる対象認識につきず、自覚の意味をもつことは、すでに『短論文』の愛の観念を述べるさい示した。だが『短論文』の場合、その自覚は自己の有限性、欠乏の認識であって、それから自己卑下や悲しみが生ずることがあっても、決して真の意味の喜びが生ずるとは考えられない。この点、それは『エチカ』の喜びをともなう認識とは根本的に相違する。もちろんこの自覚にも欠乏の自覚が潜在しているからこそ、それから生ずる喜びが大きいと言える。しかしそれは所有や獲得としての愛のように、単に受けとるだけだけの喜びではない。むしろそれは能動的な認識に基づくために、与える喜びである。そしてコナツスが消極的にただ自分の存在を維持するだけの消極的なものにとどまらず、他に働きかけることによって同時に自分の活動能力を高めることを意味すれば、喜びは与える喜びであるばかりでなく、与えることによって自己の向上、自己完成への喜びであると言える。

以上のように愛が自己の活動能力の増大から生ずる喜びであるとすれば、その活動能力の増大の仕方によって愛が色々と区別されてくる。この点『エチカ』は、その対象の種類によって愛を分類する『短論文』とは明らかに区別される。ここでは愛は主体の在り方によって区別される。さてまず第一に考えられる愛は、前述したような、ただ他から受けとることによって自己の活動力を増大させようとする利己的な愛であろう。この受けとるということが自分の外部にある善の所有を意味すれば、ギリシア的エロスもこの種の愛に属するであろう。そしてこの場合、外部の善とは自他の比較によって決められるため、それは単に外面的な認識、つまりスピノザによればイマギナチオの認識に依拠する。このように単に獲得、所有するだけの愛が結局イマギナチオの認識から生ずるように、『エチカ』における愛は、結局主体の在り方というより、主体の認識仕方によって区別される。つまり『短論文』のように愛すべき善が、自分の外部にア・プリオリにあるのとは異なり、認識の仕方に対応して存在する。すなわち、対象の価値によって認識の価値が決まるのではなく、逆に認識の仕方によって対象の価値が決まる。というのは、あらゆるものが神の様態と見なされるスピノザの体系では、いかなるものも様態として同一の価値をもっている。すべてがこのように一様であることは、結局それらが没価値的であることを意味しよう。この本来的に没価値的なものが、それを認識する仕方によって価値的に区別されるのである。あるいは彼の平行論からすれば、活動力の増減に対応して認識が種々に分かたれると同様に、善はそれぞれの認識の段階に応じて現われる。つまり『エチカ』における愛の区別は、認識の受動と能動の区別に対応する。

上述のように受動の認識に基づく愛が、感覚的な愛あるいは所有の愛であるとすれば、能動の愛とはすでに述べたように自己の必然的活動にともなう喜びである。だがこの愛にも能動的認識が理性的認識と直観知に分かれていることから、微妙な相違が生じてくる。まず理性の愛について論じよう。認識論的に見ればスピノザの理性とは共通概念であり、自他の共通性に基づく認識である。これは彼によればこの世界が共通なものの一致によって統一され、調和されているという意識に基づいている。ここでは、各自は単なる欲望のままに活動し、相互の争いの渦中にまきこまれ、「人間は本性上敵である」とか、「万人の万人にたいする戦い」を現出させるのではなく、むしろ全体との一致に基づいて行動する。これが理性的な活動であるとすれば、人間の自然状態はホッブスの場合と異なり、外的な統制によって止揚されるのではなく、各自の理性によって止揚されると言うべきであろう。スピノザによれば人間は理性的であるかぎり、「人間ほど人間にとって有益なものはない」のである。つまり理性的であるかぎり、人間は真に「社会的な動物」(animal saciale)である。[39] 理性による自他の一致によって、自他ともに有益であり、且つ自分の本性を完全なものに向上させることができる。この際スピノザは「外部のものを利用する」と言うがそれは外部のものを手段として利用することではない。彼は「全く同じ本性をもつ二つの個体が相互に結合するならば、単独の個体より二倍の能力をもつ個体が構成される」[40]と言う。これは彼の全体と部分の考え方からすれば、二つの個体が機械的に結合することではない。両個体が有機的に結合することによって、一つの個体が二倍の能力をもつことを意味する。単に一つの個体のみが二倍の能力をもつのではなく、自他ともにそれぞれ二倍の能力をもつのである。もちろん結合とか合一は『短論文』において問題とされた。だが『短論文』では対象との合一が利己主義的な愛の形式によって示されているが、この『エチカ』では利己愛は利他愛と同一であり、またそれによって利己愛は単なる利己主義的な動機から脱けでている。この理性における自他一致の愛は、兄弟愛、宗教的に言えば隣人愛に通じよう。

宗教的な隣人愛の思想は自己犠牲的なものに貫かれていると言われる。ところがスピノザの『エチカ』には自己犠牲的な要素は全く見られない。もっとも彼は『短論文』において隣人愛をかの合一の思想からでなく、むしろ人間が全自然の一部であり、生きるためにはこれに依存しなければならぬことから帰結した。しかしこの全自然への依存とは形而上学の意味でなく、むしろ宗教的に神の奴隷、下僕となることを意味し、これによって人間の最大の完全性が示される。このように『短論文』には未だ宗教的な自己犠牲の残滓が見られる。しかし『エチカ』の場合、自己犠牲は自己の本性に基づく必然的な活動を妨げる。このためそれは善ではなく、むしろ悪でさえある。E・フロムの主張するように[41]、「汝自身のように汝の隣人を愛せよ」が単に自己犠牲的な愛によるものでなく、自己愛と利他愛の二つの契機から成りたっているとすれば、スピノザの理性における愛こそ、まさしく右の二つの契機から成りたっていると言える。誰でも自分を善く愛するものは、他を善く愛することができるのである。自分を愛さずに他を愛することは、単なる利己主義的な愛が真に愛に価しなかったと同じく、それは真の愛とは言えないのである。

スピノザは『神学・政治論』において宗教の核心に触れて、それが隣人愛につきると言った。彼はこれをヨハネの言葉を借りて次のように言う。「何びとも神を見ないのであるから、このことから何びとも隣人への愛による以外に、神を感じないし、また認めない……[42]」と言う。しかも彼によれば宗教は学問的な認識を教えるものではなく、人々に服従としての敬虔を教えるにすぎないとすれば、そして認識なきところに愛がないとすれば、本来神の真の認識、哲学的認識を目指さない宗教には神への愛はない。逆に宗教は神への認識なしにも成立する。かくてスピノザは聖書の全律法が神への愛と隣人への愛に要約されると主張しながら、後になって（すでに述べたように）隣人愛のみを宗教の核心となすに至った理由もここにあるのではないか[43]。彼が啓示宗教において見出した宗教の存在理由は、隣人愛に基づく倫理的な実践でしかなかった。しかもこれが律法や戒めにたいする服従の形で現われているとすれば、スピノザは隣人愛の倫理的実践を理性において果たそうとする。なぜなら、敬虔という言葉は『エチカ』において「理性の指導に従って生活しようとする善行への欲望[44]」として規定されているように、誰でも理性的でありさえすれば、これに到達することができる。この点、スピノザのいう理性的な敬虔は、命令や服従を通して得られる宗教の隣人愛あるいは敬虔と異なる。彼の理性に基づく行為は、たとえ宗教における服従が心の同意を得た服従であったとしても、その服従の行為よりも数等まさることは自明のことであろう。しかも彼は信仰と理性の分離を主張した。だがこれによって理性が実践から遊離した単に理論の領域における探求に限局されるならば、それはかえって人間理性の不自由を意味し、真の独立を意味しない。このため人間の理性が真に独立するためには、それはむしろ従来の宗教が果たしてきた倫理的な実践を理性自身によって、理性の原理によって遂行しなければならない。そしてこのことが理性によって果たされるのを見るとき、我々は彼の哲学を理性の宗教と呼ぶに何の躊躇も感じないであろう。

三　認識と愛

スピノザによれば信仰は神の真の認識をなし得ず、それをなしうるのは哲学のみである。この点、彼は両者が同じ目標を目指していると言いながら、哲学の方に優越性を認めていたことは確かであろう。そしてこの認識をなすのが最高の認識、直観知であった。だがこれは神をそのものとして、あるいは絶対無限のものとして認識するものではなかった。絶対無限、無限に多くの属性をもった神をそのものとしてとらえることは、人間の能力を超えたことであり、それは人間にとって不可能なことであった。直観知は神をあくまで「かぎりの神」として、すなわち神の変様としての個物の本質において認識する。神の必然的な活動の結果として個物の本質を認識するのが直観知であり、そしてそれはまた神を原因として認識するため、原因からの認識、必然性の認識であった。なるほどこれは個物の本質の認識である。しかしこれは近代の認識論におけるようにいわゆる対象認識の形式において本質を認識するのではない。対象化するかぎり、個物の本質は主観・客観の分裂にさまたげられ決してそれを真に認識することができない。それは表面的な現象の認識、彼によれば共通概念の理性的な認識にとどまって、本質の認識をなし得ない。このためスピノザはいわゆる主観・客観の枠の突破して、この本質、つまり物自体の認識をなそうとする。この認識を可能にするものは何か。それは愛である。愛をともなう認識のみが事物と合一し、その秘密のベールをあばくことができる。このような主観・客観の枠を超えて、事物との合一を自覚することは一種の神秘主義と見なされよう。だが神秘主義といっても、それは反理性的なものではない。すでに述べたようにスピノザはこの認識が理性から生ずると主張する。直観知が超理性的であっても、反理性的でないのは、それがまさに理性に基礎をおいているからである。

スピノザはすでに述べたように『エチカ』において対象との合一は愛の結果あるいは特質であって本質ではないと主張する。とすれば精神それ自体の認識のうちに、その合一を可能にする根拠がなければならない。彼によれば精神の本質は観念の観念としての反省的な認識であった。しかしそれは単に自分をそのものとして認識するのではなく、自分を原因から認識することである。すなわち、自己のうちに自己ならぬ原因、換言すれば神を認識することである。個物がそれ自体としてあるというより、「かぎりの神」としてあると説く彼の体系では、神の認識はこの反省的認識の場合自己自身の根底にある「かぎりの神」を認識することである。つまり個物としての精神の反省的認識は究極において直観知のそれである。精神が自己の本質をこのように認識するとき、精神は他の諸様態との関係なしに自由に確立されていることを知る。この自由な精神が他の個物の本質を認識する。直観知は理性を自己の発生的基盤とした。理性は共通概念としてその構造から見れば自他の一致の認識であった。しかしこれはいわば対象認識の故に、未だ自他の間に主観・客観の間に分裂があり、一致といっても、それは合一としての一致ではなく、認識論的に見れば単に自他の外面的な共通性の一致にすぎない。この一致の故に自他の間に（表面的には）区別がなくなり、自他不二の新しい基盤が形成される。だが自他に共通なものはものの特殊な本質を構成し得ない。このため理性の認識にとどまるかぎり、自他の共通性の外延は拡がっても、自他そのものの本質は認識し得ない。しかし理性が築いた両者の共通的な基盤は、何びともその上にたつかぎり、意欲すると否とにかかわらず、自他が必然的に、たとえ表面的であるにせよ一致することを意味する。この一致を単に表面的なものにとどめず、合一としての一致をもたらしたのが直観知である。

直観知はすでに述べたことから明らかなように、理性の外面的、普遍的認識を通過し、ものの本質に迫る内面的な認識である。合一はこの認識の結果である。つまり合一は個物の本質を真に認識しさえするならば達成されるものであって、自他がその本質において全く一体化し、無差別的になるのとは根本的に異なる。それは認識する主観の側から見れば、自分自身の全本質を挙げての認識である。というのは、他者を理解する際、自分の本質を隠蔽して他者を理解しようとするならば、後者は警戒して自らを明らかにしないからである。すなわち、自己自らの本質を明らかにしてこそ、他者もまた自らの胸襟を開くのである。これはいかにして可能か。自他の一致を原則とする理性の立場にたつかぎり、認識の主観が客観を一方的に理解することはない。彼の理性は、たとえその認識そのものは外面的であるにせよ、自他の間に何らかの内面的な連関のあることを明らかにする。これなしにはものを神の様態として必然的に、「永遠の相のもと」に認識することは不可能であろう。彼の場合自己の本質を明らかにするものは、すでに述べたように主観の内部においては反省的認識である。つまり個物の本質の認識とは、認識する主観について言えば、精神自体が自己を認識するかぎりの、すなわちコナッスをもつかぎりの本質認識である。だがこの自己認識、反省的認識は、「観念の観念」(idea ideae) として始めに対象の観念がなければ成立しない。(45) つまり対象としての個物の本質の認識が観念の観念の基礎となる。

スピノザは認識から愛が生ずると言うが、しかしそれは時間的な意味において愛が認識の後から生ずるという意味ではない。彼は「感情について明瞭・判明な観念が形成されるならば、この明瞭・判明な観念と単に精神にのみ関係するかぎりの感情そのものとを区別するものは、ただ見方の相違だけである」(46) と言う。つまり認識としての観念と感情(愛もそれに含まれる)とは単に名目的な区別であり、実質的には両者は同一のものと見なされる。かくて知ることはすなわち愛することになり、また逆に愛は知であるという、極めて主知主義的な結論が生じてくる。もちろん主知主義的と言っても、それは従来の主知主義のそれではない。後者においては愛は認識にたいして常に従属的であり[47]、またその知は単に概念的思惟の形で対象を理解しようとつとめるため[48]、対象の核心に迫ることができなかった。これに反してスピノザは知即愛の実践によってものの本質そのものに迫る。つまり直観知は対象を愛によって知る認識となろう。前述のように、直観知が自己の全本質を挙げての認識というのは、まさにそれが愛としての認識にほかならないからである。ものは愛によってよりよく、真に認識される。そして直観知の本質が自己の本質を認識する反省的認識であるとすれば、直観知は自己の内的根拠を楽しむという喜びをともなっている。このため『エチカ』における、「外部の原因の観念をともなう喜び」という愛の一般的定義は、ビドニーの主張するように、むしろ内部の原因の観念をともなう喜びと書き換えられねばなるまい[49]。

直観知の場合、愛と認識が名目的に、あるいは論理的に区別されたとしても、実際には両者は同一物であった。これと同じことが観念と観念の観念としての反省的認識の間にも見られる。つまり観念があるから、観念の観念があるといっても、後者は時間的に前者の後にあるのではない。両者の区別は単に論理的なものであり、実質的には最初の観念のうちに反省的認識としての観念の観念の役割が含まれているのである。とすれば観念それ自体は単に対象の観念であるばかりでなく、自己の観念の反省的認識である。否、それは対象認識即精神の自己認識である。従って精神が自己の観念を真に認識するならば、他を真に認識するのである。しかも彼において認識と愛とが同一であり、不可分のものであるとすれば、自己愛は imaginatio の自己愛のように他愛と矛盾するものでなく、両者は両立しうる。否、自己愛即利他愛となるのである。

スピノザによればものの本質はその完全性と同義である。このため、個物の本質を認識する直観知とその愛も完全である。しかしこれは直観知がものの完全性としての本質を認識するから完全なのではない。認識あるいは愛そのものが、自己の本質を表現するものとしてそれ自体において完全なのである。従ってこの愛は、自分以外のより完全なものを求めるプラトン的エロスとは本質的に異なると言わなければならない。この愛にはより完全なものを求めて、自己の活動力の増大を喜ぶふつうの意味の喜びはない。換言すれば、それ自体が完全であるため、この直観知の愛には喜び・悲しみという感情の移行はない。むしろこの愛はそれらの感情を超えている。すなわち、ジョアヒムの主張するように(50)、喜び、悲しみの感情に動かされることのない、いわば不動の境地というべきものが現われている。だが不動の境地といっても、それは単に静的なものではない。彼によれば静的とは何も認識しない、活動しない状態を表わし、それは死そのものを意味する。生きているかぎり、すべてのものは動的である。そして能動、受動はその動的なものの程度の差として現われる。そして喜び、悲しみに左右されることが、それだけ受動に組することを意味すれば、今問題となっている直観知の愛は、受動のすべての契機を超えている。それは感情的なものから遠ざかっているのではなく、それを超えているのである。

スピノザにおいて理性の普遍的な認識は究極において神への認識を可能にした。だが理性の求める自他に共通なものを人間にかぎって考察するならば、人間にとりもっとも共通であり、役に立ち、利益を与えるものは人間にほかならない。とすれば、理性を基盤にして生ずる愛には神への愛のほかに人間への愛がある。しかし理性それ自体は普遍的であるため、その人間への愛は普遍的なものにとどまり、ある特定の個人に向けられたものではない。それはむしろ普遍的な人類愛、あるいは宗教的な隣人愛の形で顕現されよう。しかし普遍的なるが故にそれは抽象的である。それが具体化されるためには、その愛が特殊化され、ある特定の個人に向けられなければならない。この点、直観知に基づく愛は、それが人間に向かうかぎり、ある特定の個人に向けられたものと解することができる。だがそれは普遍的な理性の愛を単に特殊化したものではない。むしろそれを特定の個人において顕現することにより、理性的な人類愛は具体的となり、lebendig なものとなる。換言すれば、理性の人類愛、隣人愛は直観知の愛において始めて真のあるべき姿となり、その真の意味をもつに至る。つまり理性の愛を通過した直観知の愛は、その個人への愛において理性的な人類愛を真に実現したものと考えられる。かくて直観知においては個人への愛即人類愛であり、また直観知が神の認識でもあることから、個人への愛即神への愛となる。そしてこの個人への愛、人類愛そして神への愛は直観知においては単に見方の相違から名目的に区別されるだけであり、本質的に右の三者は一つのものである。

スピノザのように認識から愛が生ずるという立場では、啓示宗教における神の愛は、認識の面から、すなわち彼によれば宗教が神を真に認識し得ないことから、否定されてしまう。しかしキリスト者のように、神と人間との人格的な関係からこの神の愛を主張するならば、それはスピノザの立場からどのように考えられるであろうか。彼は神と有限者としての人間の間に何らかの共通性があることを認めていた。この共通性を認めることなしに、彼の理性による神の認識は不可能であったろう。しかし彼は有限者を神の様態と見なしても、それを単なる有限、あるいは無限とは絶対的に区別される有限とは考えない。また彼は神を人格的存在とも見なさない。神を人格的存在と見なすことは、神を imaginatio によって認識することを意味し、それは結局無限なる神を有限化することであった。否むしろ、それは無限と有限との混同を意味する。従って神と人間との間に何らかの共通性があると認めても、スピノザには、神と人間との人格的な関係が成立しない。ここに彼とキリスト者の間には大きな相違がある。前者によれば神は無限であるかぎり、いかなる受動にも関与しない。このため神は喜び、悲しみの感情をもったり、またそれに動かされるとは考えられない。喜び、悲しみの感情をもつことは神が有限であってこそ始めて可能である。かくてスピノザは人間的存在としての神を厳しく批判する[51]。本来的な神は何びとも愛さずまた憎まない[52]。従って人間は神を愛することができても、神から自分が愛されることは期待できない[53]。このように彼の立場は神と人間の相互関係を否定する。両者の関係は、人間から神にたいして向かう一方的な交通のみである。だが神は何人も愛さないにもかかわらず、思惟を自己の本質的属性とする以上、自分自身だけは必然的に愛することができる。しかしこのことは「神があたかも人間を（いわば）ただその運命にまかせているように理解されてはならない。むしろ人間は存在するいっさいのものとともに神の中にあり、そして神はすべてのものから成り立ち、従って本来的には他のいかなるものにたいする愛も神にはあり得ない。なぜならいっさいのものは神としての唯一のものから成りたっているからである」[54]。この『短論文』からの引用において明らかなように、スピノザは汎神論の立場に立って神が他のものを愛さないと言った。なぜなら、汎神論の体系には神にたいして他と言われるものは存在しないからである。いっさいは神の中に含まれるが故に、いっさいは神にとって他ではない。それ故、スピノザの神は有神論のように他を愛することがないにもかかわらず、いっさいを愛している。このいっさいにたいする愛が神の自己愛である。逆に言えば、人間の精神がその本性に従って神を愛するとき、それは神を他として愛するのではない。自己として愛するのである。つまり汎神論の神においては神と人間との間に愛に関する自他の区別はない。このためスピノザは『エチカ』において、「神にたいする精神の知的愛は、神が無限であるかぎりでなく、永遠の相のもとで見られる人間精神の本質によって説明されうるかぎりにおいて、神が自己自身を愛する神の愛そのものである。すなわち、神にたいする精神の知的愛は、神が自己自身を愛する無限なる愛の一部である」[55]と言うのである。

スピノザは『エチカ』において神秘的汎神論を表面化せず、むしろそれを彼なりに論理化した「かぎりの神」という言葉によって神と人間の一体あるいは合一を問題とした。つまり精神それ自体は自己を「かぎりの神」として把握するとき、神にたいする精神の愛と神自身の自己愛とが同一であると主張するのである。これによっても明らかなように、我々が直接的に愛しうる神は、無限の神そのものではなく、「かぎりの神」としての神である。これは人間の限界である。彼は一方において有限者を無限に超越する神の観念、絶対無限の神を考えながら、他方において人間によって理解される神を考える。これを表面的に考えるかぎり、二つの神の間には断絶がある。なぜなら後者は形式的には個体の形相をもつからにほかならないからである。しかし彼の場合、神にたいする精神の知的愛が神の自己愛の一部であることにより、人間精神によって理解されるかぎりの神と絶対無限の神との一体化が主張される。そしていっさいは無限なるものの自己展開として理解される。このかぎり啓示宗教に見られるような人間にたいする神の偶然的な、目的的な愛はなく、ただ神の無限なる本性に基づく神の必然的な愛のみが存する。ここにいっさいの個物がもつ愛、自己の本性に基づく個物自身の愛は、無限なる神の自己愛の体系に吸収される。そして神こそ愛そのものと見なされ、その体系が汎愛論と呼ばれる所以がでてくるのである。

注

（1）Brochard : Étude de phil. ancience et de phil. modern, Le Dieu de Spinoza, p. 337.
（2）Eth. III. Prop. 13.
（3）Ibid. Prop. 11, Schol.
（4）Ibid. Prop. 13, Schol. & Definitiones　Affectus, §6, 7.
（5）Korte Verhandeling, II. Cap. 5, p. 62.
（6）この点に関してスピノザは『短論文』において次のように言っている。「もし我々が何も認識しなかったならば、確かに我々もまた存在しなかったであろう」(Korte Verhandeling, II. Cap. 5, p. 62.) と。つまり認識は自己の存在の確証を意味する。
（7）Max Scheler : Liebe und Erkenntnis (Dalp-Tasch. S. 11 ff.)
Wolfson : The philosophy of Spinoza, II. p. 278.
Bidney : The psychology and ethics of Spinoza, p. 168 ff.
（8）Max Scheler : Ibid. S. 7.
（9）Ibid.
（10）Korte Verhandeling, I. Cap. 6,

(11) Gebhardt : Spinoza und Platonismus, (Chronic. Spinozanum, I. p. 193 ff.)
(12) Ibid.
(13) Korte Verhandeling, II. Cap. 22. § 6. p. 102.
(14) Wolfson : The philosophy of Spinoza, II. p. 276 ff.
(15) Bidney : The psychology and ethics of Spinoza, p. 179〜180.
Wolfson : Ibid. p. 277.
(16) Platonis Opera, II. Symposium, 200 e 2〜5.
(17) Ibid. 205 e 7〜206 a.
(18) Korte Verhandeling, II. Cap. 3, § 9. p. 58.
(19) Korte Verhandeling, II. Cap. 3, Aanmerk. p. 58.
(20) Korte Verhandeling, II. Cap. 5, § 4. p. 62.
(21) Descartes : Les passions de l'ame, § 82.
(22) Korte Verhandeling, II. Cap. 5. § 6. p. 63.
(23) 畠中氏の『神・人間及び人間の幸福に関する短論文』の訳（岩波文庫）二四四頁の注参照。
(24) Bidney : Ibid. p. 171 ff.
Wolfson : Ibid. p. 277.
(25) Korte Verhandeling, II. Cap. 5.
(26) Ibid. § 3. p. 62.
(27) Ibid.
(28) 注（6）参照。
(29) しかしスピノザは『エチカ』において無関心の認識があることを認めている。
Eth. IV. Prop. 29 et 37 Schol. 1.
(30) Korte Verhandeling, II. Cap. 15.
(31) Gebhardt : Spinoza und Platonismus, (Chronic. Spinozanum, 1. p. 193 ff.)

(32) M. Scheler: Liebe und Erkenntnis, (Dalp-Tasch. S. 13).
(33) Eth. III. Definitiones Affectuus, 6.
(34) 自己の存在を維持する力、コナッスはそれに抵抗する外部の力があって現実的となる。コナッスにおいて自他の力学的関係が問題となる。だがこの場合、両者の間に共通性がなければ、その関係は成立しない。特にこれを感情について論ずるならば、何人も自分と無関係のものから心を動かされることはない(Eth. IV. Prop. 29 & 37, Schol. 1)。スピノザはこの共通なものを二つに分け、一つは自己の本性と一致し、その活動能力を高めるもの、他は自己の本性に反対的であり、活動能力を低めるものと考えた。前者によって惹き起こされる感情が喜びであり、後者による感情が悲しみである。愛が喜びと規定されるのは、愛によって自分の活動能力が促進され助長されるからにほかならない。
(35) E. Fromm: The art of loving, (Harper), p. 57 ff.
(36) Eth. IV. Prop. 25.
(37) Ibid. Dem.
(38) Eth. III. Prop. 9, Schol.
(39) Eth. Prop. 35 & Tract. Politicus, II. §15.
(40) Eth. IV. Prop. 18, Schol. cf. Tract. Politicus, II. §13.
(41) E. Fromm: The art of loving, p. 59 f.
(42) T. T. P. Cap. 13, p. 171.
(43) T. T. P. Cap. 14, p. 174.
(44) Eth. IV. Prop. 37, Schol. 1. Pietas.
(45) Eth. II. Prop. 20 et 21.
(46) Eth. V. Prop. 3, Dem.
(47) M. Scheler: Liebe und Erkenntnis, S. 22.
(48) E. Fromm: The art of loving, p. 70 ff.
(49) Bidney: The psychology and ethics of Spinoza, p. 173.
(50) Joachim: The study of the ethics of Spinoza, p. 305.

(51) Eth. V. Prop. 17.
(52) Ibid. Corol.
(53) Eth. V. Prop. 19.
(54) Korte Verhandeling, II. Cap. 24. § 3. p. 104.
(55) Eth. V. Prop. 36.

21　形而上学的宗教

一　啓示の神の法と自然的な神の法

スピノザは宗教的な「神に対する精神の知的愛」の思想を彼の哲学の究極の結論として導きだした。単なる神への愛ではなく、それが知的愛となるためには、彼自身の伝統的な啓示宗教への批判と克服を経なければならなかった。これと同時に彼の哲学は一つの宗教性を身につけるに至った。彼の哲学は一般に理性の宗教の内容を形成していると言われる。これは彼の哲学の宗教性が啓示宗教とは全く別の基盤に立っていることを意味するとともに、またそれが啓示宗教の批判を通して形成された宗教であることを意味している。このことは彼の宗教が、預言者の単なる想像力によって形成された神を信仰する啓示宗教にかわり、神の真の認識と愛とを究極の目標においたところに現われている。彼の場合啓示宗教への批判は『神学・政治論』においてなされている。この『神学・政治論』において見るかぎり、その宗教批判は宗教そのものの否定ではなく、むしろ神学者によってゆがめられた宗教の批判である。そして宗教そのものは人間にとって、個人にとっても、社会にとっても決して無用なものではなく、むしろそれが有する倫理性の故に、きわめて有用であると主張する。彼が啓示宗教の存在理由をその倫理性において見出したとすれば、スピノザの哲学と啓示宗教とはそれぞれ立場が異なるとはいえ、両者の目指すものは一致していると認めなければならない。スピノザは聖書の求めているものを聖書を離れて純粋に理性の立場にたって成就しようとする。以下彼がいかにして理性の宗教を基礎づけ成就したかを見て行きたい。

すでに述べたように、スピノザは信仰の目的が神あるいは神の法への服従にあると主張した。この神の法を彼は前述のように倫理的なものとして把握した。スピノザ自身もその哲学の立場から神の法あるいは神的な法則を問題としている。(1)それによれば神の法(則)は大きく分けて二つに分かたれる。一つは広義の神の法であり、それはいわば自然の必然の法であり、単に人間のみでなく、他の自然のいっさいのものに見られる「本性」の必然の法である。従ってこの法は未だ人間の倫理の法とはなり得ない。(2)啓示宗教の倫理的な法に相応するものは、狭義の神の法であり、それは「最高善のみを対象とする、換言すれば、神の真の認識と愛とをのみ対象とする生活法」のことである。この狭義の神の法と啓示宗教における神の法との関係が問題となるが、両者はともに倫理的な法である点において一致するが、彼によれば啓示宗教は神の真の認識あるいは哲学的な認識をその目標としていないため、両者は本質的にまったく一致するとは言えない。(3)このため、彼は自己の哲学の神の法を「自然的な神の法」と名付け、宗教の神の法から区別した。しかしそれにもかかわらず、彼は『神学・政治論』の第四章において殆ど「自然的な神の法」について取り扱い、聖書もまたこの法を「絶対的にすすめている」(4)と主張する。このことは啓示に基づく神の法が、内容的に見れば自然的な神の法と殆ど大差ないことを意味しよう。否、前者は彼の場合後者の中に総括され、またそれに制約されている。これは彼の神についての考え方から明らかである。彼によれば真の神は唯一であって、神は本来哲学者の神と信仰家の神とに二分されるものではない。この唯一の真の神を認識することが彼の哲学の究極の目標である。ところがすでに述べたように預言者はそれを想像力によって把握した。つまり真の神を認識の対象としながら、それを真に把握し得ない。だがその対象が本来同一であり、ただ認識の仕方によって区別されるとすれば、啓示に基づく神の法はその事実はどうあれ、当然真の神の法としての自然的な神の法を前提にし、またその法の範囲をでることができない。むしろその内容において自然的な神の拘束を受ける。かくて信仰は理性から分離され独立していると考えられても、その独立性は単に預言者がその想像力によって真なる神から受けた啓示に基づいているというだけであって、真の神そのものから見れば、信仰は理性の下位にあり、またそれを超えることができない。

啓示に基づく神の法は、信仰が神の真の認識をなし得ないため、単に「神を最高善として愛する」生活法となる。この愛は神の真の認識から生ずる愛でなく、彼の信仰の定義からすれば服従による神への愛である。服従することが神への愛である。スピノザは、この啓示に基づく神の法が、(5)自然的な神の法の制約を受け、またそれと一致すると主張したが、これら二つの法の一致は具体的にどのように考えられるのであろうか。彼はこれを禁断の木の実を食べたアダムを例にとって説明する。(6)すなわち、もし神がアダムにその木の実を食べるのを欲しないと言えば、アダムがそれを食べるのは矛盾である。むしろそれは不可能なことであった。というのは、この神の決定は永遠の真理を含んでいたからであると。スピノザはここで神の決定を恣意的なものと解さず、神の本性からでた必然的なものと解す。すなわち、聖書の神を人間的なものとしてでなく、むしろ自然の必然的な神と考えているようである。だから彼は神の決定を「永遠の必然性と真理」を含むと考える。ところがこの神の決定にもかかわらず、アダムはその木の実を食べた。これは神の決定がその実を食べられないというのではなく、その実を食べた場合必然的に生じてくる禍いのみを啓示したのであると。つまりアダムにとって神の啓示は命令としての法、「利益や損失をともなう法」であって、永遠の真理を含むものではなかったのである。ところがスピノザはこの禁令を命令として把握しない。むしろその法の真の意味は、善を、それが善であるが故に、行ないかつ求めるように、つまり「善を善への愛の故に―悪への恐れからでなく―求めるように命じた」(7)というのであった。このように禁令を道徳的なものと解するならば、それは自然的な神の法と一致するとスピノザは考える。そして法を利益や損失、報酬や刑罰の観点で考えれば、それは単なる律法となる。このかぎりモーゼの十誡も命令としての法であり、永遠の真理を含むものではない。法が永遠の真理を含むためには、何らの利害も考えず、また恐怖心に駆られてではなく、善を善への真の認識と愛から行なわなければならないのである。従って神がアダムに与えた禁令もスピノザ的な見地に立てば、「自然的な神の法全体を総括するものであり、また自然的光明の指令に完全に一致する」[8]と考えられたのである。

かくてスピノザの場合法は純粋に精神的、道徳的に把握されたとき、それは「永遠の真理」を含むものとなる。たとえ他人から規定されたものであっても、永遠の真理を含むと見なされるならば、それは単に少数者のためのものでなく、全人類のものである。換言すれば、永遠の真理としての法は、彼によれば一民族、一国家のための法となり得ず、必然的に全人類に共通な道徳法とならなければならない。かくてスピノザはモーゼや預言者たちの宗教とキリスト教との違いも、法を命令として説くかあるいは永遠の真理として説くかの相違であると主張する。モーゼ五書の中には道徳的な教えも含まれるが、この教えはスピノザにとって「すべての人に普遍的な道徳法」ではなく、「ヘブライ民族の把握力と性格とにのみ適応された誡命、従って国家の利益のみを考慮した誡命」[9]であった。法はヘブライ民族にとっていわば国法であった。ところがキリスト教の場合、法は「国家の利益のみでなく、各人の精神の平安と真の幸福を顧慮した道徳法」[10]であった。このためキリストは外的な行為ばかりでなく、精神の同意をも罰したとされる。このことはキリストが法をそのあるべき真の姿にもどしたのであり、律法を廃するよりはそれを道徳的なものに高めたことを意味しよう。法はキリストによって完全に倫理的なものとなった。つまり啓示に基づく普遍的な神の法は、それが道徳的なものであるかぎり、スピノザの自然的な神の法と一致するのである。[11]

法を永遠の真理として把握するためには知性が必要である。知性なしに我々は法の真の目的を知ることができない。このことをスピノザはソロモンの『箴言』から裏付ようとする。[12]『箴言』の三章十三節に「知恵を求めうる人およびうる人の子はさいわいなり」とあるが、これは「知性が人間に福祉と幸福をもたらしかつ精神の真の平安を与える」ことを意味する。我々はこれを『エチカ』の第五部の思想において見ることができる。彼がソロモンの言葉を高く評価し、彼の思想と自分の哲学との一致点を見出した証拠である。このことは同じく二章三節から六節までのソロモンの言葉の解釈のうちにも見られる。スピノザは、ソロモンがここで第一に知性のみが「神を真の宗教によって崇敬すること」、第二に「知恵と知識は神の口から流れでること」を教えていると主張する。[13] このようなことは彼によれば聖書もまた知性を高く評価していることを意味した。しかしこの知性はいかなる知性であろうか。それは神の言葉を永遠の真理として解する哲学的知性か、それとも法を心の同意によって単に受け入れるときの知性であるかが問題となる。だがこの知性は哲学的な知性を意味しよう。右の「知恵と知識は神の口から流れでる」というスピノザのソロモンの言葉の解釈にしても、その神は預言者の想像力によって把握された神ではない。なぜなら想像力の神から知性が流れでるとは考えられないからである。その神はむしろ知性によってそのものとして把握される絶対的な神を意味し、スピノザの哲学の立場から見れば自己原因としての神を意味する。というのは、すでに述べてきたことから明らかなように、神の法は、たとえそれが自然的な神の法であれ、また啓示に基づく神の法であれ、その根底には絶対的な神があり、その神から必然的に生ずる永遠の真理としての道徳法が自然的な神の法となり、またそれが服従を目的とする宗教の立場から把握されるとき、啓示の神の法となるからである。つまり根本において同一の神の法が存在し、これを知性によって把握するか否かが、上述のように神の法を二種に分かつのである。[14]

右のように神の法は、たとえそれが啓示に基づくものであっても、本来それは永遠の真理を含む道徳法であり、人々に真の幸福と真の生活を教えるものであった。そしてこの神の法を理性的に、また主体的に実践するものが哲学であり、倫理学であるとすれば、宗教は服従による実践である。だが両者の目標は一である。とすれば、宗教において要求される行為は理性によって要求される行為と同一である。つまり理性は宗教の諸徳を啓示なしにそれ自身の立場で実践しなければならない。そして宗教の服従の倫理が受動感情に基づくものとすれば、理性はそれ自身によってのみ倫理的な要求を能動的に満たさなければならない。これはスピノザによれば可能なことであった。つまり「我々は受動感情によらなくても、受動感情の制約を受けているときに行なうあらゆる行為を理性の決定によって行なうことができる」[15]のである。宗教と同じ行為を理性は自由に、自発的に行なうことができる。——以下においてスピノザがいかにして宗教と同じ行為をその理性の立場で果たそうとしたか、また彼の哲学が宗教的と言われるのはいかなる意味においてであるかを考察して行きたい。

二　国家における宗教

スピノザは人間が自然状態にとどまるかぎり、宗教は成立し得ないと主張する。すなわち、自然状態のもとでは、各自は自分の恣意的な欲望のままに生活するため、正や不正、罪と罰、また善悪などは考えられない。各自は自分のしたい放題のことをするだけである。このようなところには正義と愛とを教える宗教の成立する余地はない。そればかりではなく、自然状態は本性上ならびに時間上宗教に先立ち、そこでは「だれも自分が神に服従すべく拘束されていることを自然的には知らない」[16]のである。このように自然状態はいわば啓示以前の状態であるため、人間は何をしようと神の法に拘束されない。つまり人間にとって神の法はア・プリオリなものではない[17]。ア・プリオリなものは単なる自然の法、欲望の法則のみである。「神の法は人間が特別の契約によってすべての点において服従するように約束したときに始まった……」[18]のである。そして契約を結ぶことは彼によれば各自が自然状態においてもっていた恣意的な自然権を放棄することによって可能である。ここに宗教の成立は国家の成立と同じプロセスをたどることが指摘されてくる。すなわち、スピノザによれば国家は各人の自然権を制限あるいは放棄したときに成立したが、宗教においても自然権を神に譲渡して始めて成立する。しかし神に譲渡したといっても、そのために国家から何の規制も受けないということではない。むしろ宗教は人間がその自然状態を脱却し、何らかの社会を形成したときに成立するのであるから、宗教なき国家は可能であっても、国家なき宗教は考えられない。このように宗教は国家と不可分の関係にあるが、彼はこの不可分性を、両者の分離が宗教と国家のいずれをも不可能にしてしまうことから結論する。すなわち、宗教が国家から分離され、国法に何ら制約されないならば、各人は「法律が自分の信仰あるいは迷信に反すると判断しさえするならば(19)」、国法を無視して勝手に振舞うことが許されるようになる。この結果、国家状態はもとの自然状態に逆戻りし、また宗教においても愛や誠実、また正、不正、不法などがまちまちに判断され、いわば一種の不法状態が現出し、自然状態に陥ってしまう。このため、宗教はスピノザによれば国家の最高権力のもとに帰属し、最高権力が「宗教に関して最善と判断するとおりに決定する最高の権利を」(20)もたねばならない。換言すれば、国家の主権者は政治上の権利のみならず、宗教上の権利をもつのである。主権者は宗教の教義の解釈者でもあり、またその擁護者でもある(21)。

右のような国家と宗教との関係をスピノザはまずヘブライの神政国家において見た。そこでは統治権を所有するものは神であり、神の法あるいは命令はまた国家の法あるいは命令であった(22)。ところが近代の世俗国家は国家の統治権の保持者を神とは見なさない。このような場合、宗教はいかにして統治権の保持者によってその法的効力を発するのか。彼は言う。「神のすべての決定は永遠の真理と必然性を含んでおり、また我々は神を人間に律法を課する君主、あるいは立法者と考えることができない(23)」と。神は人間的な存在ではない。むしろ永遠の真理として、いわば非人格的な存在である。従って神は直接にその決定を人間にくだすのではなく、神と一般の人間の間に中間者をおき、その中間者を介して、命令をくだすのだと考える。あるいはスピノザの哲学に即して考えるならば、神は命令をくだすのではなく、命令をくだすのは人間なのである。この中間者としての人間が彼によれば国家の統治権の保持者である。以上のことから明らかなように、彼は国家における宗教を考える際にも、まず永遠の真理としての神(これは彼自身の神でもあるが)を考え、既成の歴史的宗教における神、預言者の imaginatio によって把握された神を考えない。

国家における宗教の神の法の基本はあくまで永遠の真理としての神の法であって、啓示宗教の神の法ではない。つまり、彼はここで明白に自然的な神の法と律法としての啓示の神の法とを区別して考えているのである。

右のように神と一般の人々の間に統治権の保持者がいて、その仲介によって「神が人間を支配し、また人事を正義と公平に従って導く」[24]のだとすれば、このような国家の統治権の保持者は必然的に正義の人、愛と誠実の人でなければならない。換言すれば、「神的正義の痕跡は正義の人が支配するところにのみ見出される」[25]のである。神が統治権の保持者であれば同じ運命が正義の人にも正義でない人にも生じ、このために一般の人々に神の摂理について疑いを起こさせることになる。従って国家状態がよくならなければ、完全な宗教状態は成立しない。国家が乱れているから、宗教に逃避するのではない。愛と正義の国家が実現しないのは、神にその原因があるのではなく、統治権の保持者にその原因がある。スピノザは「神の国」が「正義と愛の法のうちにのみ、すなわち真の宗教の法のうちにのみ存する」[26]と主張するが、もし現実の世俗国家において真に正義と愛の法が完全に実施されるならば、その国家こそ彼にとって神の国なのである。つまり彼は現実の世俗国家とは別に、神の国の存在を考えたのではなく、世俗国家のうちに神の国の存在、すなわち神の国の内在化を考えているのである。

右のように国家の統治権の保持者に宗教上の権利を帰属せしめることは、統治権の保持者に全く全能に近い権威と権力を与えることになろう。しかし統治権の保持者の権利は無制限なものではない。統治権の保持者がいわば絶対的な権利をもちうるのは、スピノザによれば「敬虔の実行と宗教への外的な崇敬」、外的な制度としての宗教にかぎられ、純粋に精神的な「内的敬虔」については統治権の保持者の支配は及ばないのである。[27]内的敬虔は信仰心をいだく各個人の問題であり、それこそ彼が『神学・政治論』において大きく取り扱った思想の自由の問題である。[28]ともかく宗教が国家なしに、あるいは国家の制限を受けることなしに在り得ないとすれば、宗教における敬虔の実行と外的な崇敬は、まず国法の範囲内で、また国家の平和と利益を顧慮してなされねばならない。このために宗教の敬虔はスピノザによれば「国家に対する敬虔」、つまり国家への忠誠であった。しかもこれは「人間のなしうる最高の敬虔」である。[29]このように宗教はまず国家への奉仕にその存在理由があるため、隣人愛といえども国家に不利益なものをもたらすならば、不敬虔な行為となる。また逆に宗教にとって不敬虔な行為があっても、もしそれが国家に利益をもたらすならば、敬虔となる。換言すれば、国家から独立して宗教そのものの敬虔の実行はあり得ないのであり、宗教上の外的な行為の敬虔、不敬虔は国家的な基準から判定されるのである。たとえ統治者が圧制君主であったとしても、それに忠誠を誓わなければ、宗教そのものの内的敬虔さえ不可能になる。つまり内的敬虔が可能となるためには、国家の中で安全に、平和に暮すことが第一条件であり、そのためには国家の諸法律に対する服従が義務として課せられる。以上のことからスピノザが極めて保守的な思想の持主であることが導き出されよう。しかし彼は圧制君主にも忠誠を誓わねばならないと説いても、圧制的な政治が決して永続的なものでないと主張する。否、国民の大多数が圧制政治に批判的であり、それに耐えられなくなったときは、――「国家の権利は多くのものの共同の力によって規定されるから」[30]――、それを多くの者の力によって打ち倒すことが許されると主張しているのである。以上がスピノザの『神学・政治論』における敬虔の意義だとすれば、それは『エチカ』における敬虔とどのように違うのであろうか。

スピノザは『エチカ』において敬虔を次のように定義する。すなわち、「我々が理性の導きによって生きることから生まれてくる善をなそうとする欲望」[31]である。つまりそれは理性から発する欲望のことである。しかも理性のなしうる最高のものが神の認識であるなら、「神を認識したうえで、我々が欲求し、行動し、また我々がその原因となるいっさいのこと」[32]は彼によれば宗教を意味した。この宗教と敬虔の定義を仔細に見るならば、両者はともに理性に立脚している以上、表現の別はあっても、その内容に一なるものを見出す。彼はこの敬虔と宗教の定義のほかに理性的な友情をつちかうものを礼儀と呼び、また理性的な人間が称讃するようなことを品位と呼ぶ。そしてこの宗教、敬虔、礼儀、品位を「国家の基礎」と見なす。[33]このかぎり『エチカ』の「敬虔」は『神学・政治論』における敬虔と同じ意味をもっていると言える。つまり後者において敬虔は国家への忠誠と考えられているが、前者においてもそれは国家と結びつけられて考えられているからである。ただ後者の場合直接に国家に結びつけられているが、『エチカ』では理性が直接に問題となっている。だが理性がその真の機能を発揮しうるのは、自然状態ではなく国家においてであるとすれば、『エチカ』の理性から生ずる敬虔は国家における敬虔、国家への忠誠でもある。また『神学・政治論』において最上の国家形態は理性的な民主国家であるとすれば、このような国家における敬虔は必然的に『エチカ』における理性的な敬虔とならねばならない。もとよりだれもが神の認識あるいは十全な認識をなしうるわけではない。従って『エチカ』の理性的な敬虔を実行しえない人には、『神学・政治論』における服従あるいは忠誠としての敬虔をなすほかない。これは無知な者の敬虔と理性人の敬虔がその行為において全く異なるというのではなく、むしろ同一のことが二つの仕方においてなされることを意味する。つまり宗教の果たすべきことを理性はそれ自身の立場で独力でなしうるというスピノザの見解がこの「敬虔」において示されているのである。

前述のようにスピノザによれば隣人愛も理性から発するならば、単なる感情や欲望と異なり、国家や社会の利益を考慮したものとなる。しかしこのことは理性がある特定の階級が支配する国家に奉仕することを意味するのではない。理性は自他一致の認識としてその求める善は社会全体の求める善と一致する。理性的に生きることは彼によれば私益が公益となるような生き方である。このため愛もまた公共の福祉との関係において成立する。最高権力の命令によらなくても、理性の求める善は理性的な最高権力の目指すものと必然的に一致する。換言すれば理性的に生き行動することが必然的に国家における宗教と敬虔となる。もちろんこのためには国家それ自体が理性的に基礎づけられていなければならない。あるいはスピノザがここでいう理性の敬虔は完全な理性的な国家において始めてその真の意義を発揮する。そしてこのような国家においては理性人はなんら啓示を必要としない。理性の教えるもの以外にはなんら宗教的なものを必要としないのである。なぜなら理性に従って生きるだけで、宗教的であり、幸福でありうるからである。たとえ国家が理性的に基礎づけられなくても、スピノザの立場からすれば、「理性は何よりも平和を求めることを教えるが、平和は国家の共同の法律がおかされずに守られる場合にのみ保たれうる」[34]のであるから、理性人はそのような国家においても国法—大多数の人がそれに従っているかぎり—に従うのが理性的なのである。なぜなら、彼によれば国家生活をなすものは、それだけで自己の権利のもとにあるのではなく、国家の権利のもとにあるからである。

以上のことからスピノザが『エチカ』において挙げた理性的な諸徳は単に個人的な徳ではなく、社会的な徳あるいは宗教的な徳でもあると言える。ではどのような徳を彼は理性的として挙げたのであろうか。スピノザは自分の存在を維持する努力（コナツス）あるいは能力を徳と見なしている。このコナツスは『エチカ』の第三部においてものの現実的な本質として見なされ、人間に関して言えば欲望と同一視されている。欲望といえば、感性的なものと考えられがちであるが、彼の場合欲望は感性的な、受動的なものにつきない。コナツスとしての欲望は我々の本性のみから生ずる欲望であり、我々自身がその原因となる欲望として、感性的な、非十全な認識に基づく欲望から区別された、理性的、能動的な欲望である。この欲望は単に現状維持の努力ではない。理性は自己にとってより善なるものを志向するため、理性から発する努力はより小なる完全性からより大なる完全性を目指す努力である。この努力が単にその行為者にのみ関係するとき、スピノザはこれを勇気と呼んだ。すなわち、それは「各個人が理性の指図のみに従って自分の存在を維持しようとする欲望」[35]であり、これには節制、節度、沈着などが属する。しかし勇気は「行為者の利益のみを目指した」ものであるかぎり、それは個人的な徳である。その個人的であることを強調すれば、勇気は利己主義的なものとなろう。だがそれは個人的である前に、自他の一致を原則とした理性の徳であるため、単に個人的、利己主義的なものにとどまることはできない。むしろそれは必然的に利他的な、あるいは社会的な徳と結びついているのである。[36]

スピノザは前述のように『神学・政治論』において「敬虔」を外的と内的の二つに分けた。この二種の敬虔に対応して、当然徳も外的と内的の二種に分かたれねばならないであろう。ところが『神学・政治論』は徳をテーマとした論文でなかったため、二つの徳の具体的内容にまで立ち入らなかった。この点、『エチカ』は『神学・政治論』と同じ見地に立って、社会的な徳を二種に分け、それが何であるかを問題とする。まず外的な徳について言えば、それは正義、公平、品位である。これらの徳は彼によれば「国家の認める風習」[37]であり、『神学・政治論』における国家への敬虔（忠誠）に帰属するものであろう。確かにこれらの徳によって心の和合がもたらされるとはいえ、それは所詮人々の外面的な一致を意味するにすぎない。なぜなら、例えば右の諸徳のうち正義について言えば、それは国家においてのみ考えられる概念であり、精神の本性を説明する概念ではないからである。[38] このため、スピノザは真に人の心を和合へともたらすものとして、愛と寛容の二つの徳を挙げる。[39] 彼によればこの愛と寛容は宗教心と敬虔に属するものであり、真の宗教あるいは真の生活仕方を教えるものであった。特に寛容について彼は「各個人が理性の指図のみに従って他の人々を助け、その人たちと友情の絆によって結びつこうとする欲望」[40]であると定義する。寛容の基礎となるものが友情である。しかも友情をつちかうものが、先に国家の基礎として、また外的敬虔の徳として見なされた品位であるとすれば[41]、寛容は外的敬虔の徳を基礎とした人間相互の内的一致の徳、精神的な徳であると主張できる。あるいは内的敬虔は外的敬虔がなされた上で果たされる。このことは真の敬虔あるいは人間の真の道徳的な生活が国家そのものを倫理的共同体へと形成することによって始めて達成されることを意味する。ここにスピノザの場合国家生活が人間の倫理に直接に結びつくことが示される。そしてまた彼が『エチカ』の次に特に『政治論』を書いたのも決して理由のないことではないと言える。

右の内的敬虔の徳としての愛と寛容の二つの徳は、確かに言葉の上では区別され、別の意味をもつと考えられがちである。しかし『エチカ』第四部定理三十八の注解一から明らかなように、また同部定理四十六において「理性の導きによって生活する人はできるだけ自分に対する他人の憎しみや怒り、軽蔑などを、逆に愛によって、あるいは寛容によってむくいようとする」（傍点―筆者）ということから明らかなように、愛と寛容は彼において同一視されていたと見るべきであろう。つまり寛容はその言葉から普通理解されているように、思いやりとか他人を寛大に扱うという消極的なものではなく、むしろそれは愛そのものと同一視される積極的な行為である。かくてスピノザは、『エチカ』第四部において宗教心あるいは敬虔に属するものとして挙げた愛と寛容を第五部において寛容に統一し[42]、さらに前述の勇気を宗教心あるいは敬虔に属する徳として挙げた。かくて勇気と寛容は彼によれば「知的認識をなすかぎりの精神に帰属する感情[43]」であり、人間の真の自由を示す徳として見なされる。彼が寛容のほかに自分の利益を求める勇気を敬虔に属するものとして挙げたことは、彼の倫理学を理解する上で特に重要である。つまり人間の徳が寛容の意味する他者への愛だけでは不充分であること、他者への愛は自己自身への愛としての勇気があって始めてその真の意味をもちうるということである。（この逆もまた真である）。これは彼が単に自己犠牲的な利他主義的関心から、また利己主義的関心からその倫理を説いたのでないことを意味しよう。さらにこのことは自己への愛と他者への愛とが別にあるのではなく、両者は一であり、同一の行為が二つの側面から見られることを意味する。換言すれば理性そのものから発する愛の行為が同時に自愛と他愛とに現われるのであって、自愛のために他愛を手段とする打算的なものではない。スピノザが勇気と寛容を「心の強さ[44]」を表現する徳として考えたのは、まさに右の理由からであろう。

ウォルフソンは上述の勇気と寛容の二つがすでにマイモニデスによって見出されたものであると主張する[45]。しかしマイモニデスがこの二つを聖書から見出したとすれば、スピノザにも聖書の影響が全然ないとは言えないが、今まで述べてきたところから明らかなように、彼自身の国家観、宗教観からそれを導き出したものと言える。つまり国家に対する外的敬虔が内的敬虔（真の倫理的、宗教的生活）の基礎と考える彼の立場からすれば、この内的敬虔の徳としての勇気や寛容は、前述のように国家から全く独立した、国家なき倫理的な徳目ではない。そしてそれは外面的な利害の一致ではなく、各人の活動力を高め、しかも人々を内的に結合させるものである。外的な一致なら、国家の諸法律、諸政策によって実現し得よう。しかし内的な一致は外的な敬虔によっては果たし得ない精神的な結合を与え、人々に真の利益の何であるかを教える。かくてこの内的敬虔によって祖国に対する敬虔は一層強固なものとなり、また国家そのものが一個の倫理的共同体であるの実を挙げ、同時に宗教が国家においていかなる役割を果たすかが明らかにされるのである。

スピノザは『エチカ』第五部の定理四十一において、「たとえ我々は自分の精神が永遠であることを知らなくても、敬虔や宗教心……我々が第四部において勇気や寛容に属するものと見なしたすべての事柄をもっとも重要なものと考えるであろう(46)」と言う。このことはたとえ哲学的に精神の永遠性あるいは神の認識をなし得ない無知の人にとっても、彼が主張するような勇気と寛容の徳を実践するならば、それだけで充分宗教的であることを意味しよう。つまり理性と宗教は同一の目標を目指しているし、また理性は宗教の要求するものをそれ自身の立場でなしうる。しかもそれは右の勇気と寛容の徳によってなされる。逆に言うならば、啓示宗教の徳はスピノザの勇気と寛容の徳を超えるものではない。かくて無知の人も勇気と寛容を実践するならば、理性的な人と同等の立場に立ちうることを意味する。ただ理性人にとって勇気と寛容の敬虔は理性から発する必然的な行為であったが、無知な人にとってはそれが他から与えられるのである。

スピノザのように、単なる欲望ではなく、理性的な欲望としての自己維持の努力、コナッスをあらゆる徳（宗教的な徳を含めて）の基礎とすれば、従来の宗教において美徳と称せられた「謙遜」や「後悔」は徳ではない(47)。なぜなら、両者は彼によれば「自己の無能力を観想することから生ずる悲しみ」にほかならないからである。ところが理性は自分の本質や能力を認識するが、無能力を認識しない。たとえ無能力を認識したとしても、その認識は謙遜のように単に無能力の自覚にとどまり、自己の活動力を減退させるものではない。むしろ理性はその無能力の認識を契機として自分をより高い完全性へと高める。この意味で彼の理性はきわめて意志的でさえある。否、「コナッスが精神にのみ関係するとき意志と呼ばれる」(48)というように、自己のより高い完全性を求める理性は意志そのものであると言える。スピノザはその理性の立場から謙遜や後悔の徳を否定したが、しかし全くこれらを否定したわけではなかった。「人間は理性の導きに従って生活することはまれであるから、これら二つの感情、すなわち謙遜と後悔、なおこれに加えて希望と恐怖の感情も害悪をもたらすよりは、役立つことの方が多い」(49)と主張する。右の謙遜、後悔、希望、恐怖の四つの感情のうちで希望は一種の喜びと見なされているが、その喜びは「不安定な喜び」であって、恐怖なしにあり得ないとすれば、希望もまた悲しみに根差したものと言える。とすれば右の四つの感情はみな悲しみの感情に属することになる。これら悲しみに属した感情がなぜ社会的に有用なのか。それは恐怖心をなくした大衆ほど恐るべき存在はないからである。彼らは他から何の拘束を受けることなく勝手気侭に振舞い、約束や義務を無視する。社会は彼らによって自然状態に戻る。このようなことからスピノザは預言者たちが人々に謙遜や後悔、また恭謙を勧めるのは理由のない事ではないと主張し、次のように言う。「このような感情に拘束された人々は他の人たちよりも遙かに容易に導かれ、そしてついに理性の導きによって生活するように、換言すれば、自由であり、幸せにみちた生活を享受するように、導かれることができる」(50)と。これによれば預言者の宗教は人間を恐怖によって理性的に導く為のものであり、またそれ故に人間が理性的段階に達する以前の宗教であると言えよう。しかし人々を恐怖心に駆りたて、それによって心の和合をもたらす以上、それは単なる迷信でないにしても、迷信的なものであり、スピノザの立場からすれば真の信仰とは言えない。なぜなら、スピノザによれば恐怖から生ずる心の和合は真の信仰によって支えられていないからである。

三　神の知的愛

以上のように宗教を国家の中で位置づけ、それを国法の制約下におくスピノザの立場からすれば、宗教の存在理由はまず国家的、社会的な見地から考察された。もし国家それ自体が完全に理性的な構築物となり、また理性が人々の精神の大部分を占め、人間の行為がすべて理性によって規制されるようになれば、宗教はもはや必要でなくなるであろう。つまりスピノザが『神学・政治論』や『エチカ』において考えたような理性的な国家や理性人の倫理が真に実現されるならば、従来の宗教は不必要となる。この権威主義的な宗教の代わりに、人間の本性に基づく倫理としての宗教が登場する。それは啓示や聖書なき宗教として人間の主体的な実践の倫理であり、人間に真の生活仕方を教えるものであった。彼はこのような生活仕方を教える倫理＝宗教をその聖書解釈から導き出した。そしてさらにこれを理性の立場において自家薬籠中のものとしたのである。このために彼は『政治論』において示されているような国家の現実的な考察と『エチカ』におけるような人間の本性についての心理学的な考察を経なければならなかったのである。しかも彼はいわゆる合理主義者として抽象的なあるいは達成し得ぬ単に理想的なものを画いたのではなく、あくまで現実的な、経験に立脚した洞察を土台にして、右のような宗教の概念を考え出したのである。それは表面的に見ればなるほど理想であるが、彼はそれを自己の理性の立場から当然のごとく導き出した。ただこの理性の立場にいたるまでが至難の業なのである。そしてこのためにこそコナッスが必要だったのである。

預言者の宗教はスピノザによれば前述のように人間が理性的な段階にいたる以前のものであり、その教え、また永遠の真理とも見なされる教えは彼の理性の立場で充分成就しうるのである。だが理性は彼において絶対的なものではなかった。それは哲学の究極の段階に達するための前段階にすぎない。このことは、理性の認識がたとえ十全であったとしても、その認識の普遍性の故に、ものの個体的本質を認識しえない点に、その端的な現われを見ることができる。つまり非十全な認識としてのイマギナチオとは違った意味にせよ、理性はその共通概念の故に一つの抽象に陥っている。理性はなるほど人間の本性に基づく努力の現われとして、自他にとって善なるものを求める。しかし理性的な欲望が真に人間の本質に発するものであるなら、それは自他一致の共通性を求めるよりも、むしろそれを土台として自己自身の個体的本質の実現を期さねばならないであろう。徳の基礎と見なされる自己維持の努力は、イマギナチオの認識においては単なる欲望と見なされ、また理性においては自己のより大なる完全性を求め、それへと「移行」する欲望と考えられた。ところがそれは本来ものの現実的本質あるいは完全性を示すものであるため、その本来の意義は単に「移行」の努力というより、むしろものの完全性に基づく努力である。つまりこの場合の自己維持の努力は理性の場合のそれとは異なる。それに相応するものは認識においては直観知である。否、直観知から発する努力が真に自己の本質あるいは完全性を顕現する努力である。直観知はすでに述べたように個体の本質の認識、すなわち理性によって否定された個体のいわば実体性を復活する認識である。理性は最終的なものでなく、むしろそれは直観知の前段階であり、ものの根源を求める知識は理性から必然的にこの直観知に移行しなければならない。そして理性の段階において寛容と勇気の宗教があったと同じように、この直観知においても宗教がなければならない。また直観知が理性よりもすぐれているとすれば、そこにおける宗教は理性の段階において明らかにされた真の生活仕方を教える宗教、理性による自己のより善き実現のための宗教を完成するものでなければならない。

　スピノザは『神学・政治論』において直観知の宗教状態をソロモンの言葉を借りて表現する。すなわち、彼は『箴言』の二章九節からソロモンにおいても神の認識が真の倫理学と政治学とを含んでいたと主張する。宗教が倫理学と政治学とに関係することは、国家なくして宗教なしという彼の宗教観に反映している。しかしこれはすでに述べてきたようにスピノザの場合理性の段階において可能なことであった。神の認識すら理性の段階においてなしうるのである。ところがソロモンもこの段階で満足せず、さらに「知識がお前の心に入り、智恵がお前の霊を楽しくするならば、お前の思索はお前を守り、お前の思慮はお前を保とう」と言う。これはスピノザの立場からすれば直観知の段階である。そしてこの段階において「自然的な知識はわれわれにものの認識を得させ、知識の卓越性を味あわせた上で倫理学と真の徳を教える[51]」のである。国家の中で国民が一般にもたねばならぬ社会倫理ではなく、むしろ個人としての人格が真に自己実現をなすためにもたねばならぬ倫理が問題となる。この倫理の基礎となる直観知の構造についてはすでに述べたので、ここではそこで触れることのできなかったことを彼の宗教観との関連から見て行こう。

直観知はスピノザの場合個物の本質の認識であるばかりでなく、神の認識である。つまりそれは個物の認識であると同時に神の認識でもある。これは彼が『エチカ』第五部定理十五において示しているように、すなわちそこでは自己認識が同時に神の認識であることが示されているが、この「自己」、つまり個物が単にそのものとしてあるのではなく、むしろ「かぎりの神」であることによってのみ可能である。換言すれば、直観知における自己認識あるいは個物の認識は自己あるいは個物を「かぎりの神」として認識するのであり、またそのかぎりにおいてそれは神の認識と言われる。直観知は個物の認識を手段として神の認識をなすのではない。従って直観知はその形式の面から言えば、自己認識あるいは個物の認識であって、それ以上のものではない。かくて直観知における神の認識は理性的な神についての普遍的、またそれ故に抽象的な認識ではなく、個物の具体性において現われる「かぎりの神」、生きた神の認識である。このことから理性に対する直観知の優位が示される。すなわち、「私は第一部においていっさいが（従って人間精神も）、本質と存在に関して神に依存していることを一般的に示したけれども、——その証明は正当であり、なんの疑いもいれない——、我々が神に依存すると言ったあらゆる個物の本質そのものから、このことを結論する場合ほど、我々の精神を感動させないのである[52]」と。単に哲学的に、理性的に、つまり一般的にあらゆるものが神から生じ、神に依存することを知るのではなく、むしろそのことを個々の具体的なものにおいて知り、そして自分が全く神に依存し、また神の力を具現していることを直接に認識するのが直観知である。そしてこのことこそ「我々の精神を感動させる」ものである。

直観知においてものを「かぎりの神」として認識することは、スピノザによれば認識する精神自体が「かぎりの神」となることである。そしてこのことは、さらに精神が神の無限知性の一部でありながら[53]、「かぎりの神」において全体を表出することを意味する。従って直観知の神の認識において精神は神に没入するのではなく、むしろそれ自体が「かぎりの神」であることによって、自己の特殊性、個体性をケアードの主張するように[54]、intensify しつつ、全体と連関しているのである。つまり人間の精神は直観知において自己自身に還帰する。しかもこの自己への還帰は神を離れてではなく、神のうちに、あるいは全体において実現される。換言すれば、彼の場合自我とは実在的に他から離れ、区別されるような孤立的な自我ではなく、全体の中で様態として確立される自我である。そして孤立的な、あるいは単に実体的な自我は彼の神即自然の体系の中に入る余地はない。すべては全体の中で、全体を通じて自己自身であることを獲得するのである。この意味で彼の認識論における非十全な認識としてのイマギナチオから直観知に至るまでの道程は、自己喪失を意味する受動の認識からいかに自己を取り戻し、個体としていかに能動に転ずるかの道程であろう。このことと関連して、スピノザはさらに「人間の能力が人間自身の現実的な本質によって説明されるかぎり、それは神あるいは自然（Deus sive natura）の無限なる能力の一部である[55]」と主張する。この「人間の能力が人間自身の現実的本質によって説明される」ということこそ、人間が完全に自立し、それ自身がその行動の主体的原因となり、自由となることを意味する。このことが直観知の認識において実現されるとすれば、彼の目指すものは人間の主体的な自由であったと主張できる。

自由についての彼の考え方を彼の聖書解釈において見ることは興味深い。彼によればアダムの堕罪は本来自由な人間がその自由を放棄したことに始まる。なぜなら、完全に自由であれば、自然状態におけると同じように善・悪の観念をもたないのに、禁断の木の実を食べて善・悪を知ったのは、アダムが本来的にもっていた自由を木の実を食べることによって放棄したことを意味するからである。この自由がのちにキリストの魂によって回復されたとすれば、キリストの魂こそ神の観念であるとスピノザは主張する[56]。そしてさらに彼はこの最初の人間の物語やまたその救済観が自分の考えと一致すると主張する。なるほどスピノザは人間が自由であるあいだ、「善・悪についてどのような概念も形成しなかったであろう[57]」と主張するが、ここでの自由は単に人間の本性のみを考えた場合の自由である。つまり欲望のままに生活する自然状態における自由であろう。ところがこのような自由は社会や国家にはあり得ない。現実の人間はアダムのように自由な人として生まれたのではなく、生まれつき不自由である。しかしキリストの魂によって回復された自由が、アダムの堕罪以前の自由、スピノザによってあたかも自然状態におけるような自由と解されたものであったとすれば、彼がその哲学において求めた自由とは、そのような自由ではなく、本来不自由な人間が未だ手にしたことのない自由を「認識」によって獲得することであった。それは自らが放棄し、喪失した自由の回復というより、自由を新たに創造することであった。これが彼の『短論文』において示されるように「人間の再生」を意味し[58]、また人間の精神的な変革にほかならないのである。

スピノザの場合直観知から「神への知的愛」が生じてくる。しかしその認識が単に対象についての客観的な認識であるならば、愛は生じてこないであろう[59]。彼において認識とは単に対象の認識であるというより、自己認識である。この自己認識、すなわち直観知の場合自己の活動力の認識から生ずる喜び、つまり自己の活動力の増大にともなう喜びが愛である[60]。この喜びは直観知の場合「外部の原因」としての神の観念をともなう喜びである[61]。ところがこの神の観念は形式的にはなるほど人間自身にとっては自己ならぬものとして外部の観念であろうが、直観知は前述のように「かぎりの神」の認識である。とすれば、神の観念を外部の観念とするのはおかしい。このためか、スピノザは『エチカ』第五部定理三十二の証明において直観知から生ずる喜びが、「精神自身の観念、従って原因としての観念」（傍点―筆者）をともなった喜びであると主張し、「外部の」という言葉を使用しない。むしろ直観知が自己の内的本質としての「かぎりの神」の認識であるとすれば、その認識から生ずる喜びは内的原因としての神の観念をともなう喜びであろう。このことはスピノザが神への愛を精神の満足としての名誉（グロリア）と解していることから明らかである。そして満足が「内部の原因の観念をともなった喜び[62]」であるとすれば、前述の「原因としての神の観念」は内部の原因の観念に相違なく、それが外部の原因の観念と主張されるのは、愛の対象が神であることを示す以外の何ものでもないと主張される。そしてその愛の内容に至っては、自己自身の活動力を十全に観想する喜びにほかならない。つまりそれは「みずからの観念とその徳の観念をともなった喜び」[63]である。ここでは原因としての神の観念がいわば自己の活動力（これをスピノザは徳と見なしている）の観念となっている。これは自己自身と神とが一になっていること、換言すれば、自己の活動力が神のそれと一になっていることを意味する。

スピノザによれば神への知的愛から人間の最高の満足が生ずる。そしてこれは人間としての「最高の完全性」に達している状態を意味するならば、この愛には理性におけるような「より大なる完全性への移行」はない。つまり「喜びがより大なる完全性への移行にあるとすれば、至福（神への知的愛から生ずる幸福—筆者注）とはじつに精神が完全性そのものを所有すること」[64]である。理性から生ずる愛が移行の喜びであるとすれば、そこにはなお動揺がある。しかし直観知の愛は完全性そのものとして、理性におけるような移行あるいは動揺はない。それは不動のものである。この不動性は神がいかなる受動にもあずからないと同じ意味の不動であろう。精神のこの不動の境地はストア的賢者の思想を想起せしめるが、他面不動なるが故に静的なものではないかという疑問が生ずる。しかしそれは単に静的なものではない。知的愛の対象が完全なものであるから、その愛もまた完全であるのではない。むしろその愛それ自身のうちに、つまりその活動力そのもののうちに、その完全性が存するのである。なるほどそれは移行がないため、外面的にはたしかに静的であろう。しかしそれは活動力そのものとしてその内面においてはきわめて動的である[65]。換言すれば、知的愛の喜びは完全性の享受として理性の愛の移行の喜びとは異なっていると同じように、それは理性とは異なった意味で動的である。また知的愛には移行がないところから、それは無時間的なものと見なされるかも知れない。しかしその喜びが「自分の活動力を観想する喜び」である以上、全然無時間的であるとは言えない。なぜなら、活動力（コナツス）は無限定な持続としての時間を含んでいるからである。動的である以上、そこに時間があるとすれば、知的愛の完全性そのものの享受は無時間的でなく、むしろ生の充実としてきわめて時間的である。たしかにそれは外面的に見れば静的であり、またそれ故に無時間的に見える。だが他との比較においてでなく、むしろそのような比量的な考察を超えて、自己自身の内面的な活動力を考察するとき、そこに自己の活動力の充実にともなう喜びと充実した内的な時間が現われる。もちろんその時間は単なる時間ではなく、むしろそれは充実した時間、時間の完成として、無時間ではなく、超時間の意味をもつ。これが直観知における永遠を意味すれば、それは理性の、欠乏から発してより大なる完全性を求める永遠とは質的に異なっていると言わなければならない。理性の場合それはその内的な努力が含む無限定の持続において示されたが、直観知のそれは無限定な持続を含みながら、それを超えている。

次に、人間の神に対する知的愛と関連して問題となるのは、神の自分自身に対する知的愛であろう。スピノザは神の自己愛を神が思惟する存在であることから帰結する。[66] しかも神の思惟の対象は彼の汎神論の体系からすれば、神自身のほかにない。神はその思惟によって自己の無限の完全性を楽しむ。ここに自己原因の観念をともなう喜びとしての神自身の知的愛が生ずる。右のことから明らかなように、彼はこの神自身の知的愛を人間の神に対する知的愛と同じように考えている。[67] このように神が思惟し、自己認識し、また自己を愛するところに、神の人格性が見出されよう。しかしスピノザは神に人格性を帰せしめることを極端に嫌う。彼が人格という言葉のもとで理解しているものは、ボルコヴスキーの主張するように、[68] 本質的に有限の範疇に属するものであった。確かに神には有限な思惟は帰せられない。しかし無限の思惟は帰せられる。もし神が全く非人格的なものであったならば、神に思惟の属性、無限の思惟を帰することはできなかったであろう。神は有限の範疇を超えた人格性をもっているのである。従って神の愛には人間のように受動の認識に基づく愛はない。「神はいかなる受動の状態にも陥らない。また喜び悲しみの感情にも動かされない」[69] のである。神は受動感情の喜びや悲しみに左右されて、人間を愛したり、憎んだりすることもない。

スピノザはこの神自身の知的愛と人間の神に対する知的愛とは同一であると主張する。ところがビドニーは神自身の知的愛がいわば絶対的な永遠であるに反し、人間の神に対する知的愛は時間において生ずるため、この二つの愛は同一のものでないと主張する。[70] 確かに神を「かぎりの神」としてでなく、絶対に無限の神と考えるならば、ビドニーの説は正しい。しかしここで絶対に無限の神を考えることは、いかなる有限も容れず、また決して様態に変様しない超越的な神を考えることであろう。もしそうであるなら、人間のもつ知的愛が神自身の知的愛の一部になることはあり得ない。前者が後者の一部になることは両者が質的に同じであるか、それとも両者が「かぎりの神」において一になることを意味する。事実、スピノザはこれら二つの愛が同一であることを「かぎりの神」から根拠づけた。[71] このかぎりの神自身の知的愛も人間の知的愛もともに「かぎりの神」の愛に他ならない。かくて両者の同一性から、人間の知的愛は神自身の知的愛と同じくいかなる受動にもあずからない完全の、不動の愛と見なされる。この意味でそれは単なる人間的な愛あるいは受動の認識に基づく愛のように、愛し返し、代償を求めない。愛し返し、代償を求める愛は、彼によれば真の愛ではない。愛は自己を与えることによって自己の充実性、完全性を喜ぶことである。つまりそれは己を与えうることに対する喜びであり、それによって自己の完全性を意識することである。

スピノザは神は人間を愛さないと言った。これは今までのことから明らかなように、神の愛が受動の認識に基づく愛ではないことを意味する。ところが「神は自分自身を愛するかぎり人間を愛する」[72]と彼は言う。これは前述の神自身の知的愛と人間の知的愛とが同一であることから導き出される。そして人間は様態として神のうちにあるため、神が自分を愛することは、自分自身と自己のすべての様態を愛することである。また人間は直観知の認識に基づいて自己を愛するならば、そのことだけで人間は神に愛されている。なぜなら、人間の知的愛と神の知的愛とは同一であるから。特別に愛し返しを求めなくても、その愛する行為のうちに神を含めたいっさいのものからの愛し返しが含まれているのである。また「賢者は…自分自身や神そして他のものをある永遠の必然性によって認識し、……[73]」というように、スピノザの知的愛の思想の根底には必然性の認識がある。この必然性の認識は我々の運命に関すること、能力のうちにないことについて、我々が運命の両面を平然と待ちうけ、それを耐えしのばねばならないことを教えるとすれば(74)、知的愛はわれわれの能力のうちにないことについては必然性への愛となる。また我々の能力の限界内のことに関して言えば、できるだけ我々の能力から可能性を導き出し、自己実現を貫徹することである。自分の存在を維持する努力(コナッス)は現状維持の努力ではなく、自己実現の努力である。神から与えられた存在をできるだけ維持し、向上させることは人間自身の愛でもあり、また同時に神の愛でもある。スピノザが愛をコナッスに関連させたことは、愛が自己実現としての生であり、また生が愛なしにあり得ないことを意味するとすれば、実に神こそあらゆるものに生を与えるものとして愛そのものである。かくてスピノザの宗教は人間が真の自己実現において生の充実性を楽しみ、そこに神の愛を見出す宗教となる。

注

(1) T. T. P. Cap. 4. p. 57.

(2) 本書の自然権についての論述を参照されたい。

(3) スピノザは、神の真の認識と愛とを目的とする神の法から、「最上の国家の諸基礎ならびに人間相互間の生活法がいかに導きだされるかは倫理学全般に属する」(T. T. P. Cap. 4. p. 61.) と主張するが、これから明らかなように彼の神の法は理性的な道徳の基礎となるべき法であり、明らかに宗教における神の法とは異なる。

(4) T. T. P. Cap. 4. p. 69.

(5) スピノザは啓示に基づく神の法をイザヤの言葉を参照にして次のように言った。「神の法とは真の生活の様式においてなりたつあの普遍的な法、すなわち真の生活様式である」と。そしてこの生活様式は「魂の浄化、徳あるいは善の実行と習慣、そして最後に貧しい人々の救済」、簡単に言えば「愛と誠実」に要約される (T. T. P. Cap. 5. p. 69)。スピノザは『神学・政治論』の中で自然的な神の法とは別に、いわば道徳法としての「普遍的な法」、「普遍的な神の法」という言葉を用いているが、これは彼によれば啓示に基づく神の法を意味し、純粋に理性に基づく神の法と区別される。さらに彼は人類に共通な道徳法としての普遍的な神の法を普遍的な宗教とも呼んでいる。すなわち、「キリストの到来以前預言者たちは宗教を国法として、またモーゼ時代に結ばれた契約によって説くのが習いであったのに、キリストの到来以後使徒たちは宗教を普遍的な法として、また単にキリストの受難によってのみすべての人に説いたからである」（傍点—筆者）（T. T. P. Cap. 12. p. 164）と。つまり普遍的宗教とは彼によればキリスト教のことであり、これがユダヤ教と異なるのは法が単に国法としてでなく、道徳法としての普遍的な法として確立されていることであった。

（6）T. T. P. Cap. 4. p. 63.

（7）Ibid. p. 66.

（8）Ibid.

（9）T. T. P. Cap. 5. p. 70.

（10）Ibid.

（11）Ep. 43. においてスピノザは次のようにも言っている。「もののこの不可避的必然性は、神の法もまた人間の法も廃棄するものではない。なぜなら、もろもろの道徳法は法としての形式を神自身から受けていようといないとにかかわらず、神的であり有益である。また徳や神への愛から生ずる善は、我々がこれを審判者としての神から受けようと、あるいはそれが神的本性の必然性からでてこようと、それはそのために望ましさの程度を増減するものでない」と。これと全く同じことは Ep. 75. にもでている。スピノザは啓示に基づく神の法と自然的な神の法との一致をこのような形で表わしているのである。

（12）スピノザによれば「ソロモンはその箴言の中で人間の知性を真の生命の泉と呼び、また不幸は愚鈍の中にのみある」（T. T. P. Cap. 4. p. 66）と言った。そして知性の果実が真の道徳法に従った生活様式の中にあるとすれば、それはスピノザの倫理思想と全く同一である。

（13）T. T. P. Cap. 4. p. 67.

（14）T. T. P. Cap. 5. p. 80., Ep. 43.

（15）Eth. IV. Prop. 59.

（16）T. T. P. Cap. 16. p. 196.

（17）もしア・プリオリに神の法に拘束されていたならば、「神が人間と契約を結び、人間を約束と誓いによって義務づけることは余計なことであった」(T. T. P. Cap. 16. p. 198) とスピノザは主張する。
(18) T. T. P. Cap. 16. p. 198.
(19) T. T. P. Cap. 16. p. 199.
(20) Ibid.
(21) T. T. P. Cap. 19. p. 228.
(22) このようなヘブライ人の国家の成立は、スピノザによれば民主国家の成立の場合と全く同じであった。すなわち、すべての人々は神との契約によって完全に同等の立場に立ち、「神に伺いをたてる権利や律法を受け、そしてそれを解釈する権利はすべての人々に同等に属した」(T. T. P. Cap. 17. p. 206.) からである。
(23) T. T. P. Cap. 19. p. 231.
(24) 神と一般の民衆の間には預言者がいるという反論がなされるかも知れないが、この点に関してスピノザは、預言者は神的な能力を与えられているにもかかわらず一私人に過ぎず、このため警告や叱責によって人々を善導するというより、反感をいだかせることが多かったと主張する。このため人々を叱責したり、警告するのは、強力な権力をもった統治権の保持者によるほかなかったと考えるのである。
(25) T. T. P. Cap. 19. p. 231.
(26) Ibid. p. 230.
(27) Ibid. p. 229.
(28) T. T. P. Cap. 20.
(29) T. T. P. Cap. 19. p. 232.
(30) Tractatus Politicus, Cap. 3. §9.
(31) Eth. IV. Prop. 37, Schol. 1.
(32) Ibid.
(33) Ibid.
(34) Tractatus Politicus, Cap. 3. §6.
(35) Eth. III. Prop. 59, Schol.

(36) 理性は自分の真の利益を求めるためには、自己の枠を突破し、他と積極的な関係に入らねばならない。つまり人間にとってもっとも有益な存在である人間と理性的な関係に入ることである。換言すれば、勇気がその真の意義を発揮するのは、社会においてである。スピノザはこの社会的な徳を「共同社会に役立つもの」、あるいは「人間に和合をもたらすもの」と考える。

(37) Eth. IV. Append. 15.

(38) Eth. IV. Prop. 37, Schol. 2.

(39) Eth. IV. Append. 11 et 15.

(40) Eth. III. Prop. 59, Schol.

(41) Eth. IV. Prop. 37, Schol. 1.

(42) Eth. V. Prop. 41.

(43) Eth. III. Prop. 59, Schol.

(44) Ibid.

(45) Wolfson : The philosophy of Spinoza, II. p. 328.

(46) Eth. V. Prop. 41.

(47) Eth. IV. Prop. 53 et 54.

(48) Eth. III. Prop. 9, Schol.

(49) Eth. IV. Prop. 54, Schol. cf. Eth. III. Prop. 18, Schol. 2.

(50) Ibid.

(51) T. T. P. Cap. 4. p. 67.

(52) Eth. V. Prop. 36, Schol.

(53) スピノザは精神が直観的な認識をなすかぎり、「思惟の永遠様態であり、これは他の思惟の永遠様態によって決定され、また後者は他のものによって決定され……、すべての様態は同時に神の永遠・無限の知性を構成する」(Eth. V. Prop. 40, Schol.) と主張する。

(54) Caird : Spinoza, p. 297.

(55) Eth. IV. Prop. 4, Dem. cf. Eth. II. Prop. 11, Corol.

(56) Eth. IV. Prop. 68 et Schol. cf. T. T. P. Cap. 4. p. 63.
(57) Eth. IV. Prop. 68.
(58) K. T. II. Cap. 22.
(59) Bidney : The psychology and ethics of Spinoza, p. 352.
(60) かくて愛のもっとも原初的な形態は自己愛であると言える。
(61) Cf. Eth. III. Prop. 13, Schol.
(62) Eth. III. Prop. 30, Schol.
(63) Eth. V. Prop. 27, Dem.
(64) Eth. V. Prop. 33, Schol.
(65) 知的愛の至福はその人の活動力が完全性に達し、それを享受した満足であるが、このような満足は単に自分の活動力を認識するだけでは不充分である。ただ単に自己の活動力を認識し満足をうることは理性の認識以前にも可能である。しかしこの場合の自己満足は自己中心的な自己愛に基づく満足である。だが知的愛の自己満足はこのようなものでなく、自己自身についての十全な認識を前提としている。それは単なる自己認識ではなく、自己を全体から、根源から認識することであった。それは自己を全体の中に位置づけ、自己の本質を認識することであった。それは他との関係においていつ受動に転ずるかも知れない認識ではない。それはいっさいが動的に行動し、存在する世界において、自己の完全性、あるいは自己の完全な自己実現を果たす。つまり他者との関係において自己の同一性を維持しようとする。この自己維持は外面的には静的に見えるが、内面的に見ればあらゆる動的なものを克服した静であり、それ自身においてきわめて動的、意志的なものである。
(66) Eth. V. Prop. 35.
(67) Bidney : Ibid. p. 355.
(68) ボルコヴスキー、『宗教としてのスピノザ哲学』p. 36〜37.
(69) Eth. V. Prop. 15.
(70) Bidney : Ibid. p. 356.
(71) Eth. V. Prop. 19.
(72) Eth. V. Prop. 36, Schol.

（73）Eth. V. Prop. 42, Schol.

（74）Eth. II. Prop. 49, Schol.

あとがきにかえて

スピノザとゲーテ（ゲーテの Studie nach Spinoza を中心として）

スピノザはその存命中も、またその死後も約一世紀の長きにわたり、無神論者として排斥され、無視されてきた。彼の哲学がようやく見直され、その真価が問われたのはドイツ観念論の時代であった。この時代の哲学者はカントの影響を受ける反面、カントとは異質的なスピノザから多かれ少なかれ影響を受けた。このドイツのスピノザ・ルネッサンスの時代に生きたゲーテもその例外ではなかった。彼は特にスピノザを自分に大きな影響を与えた三人のうちの一人に数えているほどである。(1) 他の二人は植物学のリンネと文学のシェイクスピアであったとすれば、ゲーテの哲学的世界観に大きな影響を与えた哲学者は、カントや同時代の観念論者ではなく、スピノザであったと言える。ゲーテはスピノザからいかなる影響を受けたか。『詩と真実』とまた『書簡』によれば、(2) 彼はスピノザの哲学の中に情熱の鎮静剤、「限界を知らない無私性」、永遠の必然的な神的法則の自然支配を見出した。このどれもが彼の認めるようにその創作活動に不可欠なものであった。彼は生涯を通じて三度スピノザ研究を行なった。このうち第二回の研究（一七八三—八六年）は本格的なものであり、文字通りスピノザへの没頭であった。[3] その研究の成果は Studie nach Spinoza としてまとめられたが、この小論文はゲーテのスピノザ哲学の理解がいかなるものであったかを示す点、極めて興味あるものである。以下ゲーテがこの第二回目のスピノザ研究から何を学び、何を得たかを右の小論文において考察し、これが一般のスピノザ研究にとって注目すべきものであることを指摘したい。

Studie nach Spinoza においてまず問題となることは、実在＝完全性＝無限者の思想であろう。ゲーテはこの論文の冒頭において「実在（＝Dasein—完全性と同一視される Dasein をスピノザの『エチカ』に求めれば、後述のように realitas としての本質を意味するため、これを実在と訳した—筆者）と完全性の概念は同一である」[4] と主張する。ディルタイはこの命題の根拠として『エチカ』第一部定理十一の第二証明や同部定理三十四やまた定理十一の注解を挙げている。[5] だが右の命題と全く同じものを『エチカ』に求めれば、それは第二部定義六の「実在性と完全性とは同じものであると理解する」であろう。ここでいう実在性あるいは完全性はスピノザの場合ものの本質のことである。ここに実在性＝完全性＝本質という等式が成り立つが、この場合の本質が、その有限、無限を問わない、一般的な意味で単にものの本質を示しているとすれば、ゲーテはこの完全性としての実在を無限者においてのみ見ている。つまり彼は上の命題に続けて「われわれがこの概念（実在と完全性の概念をさす—筆者）をできるだけ遠くへと追及するならば、われわれは無限者を思惟していると言われる」[6] ということから明らかである。このことはまた彼がヤコービーにあてた書簡において「君はスピノザ主義全体の根拠であるところの最高の実在、あらゆるものがそれに基づき、またあらゆるものがそれから生ずる実在を認めている。スピノザは神の実在を証明しない。実在は神である」[7] と言ったことからも明らかである。実在としての神はその本質が存在するとしか考えられぬ「自己原因」のことである。ただ存在することのみが神の本質である。しかも存在を能力とし、非存在を無能力とする彼の立場からすれば、この神の本質は自己のうちに存在を含まぬ（つまり無能力の）有限者の本質から明白に区別される。換言すれば有限者の本質の完全性は存在を欠くが故に限定つきの完全性であるとすれば、神の完全性は自己の絶対的な肯定としての完全性である。ゲーテは実在としての神をとなえるスピノザが「最高の有神論者、最高のキリスト者」(8)であると主張する。「最高のキリスト者」であることは言い過ぎであるとしても、彼が一般に言われるように無神論者でなかったことは明らかである。ところがゲーテと同時代のヤコービーはスピノザを無神論者と見なす。ゲーテもヤコービーもスピノザを汎神論者と見なす点では一致するが、ゲーテにとって「スピノザ主義と無神論者は別のもの」(9)であった。伝統的な宗教の神の観念に従い、啓示宗教のみを宗教と見なすならば、スピノザは確かに無神論者であろう。だがゲーテにとってはむしろ伝統的な宗教の神の観念にたつからこそ、スピノザは「最高のキリスト者」なのである。つまり実在としての神はスピノザにとって「ありとしてある神」、ヤーヴェの合理的な表現にほかならないのである。スピノザは伝統的な神をそのものにおいて見、合理化していったとすれば、彼の神は伝統的な神の観念に反するものではない。このようなことから、ゲーテがたとえ彼のことを「最高のキリスト者」と見なしたとしても、彼が実際にキリスト教徒であったかどうかは問題とはならない。むしろ実在としての神を伝統的な神の本質と見なすかどうかが問題になっているのである。

次に問題となっているのは無限者の認識である。ゲーテは言う。「無限者あるいは完全な存在をわれわれは思惟することができない。われわれは、限定的な事物か、それともわれわれの精神が限定する事物しか思惟することができない。それ故われわれは、限定された精神の理解力の外に完全な存在があることを思惟しうるかぎりにおいて無限者を概念しているのである」(10)と。ディルタイはゲーテがこの言葉によってスピノザやヘルダーから離れていると主張する。(11)われわれが対象認識の枠の中にとどまるかぎり、無限者を思惟することはできない。このことはスピノザ自身の認めていることでもある。(12)だが無限者は有限な精神によってとらえられぬ理念のようなものであろうか。もしそれが単に理念であるとすれば、われわれはその認識を断念しなければならないであろう。ところがスピノザはこれを実在そのものと見なし、その認識を哲学の究極の目的とした。ここで問題となるのは、ゲーテが「限定された精神の理解力の外に完全な存在があることを思惟しうる」といったことの意味であろう。これによれば無限者の認識は有限の、対象認識の枠外にあること、そして認識は単に対象認識につきるものでないことが示される。このゲーテの言葉の真意を解するために、スピノザにおける無限者の認識としての直観知をゲーテがいかに考えていたかが問題となる。彼は Studie nach Spinoza の中では直観知そのものには言及していない。このためこの小論文とほぼ同時代に書かれ、しかもスピノザの直観知について言及している、彼のヤコービーあての書簡からこの問題を解明しよう。

ゲーテは一七八六年五月五日のヤコービーあての書簡において、「スピノザが『直観知』について語り、『この種の認識は神のいくつかの属性の形相的本質の十全な観念からものの本質の十全な認識にすすむ』と言うとき、この僅かな言葉がわたしの全生涯を事物の考察に捧げる勇気を与えてくれます。そしてわたしはその事物の考察を達成し、その事物の形相的本質についての十全な観念の形成を希望することができます(13)」と書いた。この書簡における直観知の定義はシュミッツによればゲーテによる「テキストの素朴な新解釈(14)」であるとされる。これについての K. R. Mandelkow の注釈によれば(15)、右の定義は『エチカ』第五部定理二十五の証明にあるものであり、そこにはゲーテが引用するような「神のいくつかの属性の形相的本質の十全な観念……」(傍点—筆者)の「形相的本質」という言葉がない。このためシュミッツはこの「形相的本質」がゲーテによってつけ加えられたものであるとして、このゲーテの書き換えに特別な意義を見出したと主張する。もしこの Mandelkow の注釈が正しいとすれば、シュミッツはスピノザの直観知の定義を誤解していると言わねばならない。なぜならゲーテの挙げた直観知についての定義は『エチカ』第二部定理四十の注解二にあるものと全く同じだからである。もし「形相的本質」という言葉がつけ加えられることによって、直観知についての新たな解釈が成り立つとすれば、シュミッツは『エチカ』第五部定理二十五の証明における直観知の定義しか知らなかったと言わねばならない。しかしここにはスピノザ自身によって「第二部定理四十の注解二の第三種の認識の定義を見られたい」というただし書がつけられている。とすればゲーテが第二部の直観知の定義を知らなくて、「形相的本質」という言葉をつけ加えたとは信じ難い。むしろゲーテはスピノザの指示する当該個所を見て、それをそのままヤコービーあての書簡にのせたと思われる。むしろこのように解する方が自然的であろう。

また「形相的本質」という言葉があっても、直観知の意味は変わらない。すなわち、「神のいくつかの属性の十全な観念」と「神のいくつかの属性の形相的本質の十全な観念」との間には意味上の相違はない。なぜなら、「十全な観念」とはスピノザの場合ものの形相的本質あるいは単に本質についての十全な認識を意味しているからである。このためシュミッツが「形相的本質」の有無をさも重大な意味の変改とするのが理解し難いのである。またシュミッツはスピノザが神の属性の十全な認識からものの本質の認識へと進むのに、ゲーテは神やその属性の認識に言及することなしに、ものの本質の認識にすすむと主張する。確かにゲーテ自身にとっては、スピノザの神の属性としての延長や思惟そのものを考えることなしに、ものの本質の認識をなし得たであろう。スピノザとゲーテの間には一世紀以上のへだたりがある。いかにゲーテがスピノザの影響を受けたとしても、スピノザがいだいていた世界像をそのまま影響されたとは考えられない。だが直観知はものの本質の認識にのみとどまるものではない。それは個物の本質の認識において神の認識をなすものである。ゲーテがスピノザの直観知において求めたのもこのことであったろう。そうでなければゲーテの次の言葉は理解し難くなる。「神的な本質が話題となるとき、好んでわたしが沈黙することを許していただきたい。わたしは神的な本質を個物においてのみ、また個物のみから認識します。個物のより詳細なそして深遠な考察にスピノザ自身ほど人を鼓舞しうる人はいません」[16]（傍点—筆者）と。右の引用文の傍点の個所はスピノザ主義の核心である。神の認識は神をそのものとして直接的に認識することではない。それは不可能である。神は個物においてしか認識し得ないのである。実際個物の本質の認識がシュミッツの主張するように神の属性の認識とかかわりなしになされたとしても、その認識が神の認識を前提するか含蓄することなしに、ゲーテの主張するような個物の本質の認識において神を認識することは果たされない。

いったいスピノザの直観知の定義には形而上学的なものと認識論的なものがまじりあっている。両者を区別しなければ、シュミッツのように神やその属性の認識なしに個物の本質の認識が可能だとする誤解が生じてくる。スピノザが「神の属性の形相的本質の十全な観念から……」というのは、個物の本質の認識が形式的には神の属性の認識、或いは単に神の認識を前提しなければ成立しないことを意味しているのである。つまり形而上学においてあらゆる個物は神なしに存在し得なかったと同様に、個物の認識も神の認識なしには成立し得ないのである。換言すれば、神の認識は個物の認識の形而上学的、論理的な前提である。またスピノザによれば直観知の発生的基盤は理性であるが、これは直観知の認識が理性的認識そのものから生じてくることを意味するよりは、理性が直観知成立の前提であることを意味する。だが認識論的な見地から見れば、理性の普遍的認識から直ちに個物の特殊的本質の認識が生じてこない。直観知は先ず神の認識をなし、しかる後個物の本質を認識するのではない。もしそうであれば直観知は二重に神の認識をなすことになる。つまり前提となるべき神の認識とまた個物の本質において神を認識することの二つになる。だが直観知はあくまで個物の本質において神の認識をなすのであり、その神の認識は絶対無限としての神の認識ではなく、個物の本質に変様した「かぎりの神」(Deus quatenus) の認識である。換言すれば、直観知における個物の本質の認識は単にそれだけにとどまるのではなく、「かぎりの神」としての神の認識である。否、個物の本質の認識とは「かぎりの神」の認識のことである。ゲーテが前述のヤコービーあての書簡において「神的な本質を個物においてのみ、また個物からのみ認識します」と言うのは、以上の含蓄なくして理解し難い。たとえシュミッツの主張するように、ゲーテが神の認識とかかわりなく個物の本質の認識から出発したとしても、結局それはその個物の本質において神を認識するものである以上、ゲーテにおいてもスピノザの形而上学において示されるような汎神論的世界観が形成されていなければ、このような認識は不可能である。

右のヤコービーあての書簡は Studie nach Spinoza とほとんど同時期のものであるため、ゲーテがスピノザ研究から得た無限者の認識はこのような形のものであったとしか考えられない。かくて「限定された精神の理解力の外にある」無限者の認識とは、それが単なる有限な対象認識の形式においてでなく、むしろ個物の本質における神の認識という、単なる対象認識を超えた高度の認識形態であることを意味する。従って「無限の中を行こうとするならば、有限の中のみをあらゆる方向に行け」というゲーテの言葉に、ゲーテとスピノザとの相違点があると主張するディルタイの解釈は受け容れ難い。[17] ディルタイはこのゲーテの言葉を解説して、無限は地平線と同じように前進すればするほど、後ずさりすると主張するが、これはゲーテのスピノザ理解からすれば全く無意味である。むしろゲーテは右の言葉によって神の認識のスピノザ的な立場を最も端的に表現しているのである。つまりスピノザの場合直観知によって個物の本質が認識されればされるほど、神はそれだけ多く認識されるのである。「有限の中のみをあらゆる方向に行け」というのは、直観知によって個物の本質の認識を多くなせということと同義である。

今まで実在＝完全性＝無限の汎神論的な形而上学的性格とそれをいかに認識するかを問題としてきた。以上のように無限者の認識は無限と有限との形而上学的関係と密接に関係する。この認識とは別に、ゲーテは無限と有限の関係をどのように扱ったか。ゲーテは言う。「無限が部分をもつと言うことはできない。限定されたあらゆる存在は無限の中にある。だがそれは無限の部分ではない。むしろ無限に関与しているのである」[18]と。無限が部分をもたず、また有限が無限の部分でないということは『エチカ』においても全く同様である。[19] 無限は不可分である。もしそれが分割されるならば、その部分は無限であるか有限であるかのどちらかである。もしそれが無限であるとすれば、全体としての無限は部分としての無限の和となる。つまりここに全体としての無限は部分としての無限より大となる。だが無限にその大小を考えることは不条理である。また無限が有限の部分に分割されるならば、全体としての無限は有限の部分の和であり、有限の延長にすぎなくなってしまう。ここに無限が無限であるためには、無限は不可分でなければならないことが帰結される。つまり無限は部分をもってはならないと主張されるのである。無限は部分をもたないというゲーテの右の言葉は以上のようなスピノザの見解を表わしたものにほかならない。だが有限の存在としての様態は無限者の中にある。しかし「……の中にある」は、全体の部分としてあるのではない。ゲーテはこの「……の中にある」を右の引用文におけるように「……に関与する」という言葉で表現した。この「関与する」をディルタイは「……の中にある」とは全く異なったものとして解釈する。そして全体と部分の合理的な関係はここでは神秘的なものによっておきかえられていると主張する。[20] 確かに「の中にある」をディルタイのように何かしら空間的な意味で解釈すれば、それは明らかに「関与する」とは異なった意味をもつ。しかしゲーテは「の中にある」と「関与する」とを同義に解釈しているのである。とすれば「関与する」をいかに解釈するかが問題となろう。スピノザによれば有限者はすべて神を原因として生ずる。しかしそれは神を直接の原因とするのではない。それは原因としての神に「依存」することによって存在するのである。このためボルコウスキーは「の中にある」を空間的な意味においてではなく、論理的、因果的な意味における「依存」として理解する。[21] このように無限と有限との関係が空間的に表象されず、論理的に、因果的に理解されねばならないとすれば、そしてまたゲーテも両者の関係を空間的にとらえたのでないとすれば（無限を部分の和としてとらえたならば、ゲーテは両者の関係を空間的に表象したことになろう）、ゲーテのいう「関与する」は「依存」として理解されねばならないであろう。つまりゲーテは無限と有限の関係を「関与」の関係として表わすことによって、スピノザと異なる考え方を打ちだしたというより、むしろスピノザの考え方をゲーテが自分自身の言葉を使って表現したと言える。

神の産出活動の結果としての個物が原因としての神に依存することは、何かしら一般に考えられるように結果が原因の外にあるかのように考えられる。事実スピノザはこのような因果関係を有限者の存在の因果において考える。しかし有限者と無限者との関係がもしこのように考えられるならば、無限は有限の外にあるものとして超越的であって内在的なものとはならない。有限者は神のうちに内在することによって、単に有限なものにつきず、神の様態となる。ゲーテはこの関係をも有限の無限に対する「関与」によって示したのである。そうでなければ個物の本質において神を認識することは不可能となろう。ゲーテが使用する「関与」という言葉は有限者が論理的にも、因果的にも原因としての神に依拠していることを示すばかりでなく、個物を単にそのものとしてでなく、神の様態と見なすためにも、使用されているのである。「依存」が有限の側から無限に向けられたものであるとすれば、「内在」は有限と無限との関係を無限の側から見たものである。この依存と内在とは有限と無限との関係を二つの面から見たものとすれば、ゲーテは以上のような理由から「関与」という言葉にこの二つの意義を含蓄させていると主張しうるのである。

次にゲーテが有限者そのものについていかに考えていたかが問題となる。彼は言う。「われわれは何か限定されたものがそれ自身によって存在していると考えることができない。しかしそれにもかかわらず、一が他から発展しなければならないように、諸物の存在の状態は連鎖的に連結されているにもかかわらず、あらゆるものは現実的にそれ自身によって存在している[22]」と。限定されたものはそれ自身によっては存在するとは考えられないにもかかわらず、現実にはそれ自身によって存在するという矛盾したことが述べられている。スピノザの場合それ自身によって存在しうるものは神＝実体である。なぜなら神＝実体は存在することをその本質としているからである。しかし有限者はそれ自身によって存在し得ない。それは実在＝完全性の立場からすれば、存在の欠如＝不完全性である。それ故ゲーテがもしスピノザの『エチカ』を忠実に解釈したならば、「あらゆるものは現実的にそれ自身によって存在する」とは主張し得ないはずである。なぜゲーテがこのような矛盾したことを主張したのであろうか。

スピノザの場合有限者における本質と存在とは分離しているため、その因果関係は当然本質の因果と存在の因果とに区別されている。彼は存在の因果を有限者の力の関係において考える。それはすぐれて物理的、機械論的である。ゲーテもこのことをそのスピノザ研究において認めているかのようである。前記の引用の「諸物の存在の状態は連鎖的に連結されている」(23)(傍点―筆者)はこのことを示唆しているように見える。だがこのゲーテの言葉の前後を注意深く考察するならば、因果関係に関してスピノザとゲーテの間には大きな相違のあることに気付く。ゲーテは存在の因果において一が他によって「発展」するという表現を用いる。これはスピノザの諸物の存在の力の因果を示すものではない。このことに関してゲーテの次の言葉は大きな示唆を与えてくれるであろう。すなわち、「あるものは他のものによって産出されるかのように見えるが、しかしそうではない。むしろ一生物が他の生物に存在の機縁を与え、それを一定の状態に存在するように強いるのである(24)」と。スピノザの存在の機械論的な因果関係は物理的な力関係によって示されるため、一が他に存在の機縁を与えるとは考えられない。文字通りそれはすべて他によって限定されるのである。ゲーテが右の引用文において否定した当のもの、すなわち一が他のものによって産出されることがスピノザの存在の因果である。しかも消滅するのも他のものによってなされるのである。つまり生成も消滅も他のものによってなされるため、それは有限者なのである。なるほど諸物は他から存在を与えられたならば、そのコナツスによって自己の存在や状態をできるだけ維持し、無限定的な持続存在をなそうとする。だがそれは他のものの力によって不可能である。すなわち、諸物はいったん生が与えられるならば、常に他によって滅せられる必然性がある。否、生を与えられることすら、すでに相互の死を志向する冷厳な、力の因果関係の中に自分が投げだされることを意味するため、それは死を目指した生である。ところがゲーテには一が他に存在の機縁を与えるという生の因果が問題となっている。つまり一方では物理的な力の因果が問題になれば、他方では生物学のそれが問題となっている。かくてゲーテはスピノザの有限の時間の世界、死の世界を諸物が生において連関する世界へと転化した。

事情は右の通りであっても、ゲーテにおいても諸物が相互に連結し、一が他なしにあることができないようになっている。それにもかかわらず彼はあらゆるものに現実的な、それ自身による存在があることを認める。これはいかなることか。この点、彼は「存在するあらゆる事物はそれ故それ自身において実在をもち、かくてそれによって存在する調和をもつ」[25]と主張する。このことをスピノザとの関連において吟味すれば、限定され、そして本質と存在とが分離したものの中にそれ自身の実在があることを意味し、それはスピノザの場合存在の力としてのコナッスである。このコナッスはゲーテのいうように他のものに存在の機縁を与えられてから発現するものではない。むしろそれは諸物相互の因果関係が始まる以前に（もちろんそれは時間的な意味においてでなく、論理的な意味においてである）考えられねばならない。もしそうでなければ諸物の力の因果関係によってコナッスが与えられることになる。だが諸物を常に時間的存在に限定しようとする存在の因果が、それ自身において無限定的な持続存在を続けようとするコナッスを諸物に与えることは矛盾である。むしろ存在の因果関係における諸物の力がコナッスであるため、逆に存在の因果関係はコナッスによって成立すると見なければならない。かくてスピノザによれば諸物の存在の物理的、機械論的な因果とは別に、本質の因果が考えられるのである。

ゲーテがそのスピノザ研究によって得たものは、確かに諸物がスピノザのコナッスに匹敵するものをもつということであろう。だが彼はスピノザのように二重因果を考えない。むしろ一が他によって存在の機縁を与えられる因果のうちに、このコナッスを含めて考えている。そして「あるものは他のものから発展しなければならない」というように、むしろ生の連関においてよりよき生の実現、実在の真の自己実現への展開がなされる。このように因果関係はゲーテにおいては実在の実現をさまたげるものでなく、むしろそれをそのものとして実現させる。スピノザにおいてものを「一定の存在の状態において存在するように強いる」ことは強制としての必然を意味し、またものの不自由を意味すれば、これはゲーテにとっては逆であり、かえって自由としての必然を意味するように解せられる。かくてスピノザはコナッスによるものの自己実現を説くとはいえ、それは相互に否定的な力の因果関係における自己実現であるため、容易なものではない。むしろ彼は自己実現に関しては悲観論におち入っていたと見なければならない。つまり「人間が自分の存在を継続しようとする力には限界があり、同時にその力は外的な原因の力によって無限に凌駕される」[26]

のである。この点、ゲーテは極めて楽観的である。外部の力は自分を敵対視する力ではなく、自分を育てる力であり、外部の力とともにあらゆるものは自分を発展させることができるのである。

ゲーテによればものが実在をもつことは、「ものがそれによって存在するところの調和をもつ」ことでもあった。ここに実在と調和との関係が問題となる。スピノザにおいても「調和」はつとに個体の構造において問題となっている。[27] 彼において個体とは自然学的な見地からすれば最単純物体より組織された複合物体のことである。この個体は、それを組織する最単純物体の運動と静止が一定の割合で保たれているとき、調和が保たれている。換言すれば、個体内の運動と静止の量ではなく、両者の割合が外部の諸物体との機械論的な力関係の中にありながら、つまり外部からいかなる圧力を受けようとも、一定に保たれているとき、調和していると言われるのである。これをコナッスとの関係において見れば、諸物がコナッスをもつこと自体、それはものの調和を示す証左にほかならない。なぜならコナッスは単なる自然の物体においてはその物体を構成する運動と静止の割合を維持することにほかならないからである。このようなスピノザの見解をゲーテの見解と比較するならば、両者において相違するものは何もない。形而上学的に言えば、実在はコナッスであることによって、ものは「それによって存在するところの調和をもつ」のである。あるいは実在＝コナッスが意味する存在の自己同一性は調和そのものを意味していると言える。

単に個体のみでなく、自然の世界においても調和は考えられているのであろうか。スピノザにおいていかなる個体もそれを組織する諸物体の機械的な結合によって成り立つのではない。構成諸物体が有機的に結合されているから、その運動と静止の量が増減しても、またその物体の一部が欠損しても、その物体の本質あるいは形相は変わらないのである。ゲーテが有機的自然観において諸物の調和の関係を考えているとすれば、スピノザも宇宙そのものを一つの大きな有機的な個体と考える点において、自然の世界に調和の関係を見出しているのである。だがゲーテの有機的自然観には生物学が根底にあるとすれば、スピノザにはそれがない。彼はデカルト的な機械論的自然観から出発した。

彼が最単純物体の存在を考えたのはその影響であろう。しかしそれから組織された個体は有機体であった。全く機械論的にしか運動し得ない最単純物体からなぜ有機体が組織されるかについてはスピノザは何ら言及していない。しかし彼が個体の機能と構造を考えた際、生物体を念頭においていたことは彼の物体論から明らかである。

さらに問題となるのは、前述の無限と有限との関係にも関連がある全体と部分との関係である。この全体と部分との関係をゲーテは特に生命体において探求している。しかし生命体と形而上学的実在との相違があるが、この全体と部分との関係においてゲーテとスピノザとの間に不一致はなく、むしろここで彼はスピノザ主義の核心を最も的確に表現していると言える。——部分はゲーテによれば「全体においてのみ、そして全体とともにでなければ理解し得ないように全体と不可分の関係にある(28)」。このことは前述の、神を個物において、個物からのみ理解するという考え方と表裏一体をなしている。この全体と部分の不可分離の関係において、個物は単に個物としてあるのではなく、神の様態として考えられ、また無限あるいは全体は有限あるいは部分から離れた超越的なものでないこと、スピノザ自身の言葉を使用すれば、両者は実在的に区別されるものでなく、様態的にしか区別されないことを意味する。ここでは全体と部分の関係はもはや空間的に表象されない。むしろそれは「制限された生命体は無限に関与し、あるいはむしろ無限をそれ自身のうちに含んでいる(29)」と言われるように、無限の有限における内在において示される。有限が無限を含むということは、前述の、有限の無限への「関与」というより、「かぎりの神」としての有限的な個物の特性をいっそう鮮明に表現している。全体と部分の関係は、部分が全体の中でのみ理解されることを意味すると同時に、全体は部分に含まれ、部分において自己を表出する関係となる。ここに部分は単なる部分であるというより、全体であり、また全体も全体であるとともに部分となる。つまりこれは同一の物質がスピノザにおいて単なる物質として考察されるばかりでなく、知性において把握されるならば、延長的実体と見なされたことと同じである。換言すれば全体と部分との関係は固定的、静的なものと見なされるのではなく、流動的、動的であり、融通無碍である。ここにスピノザの哲学がロッツェ・ヴィンデルバント流に静的に解釈されるというより、動的に解釈されねばならぬ一つの根拠があるとすれば、ゲーテもまた無限と有限、また全体と部分との関係において動的な解釈の立場にたっていたと言える。否、ヘルダーと並んで現代の動的解釈の先駆者であったと言えるのである。

以上ゲーテの Studie nach Spinoza における無限と有限、無限者の認識、因果関係、全体と部分との関係について考察してきた。このかぎりゲーテとスピノザとの間に大きな不一致はなく、むしろゲーテはスピノザの哲学の根本思想をスピノザの言葉によってではなく、むしろ自分自身の言葉によって的確に表現し、間然とするところがない。特に無限と有限あるいは全体と部分の関係のとらえ方において、ゲーテはスピノザの立場を全面的に認めている。すなわち両者は汎神論の理解において矛盾するところがない。ただこれを説明するのにスピノザが物理学（自然学）を援用しているのに、ゲーテが生物学を援用しているところに相違があるだけである。換言すれば汎神論の形式的な説明において、両者がその関心の相違に基づいて物理学を援用しようと生物学を援用しようと、大きな相違は現われなかったと言える。

だがこのことは汎神論そのものを離れて、単なる自然の中の人間の位置を考察するとき、大きな相違となって現われる。スピノザの場合人間を含めた諸物体は自然の世界において力の機械論的因果によって限定され、生よりも死の必然性のもとに解せられるとき、(彼の『政治論』における自然状態はまさにこのような世界であった)たとえ法則の認識によって運命の両面を平然と迎えることができたとしても、それはひっきょう一つの諦念にしか過ぎないのではないか。ところがゲーテには Studie nach Spinoza において見るかぎり、このようなものはない。むしろ自然の世界における生の充実そして生きとし生けるものが自分にとって敵ではなく、自分を育む友であることが、自然の巧まざる調和の世界の中で見出されるのである。このような調和の世界は、スピノザのいう「人間」にとっては自然状態においてではなく、理性の構築物としての「国家」においてのみ可能であった。いかに専制的な国家であっても、それが人間のものであるかぎり自然状態よりもましである。人間が人間らしく生きられるのは国家であり、自然状態においで人間相互のコナッスの撞着によって無に帰せられた自然権の回復は国家においてのみなされる。スピノザが形而上学において画いた全体あるいは無限との一致は現実の人間生活においては国家との一致にほかならない。人間の果たすべき最高の敬虔が国家への敬虔あるいは忠誠において示される所以である。このように考えれば『エチカ』を書いたスピノザが、『政治論』を書いたのは決して偶然的なことでなく、むしろ彼の思惟の必然的な帰結であったと言えるのである。

注

Goethes Werke と Goethes Briefe は Hamburger Ausgabe のものを使用した。

（1）Goethes Briefe, III. Nr. 1072. S. 376.
（2）Goethes Werke, X. Dichtung und Wahrheit, Kap. 14. S. 34 und Kap. 16. S. 79.
（3）Gebhardt : Der Spinozismus Goethes in "Spinoza, Vier Reden," S. 60.
（4）Goethes Werke, XIII. Studie nach Spinoza, S. 7. z. 4～5.
（5）W. Dilthey : Gesammelte Schriften, II. S. 409.
（6）Goethes Werke, XIII. Studie nach Spinoza, S. 7, z. 5～7.
（7）Goethes Briefe, I. Nr. 377. S. 475.
（8）Ibid.
（9）Ibid. Nr. 389. S. 488.
（10）Goethes Werke, XIII. Studie nach Spinoza, S. 7. z. 8～14.
（11）Dilthey : Dilthey : Gesammelte Schriften, II. S. 410.
（12）Tractatus de Emendatione Intellectus, § 102.
（13）Goethes Briefe, I. Nr. 401. S. 508. ゲーテはこの書簡において『エチカ』において示される神の認識は自分のものでもあると主張しているのである。

(14) H. Schmitz : Goethes Altersdenken, S. 12.
(15) Goethes Briefe, I. Anmerkung, S. 758.
(16) Ibid. Nr. 377. S. 476.
(17) Dilthey : Gesammelte Schriften, II. S. 408.
(18) Goethes Werke, XIII. Studie nach Spinoza, S. 7. z. 15〜18.
(19) Eth. I. Prop. 15. Schol.
(20) Dilthey : Gesammelte Schriften, II. S. 412.
(21) Borkowshi : Spinoza, III. S. 389〜395.
(22) Goethes Werke, XIII. Studie nach Spinoza, S. 7. z. 19〜22.
(23) Ibid. S. 7. z. 21〜22.
(24) Ibid. S. 7. z. 23〜26.
(25) Ibid. S. 7. z. 27〜28.
(26) Eth. IV. Prop. 3.
(27) Eth. II. Definitio de Individuo, et Ep. 32.
(28) Gothes Werke, XIII, Studie nach Spinoza, S. 8. z. 8〜12.
(29) Ibid. S. 8. z. 12〜19.

和書参考文献

国際ヘーゲル連盟『スピノザとヘーゲル』 岩波書店 昭和7年
上のうち特に参考になったもの
ボルゴヴスキー 『宗教としてのスピノザ哲学』
田辺 元 『個体的本質の弁証論』
三木 清 『スピノザにおける人間と国家』
ボルゴヴスキー 『批判的スピノザ文献史』
篁 実 『スピノザ』 弘文堂 昭和11年
高坂正顕 『スピノザの哲学』 玄林書房 昭和22年
桂 寿一 『スピノザの哲学』 東京大学出版会 昭和31年
波多野精一 『スピノザ研究』「波多野精一全集」第一巻 岩波書店 昭和43年
新福敬二 『スピノザ研究』 有信堂 昭和44年
ゲプハルト 『スピノザ概説』 豊川昇訳 創元社 昭和23年
ルカス・コレルス他 『スピノザの生涯と精神』 渡辺義雄訳 理想社 昭和37年
ヤスパース・『スピノザ』 工藤喜作訳 理想社 昭和42年

なおスピノザの著作の翻訳として下のものがある。
斎藤晌訳 『スピノザ全集』(全二巻) 内田老鶴圃 昭和8年
畠中尚志訳 『国家論』 岩波文庫 昭和15年
畠中尚志訳 『神学・政治論』(全二巻) 岩波文庫 昭和19年
畠中尚志訳 『エチカ』(全二巻) 岩波文庫 昭和26年
畠中尚志訳 『神・人間及び人間の幸福に関する短論文』 岩波文庫 昭和30年
畠中尚志訳 『スピノザ往復書簡集』 岩波文庫 昭和33年
畠中尚志訳 『デカルトの哲学原理 付形而上学的思想』 岩波文庫 昭和34年
高桑純夫他訳 『スピノザ』「世界の大思想9」 河出書房 昭和41年
畠中尚志対訳 『スピノザ・思想の自由について』 理想社 昭和42年
畠中尚志改訳 『知性改善論』 岩波文庫 昭和43年
工藤, 斎藤訳『エチカ』 「世界の名著25」 中央公論社 昭和44年

Zac, S. : La morale de Spinoza, 1959, Univ. de France.
Zac, S. : Spinoza et l'interprétation de l'Écriture, 1965, Paris.

P. Bayle : Historische und Kritisches Wörterbuch, (Rotterdam, 1702.)

Colerus, J. : Kurze, aber wahrhaftige Lebensbeschreibung von B. d. Spinoza.

Spinoza in Soviet Philosophy, 1952, London.

Deborin, A. M. : Spinoza's world-view.

Rakhman, D. : Spinoza and Judaism.

Brushlinski, V.K. : Spinoza's substance and finite things.

Akselrod, L. I. : Spinoza and Materialism.

Steffen, H. : Recht und Staat im System Spinozas, 1968, Bonn.

Stein, L. : Leibniz und Spinoza, 1890, Berlin.

Strauss, L. : Spinoza's Critique of Religion, translated by E. M. Sinclair, 1965, New York.

Natural Right and History, 1963, Chicago.

〔T〕

Tayler, A. E. : Some incoherencies in Spinozism, I et II, in "Mind, 1937, Vol. 47".

Texte zur Geschichte des Spinozismus, 1971, Darmstadt.

〔V〕

Valentiner, W. R. : Rembrandt and Spinoza, 1957, Phaidon.

Vernière, : Spinoza et la pensée Française avant la Révolution, I-II., 1954, Paris.

〔W〕

Warrender, H. : The political philosophy of Hobbes, 1961, Oxford.

Willy, B. : The 17 th century Background, 1952, Chatto & Wind.

Whitaker. T. : Transcendence in Spinoza, in "Mind, 1929, Vol. 38".

Wolf. A. : Spinoza's short treatise on God, Man & his well-Being, 1963, New York.

Wolf. A. : The Correspondence of Spinoza, 1928, G. Allen & Unwin.

Wolff, H. M. : Spinozas Ethik, 1958, Dalp-Tach.

Wölfflin, H. : Kunstgeschichtliche Grundbegriffe, 1947, Basel.

Wolfson, H. A. : The philosophy of Spinoza, 1948, Havard, New One-Volume Edition.

Wolfson, H. A. :Religious Philosophy, 1961, Harvard.

Windelband, W. : Zum Gedächtnis Spinozas in "Präludien", 1924, Mohr.

Windelband, W. : Geschichte der neueren Philosophie I, 1922, Leibzig.

〔Z〕

Zac, S. : L'idée de vie dans la philosophie de Spinoza, 1963, P. U. F.

Runes, D. D. : Spinoza Dictionary, 1951, New, York.

〔S〕

Saw, R. L. : The vindication of metaphysics, 1951, Macmillan.

Scheler, M. : Liebe und Erkenntnis, Dalp-Tasch.

Schelling, F. W. J. : Zur Geschichte der neueren Philosophie, 1953, Darmstadt.

Schmitt, E. : Die unendhchen Modi bei Spinoza, 1910, Leibzig.

Septimana Spinozana, 1933, Nijhoff.

Gebhardt, C. : Spinoza in unserer Zeit.

Brunschvicg, L. : Physique et Metaphysique.

Clay, J. : Physik und Métaphysik.

Bachelard, G. : Physique et Metaphysique.

Borkowski, S. V. D. : Die Physik Spinozas.

Santayana, G. : Ultimate Religion.

Alexander, S. : Spinoza and Philosophy of Religion.

Gebhardt, C. : Religio metaphysica.

Appuhn, C. : Mysticisme et Humanisme.

Româo, J. A. : Philosophie et Religion.

Segond, J. : La philosophie du polisseur de verres.

Rivaud, A. : Quelques remarques sur la notion d'essence dans le doctrines des Descartes et de Spinoza.

Tönnies, F. : Hobbes und Spinoza.

Ebbinghaus, J. : Über den Grund der Beschränkung unserer Erkenntnis auf die Attribute des Denkens und Ausdehnung bei Spinoza.

Hoops, P. : Einflüsse Spinozas in der Literatur der englischen Romantik.

Myslicki, I. : Spinozas Modell.

Polak, L. : Spinoza und Kant.

Hallet, H. F. : Benedict Spinoza.

Sigwart, H. C. W. : Über Zusammenhang des Spinozismus mit der Cartesianischen Philosophié, 1816, Tübingen.

Siwek, P. : L'âme et le corps d'après Spinoza, 1930, F. Alcan.

Siwek, P. : Spinoza et le panthéisme religieux, 1950, Brouwer.

Siwek, P. : Au Coeur de Spinozisme, 1952, Brouwer.

Smith, N. K : New studies in the philosophy of Descartes, 1952, Macmillan.

Spinoza, Lebensbechreibungen und Gespräche, übertragen und herausgegeben von C. Gebhardt, 1914, Leibzig.

Die Biographie Spinozas von M. Lucas.

〔**L**〕

Lachièze-Ray : Les orrigines cartésiennes du Dieu de Spinoza, 1932, Félix Alcan.

Laporte, J. : Le Rationalisme de Descartes, 1950, P. U. F.

Laßwitz, K. : Geschichte der Atomistik, II., 1926, Leibzig.

Lévêque, R. : Le Problème de la vérité dans la philosophie de Spinoza, 1923, Paris.

Liebert, A. : Spinoza-Brevier, 1919, Berlin.

Linder, H. : Das Problem des Spinozismus im Schaffen Goethes und Herders, 1960, Weimar.

Loewenhardt, E. : B. von Spinoza in seinem Verhältnis zur Philosophie und Naturforschung, 1872, Berlin.

Lucas : See Spinoza, Lebensbeschreibungen und Gespräche.

〔**M**〕

Maimonides, M. : The guide of the perplexed, translated with an introduction and notes by S. Pines, 1964, Chicago.

Malet, A. : Le traité théologico-politique de Spinoza et la pensée Biblique, 1966, Paris.

Martin, G. : Kant's metaphysics and theory of science, translated by P. G. Lucas, 1951, M. U. P.

Martinau, J.: A study of Spinoza, 1882, London.

Mckeon, R. : The philosophy of Spinoza, 1928, Longmans.

McShea, R. J. : The Political Philosophy of Spinoza, 1967, Columbia.

〔**P**〕

Parkinson, G. H. R. : Spinoza's theory of knowledge, 1954, Qxford.

Plato : Platonis opera, II. Symposium, Oxford.

Préposiet, J. : Spinoza et la liberté des hommes, 1967, Gallimard.

Pollock, F. : Spinoza, his life and philosophy, 1894, London.

〔**R**〕

Revah, I. S. : Spinoza et Juan de Prado, 1959, Mouton & Co.

Richter, G.T. : Spinozas philosophische Terminologie, 1913, Leibzig.

Robinson, L. : Kommentar zu Spinozas Ethik, Bd. I., 1928, Felix Meiner.

Rombach, H. : Substanz, System, Struktur, II., 1966, München.

Roth, L. : Spinoza, 1929, London.

Roth, L. : Spinoza, Descartes and Maimonides, 1924, Oxford.

Royce, J. : The spirit of modern Philosophy, 1955, New York.

Royce, J. : The world and the individual, I-II, 1959, Dover.

Hobbes, T. : De Corpore, Opera philosophica, Vol.I., 1966, Scientia.
Hobbes, T. : De Cive, Opera philosophica, Vol.II, 1966, Scientia.
Hobbes, T. : Hobbes's Leviathan, reprinted from the edition of 1651, 1958, Oxford.
Hölters, H. : Der spinozistische Gottesbegriff bei M.Mendelssohn u. F. H. Jacobi und Gottesbegriff Spinozas, 1938, Emsdetten.
Huan, G. : Le Dieu de Spinoza, 1914, Félix Alcan.
Huizinga, J. : Holländische Kultur im siebzehnten Jahrhundert, Deutsch von W. Kaegi, 1961, Stuttgart.
Huizinga, J. : Men & ideas, translated by J. S. Holmes and Hans van Marle, 1959, New York.
Horn, J. E. : Spinozas Staatslehre, 1964, Neudruck, Aalen.
Hessing, S. : Spinoza, Dreihundert Jahre Ewigkeit, 1962 Den Haag, 2 Vermehrte Aufl., Spinoza-Festschrift.
Brucar, J. : Spinoza und die Ewigkeit der Seele.
Brunner, C. : Das Lamm B. Spinoza.
Klausner, J. : Der jüdisdhe Charakter der Lehre Spinozas.
Sass, K. : Spinozas Bibelkritik u. Gottesbegriff.
Sokolow, N. : Der Jude Spinoza.
Hubbeling, H. G. : Spinoza's Methodology, 1964, Van Gorcum.
Husik, I. : Philosophical Essays, 1952, Milton.
The philosophy of Maimonides.
Maimonides and Spinoza on the interpretation of the Bible.
Husik, I. : A history of mediaeval Jewish philosophy, 1958, Meridian Books.

〔**J**〕

Jammer, M. : Concepts of space, 1954, Harvard.
Jaspers, K. : Die großen Philosophen, I. Spinoza, 1959, München.
Joachim, H. : A study of the Ethics of Spinoza, 1901, Oxford.
Joachim, H. : Spinoza's Tractatus de Intellectus Emendatione, 1940, Oxford.
Joël, K. : Der Ursprung der Naturphilosophie aus dem Geiste der Mystik, 1906, Jena.
Joël, K. : Wandlungen der Weltanschauung, I., 1928, Tübingen.

〔**K**〕

Kant, I. : Kritik der reinen Vernunft, 2 Aufl.
Koyré, A. : From the closed world to the infinite universe, 1957, Baltimore.
Kirchmann, H. : Erläuterung zu B. Spinozas Ethik, II vols., 1869, Berlin.

Erdmann, J. E. : Geschichte der neuern Philosophie, Bd. II., 1933.
Erhardt, F. : Die Philosophie des Spinoza im Lichte der Kritik, 1908, Leibzig.
Erhardt, F. : Die Weltanschauung Spinozas, 1928, Stuttgart.

〔F〕

Feuer, L. S. : Spinoza and the Rise of Liberalism, 1958, Beacon.
Fischer, K. : Spinozas Leben, Werke und Lehre, Geschichte der neuern Philosophie, Bd. 2., 1947, Heidelberg.
Fischer, K. : B. Spinozas Leben und Charakter, 1946, Heidelberg.
Freudenthal, J. : See Curis Societatis Spinozanae, Bd. V.
Friedmann, G. : Leibniz et Spinoza, 1962, Gallimard.
Fromm, E. : The art of Loving, 1956, Harper.

〔G〕

Gebhardt, C. : Spinozas Abhandlung über die Verbesserung des Verstandes, 1905, C. Winter.
Gebhardt, C. : Spinoza, vier Reden, 1927, C. Winter.
Gebhardt, C. : Spinoza, von den festen und ewigen Dingen, 1925, C. Winter.
Gilson, É. : L'étre et l'essence, 1948, Paris.
Gilson, É. : Reason and Revelation in the middle ages, 1938, New York.
Grotius. H. : De jure belli ac pacis.
Grunwald, M. : Spinoza in Deutschland, 1897, Berlin.
Gueroult, M. : Spinoza, Dieu (Ethique,I) 1968, Aubier-Montaigne.
Guttmann, J. : Philosophies of Judaism, 1964, New York.

〔H〕

Hallet, H. F. : Aeternitas, 1930, Oxford.
Hallet, H. F. : Benedict de Spinoza, 1957, The Athlone Press.
Hallet, H. F. : Creation, Emanation and Salvation, 1962, Hague.
Hampshire, S. : Spinoza, 1948, Pelican.
Hall, M. B. : Robert Boyle on natural philosophy, an essay with selection from his writings, 1965, Bloomington.
Harr, E. : Vom unendlichen Verstand, 1929, C. Winter.
Heimsoeth, H. : Die Methode der Erkenntnis bei Descartes und Leibniz, 1912, Gießen
Heimsoeth, H. : Die sechs großen Themen der abendländischen Metaphysik, 1965, Darmstadt.
Heimsoeth, H. : Metaphysik der Neuzeit, 1929, München.

Bd. III. Brunschvicg, L. : Le Platonisme de Spinoza.
Cohen, M. R. : Amor Dei Intellectualis.
Decoster, P : Quelques aspects de la dialectique Spinoziste.
Gilson, É : Spinoza inteprète de Descartes.
Gebhardt, C. : Juan de Prado.
Terasse, L. : La doctrine Spinoziste de la vérité d'après le traité de la réforme de l'entendement.
Bd. IV. Rivaud, A. : La physique de Spinoza.
Gebhardt, C. : Rembrandt und Spinoza.
Bd. V. 特に参考にしたものはない。

Cohen, H. : Der Begriff der Religion im System der Philosophie, 1915, Gliessen.
Cohen, H. : Cohens jüdische Schriften, Bd. III., 1924, Berlin.
Cohn, J. : Geschichte des Unendlichkeitproblems, 1960, Hildesheim.
Colerus : See Spinoza, Lebensbeschreibungen u. Gespräche.
Cramer, W. : Spinozas Philosophie des Absoluten, 1966, F. am Main.
Cresson, A. : Spinoza, sa vie, son oeuvre, 1950, Univ. de France.
Curis Societatis Spinozanae, C. Winter.
I. Spinoza, 1897～1922., 1922.
II. Die Schriften des Uriel da Costa, von C. Gebhardt, 1922.
III. Spinozas Ethica, Analyse und Charakteristik, von H. Höffding, 1924.
IV. Leone Ebreos, Dialogi d'Amore, 1929.
V. Spinoza, Leben und Lehre, von Freudenthal, 1927.
Curley, E.M. : Spinozas Metaphysics, 1969, Harvard.

〔**D**〕

Delbos, V. : Le Spinozisme, 1950. Vrin.
Dleuze, G. : Spinoza, 1970, Paris.
Descartes, R. : Discours de la méthode, Text et commentaire par É. Gilson.
Descartes R. : Meditationes de Prima Philosophia, 1964, A. T. VII.
Descartes, R. : Oeuvres de Descartes, 1952, Pléiade.
Descartes, R. : Principia philosophiae, 1964, A. T. VII-1 et 2.
Descartes, R. : Regulae ad directionem ingenii, 1966, A. T. X.
Dilthey, W. : Gesammelte Schriften II., 1957, Stuttgart.
Duff, R. A. : Spinoza's political and ethical philosophy, 1903, Glasgow.
Dunner, J. : B. Spinoza and western democracy, 1955, Phil. Lib.

〔**E**〕

Epstein, I : Judaism, 1959, Pelican.

Borkowski, S. D. : Spinoza, Bd IV. (Das Lebenswerke) 1936.

Borkowski, S. D. : Spinoza, nach Dreihundert Jahren, 1932.

Boscherini, E. G. : Loxicon Spinozanum, I-II., 1970, Holland-Nijhoff.

Bréhier, É. : The formation of our history of philosophy, (Philosophy and history, The E. Cassirer Festschrift), 1963, Harper.

Brochard, V. : Études de philosophie ancienne et de philosophie moderne, 1954, Vrin.

Le Traité pes passions de Descartes et l'Éthique de Spinoza.
Le Dieu de Spinoza.
L'eternité des âmes dan la philosophie de Spinoza.

Brunner, P. : Probleme der Teleologie bei Maimonides, Thomas Aquin und Spinoza, 1928, C. Winter.

Bruno, G. : Zwiegespräche von unendlichen All und den Welten, verdeutscht und erläutert von Kuhlenbeck, 1968, Darmstadt.

Brunschvicg, L. : Spinoza et ses contemporains, 1923, Félix Alcan.

Brunschvicg, L. : Écrits philosophiques I, 1951, Univ. de France.

Burtt : The Metaphysical Foundation of modern science, 1932, Anchor.

〔C〕

Caird, J. : Spinoza, 1914, William Blackwood.

Camerer, T. : Die Lehre Spinozas, 2 Aufl. 1914, Stuttgart.

Camerer, T. : Spinoza und Schleiermacher, 1903, Stuttgart.

Carp, J. H. : See Chronicon Spinozanum.

Cassirer, E. : Erkenntnisproblem II., 1922, Berlin.

Cassirer, E. : Die Philosophie der Aufklärung, 1932, Tübingen.

Chronicon Spinozanum, 1921～1927, 5 Vols., Hagae comitis societatis Spinozanae.
（特に参考にした論文を下に記す）。

Bd. I. Carp, J. H. : Naturrecht, und Pflichtbegriff nach Spinoza.
Gebhardt, C. : Spinoza und Platonismus.
Pollock, F. : Spinoza's political Doctrine with special regard to his relation to English pubbicists.

Bd. II. Carp, J. H. : Über das Emotionale und Rationale im Spinozismus.
Gebhardt, C. : Spinozismus und Transcendentalphilosophie.
Petersdorff, E. : Spinozas unendliche Attribute Gottes.
Rivaud, A. : Les per se Nota dans l'Éthique.
Schmitt, E. : Zur Problematik der unendlichen Modi.

参考文献

（本論文を脱稿したのちに入手した文献も記載した）

〔A〕

Alexander, B. : Spinoza, 1923, München.

Alexander, S. : Philosophical and literary pieces, 1934, Macmillan.
{Spinoza.
{Spinoza and Time.

Appuhn, C. : Spinoza, le conflit de la pensée moderne et Christianisme, 1927, Paris.

Aquinas, T. : De ente et essentia, traduction et notes par C. Capelle, 1947, Vrin.

Aristotle : Physics, with introduction and commentary by W. D. Ross, 1955, Oxford.

Arthuer, J. : Spinozian wisdom or natural religion, 1943, Madras.

〔B〕

Bacon, Fr. : The works of F. Bacon, 1858, London. Vol. I. Novum Organum.

Baensch : See Kant-Studien. Bd. 32.

Barth, H. : Ethische Grundgedanken bei Spinoza, Kant und Fichte, 1923, Tübingen.
Die Existenz in der Philosophie des stoisch-spinozistischen Denkens, in „Philosophie der Erscheinung, Bd II., 1959, Basel".

Bayle : See Spinoza, Lebenshbeschreibungen und Gespräche.

Beck, L. J. : The method of Descartes, A study of the Reglae, 1952, Oxford.

Bernhart, J. : Die philosophische Mystik des Mittelalters, 1922, München.

Bidney, D. : The psychology and ethics of Spinoza, 1962, R & Russel.

Borkowski, S. D. : Spinoza, Bd. I. (Der junge de Spinoza) 2. Aufl.

Borkowski, S. D. : Spinoza, Bd. II. (Das Entscheidungsjahr 1657), 1933.

Borkowski, S. D. : Spinoza, Bd. III. (Das neue Leben) 1935.

Darmstadt.
Spinoza : Earlier philosophical writings, translated by H. A. Hayes, 1963, New York.
Spinoza : Political Works, translated by Wernham, 1958, Oxford.

なお邦訳については和書参考文献のところに記載した。

スピノザ原著と翻訳

1. テキストとしてはゲブハルト版のスピノザ全集を使用した。
Spinoza Opera, im Auftrage der Heidelberger Akademie der Wissenschaften, hrsg. von C. Gebhardt, Heidelberg, Carl Winters, 1924.
2. 本論文におけるスピノザ原著の書名と略名は次の通りである。
Ethica=Eth. 『エチカ』
Tractatus de Intellectus Emendatione, 『知性改善論』
Korte Verhandeling van God, de Mensch, en deszelfs Welstand=Korte Verhandeling. 『短論文』
Principia Philosophiae Cartesianae=Principia Phil. Cartes. (=Principia Philosophiae & C.)『デカルトの哲学原理』
Cogitata Metaphysica,『形而上学的思想』
Epstolae=Ep.『書簡集』
Tractatus Theologico-Politicus=T. T. P.『神学・政治論』
Tractatus Politicus=T. P.『政治論』
3. スピノザ原著の英，独，仏訳のうち著者の参考にしたものは下記の通りである。
Spinoza : Oeuvres de Spinoza, traduites et annotees par C. Appuhn, 1904, Paris.
Spinoza : Sämtliche Werke, 3 Vols., von C. Gebhardt, 1921, Felix Meiner.
Spinoza : The works of Spinoza, 2 Vols., 1951, Dover.
Spinoza : Oeuvres Complètes, 1954, Pléiade.
Spinoza : Ethics of B. d. Spinoza, by W. H. White and A. H. Stirling, 1910, Oxford.
Spinoza : Ethik, übersetzt von Otto Baensch, 1910, F. Meiner.
Spinoza : Die Ethik, Schriften und Briefe, herausgegeben von F. Bülow, 1955, Kröner.
Spinoza : Werke, zweiter Band, herausgegeben von K. Blumenstock, 1967,

〖ラ 行〗

〔ヤ 行〕

〖マ 行〗

〖ナ　行〗

〖ハ　行〗

〖タ　行〗

〔サ　行〕

〔カ　行〕

事項索引

（五十音順）

〖ア 行〗

〖ヤ 行〗

〖ラ 行〗

〘マ 行〙

〖ナ 行〗

〖ハ 行〗

〖 サ 行 〗

〖 タ 行 〗

〖カ 行〗

人名索引

（五十音順）

〔ア行〕

父、工藤喜作のこと　―　人生を変えた大芝居

工藤寿子

父と母が出会ったのは父が大学院生、母が大学生のときだった。それぞれ通っていた大学は異なっていたが、同じドイツ人のウィンクラー先生にドイツ語の指導を受けたことがきっかけだった。授業中、ウィンクラー先生はしばしば「ヘル・クドー（Herr Kudo）、あなたのドイツ語は素晴らしい」と父を褒めていたらしい。毎回最前列で授業を受けていた母は、あるとき「いつもあんなふうに褒められる〝ヘル・クドー〟ってどんな人なのだろう？」と、はるか後方に立っていた父のほうを振り返ってみた。

なんという青病譚で年寄りくさい人なんだろう！――これが父に対する母の第一印象だった。母から見た学生時代の父は、「たとえこの世からすべての男性が消えてしまい、たった一人だけが残ったとしてもこの男とだけは絶対に結婚したくない」タイプの人だったそうだ。

一方、父の側は、多分一目ぼれだったのだと思う。ドイツ語の授業がなくなってからも七年間、膨大な量の恋文（貧乏だったので封書でなく郵便書簡が多い）を母に送り続け、その量は五キロのみかんが入るダンボール箱がいっぱいになるほどまでに達した。内容は恋文というよりも、ほとんど批評・論評のようなものばかりで、一通一通がまるで論文のようだったという。母にとっては睡眠導入剤そのものだったが、

当時の恋文は今でも母の手によって大切に保存されている。

母が顔を出しそうなパーティーには必ず出席し、遠くから自分の食べかけのお寿司を勧めに近づいてくるなど、母としては当時の父にはかなり気恥ずかしい思いもさせられたらしいが、父はそんなことにはお構いなく、つねに積極的な姿勢を貫いていた。

まさか結婚することになるとは思いもよらなかった母が、父を夫として選ぶことになったきっかけは、母親と姉（すなわち私の祖母と伯母）から強く「お見合い」を勧められたことだった。二人は大学の寮にまで見合い写真を持ってきて母を説得し、「お見合いに行くというまでは帰らない」といって本当に居座ってしまいそうな勢いだった。二人の固い決意を知った母は、全く知らない人と見合いをするくらいなら、いっそのこといつもうるさく付きまとっているあの男に「婚約者のサクラ」を頼んでみよう、と思い立ったのだった。このアイデアを聞いた父が母からの依頼を断るはずはなかった。そしてそこから、父が主導権を握る大芝居が始まった。

母にとっては見合いを諦めさせるための「サクラ」に過ぎなかったにもかかわらず、父はなんと自分の両親を引き連れ、結納品まで揃えて三人の前に姿を現したのだった。当時の父はまだ某大学の非常勤講師として勤めはじめたばかり。経済的には貧乏のどん底であったが、「大学に勤めている」という肩書が母親と姉を安心させたらしい。一方、父の両親もこれが芝居であるとは気づかずに、息子の「婚約者」を大いに気に入り、本心から喜んでいたらしい。

その場では、母本人を除くすべての登場人物が二人を祝福し、将来の夫婦が築くであろう幸福を確信していた。母は心から喜んでいる四人の姿を見て、もはや何もいえなくなってしまった。今さら「これはお芝居でした」などと笑って済ませられる時代でもなかった。一人悦に入っている父を何度も睨みつけるのだが、父は一度も目を合わせようとせず、ただひたすら満足そうな表情を浮かべているだけだった。すっかり上機嫌になった「親族」たちと別れ、母と二人だけになったとき、父は一言「これでよかったのだ」とつぶやいたのだという。

一九六〇年十一月十二日、父の恩師である下村寅太郎先生ご夫妻に仲人を引き受けていただき、父と母は東京の虎の門会館で晴れて結婚式を挙げることになった。挙式の写真をみると、母は本当に美しく、父が七年間追い続けたとしても無理はなかったと思う。

しかし、結婚は無事果たしたものの、非常勤講師の身分は変わらなかったので、定期的な収入が保証されていたわけではなく、給料は講義を担当した分しか貰えなかった。しかも父の場合は前期のみ、たった一コマの講師であったから、一年分の講師料をすべて貯めても、普通の会社員の一か月分のお給料にも満たなかった。そこで苦肉の策として二人ではじめたのが学習塾の経営だった。とはいえ、父は博士論文の執筆に没頭していたので、実質的には塾の経営の大部分は母が仕切らざるを得なかったようだ。ただ、この塾は幸いにも多くの生徒に恵まれて繁盛し、母だけでなく父も英語の教師としてそれなりに大忙しだったという。今でも当時住んでいた家の前にかけてあった〝少年教育研究所啓明会〟という母の手書きの看板が残っている。

こういう両親の出会いの経緯がなかったなら、子どもの私たちも存在していなかったことを思うと、サクラを演じてくれた父に、それから父の気持ちを受け入れる決心をした母に、今は心から「ありがとう」とお礼を言いたい。神様は本当に不思議な技を私たちに示してくださったのだ。

少年時代の父は、「大人になったら軍人になりたい」と当時の少年らしい夢を語っていたらしいが、終戦後は「これからは学問の時代である」と悟り、それ以来、あらゆる領域の本をむさぼるように読みはじめたという。スピノザとの出会いは大学生のときで、当時東京教育大学で教鞭を取っていらっしゃった山田潤二先生から薦められたことがきっかけだった。それ以降、父はスピノザを終生の課題として研究に取り組むようになり、スピノザのことなら一晩中でも語り続けるといった一途な研究者としての道を歩き始めた。

筑波大学を退官した年、父母と私は、ヨーロッパのスピノザ研究者たちを訪ねた。オランダのクレーファー先生のお宅に泊めていただいたときは、クレーファー先生もスピノザについて語りだすと止まらない人だったこともあり、二人が深夜までずっとスピノザについて語り続けていた様子が思い出される。

父が帰天して早くも五年が経過したが、父のことが話題に上らない日は一度もない。父には甘いものにまつわる珍事件が沢山あり、お土産などで甘いものを頂いたりすると父の話が自然と会話にのぼるのだ。家族のあいだだけでなく、私の友人も甘いものを見るたびに「これ、お父さん好きだったよね」と言葉が出てしまうくらいだ。私たちが記憶している父の姿は、研究者や教育者としてのイメージとは異なる、明るく無邪気な雰囲気を湛えたごく普通の人だった。

二〇〇五年の春、鎌倉の雪ノ下教会にて、ロジェ神父様の導きで父はカトリックの洗礼の秘跡に与った。洗礼名はアシジの聖フランシスコである。これは母にとっても私にとっても神様からの恵みだった。早起きだった父は、母が起きてくるまでの間、私と朝食を共にしながら、しばしば聖書のことを話題にした。「この箇所をどう思う?」と質問してくることも多かった。学問としての聖書解釈ではなく、一般人としての見解を聞きたかったのだろう。

ミサにも時どき一緒に行った。周りは老婦人ばかりだったが、父はさりげなく仲間に入っていた。父が亡くなる前は、この方たちが父のためにずっと祈ってくれていた。父はどれだけ目に見えない力に支えられていたことだろう、と改めて思う。

父はアシジの聖フランシスコの最期の言葉「今日から新しく始めよう」がお気に入りで、自分が死ぬときもこんなふうに語ってみたいと言っていた。亡くなる瞬間、何か言いたそうな様子をみせたが、おそらくこの言葉を私たちに伝えたかったのだろう。聖フランシスコだけでなく、他にも多くの聖人たちが亡くなる前にこの言葉を残している。神様を知れば知るほど、さらにもっと知りたくなる、だから終わりがないのだと思う。父は天国で幸せな時間を過ごしているに違いないと思う。

＊

この小文は、主に母（工藤とし江）から聞いた話をもとに書きました。文体からは娘の私が一人で執筆したようにみえるかもしれませんが、母は私とともに心のペンでこの文章を書きました。

父の著書を復刻出版するにあたり、お世話になった関係者の皆様、特に学樹書院の吉田和弘様に深く感謝いたします。しかし、私たち遺族がもっとも感謝の気持ちを表したいのは、この本を手に取ってくださった読者の皆様です。父もきっと同じ気持ちだと思います。若き父が寝食を忘れ、心を込めて完成させた『スピノザ哲学研究』。読者の皆様一人一人に感謝し、ここに心よりの御礼を申し上げます。

二〇一五年三月　横須賀にて

著者紹介

工藤喜作（Kudo, Kisaku, Ph D, 1930 - 2010）

1930 年横浜に生まれる。1960 年東京教育大学大学院文学研究科博士課程満期退学，1965 年東海大学文学部専任講師，1967 年文学博士，1967 年東海大学文学部助教授，1968 年神奈川大学外国語学部助教授，1971 年神奈川大学外国語学部教授，1983 年筑波大学教授，1993 年筑波大学名誉教授。1993 年目白学園女子教育研究所教授, 1994 年目白大学人文学部教授, 2000 年目白大学副学長。2007 年カトリック教会にて受洗，2009 年目白大学名誉教授。

著書・編著書　『哲学概論』（八千代出版，1972），『スピノザ（人類の知的遺産 35）』（講談社, 1979),『近代哲学研究序説』（八千代出版, 1980),『スピノザ（人と思想），清水書院，1980），『世界観と哲学の原理』（共著，東海大学出版会，1982），『悲劇―その諸相と人間観』（共著，神奈川新聞社，1983），『哲学思索と現実の世界』（共編，創文社，1994），『スピノザと政治的なもの』（共編，平凡社，1995），『国家とエスニシティ』（共著，勁草書房，1997）。

訳書　ワルターニック『ドストエフスキー』（共訳，理想社，1964），シュテーリヒ『世界の思想史（上）』（共訳，白水社，1967），ヤスパース『スピノザ』（理想社，1967），スピノザ『エティカ』（世界の名著 25）（共訳，1969，中央公論社），フロイデンタール『スピノザの生涯』（哲書房，1982），ドゥルーズ『スピノザと表現の問題』（共訳，法政大学出版局，1991），スピノザ『エティカ』［中公クラシックス］中央公論新社，2007）。

書　名　スピノザ哲学研究《てつがくけんきゅう》

著　者　工藤喜作

印刷日　2015年04月24日
発行日　2015年05月10日

制作――グループ&プロダクツ
装丁・デザイン――大原あゆみ
印刷・製本――モリモト印刷株式会社

発行所
株式会社 **学樹書院**
〒151-0071　東京都渋谷区本町1丁目4番3号
TEL 03 5333 3473　FAX 03 3375 2356
http://www.gakuju.com
ISBN 978-4-906502-38-7 C3010　